SLOVAKIA

Region
SPIŠ

BB

SLOVAKIA

Region

SPIŠ

Historické, kultúrne a prírodné dedičstvo
Historical, cultural and natural heritage
Historisches, Kultur - und Naturerbe
Patrimoine historique, culturel et naturel

BB

Foto na obálke: Pohľad z Haligovských skál cez Zbojnícku bránu

Cover photo: View from Haligovské skaly via Zbojnícka brána

Photo auf dem Umschlag: Blick von den Haligovské skaly durch das „Räubertor"

Photo sur la couverture, La vue des roches de Haligovce à travers la Porte des brigands

« «

Krajine stredného Spiša dominuje Spišský hrad na pozadí panorámy Vysokých Tatier

Spiš Castle dominates the central Spiš on back of the High Tatras panorama

Der Landschaft der Mittelzips dominiert die Zipser Burg vor dem Hintergrund des Hohen Tatra-Panoramas

Le paysage de Spiš centrale dominé par le Château-fort de Spiš avec le panorama des Hautes Tatras à l´arrière-plan

«

Šafran spišský (Crocus discolor)

Crocus discolor

Der zipser Eichenwald Safran (Crocus discolor)

Crocus de Spiš (Crocus Discolor)

Región SPIŠ

Vydavateľ:	BAMBOW, Spišská Nová Ves
Koncepcia:	Igor Bobák, Mária Bobáková
Fotografie:	Igor Bobák, Mária Bobáková
	Štefan Péchy (14, 18, 20, 54, 56, 57, 88, 99, 100, 107, 115, 134, 135, 187)
	Miro Zumrík (220, 222, 223, 282, 283, 403)
Text:	Ivan Chalupecký, Mária Novotná
	Nora Baráthová, Magdaléna Bekessová, Peter Roth, Monika Pavelčíková, Dalibor Mikulík, Miroslav Števík, Ernest Rusnák, Dušan Bevilaqua, Ľubica Fábri
Spolupracujúce inštitúcie:	Spišské múzeum v Levoči, Štátny archív v Levoči, Podtatranské múzeum v Poprade, Múzeum v Kežmarku, Múzeum Spiša v Spišskej Novej Vsi, Ľubovnianske múzeum v Starej Ľubovni, Biskupský úrad Spišskej diecézy v Spišskej Kapitule
Zostavenie a grafická úprava:	Mária Bobáková
Odborný garant:	Mária Novotná, riaditeľka Spišského múzea v Levoči
Jazyková úprava:	Gabriela Rerková - slovenčina, René Gehring - nemčina
Preklady:	Darina Paveleková - angličtina Justyna Chovaňáková - poľština
	Filip Fetko - nemčina Jolán Milicki - maďarčina
	Bohuslava Rytychová - francúzština Gleb Chesnokov - ruština
Reprografická príprava:	BAMBOW, Spišská Nová Ves
Tlač:	Neografia, Martin
Copyright © BAMBOW	Všetky práva vyhradené. Reprodukcie, ukladanie do databáz, rozširovanie elektronicky, mechanicky alebo iným spôsobom je povolené len so súhlasom vydavateľa a autorov

Vytlačené s finančnou podporou Košického samosprávneho kraja

ISBN 978-80-968977-6-6

OBSAH • CONTENS • INHALT • TABLE DES MATIÈRES

Úvod — 9
- Introduction — 15
- Einführung — 21
- Préface — 27

Spišský hrad, Spišská Kapitula, Žehra — 32
- Spiš Castle, Spišská Kapitula, Žehra
- Die Zipser Burg, Das Zipser Kapitel, Žehra
- Le Château-fort de Spiš, Capitole de Spiš, Žehra

Travertínové kopy na Spiši — 66
- Travertine hills on Spiš • Die Travertinmassen auf der Zips • Les colines de travertin en Spiš

Levoča a okolie — 78
- Levoča and surroundings • Levoča und Umgebung • Levoča et son environs

Majster Pavol z Levoče — 128
- Master Paul of Levoča • Meister Paul aus Levoča • Maître Paul de Levoča

Poprad a okolie — 152
- Poprad and surroundings • Poprad und Umgebung • Poprad et son environs

Tatranský národný park — 188
- Tatras National Park • Tatra-Nationalpark • Parc naturel des Tatras

Spišská Nová Ves a okolie — 230
- Spišská Nová Ves and surroundings • Spišská Nová Ves und Umgebung
- Spišská Nová Ves et son environs

Slovenský raj - národný park — 260
- Slovak Paradise - The National Park • Slowakisches Paradies - Nationalpark
- Parc naturel du Paradis Slovaque

Kežmarok a okolie — 294
- Kežmarok and surroundings • Kežmarok und Umgebung • Kežmarok et son environs

Ľudové tradície na Spiši — 336
- Folk traditions in at Spiš • Volkstraditionen an der Zips • Traditions populaires en Spiš

Stará Ľubovňa a okolie — 360
- Stará Ľubovňa and surroundings • Stará Ľubovňa und Umgebung • Stará Ľubovňa et son environs

Pieninský národný park — 390
- National Park Pieniny • Nationalpark der Pieninen • Parc naturel de Pieniny

Gelnica a okolie — 410
- Gelnica and surroundings • Gelnica und Umgebung • Gelnica et son environs

Spisz - Dziedzictwo historyczne, kulturowe i przyrodnicze — 432

Szepesség - Történelmi, kulturális és természeti örökség — 437

Спиш - Историческое, культурное и природное наследие — 442

ÚVOD

Korene ovčiarstva na Spiši siahajú do dávnej minulosti

Roots of shepherds fall down into deep history

Die Wurzeln der Schafzucht reichen in die weite Vergangenheit

Les racines de bergerie remontent au passé lointain

Poráč: hlinená nádoba z mladšej doby kamennej, neolitu

Clay pot found in Poráč from Younger Stone Age, Neolithic

Tongefäß aus der Jungsteinzeit (Neolithikum) gefunden bei Poráč (Rotenberg)

La cuve en argile trouvée à Poráč provenante de l' Âge de la pierre, néolithique

Medzi župy – svojrázne, stáročia fungujúce samosprávne regióny Slovenska i bývalého Uhorska, ktoré boli najviac obdarené krásami prírody, vzdelanosťou a kultúrou, a ktoré majú ojedinelý súbor umelecko-historických pamiatok, najmä z obdobia gotiky, patrí Spiš. Dnešný Spiš tvoria úplne alebo čiastočne okresy Levoča, Poprad, Spišská Nová Ves, Kežmarok, Stará Ľubovňa a Gelnica, ktoré sú súčasťou dvoch vyšších samosprávnych územných celkov Prešovského a Košického.

Spiš je predovšetkým prekrásna príroda. Tvoria ju nielen údolia riek, ale aj hory a pohoria, počnúc ešte málo známym Levočským pohorím s historickým priesmykom Branisko, končiac štítmi Vysokých Tatier a kopcami Pienin, ktoré Spiš ohraničujú zo severu, a horami Nízkych Tatier a Slovenského rudohoria, ktoré ho lemujú z juhu. Viaceré z nich tvoria národné parky: Vysoké Tatry plné tajomných štítov, vodopádov a jazier, Pieninský národný park s riekou Dunajec a fantastické bralá i jedinečné rokliny národného parku Slovenský raj. Okrem nich bolo na území Spiša vyhlásených viac ako sto maloplošných chránených území. Spišom pretekajú tri rieky. Na sever a do Pobaltia tečie Poprad, na východ a do Čierneho mora Hornád a Hnilec.

Spiš však vyniká tiež jedinečnou zbierkou umelecko-historických pamiatok. Jedinečné sú nielen svojím množstvom a koncentráciou, ale aj mimoriadnou kvalitou. Vzácne pamiatky sú takmer v každej dedine. Na Spiši sa nachádzajú aj pamiatky zapísané do Zoznamu svetových prírodných a kultúrnych pamiatok UNESCO (Spišský hrad, Spišská Kapitula, Žehra a okolie), sú tu pamiatky evidované ako národné kultúrne pamiatky: Dielo Majstra Pavla z Levoče a Chrám sv. Jakuba v Levoči, Spišský hrad, kežmarské evanjelické lýceum a artikulárny kostol, kostolík v Strážkach, Hraničnom, Výbornej... Na Spiši sú ale aj celé, pomerne dobre zachované stredoveké mestá, zapísané ako mestské pamiatkové rezervácie: Levoča, Kežmarok, Podolínec, Spišská Kapitula (mestská časť Spišského Podhradia) a Spišská Sobota (mestská časť Popradu). Okrem nich je tu 10 pamiatkových zón (Gelnica, Hniezdne, Markušovce, Smolník, Spišská Nová Ves, Spišské Podhradie, Spišské Vlachy, Stará Ľubovňa, Tatranská Lomnica, Vrbov), dve pamiatkové rezervácie ľudovej architektúry (Osturňa, Ždiar) a tri pamiatkové zóny ľudovej architektúry (Jezersko, Nižné Repaše, Torysky). O množstve iných pamiatok, najmä gotickej a renesančnej architektúry, sochárstva, nástenného i tabuľového maliarstva, ale aj zlatníctva a ostatného umeleckého remesla ani nehovoríme.

Spišský región je tak bohatý na prírodné a kultúrne pamiatky, že by si zaslúžil byť chránený ako jeden celok.

História Spiša sa síce začína až v 13. storočí objavením sa prvých písomných dokumentov, ale oblasť bola osídlená už desiatky tisíc rokov predtým. Býval tu už neandertálsky človek, ktorého pozostatky sa našli v Gánovciach pri Poprade. V dobe kamennej (40000 – 3500 rokov pred Kr.) život pulzoval okrem Gánoviec a Vyšných Ružbách napr. v dnešnej Veľkej Lomnici, v okolí Smižian či Vysokých Tatier, ľudia bývali v jaskyni v Poráči, ale aj inde. Množstvo nálezov dokazuje, že aj v bronzovej dobe bol Spiš pomerne husto osídlený. Svedčia o tom napr. nálezy bronzových mečov v Spišskej Belej a v Poprade-Veľkej, bronzové šperky zo Šváboviec, mnoho nádob, ale aj prvé železo na rukoväti dýky z Gánoviec. Na začiatku nášho letopočtu žili ľudia v Letanovciach, Batizovciach či vo Veľkej Lomnici, ale Kelti mali aj sídlisko na kopci, na ktorom stojí dnes Spišský hrad. Z doby sťahovania národov sa nedávno našla veľkorysá hrobka akiste vandalského kniežaťa pri Matejovciach. A o Slovanoch

Poráč: kamenný mlat nezvyklého diskovitého tvaru z obdobia mladšej doby kamennej

Poráč: stone trasher of unusual disk shape from the younger Stone Age

Poráč: Steinschlegel von einer ungewöhnlichen Diskusform aus der Periode der Jungsteinzeit

Poráč, un marteau de la forme inhabituelle de l' Âge de la pierre, néolithique

svedčí niekoľko mohutných hradísk, najmä na Čingove pri Smižanoch a na Dreveníku pri Spišskom Podhradí.

Keď Spiš začiatkom 13. storočia vstúpil do dejín, bolo to uprostred nemeckej kolonizácie. Nemeckí kolonisti utvorili na základe privilégia Štefana V. z roku 1271 samosprávnu Provinciu spišských Sasov, ktorá mala svoju pečať už koncom 13. storočia. V roku 1412 sa časť ich miest dostala do zálohy poľských kráľov, kde sa združili do Provincie 13 (po návrate zo zálohu v roku 1772 - 16) spišských miest s osobitným erbom. V stredoveku Spiš kvitol. Nešlo len o medzinárodný obchod, ale napr. aj o významnú zvonolejársku dielňu v Spišskej Novej Vsi, o významné šľachtické rody, ktoré tu pôsobili, o stále sa rozširujúcu sieť základných a stredných škôl. V Levoči pôsobil humanista európskeho formátu Ján Henckel, zo Spiša pochádzali aj niektorí profesori našej prvej univerzity Akadémie Istropolitany. V 16. storočí sa na Spiši rozšírila reformácia, 17. storočie znamená takmer neustále nepokoje v súvislosti so stavovskými povstaniami. Vynútili si obohnanie Spišskej Kapituly hradbami. V ďalšom období sa rozširuje najmä školstvo (v 19. storočí tu bolo 8 stredných škôl). Tu sa narodil vynálezca modernej fotografickej optiky Jozef Maximilián Petzval, odtiaľ pochádzal zakladateľ modernej maďarskej jazykovedy Pavol Hunfalvy a mnohé iné osobnosti. V 19. storočí sa postavila železnica a priemysel sa vyvinul najmä v Krompachoch, Spišskej Novej Vsi a v Poprade. Staré mestá Levoča a Kežmarok trochu zaostali, ale vďaka tomu si zachovali svoju starú stredovekú podobu.

Okrem symbolu Spiša - Spišského hradu - vznikli na Spiši v priebehu dejín tri charakteristické mestské aglomerácie. Jednou z nich bola Levoča - historické centrum Spiša. Bolo to nielen najbohatšie mesto Spiša, ale súčasne aj jedno z medzinárodne najvýznamnejších miest Uhorska. Nie je div, že sa stala neprebernou klenotnicou pamiatok. V minulosti ju nazývali slovenským Norimbergom. Druhým svetským centrom Spiša bol Kežmarok. Jeho históriu poznačila okrem iného aj blízkosť Vysokých Tatier. Tunajšie lýceum odchovalo nejedného priekopníka vedy či kultúry (študoval tu aj Pavol Országh Hviezdoslav), ale aj mnohých objaviteľov a propagátorov Vysokých Tatier. Jedinečným duchovným centrom Spiša bola a je Spišská Kapitula (dnes je súčasťou mesta Spišské Podhradie). Tu sídlila miestna vrchnosť katolíckej cirkvi spišský prepošt a kapitula, tu bola škola už v 13. storočí, v polovici 17. storočia jezuitské gymnázium, potom kňazský seminár s vysokou školou bohosloveckou a tu bol aj náš prvý učiteľský ústav, založený v roku 1819. Dodnes pôsobia romanticky dve románske veže jeho katedrály, konkurujúce Spišskému hradu, ktorý sa nachádza na kopci oproti. Žasneme nad architektonickou krásou kaplnky Zápoľských.

Spiš má ešte jednu zvláštnu aglomeráciu: Gelnicu s okolitými banskými mestami a dedinami. Aj tu sa vytvárali hospodárske predpoklady pre rozvoj spišských pamiatok a kultúry.

Spiš, to však nie je len Levoča, Kežmarok, Spišská Kapitula či Gelnica. Sú tu aj poklady gotiky v Chrasti nad Hornádom, Lendaku, Dravciach, vo Veľkej Lomnici, v Ľubici, Batizovciach, Švábovciach a inde.

Veľká Lomnica: štiepané čepele reprezentujú záver doby kamennej - eneolit

Veľká Lomnica: cleavaged blades from the end of the Stone Age - eneolit

Veľká Lomnica: Geschliffene Klingen repräsentieren das Ende der Steinzeit - Äneolithikum

Veľká Lomnica, les lames fendues représentantes la période finale de l'Âge de la pierre - l´énéolite

Sú tu ešte hrady v Starej Ľubovni či v dnes poľskej Nedeci, renesančné kaštiele v Strážkach, Kežmarku, Betlanovciach, či neskoršie kaštiele v Bijacovciach, Hodkovciach a v Spišskom Hrhove. A je tu azda jeho najväčšia perla: tunajší ľud. Okrem Slovákov ho tvorili aj početní Nemci, Rusíni, Gorali, Židia. Patrili k inteligencii, k remeselníkom, kupcom či obchodníkom, roľníkom, neskôr k šikovným podnikateľom. Boli to ľudia čestní, pracovití, otvorení a tolerantní. Pre tieto vlastnosti ich radi vyhľadávali nielen v Budapešti, ale aj vo Viedni a neskôr v USA. Prívetivosť a pohostinnosť sú doteraz ich charakteristickou črtou. Práve oni a ich predkovia vytvorili tie kultúrne hodnoty, ktoré dnes tak veľmi obdivujeme...

Hovorí sa však: Tolle et lege – Vezmi a čítaj. My nebudeme mnoho čítať. Budeme sa dívať na fotografie, ktoré o tom všetkom hovoria. A verím, že sa nesklameme.

Ivan Chalupecký

Veľká Lomnica: k unikátnym nálezom záveru doby kamennej patria aj miniatúrne nálezy zvieracích plastík

Veľká Lomnica: miniature animal plastics as unique discoveries of the end of the Stone Age

Veľká Lomnica: zu den Unikaten am Ende der Steinzeit gehören auch die Miniaturfunde von Tierplastiken

Veľká Lomnica, les découvertes miniatures des statues d´animaux appartiennent aussi aux découvertes uniques

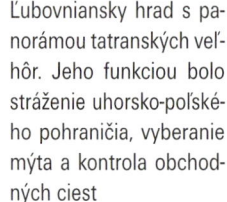

Ľubovniansky hrad s panorámou tatranských veľhôr. Jeho funkciou bolo stráženie uhorsko-poľského pohraničia, vyberanie mýta a kontrola obchodných ciest

Ľubovňa Castle with the High Tatras panorama. It was constructed to watch the Hungarian - Polish border area, toll collection and control of trade roads

Die Lublauer Burg mit dem Panorama des Tatra-Großgebirges. Zu ihren Aufgaben gehörte der Schutz der polnisch-ungarischen Grenze, Mauterhebung und die Kontrolle von Handelsrouten

Le château-fort de Stará Ľubovňa avec son panorama des grandes montagnes de Tatras, sa fonction était de garder les frontières hongroise et polonaise, lever le péage et la contrôle des routes de commerce

Vosková pečať Provincie spišských Sasov, koniec 13. storočia

Vax seal of the Province of Spiš Saxoons, end of the 13th century

Wachssiegel der Provinz der zipser Sachsen, Ende des 13. Jhds.

Un cachet en cire de la Province des Saxes de Spiš, la fin du XIIIe siècle

INTRODUCTION

Spiš belongs to the counties – typical, functioning over the centuries, self-governing regions of Slovakia and former the Hungarian Empire, being proud of the natural beauties, educational level and culture and having a unique complex of historical and artistic monuments, especially from the Gothic period. Region Spiš is currently created by the districts of Levoča, Poprad, Spišská Nová Ves, Kežmarok, Stará Ľubovňa and Gelnica, belonging to the two higher territorial self-governing regions of Prešov and Košice.

Spiš is known predominantly by its beautiful nature. We speak not only about the river valleys, but also about the hills and monuments, starting with not very well known Levočské mountains with historical mountain pass Branisko and ending with the peaks of the High Tatras and hills of the Pieniny, bordering the Spiš region from the north and hills of the Low Tatras and the Slovak Ore Mountains from the south.

Many of them are national parks. The High Tatras full of mysterious peaks, waterfalls and lakes, The National Park Pieniny with the Dunajec river and fantastic rocks and unique gorges of the National Park Slovak Paradise. Besides this, more than 100 small protected areas have been originated in the Spiš region. The river Poprad flows in the Baltic Sea on the north, rivers the Hornád and the Hnilec enters the Black Sea on the south.

Spiš is known also by its outstanding collection of historical and artistic monuments, and this not only due to their number and density of appearance, but mainly thanks to their extraordinary value. Precious monuments can be found in almost every village. Spiš has also monuments inscribed in the U.N.E.S.C.O. World Heritage List (The Spiš Castle, The Spiš Canonry, Žehra with surroundings), there are many national cultural monuments, such as the work of Master Paul of Levoča and the Church of St. James in Levoča, the Spiš Castle, Evangelic Lyceum in Kežmarok and wooden articular church, churches in Strážky, Hraničné, Výborná….Many well preserved medieval towns, known as municipal monument reserves can be found in the Spiš region: Levoča, Kežmarok, Podolínec, Spišská Kapitula (canonry – a part of Spišské Podhradie) and Spišská Sobota (part of Poprad). There are also 10 monument zones (Gelnica, Hniezdne, Markušovce, Smolník, Spišská Nová Ves, Spišské Podhradie, Spišské Vlachy, Stará Ľubovňa, Tatranská Lomnica, Vrbov), two monument reservations of folk architecture (Osturňa, Ždiar) and three monument zones of folk architecture (Jezersko, Nižné Repaše, Torysky). Last but not least, numerous other monuments, mainly of the Gothic and Renaissance architecture, sculptures, wall and tablet painting, goldsmith and other crafts are worthy to be mentioned, too.

Thanks to the number of historical and natural monuments, the Spiš region might be protected as one entire unit.

History of the region has started in the 13th century, when the first written documents were found, but the area was inhabited thousands years earlier. The area was inhabited by the Neanderthal man, whose remains were found at Gánovce close to Poprad. The life had been pulsing here already during the Stone Age (40000 – 3500 B.C.), and these besides Gánovce and Vyšné Ružbachy in current Veľká Lomnica, in surroundings of Smižany and the High Tatras, people lived in caves in Poráč.

Many findings prove a dense habitation of the region Spiš within the Bronze Age. Lot of bronze relicts were found here, such as bronze swords in Spišská Belá and Poprad – Veľká, bronze jewels in

Gánovce: rukoväť železnej dýky alebo železný kosák z kultovej studne prestavuje najstarší nález železa v strednej Európe

Gánovce: handle of metal dagger and iron sickle represent the oldest findings of metal in the central Europe

Gánovce: Griff eines Stahldegens oder einer Stahlsichel aus einem Kultbrunnen, stellt den ältesten Fund von Stahl in Mitteleuropa dar

Gánovce: la poignée d´un poignard du fer ou la faucille du fer trouvées dans un puits de culte représente la découverte la plus ancienne du fer en Europe centrale

Spiš, rôzne lokality: bronzové sekerky s tuľajkou pochádzajú z doby bronzovej

Spiš, different localities: bronze axes from the Bronze Age

Die Zips, verschiedene Fundorte: Bronzeäxte sind aus der Bronzezeit

Spiš, les diverses localités: les hachettes du bronze avec un étui provenant de l'Âge du bronze

Švábovce, many vessels, as well as the first iron on the dagger handle from Gánovce. At the beginning of our era people had lived in Letanovce, Batizovce, in Veľká Lomnica, Celtic people had their settlement on the hill, where nowadays the Spiš Castle stands. Most probably the tomb of vandal prince has been discovered near Matejovce from the period of migration of the nations. Few voluminous typical Slavic fortifications prove their presence at Čingov near Smižany and at Dreveník near Spišské Podhradie.

Region Spiš entered the history in the 13th century during the German colonization. On the base of the rule of the king Stephen V from 1271, the German colonists founded the Province of Spiš Saxoons which had an own seal at the end of the 13th century.

In 1412, a part of their towns was transferred into temporary deposit of the Polish kings and established the Province of thirteen, later on after being returned back in 1772, the Province of sixteen Spiš Towns with the own coat of arms. During the Middle Ages the Spiš was flourishing. Not only the international trade, but also the bellfoundry in Spišská Nová Ves was very known, as well as distinguished noble families who lived here, the broad network of elementary and secondary schools, this all had an enormous influence on the regions development. Ján Henckel, a humanist of the European importance lived in Levoča, some professors of our first university the Academia Istropolitana came from the Spiš region. In the 16th century a reformation spread over the region, the 17th century was known as a period of permanent ferments and class uprisings. This was the reason why Spišská Kapitula (canonry) was fortified. Development of education enriched the network of schools in the region (there were 8 secondary schools in the 19th century here). Inventor of a modern photographic optics Jozef Maximilián Petzval was born here, as well as a founder of modern Hungarian linguistics Pavol Hunfalvy and many others. In the 19th century was constructed a railway track and industry was developed in Krompachy, Spišská Nová Ves and Poprad. Old towns such as Levoča and Kežmarok retarded a bit in development but preserved their aged appearance.

Alongside with the symbol of the Spiš region - Spiš Castle - three typical municipal agglomerations were created within the history here. One of them was Levoča - Spiš historical centre. It was not only the richest Spiš town, but first of all one of the most important towns of the Hungarian Empire. Historically, the town was called the Slovak Nuernberg.

Švábovce: bronzové náušnice zo žiarového hrobu dokladajú kontakty Spiša so Stredomorím

Švábovce: bronze earrings from a fire grove prove the contacts with the Mediteranian area

Švábovce: Ohrringe aus Bronze aus einem Grab bezeugen den Kontakt der Zips mit dem Mittelmeer

Švábovce: des boucles d´oreilles en bronze du tombeau brûlé qui preuvent les contactes de Spiš avec la Méditéranée

Nová Lesná: ružicovitý šperk z depotu z doby bronzovej

Nová Lesná: Rose jewel from the Bronze Age

Nová Lesná: Rosenartiges Schmuckstück aus einem Depot der Bronzezeit

Nová Lesná: le bijou en forme rosette du dépôt de l'Âge du bronze

Kežmarok was the second secular centre of Spiš. Its history was influenced besides the other also by the closeness to the High Tatras. Lyceum in Kežmarok raised up many pioneers of science or culture (Pavol Országh Hviezdoslav had studied here) and many explorers and promoters of the High Tatras. Spišská Kapitula represents an unique spiritual centre (today a part of Spišské Podhradie). It was a seat of supreme administration of the Catholic church, the Spiš propost and canonry, school was founded here in the 13th century, Jesuit's grammar school was founded in the middle of the 17th century, later on a seminar with theological university, and in 1819 the first pedagogical institute was originated in the place.

Two romantic Romanesque cathedral towers till nowadays are competing with the Spiš Castle situated on the hill opposite. We admire an architectonic beauty of the Zápoľský's chapel.

Moreover, region Spiš has another exceptional agglomeration: Gelnica with surrounding mining towns and villages, providing economic conditions for development of the Spiš monuments and culture.

However, Spiš is not only known by Levoča, Kežmarok, Spišská Kapitula or Gelnica. Other Gothic gems can be found in Chrasť nad Hornádom, Lendak, Dravce, Veľká Lomnica, Ľubica, Batizovce, Švábovce and other. Remarkable are castles in Stará Ľubovňa and nowadays the Polish Niedzica, the Renaissance manor houses in Strážky, Kežmarok, Betlanovce, as well as younger manor houses in Bijacovce, Hodkovce and Spišský Hrhov. Nevertheless, people have always been representing the most precious pearl of the region. Together with Slovaks, numerous Germans, Russniaks, Gorals and Jews lived here. They altogether created a community of craftsmen, traders, peasants, later on, very smart entrepreneurs. They were honest, open and tolerant people. Thanks to these their attributes, Spiš people were appreciated and demanded in Budapest, Vienna and also in the U.S.A. Hospitality and kindness is that what has been typical for local people till nowadays. It were them and their forefathers who created cultural values we admire today.

It is used to be said: Tolle et lege - Take and read. We are not going to read a lot. We are going to look at the pictures which are talking about all of above mentioned. Let's express our hope that we do not disappoint.

Poprad-Veľká: bronzové meče s liatou rukoväťou z mladšej doby bronzovej

Poprad-Veľká: bronze swords with from younger Stone Age

Poprad-Veľká: Bronzeschwerter mit einem gegossenen Griff aus der späten Bronzezeit

Poprad-Veľká: les épées en bronze avec une poignée coulée de l'Âge du bronze final

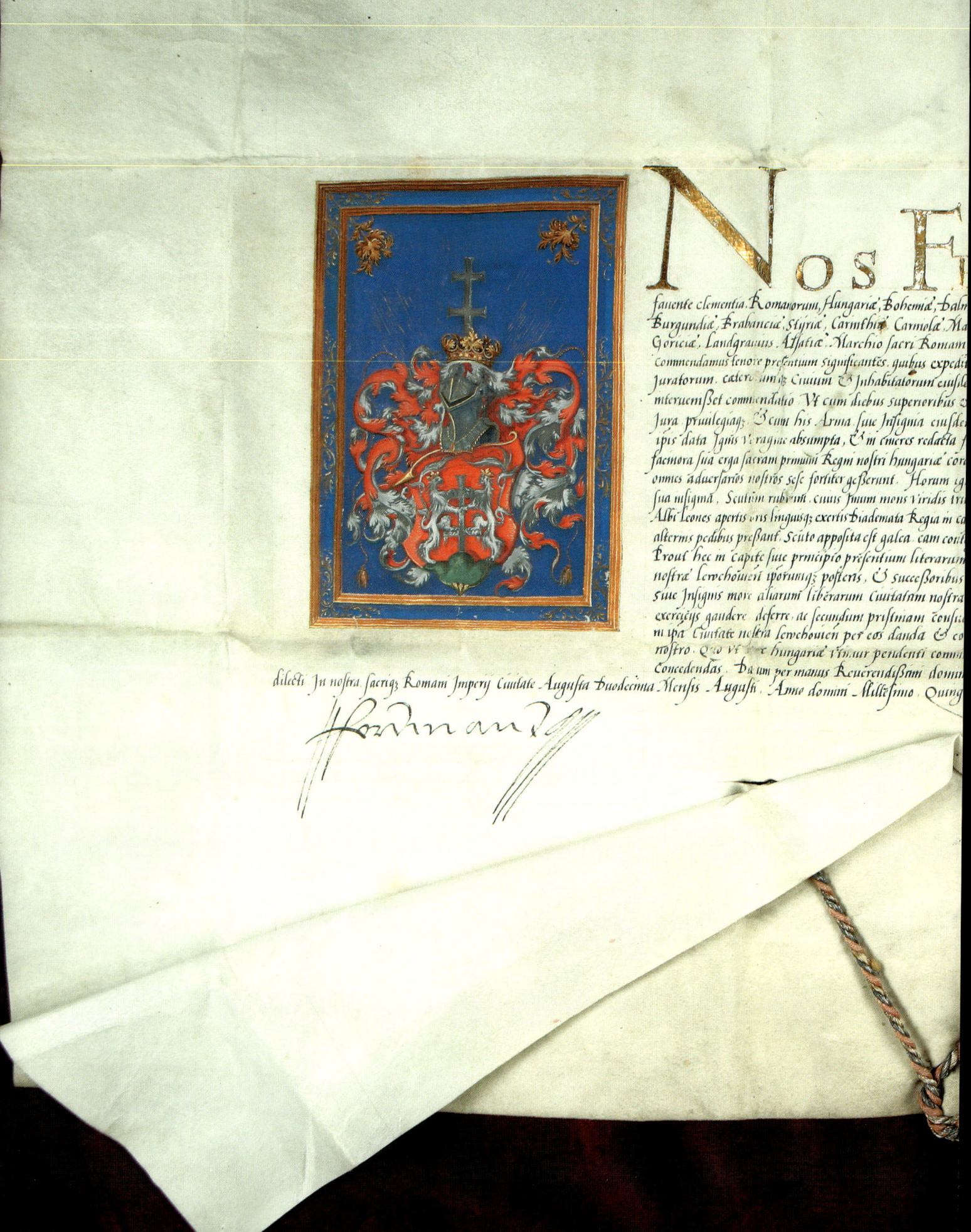

RDINANDVS DIVINA

roaciæ, Sclauoniæ, Ramæ, Seruiæ, Galliciæ, Lodomeriæ, Comaniæ, Bulgariæq; Rex semper Augustus, Infans Hispaniarum, Archidux Austriæ, Dux
Morauiæ, Dux Lucemburgæ, ac superioris & inferioris Slesiæ, Wirtembergæ & Thekæ Princeps Sueuiæ, Comes Haspurgæ, Tirolis, ferretis, Kyburgi, &
supra Anasum Burgouiæ, ac superioris & Inferioris Lusatiæ, Dominus Marchiæ Sclauonicæ, Portus Naonis & Salinarum &c. Memoriæ
is. Quod cum fidelis noster Nobilis Jacobus Gulden Notarius Ciuitatis nostræ Leuchouien nostræ Maiestatis veniens in presentiam suo, ac Judicis, &
atis nostræ Lewchouien nominibus, & personis humiliter nobis supplicasset, atq; etiam certorum fidelium nostrorum pro ipis apud Maiestatem nostram
eadem Ciuitate nostra Leuchouien subito incendio non solum omnia ædificia portæq; & Turres Verum etiam Domus Senatoria in ea Vniuersa
s quondam Hungariæ Regibus nostris predecessoribus bona memoria pro fide & constancia erga eos prestita in memoriam rerum fortiter gestarum
Dignaremur ea ipis denuo dare & concedere. Nos rationem habentes fidelitatis & constantiæ eorundem Qua ipi preter Vetera Insignia & memoria digna
deinde Maiestatem nostram ab initio statim Regiminis nostri Hungariæ Vsq; in diem presentem in omni rerum euentu non parcentes fatigis & sumptibus contra
usu dictis Judici, & Juratis, cæterisq; Ciuibus & Inhabitatoribus predictæ Ciuitatis nostræ Lewchouien iporumq; heredibus, & posteris hec Arma siue Vetera
rum occupat, e medio jugo cæteris altiore prostat lignum crucis albo colore porrectum ad superiorem pene sciti oram binam habens crucem Tam duo
haben. Alter a dextro, alter uero a sinistro sciti lateribus Cruces inferiorem posterioribus medium ligni anterioribus. Supremam vero Crucem similiter anterioribus
miæ albo & rubro coloribus variegatæ. Galeæ impositum est Diadema Regium e quo prominet Aliud lignum crucis, duplicem habens crucem priori simile
rum Pictoris arte suis coloribus depicta esse cernuntur. Animo deliberato & ex nostra Regia potestatis plenitudine presatis ciuibus ante dictæ Ciuitatis
is denuo danda duximus & concedenda. Imo damus donamus & conferimus. Decernentes Vt ipi eorumq; posteri & Successores vniuersi his Armis
rmis Vtencium a modo perpetuis semper futuris temporibus in sigillis Vexillis, cortinis, Velis, Domibus. Et generaliter in quibuslibet actibus &
eorum in Sigillis cera rubea Vti illisq; omnes literas & literalia instrumenta quocunq; nomine censeantur & in quibuscunq; causis & negocys
a sui impressiue, siue in pendenti sigillare possint & Valeant. In quorum omnium fidem & testimonium presentes literas nostras secreto Sigillo
stratis ciuibus & Inhabitatoribus dictæ ciuitatis nostræ houien iporumq; posteris & successoribus vniuersis duximus dandas &
ai Olahi Episcopi Agrien Compatris & Consiliary ac in presato Regno nostro Hungariæ Secretary Cancellary nostri fidelis nobis syncere
Quinquagesimo. Regnorum nostrorum Romani Vigesimo. Aliorum Vero Vigesimo Quarto.

Nicolaus Olahus
E. Agrien

Erbová listina mesta Levoča z roku 1550

Coat-of-Arm chapter of Levoča from 1550

Wappenurkunde der Stadt Levoča aus dem Jahr 1550

Le parchemin de la ville de Levoča de 1550

Erbová pečať z roku 1774 udelená Provincii XVI spišských miest Máriou Teréziou

Coat-of-Arms seal from 1774 granted by the Maria Theresa to the Province of XVI Spiš Towns

Wappensiegel aus dem Jahr 1774, das der Provinz der XVI Zipser Städte von Maria Theresia erteilt wurde

Le sceau d´écu de 1774 alloué à la Province de seize villes de Spiš par Marie Thérèse

EINFÜHRUNG

Zu den Gespanschaften – Dies sind eigenartige, jahrhundertelang funktionierende Selbstverwaltungsregionen der Slowakei und auch des ehemaligen Ungarn, die zu dem meist mit Naturschönheiten und besonderer Kultur beschenkt worden sind, gehört die Zips. Sie besitzt eine einzigartige Ansammlung von Kunsthistorischen Denkmälern, vor allem aus der Periode der Gotik. Die heutige Zips bildet die Gesamtheit, bzw. Teile der Bezirke von Levoča (Leutschau), Poprad (Deutschendorf) Spišská Nová Ves (Zipser Neudorf) Kežmarok (Kesmark), Stará Ľubovňa (Alt-Lublau) und Gelnica (Göllnitz), die zu den zwei Landschaftsverbänden Prešov und Košice gehören.

Die Zips ist vor allem wunderschöne Natur. Es bilden sie nicht nur Täler mit Flüssen, sondern auch Berge und Gebirge, beginnend mit dem noch wenig bekannten Leutschauer Gebirge. Dieses beginnt mit dem historischen Bergpass Branisko und endend mit den Gipfeln der Hohen Tatra und den Hügeln von Pieninen, die die Zips von Norden eingrenzen, und den Bergen von Niederen Tatra und des Slowakischen Erzgebirge, die ihn von Süden eingrenzen. Die meisten von ihnen bilden Nationalparks: Die Hohe Tatra, voll von geheimnisvollen Gipfeln, Wasserfällen und Seen. Der Nationalpark der Pieninen mit dem Fluss Dunajec und fantastischen Felsen, dazu die einzigartigen Schluchten des Nationalparks Slowakisches Paradies. Außerdem wurden auf dem Gebiet der Zips mehr als hundert kleinräumige Schutzzonen eingerichtet. Die Zips durchfließen drei Flüsse. In den Norden und ins Baltikum fließt der Poprad, in den Osten und ins Schwarze Meer der Hornád und Hnilec.

Die Zips verdankt ihre Einzigartigkeit auch der einmaligen Sammlung von Kunsthistorischen Denkmälern. Sie sind nicht nur besonders dank ihrer Anzahl und Konzentration, sondern auch dank ihrer Qualität so einzigartig. Die kostbaren Denkmäler befinden sich in fast jedem Dorf. In der Zips befinden sich auch Denkmäler die in die Liste der Welt Natur- und Kultur Erbe von UNESCO eingetragen sind (Die Zipser Burg, Spišská Kapitula (Zipser Kapitel), Žehra (Schigre) und Umgebung). Dazu gibt es auch Denkmäler die als Nationales Kulturerbe geführt werden: Das Werk von Meister Paul aus Levoča und Gotteshaus von hl. Jacob in Levoča, die Zipser Burg, das evangelische Lyzeum in Käsmark und die Artikularkirche, die Kirche in Strážky (Nehre), Hraničné und Výborná (Bierbrunn)... In der Zips sind auch ganze, ziemlich gut erhaltene mittelalterliche Städte erhalten geblieben, die als städtisches Denkmalschutzgebiet eingeschrieben sind: Levoča, Kežmarok, Podolínec (Pudlein), Spišská Kapitula, (der Stadtteil von Spišské Podhradie (Kirchdrauf)) und Spišská Sobota (Georgenberg) (Stadtteil von Poprad). Außer diesen gibt es hier zehn Denkmalzonen (Gelnica, Hniezdne (Kniesen), Markušovce (Marksdorf), Smolník (Schmöllnitz), Spišská Nová Ves, Spišské Vlachy (Wallendorf), Stará Ľubovňa, Tatranská Lomnica (Tatralomnitz), Vrbov (Menhardsdorf)), zwei Denkmalschutzgebiete der Volksarchitektur (Osturňa (Althorn), Ždiar (Morgenröte)) und drei Denkmalzonen der Volksarchitektur (Jezersko (Nedscheere), Nižné Repaše (Unterripsch), Torysky (Siebenbrunn)). Außerdem noch weitere Denkmäler, vor allem aus Gotik und Renaissance - Architektur, Bildhauerei, Wand- und Tafelgemälde, aber auch Goldschmiede und weitere Kunsthandwerker haben sich hier hervorgetan.

Die Region der Zips ist so reich an Natur- und Kulturdenkmälern, dass sie es verdient als eine Einheit geschützt zu werden.

Die Geschichte der Zips beginnt zwar im 13. Jahrhundert, als die ersten schriftlichen Urkunden auftraten, aber die Region wurde schon vor Zehntausenden von Jahren besiedelt. Es lebte hier schon der Neandertaler, dessen Überreste man in Gánovce (Gehansdorf) bei Poprad fand. In der Steinzeit (40.000 - 3.500 v. Chr.) pulsierte das Leben neben Gánovce und Vyšné Ružbachy (Oberrauschenbach), z. B. auch in heutigen Veľká Lomnica (Großlomnitz), in der Umgebung von Smižany (Schmögen) oder der Hohen Tatra; Menschen lebten auch in der Höhle bei Poráč, aber auch anderswo. Die Menge von Funden bezeugt, dass auch in der Bronzezeit die Zips relativ dicht besiedelt war. Das bezeugen z. B. die Funde der Bronzeschwerter in Spišská Belá (Zipser Bela) und Poprad-Veľká (Felka), bronzene Ohrringe aus Švábovce (Schwabsdorf), viele Gefäße, aber auch das erste Eisen auf dem Degengriff aus

---

Veľký Slavkov: k vzácnym nálezom v strednej Európe patrí aj strieborná minca keltského kmeňa Bójov z mladšej doby železnej-laténskej

Veľký Slavkov: silver coin of the Celtic Boia people from younger Iron Ages, one of the precious things found in the central Europe

Veľký Slavkov (Großschlagendorf): zu den kostbaren Funden in Mitteleuropa gehört auch die silberne Münze des Bojenstammes aus der jüngeren vorrömischen Eisenzeit - Laténe-Zeit

Veľký Slavkov, la pièce en argent du peuple celte de Bój du deuxième âge du fer / laténien appartient aussi aux trouvailles rares en Europe centrale

Gánovce. Zu Beginn unserer Zeitrechnung lebten Menschen in Letanovce (Lettensdorf), Batizovce (Botzdorf) oder in Veľká Lomnica, aber die Kelten hatten ihre Siedlung auf dem Hügel wo heute die Zipser Burg steht. Aus der Zeit der Völkerwanderung wurde vor kurzem ein großzügiges Grab eines möglichen Vandalengrafen bei Matejovce (Matzdorf) gefunden. Und über die Slawen zeugen einige burgartige Festungen, vor allem am Čingov bei Smižany und am Dreveník bei Spišské Podhradie.

Als die Zips zu Beginn des 13. Jahrhunderts in die Geschichte eintrat, war dies mitten in der deutschen Besiedelung des Gebietes. Die deutschen Kolonisten bildeten an Hand des Privilegs von Stephan V. aus dem Jahr 1271 eine selbstverwaltete Provinz der zipser Sachsen, die ihr eigenes Siegel schon Ende des 13. Jahrhunderts hatten. Im Jahr 1412 wurde ein Teil ihrer Städte in den Pfand den polnischen Königen gegeben, wo sie sich in die Provinz der 13 – nach der Rückkehr aus dem Pfand 1772 – 16 zipser Städte mit eigenem Wappen zusammenfügten. Im Mittelalter blühte die Zips. Es ging nicht nur um den internationalen Handel, sondern auch z. B. um die Glockengießerei in Spišská Nová Ves, um die bedeutenden Adelsfamilien, die hier wirkten, und auch um das sich immer erweiternde Netz von Grund- und Oberschulen. In Levoča wirkte der Humanistengelehrte europäischen Formates Ján Henckel, aus der Zips stammten auch einige Professoren unserer ersten Universität Academia Istroplitana. Im 16. Jahrhundert entwickelte sich in der Zips die Reformation, das 17. Jahrhundert bedeutete fast stetig andauernde Unruhen die mit den Ständeaufständen zusammenhingen. Sie bewirkten die Ummauerung der Spišská Kapitula. In der folgenden Zeit wurde vor allem das Schulwesen erweitert

Batizovce: hlinená nádoba pochádza z ojedinelého hrobu doby laténskej na Spiši

Batizovce: clay pot comes from an unique grave of the Younger Iron Age (latenium) at Spiš

Batizovce: dieses Tongefäß stammt aus einem sporadischen Grab der Laténe-Zeit in der Zips

Batizovce: la cuve en argile provenante d´un tombeau unique de l´âge laténien en Spiš

Jaskyňa Čertova diera pri Letanovciach: bronzové spony z doby rímskej dokumentujú kontakty Spiša s rímskymi provinciami

Cave Čertova diera at Letanovce: bronze clips for the Roman Age document the contacts of the Spiš region with the Roman provinces

Die Höhle „Des Teufels Loch" bei Letanovce: Bronzeklammern aus der römischen Zeit dokumentieren den Kontakt der Zips mit den römischen Provinzen

La grotte Čertova diera (Le Trou du Diable) près de Letanovce: les crochets en bronze de l´époque de l´empire romaine documentent les contactes entre Spiš et les provinces romaines

(im 19. Jahrhundert gab es hier acht Oberschulen). Hier wurde der Erfinder der modernen photographischen Optik Jozef Maximilián Petzval geboren, von hier stammte auch der Begründer der modernen ungarischen Sprachwissenschaft Pavol Hunfalvy und viele andere Persönlichkeiten. Im 19. Jahrhundert wurde die Eisenbahn erbaut und die Industrie entwickelte sich vor allem in Krompachy (Krompach), Spišská Nová Ves und Poprad. Die alten Städte wie Levoča und Kežmarok entwickelten sich nicht so rasch, aber dank dessen behielten sie ihren altertümlichen Charakter.

Außer des Symbols der Zips - der Zipser Burg - entstanden in der Zips im Laufe der Geschichte drei charakteristische städtische Agglomerationen. Eine von diesen ist Levoča - das historische Zentrum der Zips. Es war nicht nur die reichste Stadt der Zips, sondern zugleich auch eine der international bedeutendsten Städte von Ungarn. Kein Wunder, dass sich die Stadt zu größten Schatzkammer von Denkmälern entwickelte. In der Vergangenheit wurde die Stadt auch der slowakische Nürnberg genannt. Das zweite weltliche Zentrum der Zips war Kežmarok. An seiner Geschichte zeichnete sich neben anderem auch die Nähe zur Hohen Tatra ab. Das hier ansässige Lyzeum brachte nicht nur einen Wissenschaftler oder Künstler hervor (auch Pavol Országh Hviezdoslav studierte hier), sondern auch viele Entdecker von der Hohen Tatra. Ein einzigartiges geistliches Zentrum der Zips war und ist Spišská Kapitula (heute ist es ein Stadtteil von Spišské Podhradie). Hier wohnte die einheimische Obrigkeit der katholischen Kirche, hier gab es eine Schule schon im 13. Jahrhundert, in der Mitte des 17. Jahrhunderts ein Jesuitengymnasium, danach ein Priesterseminar mit der theologischen Hochschule und hier war auch unser erstes Lehrinstitut, das 1819 gegründet worden ist. Bis heute wirken seine zwei romanischen Türme der Kathedrale sehr romantisch, die der Zipser Burg, die am Hügel gegenüber steht, konkurrieren. Wir staunen über die architektonische Schönheit der Kapelle von Zápoľsky.

Die Zips hat noch eine einmalige Ausstattung: Gelnica mit den umgebenden Bergstädten und Dörfern. Auch hier wirkten die wirtschaftlichen Bedingungen auf die Entwicklung der zipser Denkmäler und Kultur.

Die Zips ist nicht nur Levoča, Kežmarok, Spišská Kapitula oder Gelnica. Es gibt auch Elemente der Gotik in Chrasť nad Hornádom (Hrost), Lendak (Landeck), Dravce (Drauz) in Veľká Lomnica, in Ľubica (Leibitz), Batizovce (Botzdorf), Švábovce und anderswo. Dazu gibt es auch die Burgen in Stará Ľubovňa, oder in der heute polnischen Nedeci (Niest), das Renaissance-Schloss in Strážky (Nehre), Kežmarok, Betlanovce (Betelsdorf) oder spätere Kastelle in Bijacovce (Betendorf), Hodkovce (Hotzendorf) und Spišský Hrhov (Gorg). Hier ist wahrscheinlich die größte Perle: die Einheimischen. Außer den Slowaken gehörten hierzu die Deutschen, die Ruthenen, Goralen und Juden. Sie gehörten zu der Intelligenz, zu den Handwerkern, Händlern oder Kaufmännern und Bauern, später zu geschickten Unternehmern. Es waren ehrenhafte, fleißige, aufrichtige und tolerante Menschen. Wegen diesen Eigenschaften wurden sie nicht nur in Budapest, sondern auch in Wien und später in den USA aufgesucht. Herzlichkeit und Gastfreundschaft sind bis heute ihr Charakteristikum. Es sind gerade sie und ihre Vorfahren die diese kulturellen Werte bildeten, die wir heute bewundern.

Man sagt aber: Tolle et lege - Nimm und lese. Wir werden nicht viel Lesen. Wir werden die Photographien betrachten, die über das alles erzählen. Und ich meine, wir werden nicht enttäuscht werden.

Nádoba otomanskej kultúry reprezentuje jednu z najdôležitejších kultúr doby bronzovej na Spiši

Pot of the Otoman culture, one of the most important cultures of the Bronze Age in Spiš

Das Gefäß der ottomanischen Kultur repräsentiert eine der wichtigsten Kulturen der Zips aus der Bronzezeit

Le récipient de la culture de l'empire Ottoman qui représentait l'une des cultures les plus importantes de l'Âge du bronze en Spiš

Do roku 1920 slovenský, dnes poľský, ale stále spišský - hrad Nedeca (Niedzica)

Till 1920 the Slovak, nowadays the Polish, but always the Spiš - castle Nedeca (Niedzica)

Bis in das Jahr 1920 slowakisch, heute polnisch, aber immer zipser - Die Burg Nedeca (Niedzica)

Le château-fort Nedeca (Niedzica), aujourd´hui le château polonais, jadis le château slovaque jusqu´à 1920, mais toujours le château de Spiš

Historická mapa Spiša z roku 1880

Historical map of Spiš from 1880

Die historische Landkarte der Zips

La carte historique de Spiš de 1860

Veľká Lomnica: železná hrivna predstavuje predmonetárne platidlo starých Slovanov

Veľká Lomnica: iron coin (hrivna) as pre-monetary medium of the Slaves

Veľká Lomnica: das Stahlpfund repräsentiert das vormonetäre Zahlungsmittel der alten Slawen

Veľká Lomnica: une pièce de „hrivna" du fer qui représente une valeur prémonaitere utilisée par les Slaves

PRÉFACE

Spiš, douée de beautés de nature, l´éducation et la culture, où un rare ensemble des monuments historiques et artistiques subsiste jusqu´à nos jours, surtout de l´art gothique, appartient parmi les „zsupas", les régions autonomes, individuelles, fonctionnantes en Slovaquie et en ancienne Hongrie depuis des siècles. Spiš actuelle, elle est formée des districts de Levoča, Poprad, Spišská Nová Ves, Kežmarok, Stará Ľubovňa et Gelnica, qui font parties de deux régions administratives, les régions de Prešov et de Košice.

Spiš, c´est surtout la nature splendide. Elle est formée par les vallées des rivières, mais aussi par les montagnes et les chaînes, à partir de chaîne de Levoča, peu connue au monde, avec le col de Branisko, connu de l´histoire, terminant par les pics des Hautes Tatras et les collines de Pieniny, qui limitent Spiš du nord, et par les montagnes de Basses Tatras et Slovenské rudohorie (montagne métallifère), qui la limitent du sud, dont plusieurs font les parcs nationaux. Les Hautes Tatras, pleines des sommets mystérieux, les chutes d´eau, cascades et lacs, Pienap, le parc national de Pieniny avec la rivière Dunajec et les rochers fantastiques et les gorges uniques du parc national de Slovenský raj (Paradis slovaque). En outre, on y a créé plus de cent réservations à une petite superficie.

Trois fleuves coulent à travers Spiš. La rivière Poprad coule vers nord et se jette dans la mer Baltique, Hornád et Hnilec coulent vers l´est et se jettent dans la mer Noir.

Mais Spiš prime de sa collection unique des sites artistiques et historiques, uniques pas seulement par leur nombre et leur concentration, mais aussi par leur qualité extraordinaire. Quasi chaque village possède des monuments de haute valeur. En Spiš il y a des monuments inscrits dans la Liste de patrimoine mondial naturel et culturel d´UNESCO (Château-fort de Spiš, Spišská Kapitula, Žehra et son endroit), ces monuments sont inscrits commes les monuments culturels et nationaux. L´oeuvre de Maître Paul de Levoča, l´Église Saint Jacques à Levoča, Château-fort de Spiš, le Lycée protestant de Kežmarok, l´Église protestante en bois, les petites églises à Strážky, Hraničné et Výborná... Mais il y a aussi des villes médiévales complètes, bien préservées, inscrites comme les réserves de conservation des villes, Levoča, Kežmarok, Podolínec, Spišská Kapitula (partie urbaine de Spišské Podhradie) et Spišská Sobota (partie urbaine de Poprad). En outre, il y a 10 villes ou villages au status du village préservé (Gelnica, Hniezdne, Markušovce, Smolník, Spišská Nová Ves, Spišské Podhradie, Spišské Vlachy, Stará Ľubovňa, Tatranská Lomnica, Vrbov), deux réservations de l´architecture populaire (Osturňa, Ždiar) et trois zones au status de la réservation de l´architecture populaire (Jezersko, Nižné Repaše, Torysky). On peut parler encore d´autres monuments de l´architecture gothique et renaissance, de la sculpture, la peinture murale et des tableaux, l´orfèvrerie et beaucoup d´être artisanat.

La région de Spiš est tellement riche au patrimoine naturel et culturel qu´elle mériterait d´être entièrement préservée.

Même si l´histoire de Spiš remonte au XIIIe siècle par la découverte des premiers documents écrits, mais ce territoire fut peuplé des décennies siècles plus tôt. C´était l´Homme de Néandertal dont les ossements furent découverts à Gánovce près de Poprad. A l'Âge de la pierre (40,000 – 3,500av.J.C.) la vie pulsait à Gánovce et Vyšné Ružbachy, mais aussi à l´actuelle Veľká Lomnica,

autour de Smižany et les Hautes Tatras. Les gens habitaient dans la grotte Poráč et ailleurs. Un nombre des découvertes preuve que Spiš à l´Âge du bronze était relativement populeux. C´est preuvé par les trouvailles des épées du à Spišská Belá et Poprad, des bijoux en bronze de Švábovce, beaucoup de récipients, mais aussi le premier fer à la poignée d´un poignard du fer de Gánovce. Au début de notre ère les gens vivaient à Letanovce, Batizovce ou à Veľká Lomnica, mais les Celtes avaient leur cité sur la coline d´actuel château-fort de Spiš. Récemment on a trouvé un grand tombeau probablement d´un cavalier Vandale près de Matejovce qui vient de l´époque de migration des peuples. Il y a quelques vestiges des immenses places fortes à Čingov près de Smižany et à Dreveník près de Spišské Podhradie de l´époque des Slaves. C´était au début du XIIIe siècle où Spiš entra dans l´histoire, au milieu de la colonisation germanique. Les colonistes allemands y créèrent en 1271 la Province des Saxes de Spiš autonome selon un privilège décerné par Étienne V, qui avait son propre sceau déjà à la fin du XIIIe siècle. En 1412 une partie de leurs villes fut mise en gage aux rois polonais. Après leur remise en 1772 on créa la Province 13 de seize villes de Spiš ayant leurs propres blasons.

Moyen Âge, c´est l´époque fleurissante en Spiš. Il ne s´agit pas juste de commerce internationale, mais aussi de l´atelier de fondeurs de cloches très connu de Spišská Nová Ves, des importantes familles nobles y résidantes, du réseau augmentant des écoles primaires et secondaires. Aussi Ján Henckel, l´humaniste du nom européen, vécut à Levoč; il y avait des professeurs de notre première université, l´Académie Istropolitana, qui vinrent de Spiš. Dans le XVIe siècle Spiš était envahie par la Réforme protestante. Le XVIIe siècle apporta des agitations incessantes liées aux soulèvements des états généraux. La fortification de Spišská Kapitula par les remparts était contrainte. L´enseignement fut élargi à l´époque suivante, dans le XIXe siècle il y avait 8 écoles secondaires. Jozef Maximilián Petzval, inventeur de la photographie moderne fut y né, c´est le lieu de naissance de Pavol Hunfalvy, le fondateur de la linquistique hongroise moderne et d´autrès personalités importantes.

Dans le XIXe siècle on y construisit le chemin de fer et l´industrie se développait à Krompachy, Spišská Nová Ves et à Poprad. Les villes anciennes de Levoča et Kežmarok se sont arriérées un peu mais grâce a ça elles se sont gardées leur caractère médiéval.

Au cours de l´histoire outre le symbole de Spiš, Château-fort de Spiš, trois agglomérations urbaines charactéristiques furent érigées. L´une était à Levoča, centre historique de Spiš. Elle n´était seulement la ville la plus riche, mais aussi l´une des villes internationalement les plus importantes à l´époque. Aucun miracle que elle est devenue un trésor de patrimoine historique. Autrefois, on l´appela Nuremberg slovaque. Un autre centre temporel était Kežmarok. Son histoire était marquée aussi par la proximité des Hautes Tatras. Le lycée protestant éléva plusieurs promoteurs de la science et culture (Pavol Országh Hviezdoslav y étudiait aussi), autant que plusieurs découvreurs et propagateurs des Hautes Tatras.

Nová Lesná: esovité náušnice predstavujú šperky slovanského obdobia

Nová Lesná: "S" shaped earrings as jewels of the Slavic era

Nová Lesná (Neuwaldorf): Die S-förmigen Ohrringe stellen die Schmuckstücke der slavischen Periode dar

Nová Lesná: les boucles d´oreilles formées en S qui représentent les bijoux de l´époque des Slaves

Lendak: hlinený stredoveký džbán s vkolkovanou výzdobou

Lendak: Decorated medieval clay pot

Lendak: Geschmückter mittelalterlicher Tonkrug mit Verzierung

Lendak: la cruche décorée en argile du Moyen Âge

Letanovce-Kláštorisko: hlinená kachlica zdobená zvieracou a rastlinnou výzdobou

Letanovce-Kláštorisko: clay tale decorated with fauna and flora motifs

Letanovce - Kláštorisko (Schauberg): Tonkachel, geschmückt mit tierischen und pflanzlichen Verzierungen

Letanovce-Kláštorisko: un carreau de poêle en argile décorée des ornements floraux et animaux

>>

Krajina Zamaguria z mozaiky lúčok, úzkych rolíčiek a lesíkov, lemovaná kopcami s typickými trojuholníkovými skalnými bralami

Country of Zamagurie in the mosaic of meadows, narrow fields and forests, laced by the hills with typical triangle rocks

Die Landschaft von Zamagurie auf einem Mosaik von Wiesen, dünnen Ackerfeldern und Wäldern, umrahmt von Hügeln mit typischen dreieckigen Felsen

Le paysage de Zamagurie en mosaïque des prés, petits champs étroits et forêts, encadré par les colines aux rochers triangulaires, tellement typiques pour cette région

Le centre spirituel unique de Spiš était Spišská Kapitula et elle le reste jusqu´à nos jours, (aujourd´hui elle fait partie de Spišské Podhradie). C´était là où siégea la seignerie de l´Église catholique, le prévôt de Spiš; dans le XVIIIe siècle il y avait une école, au milieu de XVIIe siècle on y ouvra le lycée jésuite, après le séminaire des prêtres avec l´enseignement supérieur de théologie et il y avait aussi premier établissement formateur pour les enseignants, fondé en 1819.

Ses deux tours romanes de la cathédrale impressionent jusqu´à maintenant les visiteurs en faisant concurrence au château-fort de Spiš sur la coline en face. On s´émerveille du splendeur architectonique de la chapelle de la famille Zápolya.

Pourtant Spiš possède encore une agglomération spécifique, la ville de Gelnica avec ses petites villes et villages miniers.

Spiš, ce n´est pas seulement Levoča, Kežmarok, Spišská Kapitula ou Gelnica. Il y a des bijoux de l´art gothique à Chrasť sur Hornád, Lendak, Dravce, à Veľká Lomnica, à Ľubica, Batizovce, Švábovce et ailleurs. Il y a aussi des châteaux à Stará Ľubovna ou à Nedeca, actuellement polonaise, les manoirs renaissance à Strážky, Kežmarok, Betlanovce, et plus tard les manoirs à Bijacovce, Hodkovce et à Spišský Hrhov. Et voilà, son bijou le plus précieux, son peuple. Outre les Slovaques, autrefois il y avait de nombreux Allemands, Ruthéniens, Gorales ou Juifs. Ils appartenaient aux intellectuels, artisans, marchands, paysans et plus tard aux bons entrepreneurs. Ils étaient tous honnêtes, travailleurs, sincères et tolérants. C´est pour ça qu´ils étaient réchérchés pas seulement à Budapest, mais aussi à Vienne et après aux États Unis. Leur gentillesse et accueillance restent leurs dons charactéristiques jusqu´à nos jours. C´est eux et leurs ancêtres qui ont créé toutes ces valeurs culturelles que nous admirons aujourd´hui.

On dit: Tolle et lege – Prends et lis. Nous, on ne lira pas beaucoup. On va regarder les photos qui en parlent. Et je crois qu´elles ne vous décevront pas.

SPIŠSKÝ HRAD, SPIŠSKÁ KAPITULA, ŽEHRA

Unikátne pamiatky na Zozname svetového kultúrneho a prírodného dedičstva UNESCO

...tri jedinečné, na pozadí čarokrásnej prírodnej scenérie týčiace sa pamätníky slávnej histórie Spiša. Nad krajinou sa už od polovice 13. storočia majestátne vypína Spišský hrad, významné stredoveké administratívne centrum a silná pevnosť, ktorá nikdy nebola dobytá násilím. Hradbami obkolesené cirkevné mestečko Spišskú Kapitulu na neďalekej vyvýšenine zdobí románsko-gotická katedrála s dvomi vežami a komplex s biskupským palácom, barokovou hodinovou vežou, budovami dnešného kňazského seminára a desiatimi kanóniami, príbytkami niekdajších kanonikov. Početné nástenné maľby v pôvabnom kostolíku vyčnievajúcom nad obcou Žehra v údolí pod hradom fascinujú majstrovstvom stredovekých umelcov...

SPIŠ CASTLE, SPIŠSKÁ KAPITULA, ŽEHRA

Unique monuments inscribed in the U.N.E.S.C.O. World Heritage List

...three outstanding monuments of famous history of Spiš on the back of marvelous nature. Since the middle of the 13th century, there has been the Spiš Castle, majestically soaring above the country. The Spiš Castle was an important medieval administrative centre and was also a secure fortification which has never been overrun by force. Surrounded by walls, ecclesiastic town Spišská Kapitula on a close hill, is proud of the Romanesque - Gothic cathedral with two towers and a complex with the bishop´s palace, Baroque clock tower, buildings of current seminary and ten canonries, dwellings of former prebendaries. Numerous mural paintings in a charming church raised above Žehra in a valley under the castle are fascinating by the masterhood of medieval artists...

DIE ZIPSER BURG, DAS ZIPSER KAPITEL, ŽEHRA

Einzigartige Denkmäler auf der Liste des Kultur- und Naturerbes der UNESCO

...drei besondere Denkmäler der berühmten Geschichte der Zips auf dem Hintergrund der wunderschönen Landschaftsszenerie. Über dem Land erheben sich schon seit der Mitte des 13. Jahrhunderts die Zipser Burg, ein Verwaltungszentrum und eine starke Festung, die niemals mit Gewalt erobert wurde. Das befestigte Kirchenstädtchen Zipser Kapitel wird von der romanisch-gotischen Kathedrale mit zwei Türmen und einem Komplex mit dem Abtpalast, dem barocken Uhrenturm, dem Gebäude des heutigen Priesterseminars und den zehn Häusern der ehemaligen Domherren, geschmückt. Die zahlreichen Wandgemälde in der attraktiven Kirche, die über dem Dorf Žehra im Tal unter der Burg steht, faszinieren dank ihrer meisterlichen Art...

LE CHÂTEAU-FORT DE SPIŠ, SPIŠSKÁ KAPITULA (CAPITOLE DE SPIŠ), ŽEHRA

Les sites uniques de la Liste du patrimone mondial de la culture et la nature d´UNESCO

...trois monuments uniques de la riche histoire de Spiš, avec la paysage pittoresque à l´arrière-plan. Le Château-fort de Spiš domine le pays depuis milieu du XIIIe siècle, étant le centre administratif médiéval de grande importance et la fortresse jamais n´étant conquise par la force. Le bourg réligieux enceint par les remparts, Spišská Kapitula, sur la coline à la proximité, orné de la cathédrale romane-gothique à deux tours et le complexe avec le palais épiscopal, l´horloge baroque, les édifices de l´actuel séminaire des prêtres et dix habitats des chanoines anciens. Les nombreuses peintures murales dans la petite église charmante émergeante au-dessus du village Žehra dans la vallée au pieds du château fascinent par la grande maîtrise des artistes médiévaux...

Letecký pohľad na Spišský hrad odkrýva jeho monumentálnu rozlohu a jedinečnú podobu troch hradných nádvorí

Air view of the Spiš Castle discloses its voluminous surface and unique shape of three castle courtyards

Die Zipser Burg aus Vogelperspektive, die seine monumentale Fläche und die einmalige Figur der drei Burghöfe enthüllt

La vue aérienne sur le Château-fort de Spiš dévoile sa surface monumentale et l´image unique de ses trois cours du château

Horné nádvorie Spišského hradu s architektúrou gotických palácov, postavených rodinou Zápoľských v druhej polovici 15. storočia a románskou okrúhlou vežou

Upper courtyard of the Spiš Castle with the architecture of the Gothic palaces, constructed by the family Zápoľský in the second half of the 15th century and the Romanesque round tower

Der obere Hof der Zipser Burg mit romanischem, ringförmigem Turm und der Architektur der gotischen Paläste, die von der Familie Zápoľsky in der zweiten Hälfte des 15. Jahrhunderts erbaut worden sind

La haute-cour du château fort de Spiš avec l´architecture des palais gothiques, construits par la famille Zápolya dans la seconde moitié du XVe siècle et la tour circulaire romane

>>

Pohľad z dolného nádvoria hradu

View from the lower courtyard

Die Sicht aus dem unteren Burghof

La vue de basse-cour du château-fort

35

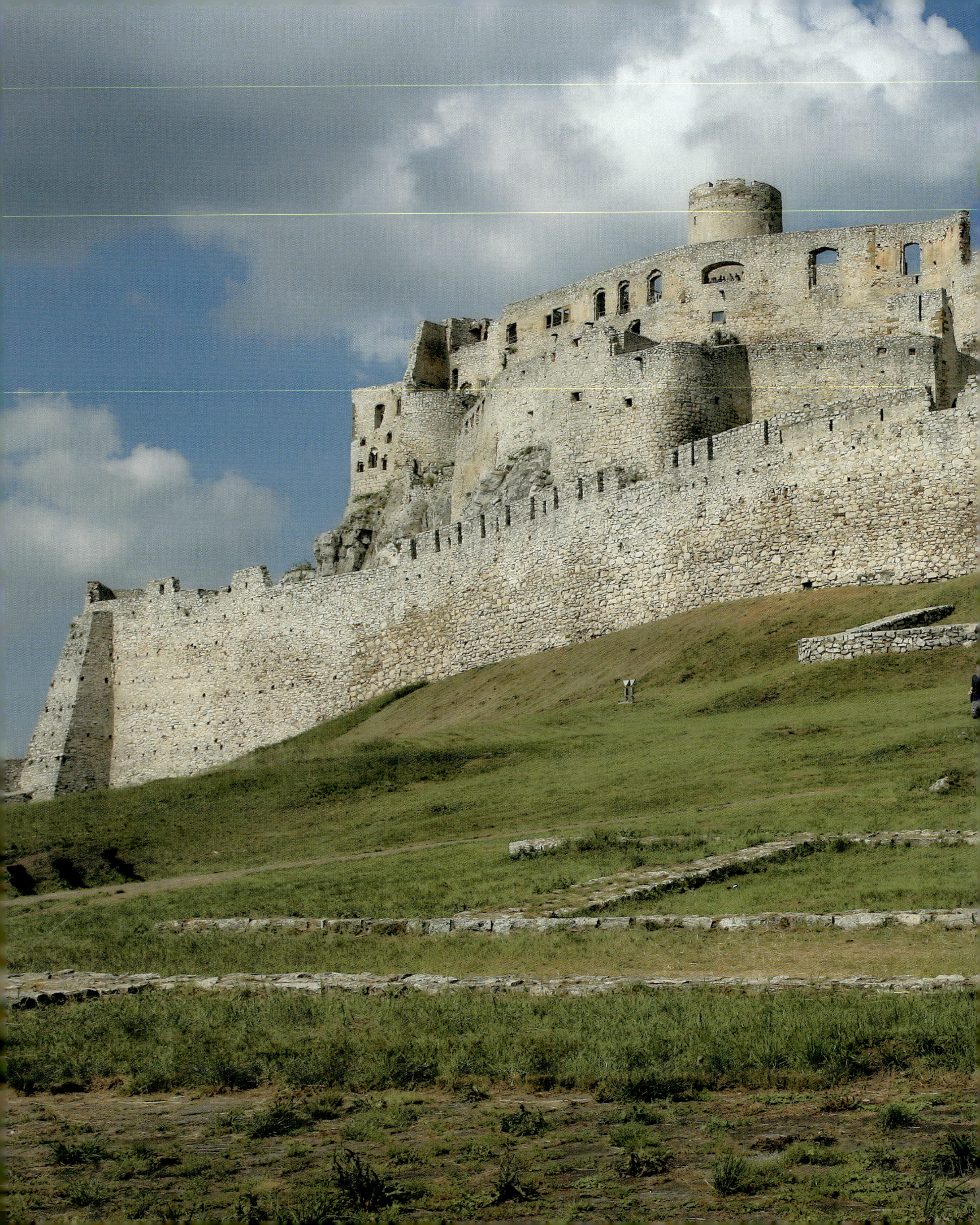

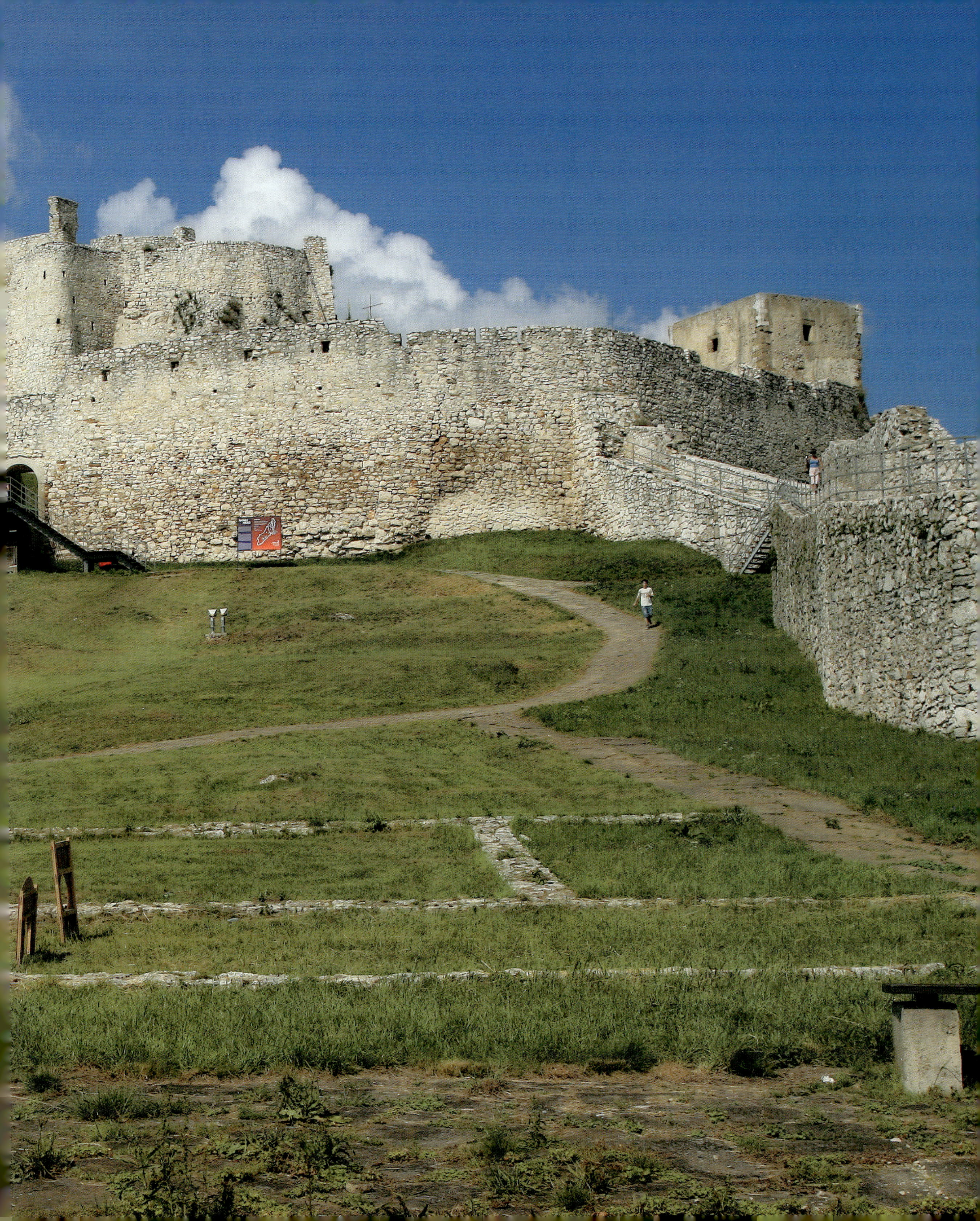

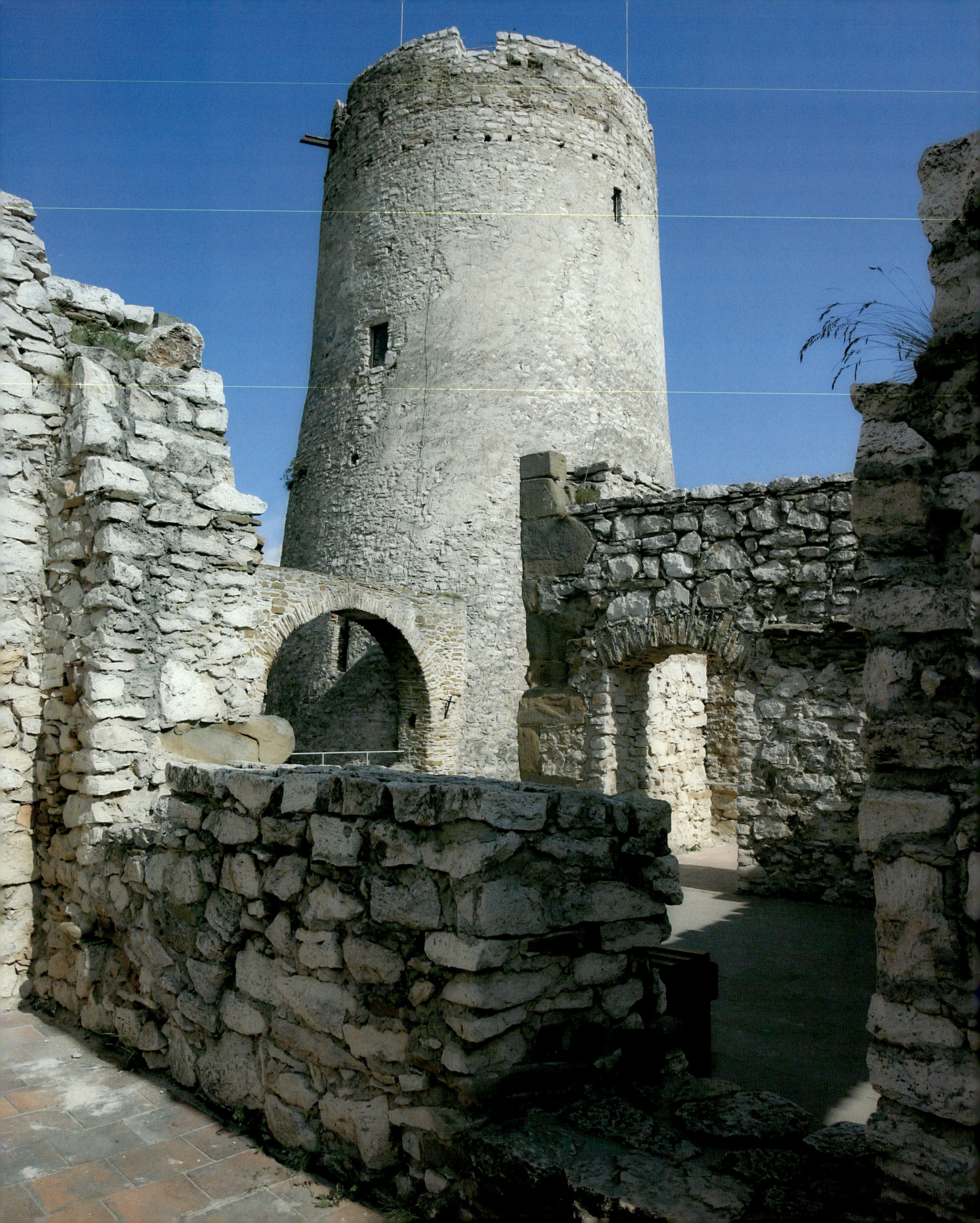

Obranná kruhová veža je jednou z najstarších častí hradu
Románska brána z prvej tretiny 13. storočia, ktorou sa vstupovalo do horného nádvoria

Defending round tower as one of the oldest sections of the castle
The Romanesque gate from the first third of the 13th century as access to the upper courtyard

Der Festigungsringturm gehört zu den ältesten Teilen der Burg
Das romanische Tor aus dem ersten Drittel des 13. Jahrhunderts, durch das der obere Burghof betreten wurde

Le donjon à base circulaire est l´une des plus anciennes parties de l´architecture du château
La porte romane du premier tiers du XIIIe siècle par laquelle on entrait à la haute-cour

Prístupový chodník z románskeho predhradia, ktoré bolo postavené po Tatárskom vpáde a malo posilniť obranu hradu
Gotická kaplnka na Spišskom hrade bola postavená v druhej polovici 15. storočia a zasvätená bola sv. Alžbete Uhorskej. Z ruín zachránený interiér v dnešnej podobe opäť slúži pôvodnému účelu

Access path from the Romanesque fore-yard, constructed after the Tartar's invasion to reinforce the castle protection
The Gothic chapel in the Spiš Castle was constructed in the second half of the 15th century and consecrated on the St. Elisabeth from Hungary. Interior saved from the ruins can be used

Der Eingangsweg aus der romanischen Vorburg, die nach dem Tatareneinfall erbaut wurde, um den Schutz zu verstärken
Die Gotische Kapelle an der Zipser Burg wurde in der zweiten Hälfte des 15. Jahrhundert erbaut und der Hl. Elisabeth von Ungarn geweiht. Aus den Ruinen gerettetes Interieur in der heutigen Fassung dient wieder dem eigentlichen Zweck

Le sentier d´accès de l´espace devant le château roman, construit après l´invasion tartare et qui devait fortifier la protection du château
La chapelle gothique dans le château-fort fut construite dans la seconde moitié et elle fut dédiée à Sainte Élisabeth de Hongrie

>>

Muzeálna expozícia starej gastronómie v priestoroch jednej z hradných kuchýň pripomína dôležitú súčasť každodenného života na stredovekom hrade

Museum exposition of an old gastronomy in one of the castle kitchen remains of the important moments of everyday life on a medieval castle

Die museale Ausstellung der alten Gastronomie in den Räumen einer der Burgküchen
erinnert an den wichtigen Bestandteil des Alltags in einer mittelalterlichen Burg

L´intérieur sauvegardé des vestiges d´autrefois peut servir de nouveau à son propre but

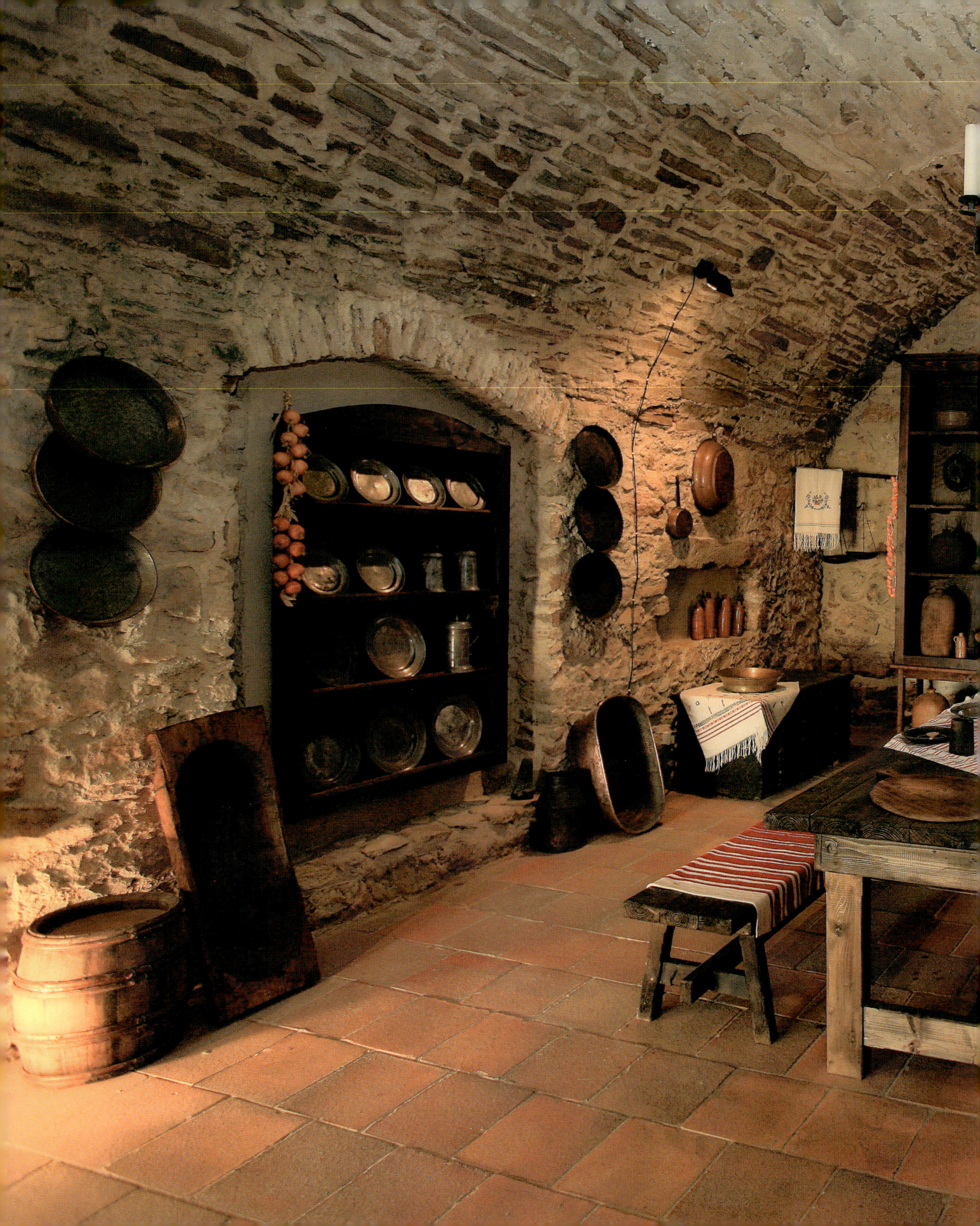

ČO PONÚKA
HRADNÁ
KUCHYŇA

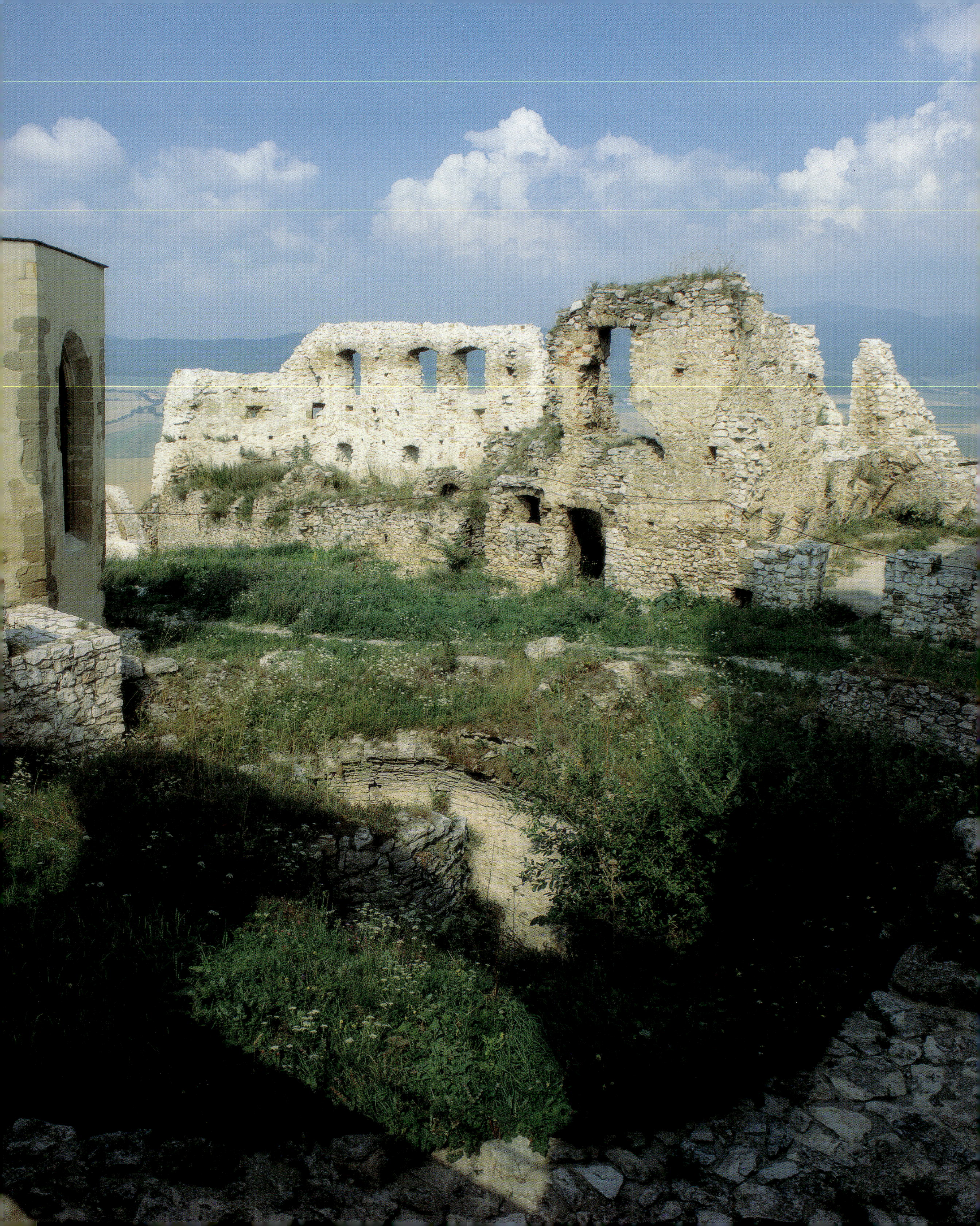

Ruiny východných, tzv. Csákyovských palácov a kruhová románska cisterna - základy pôvodného donjonu
Románske okno, jedno zo zachovaných okien románskeho paláca. Palác postavil uhorský kráľovič Koloman v prvej tretine 13. storočia
a dnes patrí k ojedinelým príkladom zachovanej palácovej románskej architektúry Európy

Ruins of the eastern, so called Csaky' palaces and round Romanesque cistern - basement of original donjon
Romanesque window, one of preserved windows of the Romanesque palace. Palace constructed by the Hungarian prince Koloman
in the first third of the 13th century belongs to the unique examples of the palace Romanesque architecture in Europe

Ruinen der östlichen der sog. Paläste der Csákys und die ringförmige romanische Zisterne - der Grundbau des eigentlichen Donjon
Romanisches Fenster, eines der erhaltenen Fenster des romanischen Palastes. Den Palast ließ der ungarische Königssohn Koloman im ersten Drittel
des 13. Jahrhunderts bauen und heute gehört er zu den vereinzelten Beispielen einer erhaltenen romanischen Palastarchitektur in Europa

Les vestiges des palais orientaux, soidisants Palais de Csaky et la citerne romane circulaire, les fondements du donjon originel
La fenêtre romane, l'une des fenêtres sauvegardées d'un ancien palais romain. Ce palais fut bâti par le prince hongrois Koloman au début du XIIIe siècle
(dans le premier tiers) et aujourd'hui il appartient aux échantillons uniques de l'architecture européenne des palais romans gardés jusqu'à nos jours

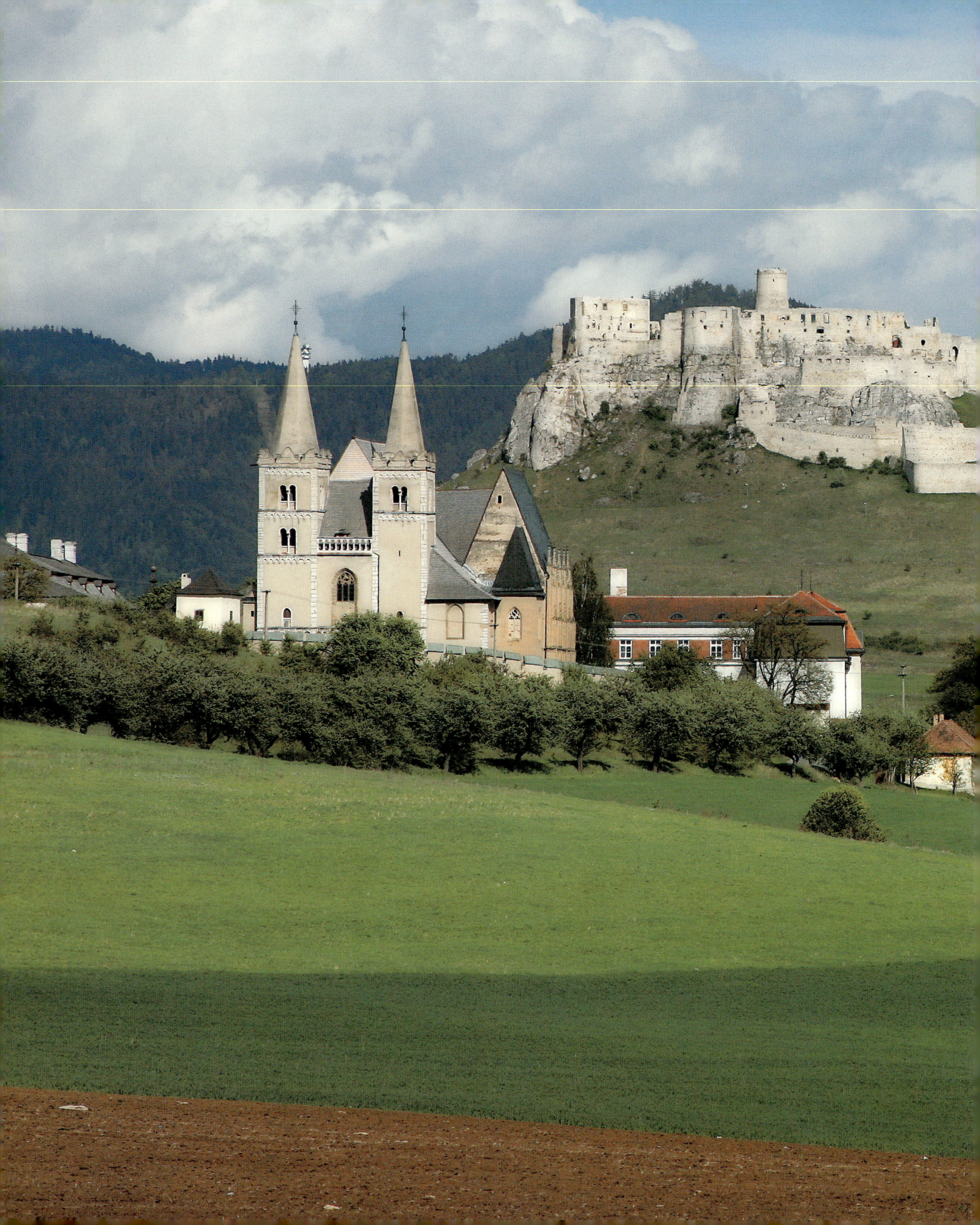

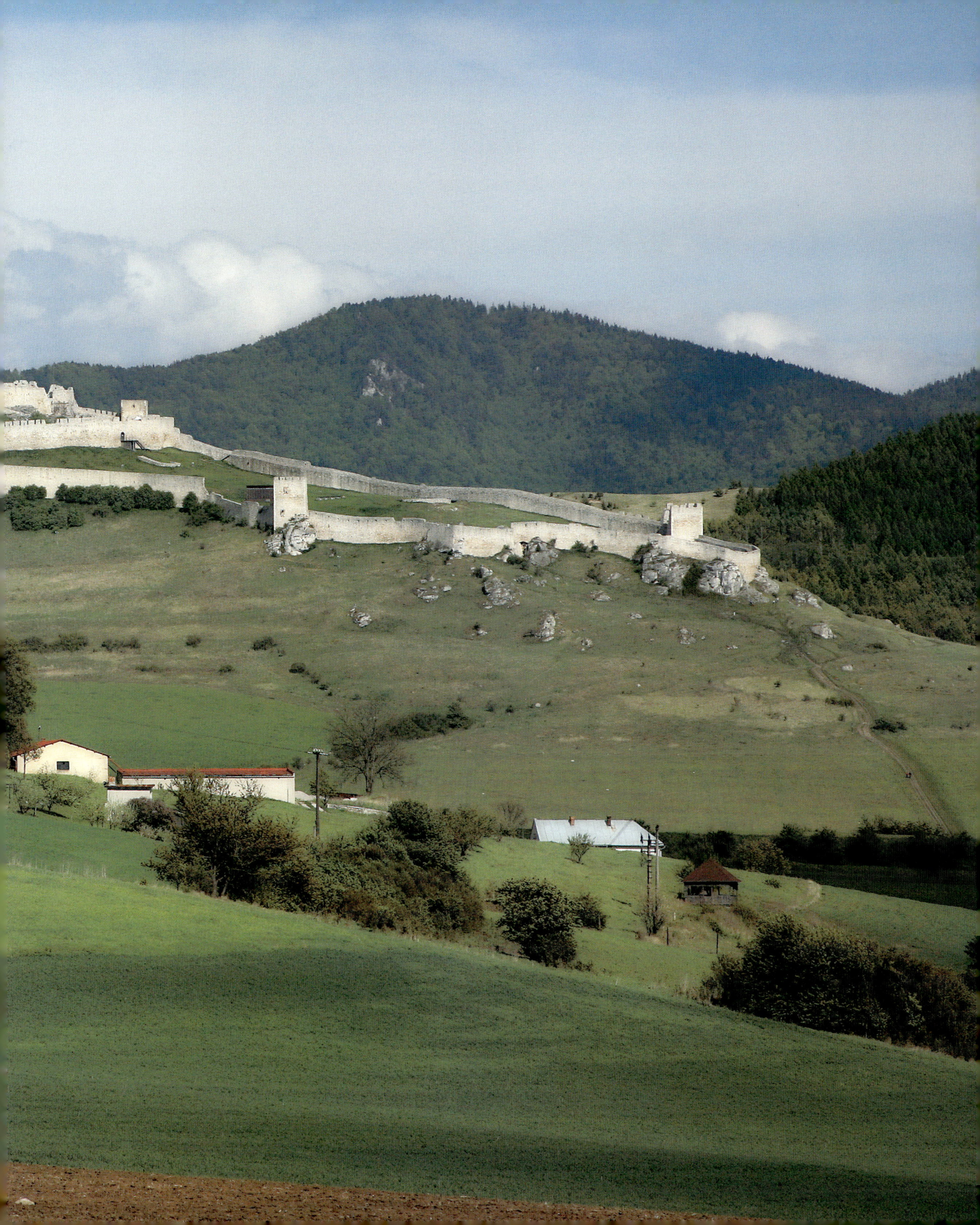

«

Panoráma najstarších príkladov architektúry Spiša - Spišského hradu a Katedrály sv. Martina v Spišskej Kapitule
Najstaršia zachovaná časť katedrály s románskym dvojvežovým priečelím bola stavaná súčasne s románskym palácom Spišského hradu v prvej tretine 13. storočia

Panorama of the oldest examples of the Spiš architecture - the Spiš Castle and St. Martin' Cathedral in Spišská Kapitula
The oldest preserved part of the cathedral with the Romanesque double-towered facade was constructed simultaneously with the Romanesque palace of the Spiš Castle in the first third of the 13th century

Panorama der ältesten Beispiele der zipser Architektur - die Zipser Burg und die Kathedrale des hl. Martin in Spišská Kapitula
Der älteste erhaltene Teil der Kathedrale mit einer romanischen Zweiturm-Fassade wurde zeitgleich im ersten Drittel des 13. Jahrhunderts mit dem romanischen Palast der Zipser Burg erbaut

Le panorama des échantillons les plus vieux de l´architecture en Spiš – Le Château-fort de Spiš et la Cathédrale Saint Martin à Spišská Kapitula
La partie la plus ancienne de la cathédrale avec le portail roman à deux tours qui fut bâtie en même temps avec le palais roman du Château-fort de Spiš dans le premier tiers du XIIIe siècle

Korunovanie uhorského kráľa Karola Róberta z Anjou - nástenná maľba z roku 1317 v interiéri katedrály
Interiér katedrály sv. Martina - pohľad do najstaršej západnej časti s organovou emporou   >>
a pohľad do gotického trojlodia a svätyne, ktoré vznikli pri stavebnej úprave v rokoch 1462 - 1478   >> >>

Coronation of the Hungarian king Charles Robert of Anjou - wall painting from 1317 in the cathedral interior
St. Martin' Cathedral interior - view of the oldest western section with organ empora   >>
and view of the Gothic triple nave and temple, originated during renovations in 1462 - 1478   >> >>

Die Krönung des ungarischen Königs Karl Robert von Anjou - Wandgemälde aus dem Jahr 1317 im Interieur der Kathedrale
Das Interieur der Kathedrale des Hl. Martin - Der Blick in den ältesten westlichen Teil mit Orgelempore   >>
und der Blick in das gotische Dreischiff und das Heiligtum, die bei dem Umbau in den Jahren 1462 - 1478 entstanden sind   >> >>

Le couronnement solennel de Charles Robert d´Anjou, roi hongrois, peinture murale de 1317 dans l´intérieur de la cathédrale
L´intérieur de la cathédrale Saint Martin- la vue sur la partie occidentale, la plus vieille partie de la cathédrale, avec la tribune d´orgue   >>
et la vue sur l´église gothique à trois nefs et la sanctuaire qui étaient établies pendant la reconstruction entre 1462 et 1478   >> >>

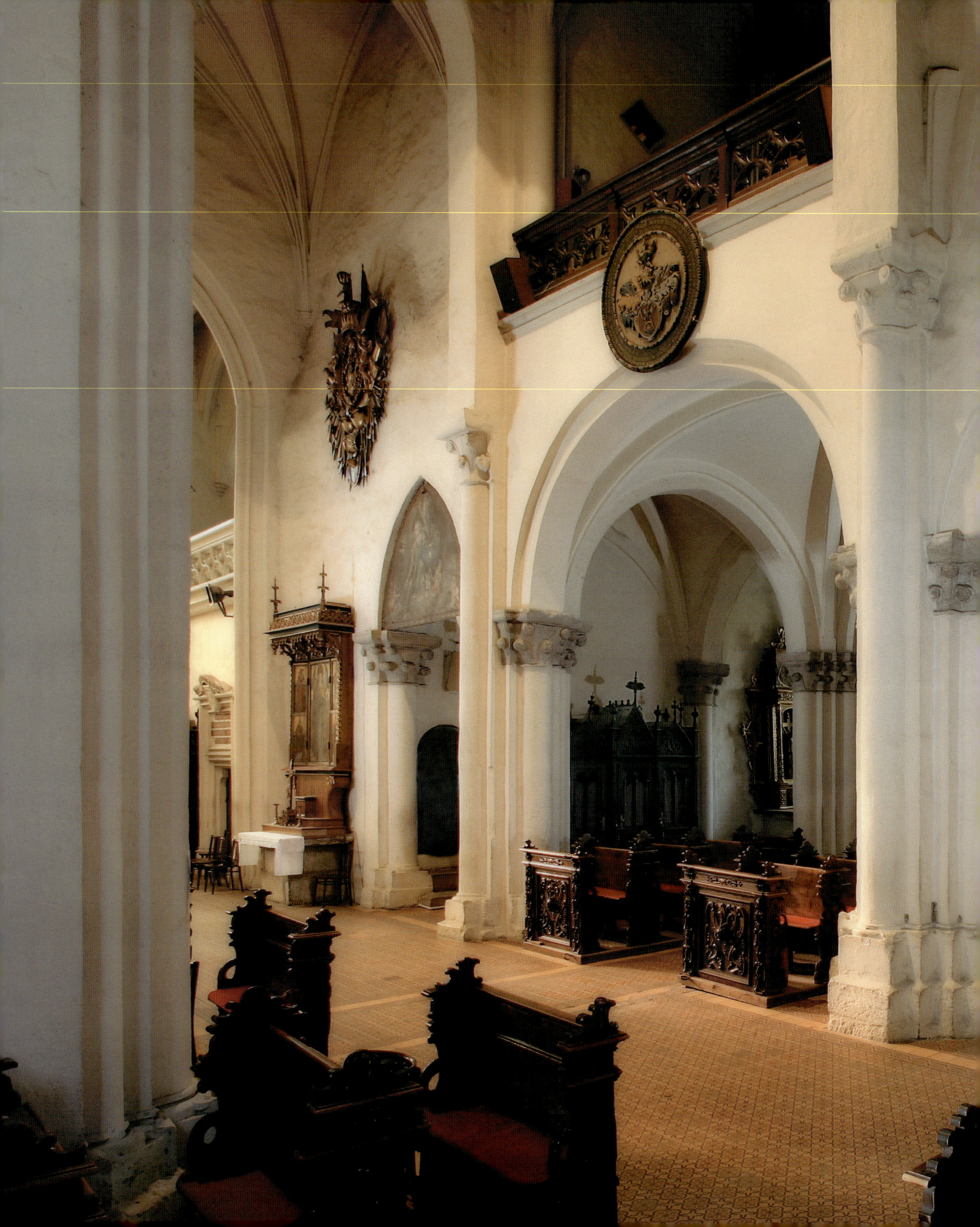

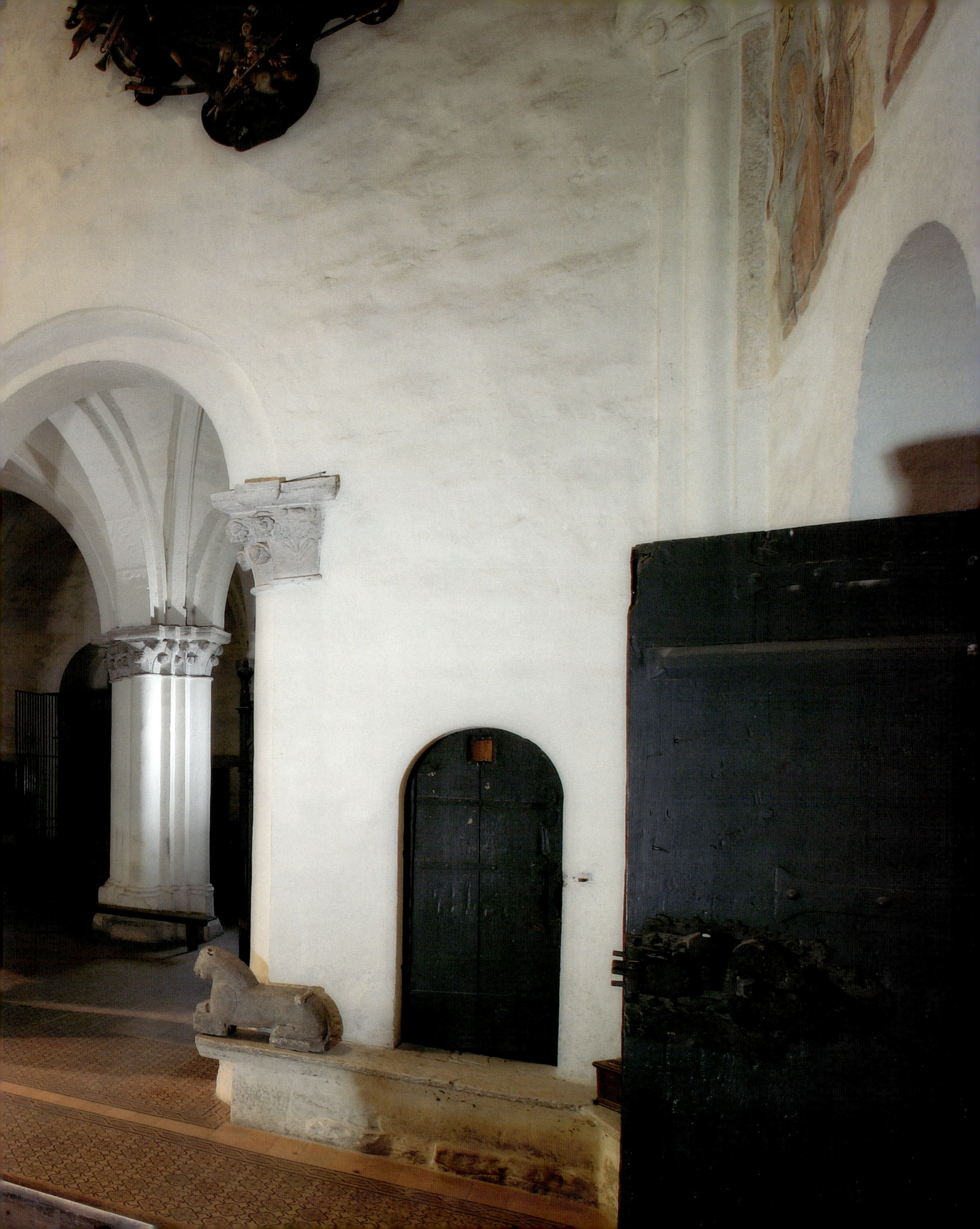

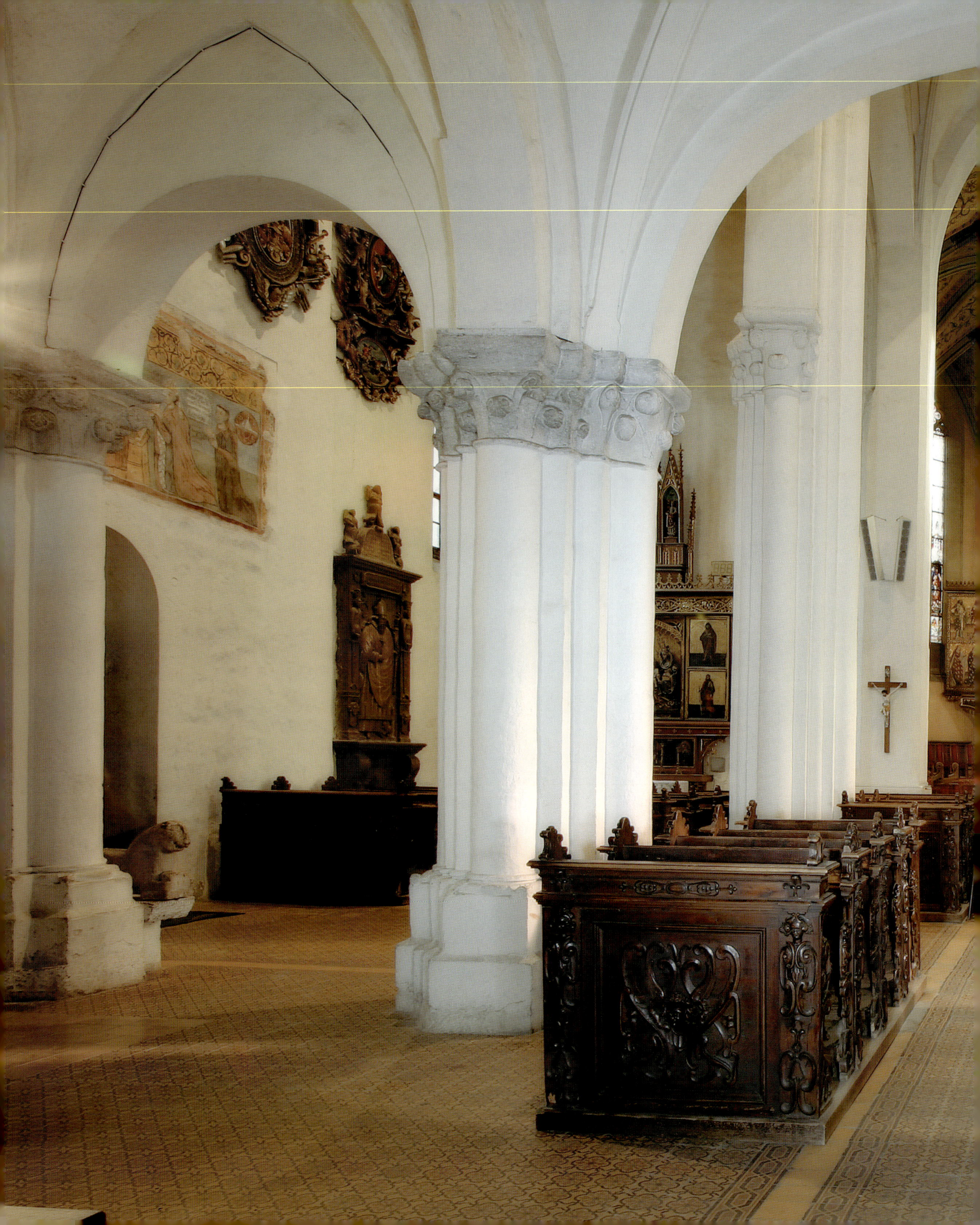

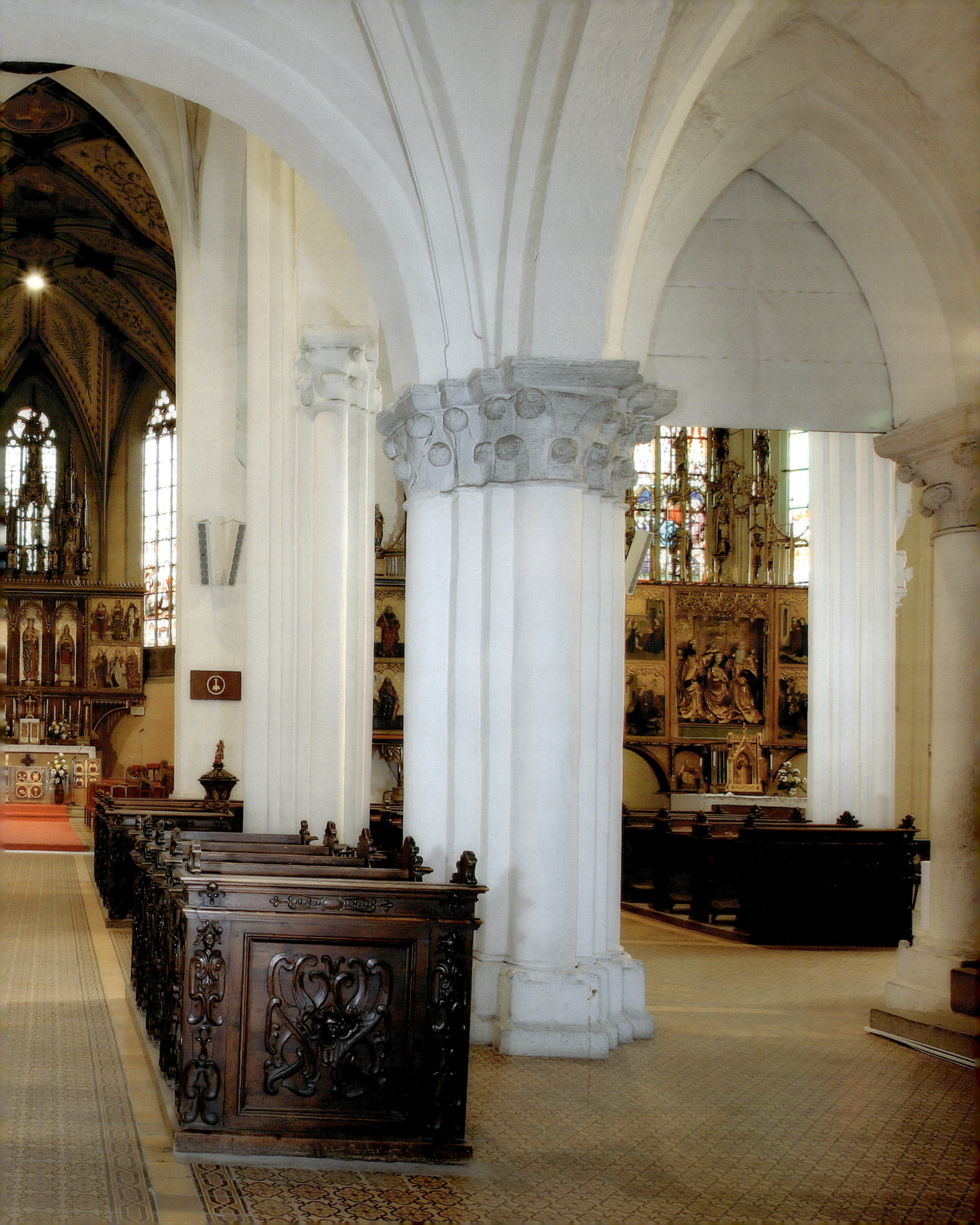

Svätyňa katedrály s gotickým hlavným oltárom a biskupským kreslom na ľavej strane a detail neskorogotickej sieťovej klenby, ktorú zdobí neogotická maliarska výzdoba z roku 1888

Cathedral temple with the Gothic main altar and bishop's pew on the left and detail of late Gothic netted ceiling, decorated with paintings from 1888

Das Heiligtum der Kathedrale mit dem gotischem Hauptaltar, dem Bischofsessel auf der linken Seite und dem Detail des spätgotischen Netzgewölbes, das ein neogotisches Gemälde aus dem Jahr 1888 schmückt

La sanctuaire de la cathédrale avec le maître-autel gothique et la chaire d'évêque à gauche, un détail de la voûte à nervures rayonnantes de gothique tardive qui est orneée par la peinture néo-gothique de 1888

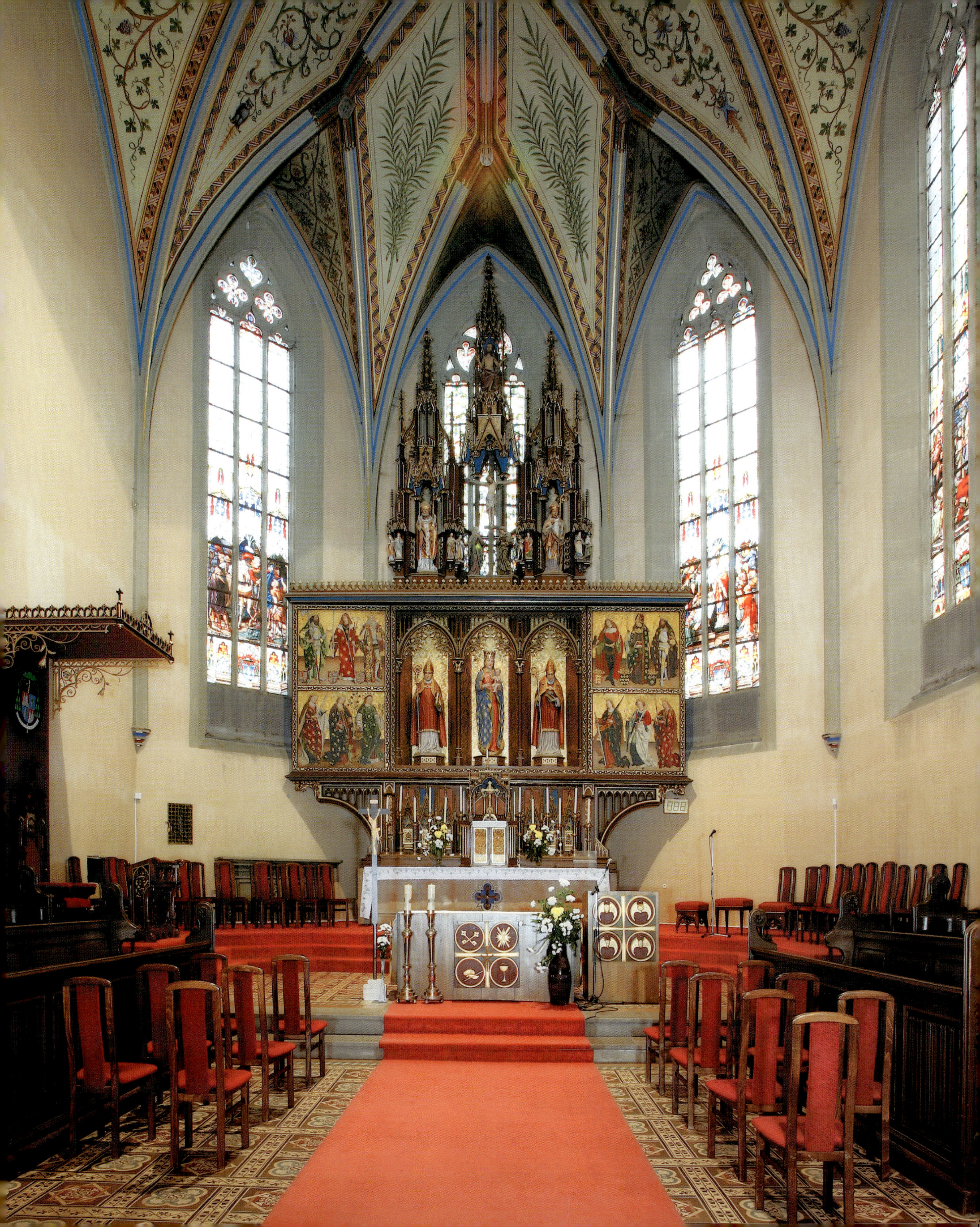

Baroková monštrancia z katedrály, ktorú zhotovil známy levočský zlatník Ján Szilassy (1707 - 1782) okolo roku 1730

Baroque monstrance from the cathedral, made by known goldsmith from Levoča Ján Szilassy (1707 - 1782) from about 1730

Barocke Monstranz aus der Kathedrale, die der berühmte Goldschmied aus Levoča Ján Szilassy (1707 - 1782) um das Jahr 1730 gefertigt hatte

L´ostensoir baroque de la cathédrale créé par Ján Szilassy, l´orfèvre renommé de Levoča (1707 - 1782) vers 1730

Detail biskupskej berly s motívom súsošia sv. Martina so žobrákom

Detail of the bishop's crosier depicting St. Martin with a beggar

Detail des Hirtenstabs des Bischofs mit dem Motiv der Staute des Hl. Martin und des Bettlers

Le détail du bâton d'évêque avec le motif présentant la sculpture de Saint Martin avec le gueux

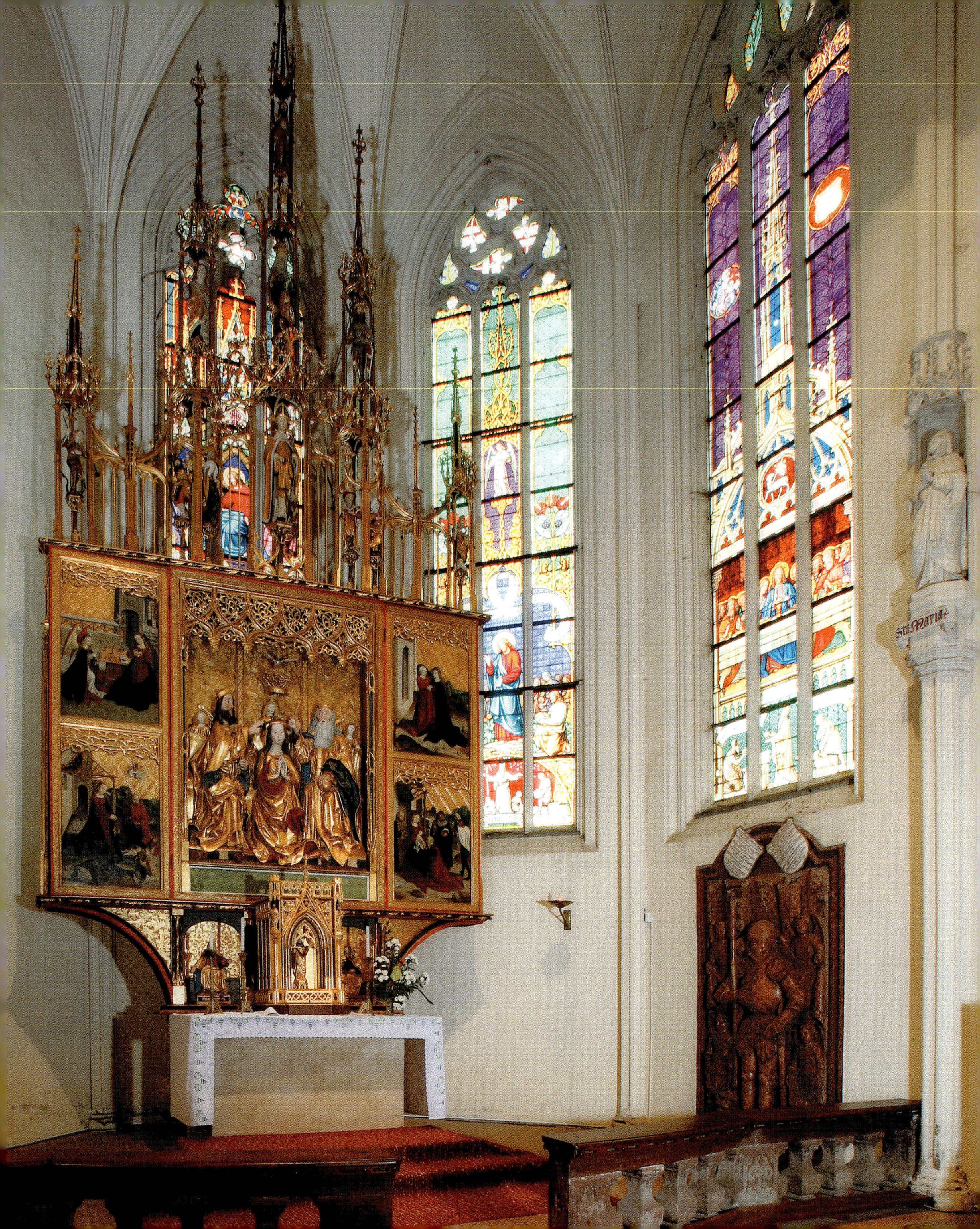

Oltár Korunovania Panny Márie, okolo roku 1490, z kaplnky Zápoľských v katedrále
Pohľad do severnej lode katedrály s oltárom Klaňania troch kráľov z doby okolo roku 1470

Altar of Madonna Coronation from about 1490, from the Zapoľský´ chapel in the cathedral
View of the northern cathedral nave with the altar of Three kings bowing from about 1470

Der Altar mit Jungfrau Marias Krönung, um das Jahr 1490, aus der Kappelle der Zápoľsky in der Kathedrale
Sicht in das nördliche Schiff der Kathedrale mit dem Altar der Huldigung der Drei Könige aus der Zeit um 1470

L´autel de l´Assomption de la Vierge Marie vers 1490, de la Chapelle des Zápolyia dans la cathédrale
La vue sur la nef de nord avec l´autel d´Adoration des Mages de l´époque vers 1470

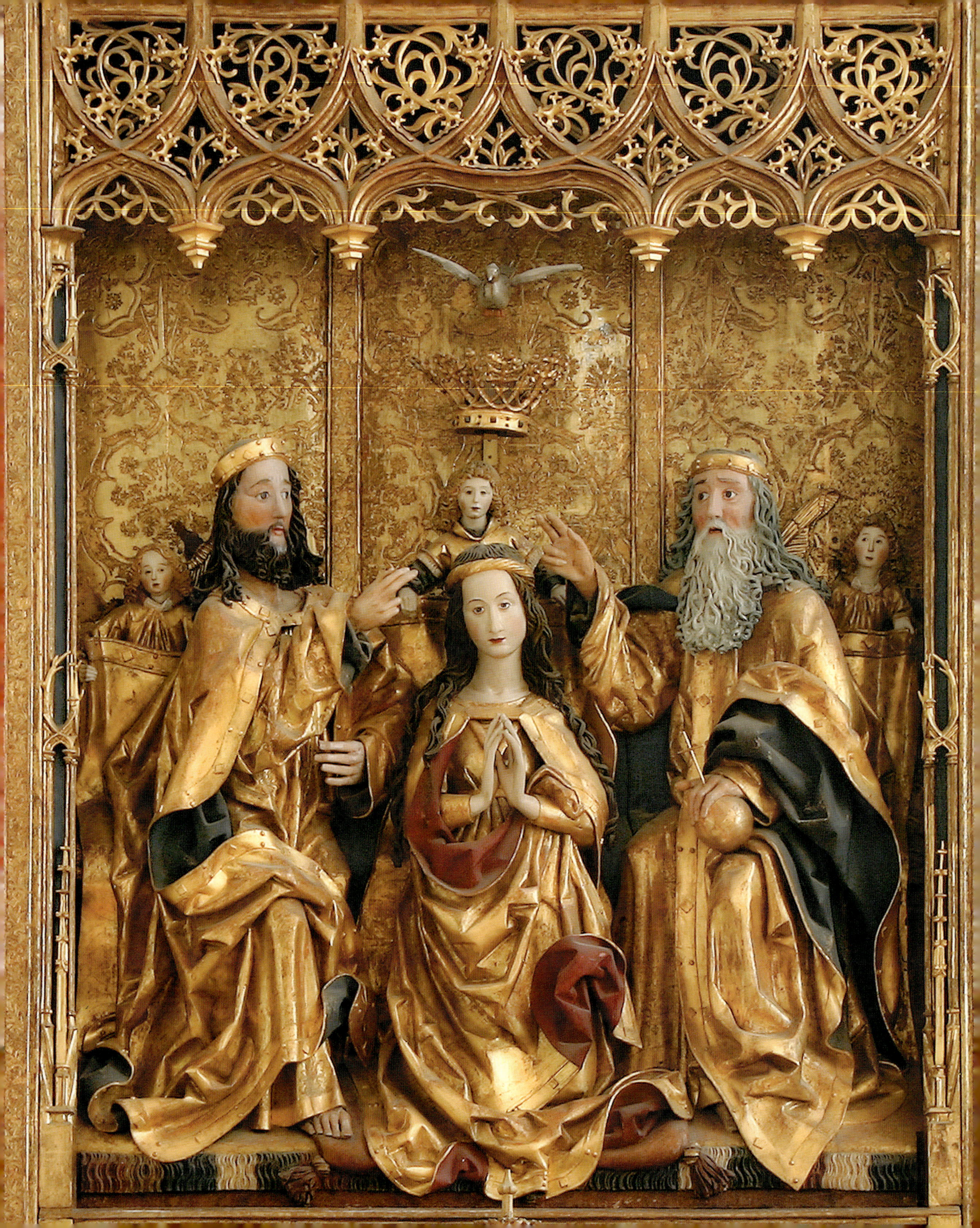

Súsošie Korunovania Panny Márie. Detail z oltárnej skrine oltára v kaplnke Zápoľských
Súsošie Smrti Panny Márie. Detail z oltárnej skrine bočného oltára v južnej lodi katedrály, z doby okolo roku 1490

Group of statues of The Coronation of Madonna. Detail of altar case in Zápoľský chapel
Group of statues of Death of Madonna. Detail of side altar case in southern nave from about 1490

Die Statue von Jungfrau Marias Krönung. Detail des Altarschranks in der Zápoľsky -Kapelle
Die Staue des Todes der Jungfrau Maria. Detailsicht auf den Altarschrank des Seitenaltars in dem südlichen Schiff der Kathedrale, aus der Zeit um das Jahr 1490

La sculpture de l´Assomption de la Vierge Marie de l´autel dans la Chapelle des Zápolya
La sculpture Mort de la Vierge Marie. Le détail de l´autel latéral dans la nef de sud de la cathédrale, de l´époque vers 1490

· ARA PRIVILEGIATA ·

Kostol Ducha Svätého v Žehre z 13. storočia
Interiér kostola zdobia nástenné maľby zo 14. a začiatku 15. storočia. V druhej polovici 17. storočia do stredovekého priestoru pribudli barokové oltáre a kazateľnica

St. Spirit Church in Žehra from the 13th century. Church interior with mural paintings from the 14th and beginning of the 15th centuries. Baroque altar and pulpit added in the second half of the 17th century

Die Kirche des Heiligen Geistes in Žehra aus dem 13. Jahrhundert
Das Interieur der Kirche wird von Wandgemälden aus dem 14. und 15. Jahrhundert geschmückt. In der zweiten Hälfte des 17. Jahrhunderts kamen in dem mittelalterlichen Raum die barocken Altäre und die Kanzel hinzu

L´église Saint-Esprit à Žehra du XIIIe siècle
L´intérieur de l´église est orné des peintures-murales du XIVe et du début de XVe siècle. Dans la seconde moitié du XVIIe siècle on ajouta les autels baroques et la chaire à prêcher

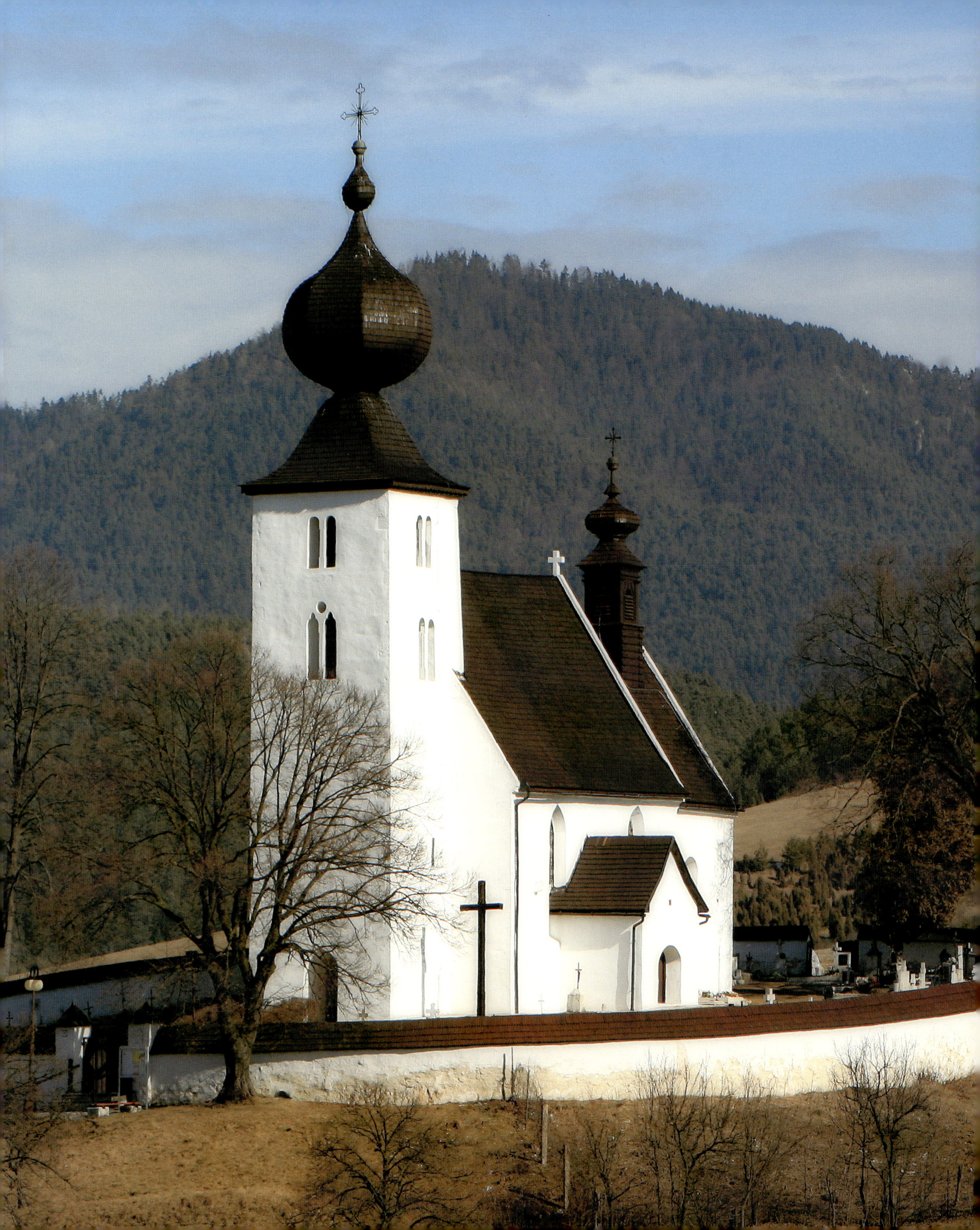

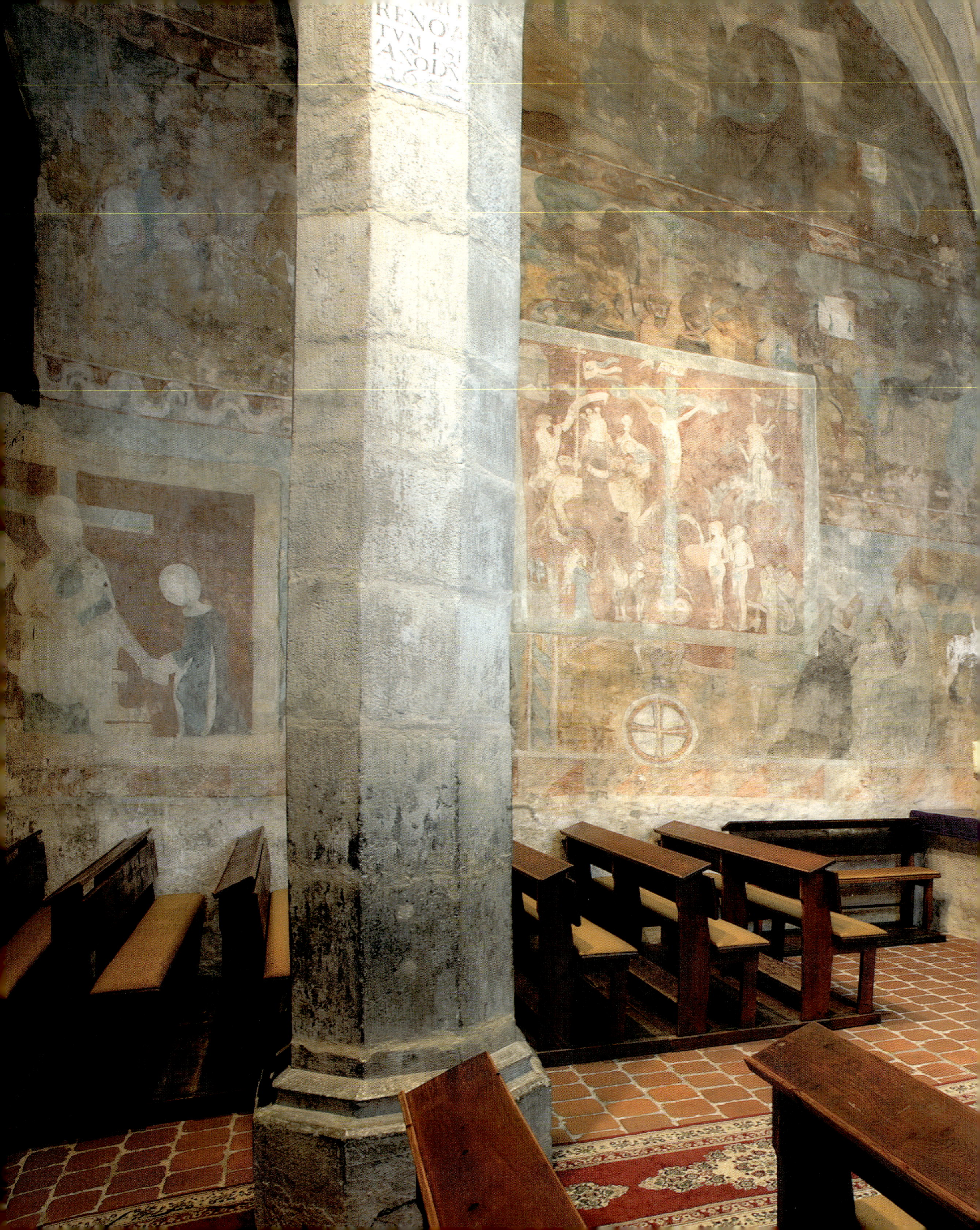

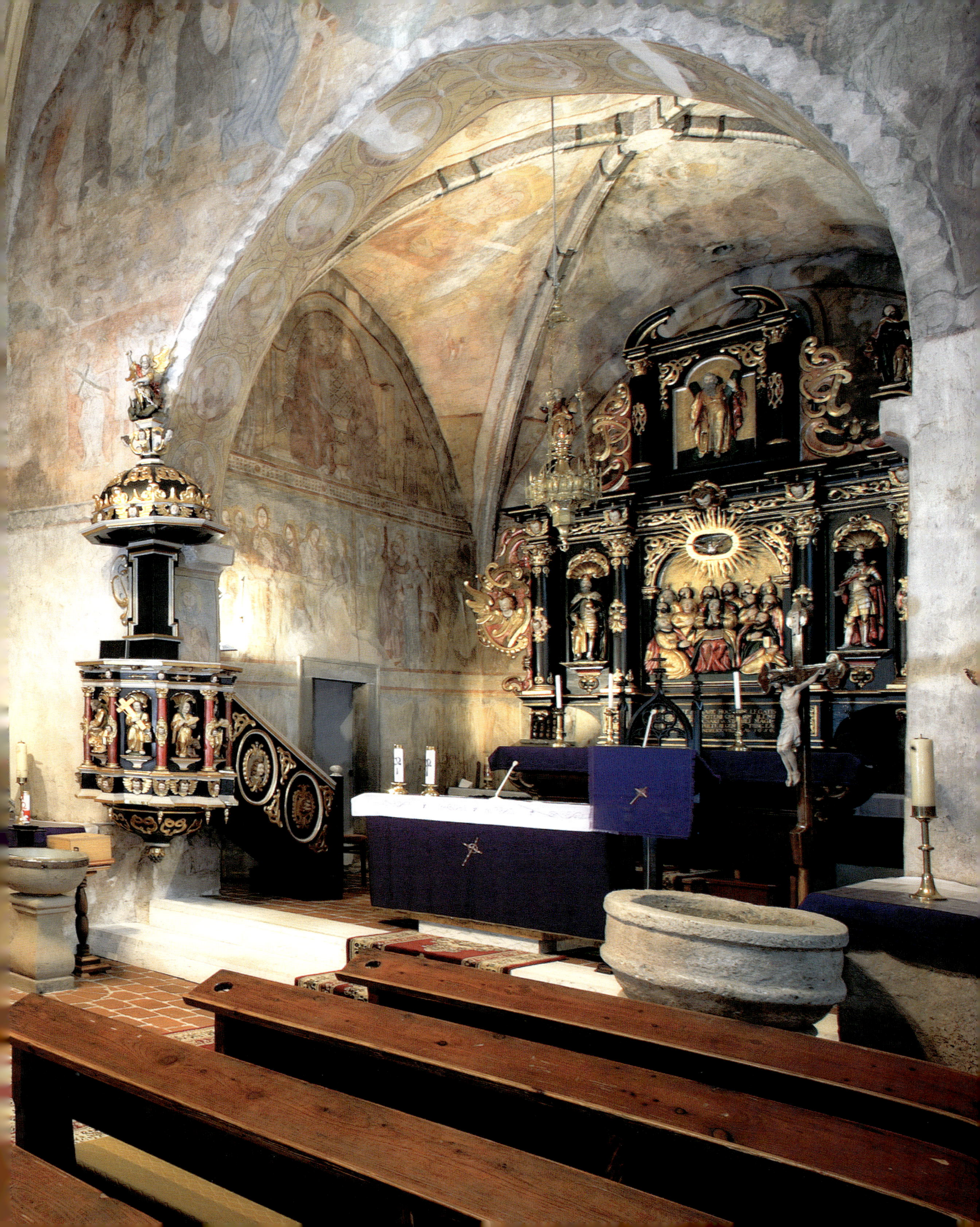

TRAVERTÍNOVÉ KOPY NA SPIŠI
Najrozsiahlejší travertínový komplex na Slovensku

... od Gánoviec pri Poprade cez Vyšné Ružbachy až po najväčšie travertínové územie v okolí Spišského hradu sú roztrúsené vzácne vápencovo-dolomitické územia s mnohými aktívnymi minerálnymi prameňmi, reliktmi vzácnej horskej kveteny na bralách a teplomilnými rastlinami na vrcholových stepiach. Najstaršia spišská travertínová kopa Dreveník uchvacuje skalnými vežami, puklinovými jaskyňami a priepasťami, ktoré poskytujú úkryt kolóniám vzácnych netopierov. Neďaleká Sivá Brada láka milovníkov prírodných zvláštností vývermi podzemných vôd a pestrosťou jedinečných rastlín a živočíchov...

TRAVERTINE HILLS ON SPIŠ
The largest travertine complex in Slovakia

... from Gánovce near Poprad via Vyšné Ružbachy till the largest travertine area in the Spiš Castle surroundings are spread over very precious limestone-dolomitic localities with numerous active mineral springs, relicts of valuable mountainous flora on rocky hills and the thermophilic plants on top heaths. The oldest Spiš travertine hill Dreveník enchants by its rocky towers, fissure caves and gaps, providing shelters for precious chiropterans. Close Sivá Brada attracts the admirers of natural particularities by spouts of underground waters and variety of fauna and flora...

DIE TRAVERTINMASSEN AUF DER ZIPS
Der geräumigste Travertinkomplex in der Slowakei

... von Gánovce bei Poprad über Vyšné Ružbachy bis zum größtem Travertingebiet in der Umgebung der Zipser Burg, sind verstreut kostbare Kalkstein-dolomitenartige Gebiete mit vielen aktiven Mineralquellen, mit Relikten der schönen Flora auf den Felsen und thermophilen Pflanzen auf den Berghügeln zu sehen. Die älteste zipser Travertinmasse Dreveník beeindruckt durch ihre Felsentürme, spaltenartige Höhlen und Schluchten, die den kostbaren Fledermäusen Schutz bieten. Die nicht weit entfernte Sivá Brada lockt die Naturliebhaber mit ihren unterirdischen Wasserquellen und der Vielfalt an einzigartigen Pflanzen und Tieren...

LES COLINES DE TRAVERTIN EN SPIŠ
Le complexe de travertin le plus étendu en Slovaquie

...à partir de Gánovce près de Poprad à travers de Vyšné Ružbachy jusqu´à la surface de travertin la plus étendue autour du Château-fort de Spiš sont dispersés les sites uniques en pierre calcaire et dolomite avec beaucoup de sources d´eau minérale encore actives, des endémites de la flore alpine assez rare et les plantes aimantes chaleur des alpages et prairies. La coline de travertin la plus ancienne en Spiš, Dreveník, séduit par ses tours rocheuses, les grottes et gorges dans les crevasses, offrantes abri aux colonies des rares chauves-souris. Sivá Brada à la proximité attire les amants des curiosités de la nature par ses sources de l´eau souterraine et les variétés des plantes et animaux...

Nezvyčajný pohľad z Dreveníka na Spišský hrad, ktorý stojí na susednej travertínovej kope a je vybudovaný z travertínu

Unusual view of the Spiš Castle, constructed on travertine hill, from Dreveník

Eine außergewöhnliche Sicht aus Dreveník auf die Zipser Burg, der an dem benachbarten Travertinrücken steht und aus Travertin erbaut wurde

La vue extraordinaire de Dreveník sur le Châteaufort de Spiš, dressé sur la monticule voisine de travertin, construit en travertin

Sivá Brada je jedna z travertínových kôp, kde sú ešte aktívne minerálne pramene. Vďaka nim možno pozorovať vyzrážavanie travertínu
Na vrchole stojí baroková kaplnka sv. Kríža, ku ktorej chodili procesie pútnikov od roku 1696

Sivá Brada as one of the travertine hills with still active mineral springs. Thanks to them we can observe the travertine precipitation. Baroque chapel of St. Cross on the top. From 1696 processions of pilgrims were attending the place

Sivá Brada aus Travertinmaßen, wo es noch aktive Mineralquellen gibt. Dank ihnen können wir den Travertinausstoss besichtigen. Auf der Spitze steht die barocke Kapelle des Hl. Kreuzes, ein Wallfahrtsort seit dem Jahr 1696

Sivá Brada est une des colines de travertin où il y a des sources d´eau minérale encore actives. Grâce à eux on peut encore observer la formation de tuf calcaire
Sur le but se dresse la chapelle baroque Sainte Croix, le lieu des plusieurs pélérinages dès 1696

Na slatinných rašeliniskách ovplyvňovaných vápenatými vodami rastie prvosienka pomúčená (Primula farinosa)

Primula farinosa grows on morland soils, influenced by calcareous waters

Auf moorartigen Torfgebieten, die von den Kalziumgewässern beeinflusst wurden, wächst die Mehlprimel (Primula farinosa)

La primevère farineuse (Primula farinosa) végéte sur les tourbières créées par les eaux calciques

Skalné veže slúžia ako cvičné horolezecké skaly, odmenou za výstup sú krásne výhľady do okolia

Rock towers as training rocks for mountain climbers. Wonderful views as remuneration for climbing

Die Felsentürme dienen als Übungsfelsen für Bergsteiger, die Belohung für den Aufstieg ist die hübsche Aussicht auf die Umgebung

Les tours rocheuses servent à l´entraînement de l´escalage, dont la récompense est la belle vue sur l´endroit

Pýchou spišskej prírody je vzácny poniklec slovenský (Pulsatilla slavica), západokarpatský endemit, kvitnúci skoro zjari na výslnných vápencových bralách

Precius Pulsatilla slavica, the western-carpatian endemit, blooming at early springs on calcareous rocks

Der Stolz der zipser Natur ist die kostbare Hallers Küchenschelle (Pulsatilla slavica), endemische Pflanze der westlichen Karpaten, die Anfang des Frühling auf den kalksteinartigen Felsen blüht

L´orgueil de la nature de Spiš est la pulsatille (Pulsatilla slavica), l´endémite des Carpathes de l´ouest, fleurissant au printemps précoce sur les rochers calcaires ensoleillés

Travertínové skaly vytvarovala príroda do bizarných tvarov
Neposedný vidlochvost feniklový (Papilio machaon) vo vzácnom okamihu oddychu na kvete

Travertine rocks created by the nature into unique shapes
Papilio machaon in a seldom moment of rest on a flower

Die Felsen aus Travertin gestalteten die Natur in bizarren Formen
Der quirlige Schwalbenschwanz (Papilio machaon), im kostbaren Augenblick der Erholung auf einer Blume

C´est la nature qui a façonné les roches de travertin à leurs formes bizarres
Le papillon frétillant, au moment rare de se réposer sur la fleur

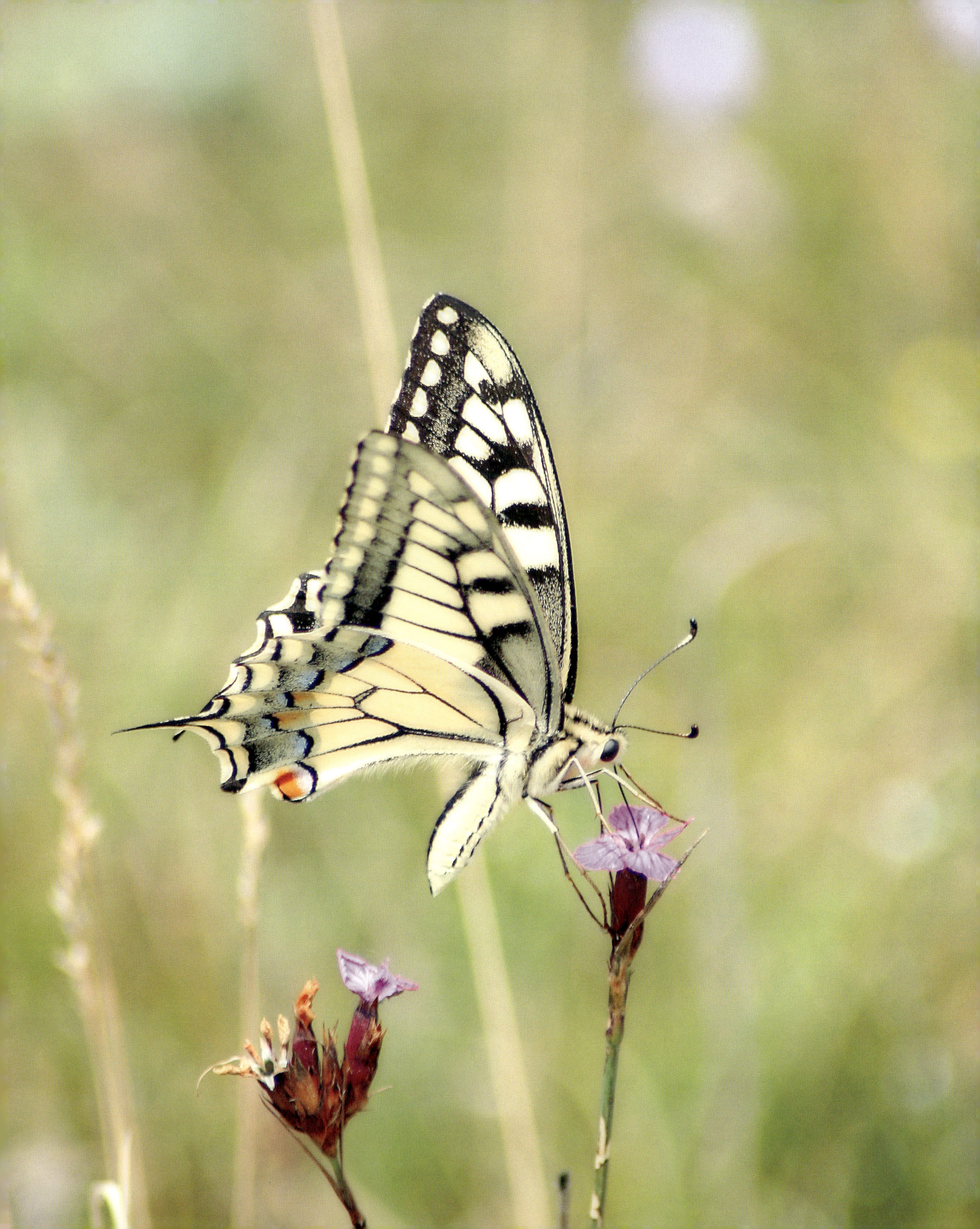

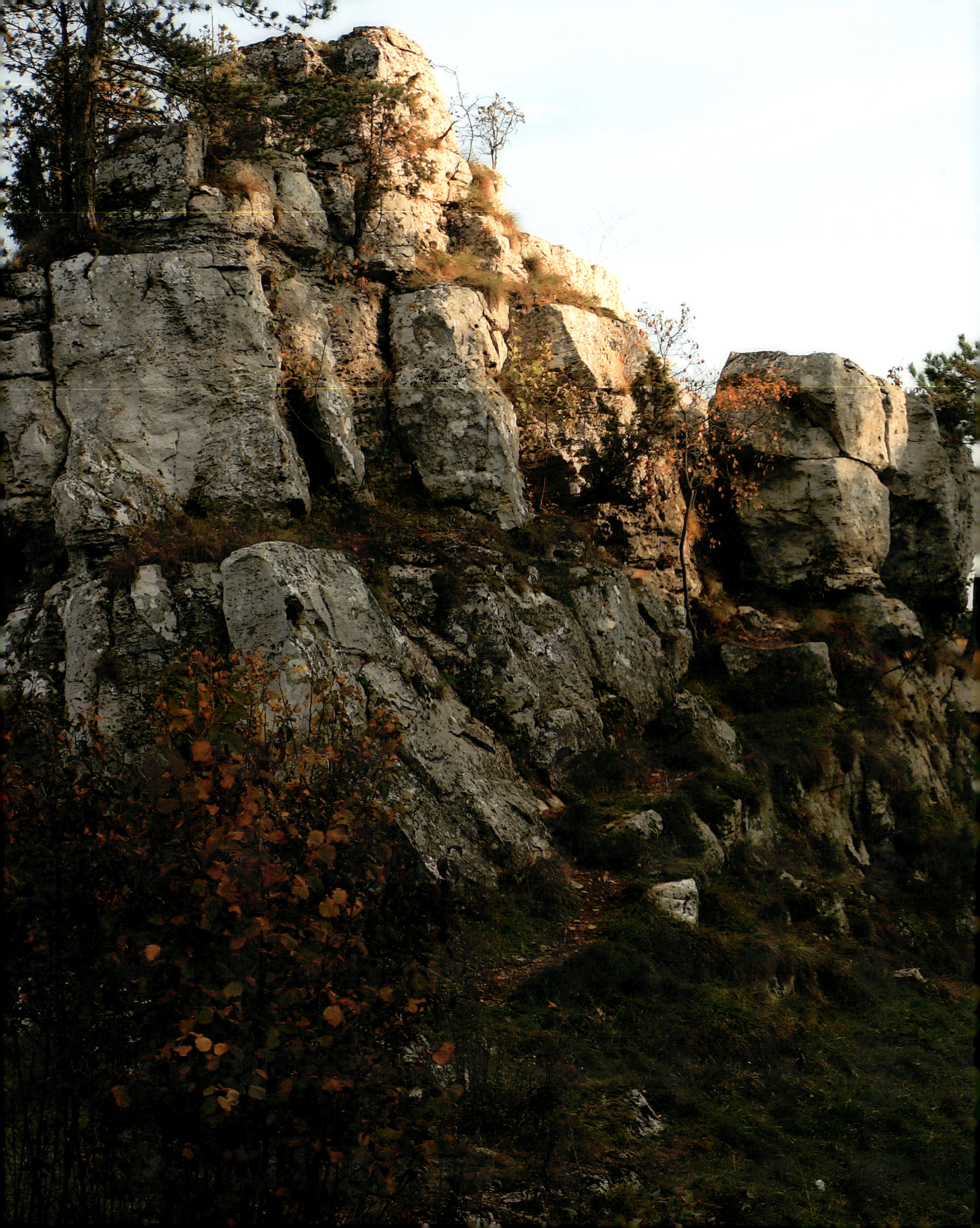

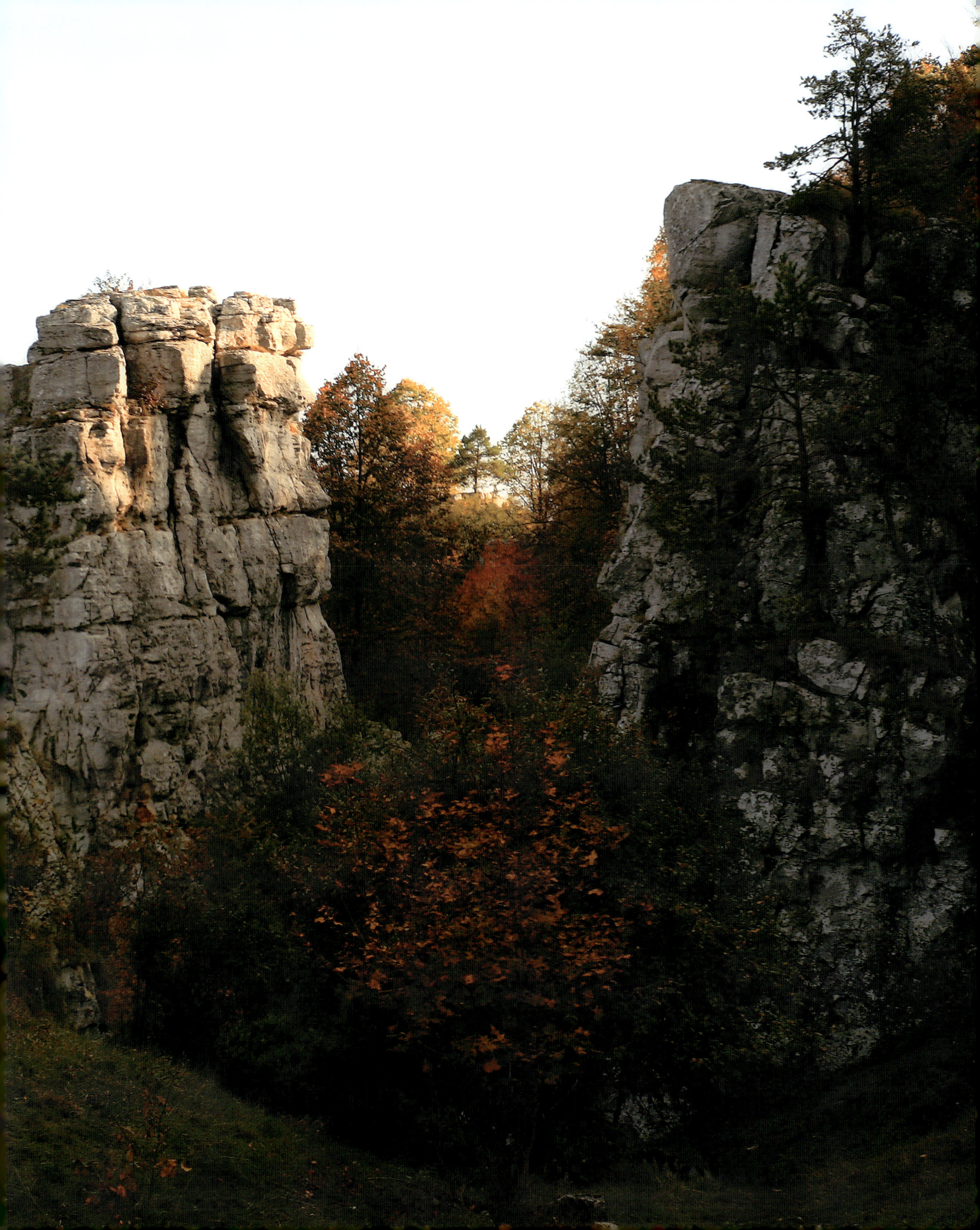

Skalné mestá Kamenný raj a Peklo na Dreveníku sa oplatí navštíviť v každom ročnom období

Rocky towns Kamenný raj (Stone paradise) and Peklo (Hell) at Dreveník are worthy to be visited in each period of the year

Ein Besuch der Felsenstädte Kammený raj und Peklo (Steinparadies und Hölle) am Dreveník lohnt sich in jeder Jahreszeit

Les villes rocheuses de Kamenný raj (Paradis pierreux) et Peklo (Enfer) à Dreveník se méritent de les visiter en n´importe quelle saison de l´année

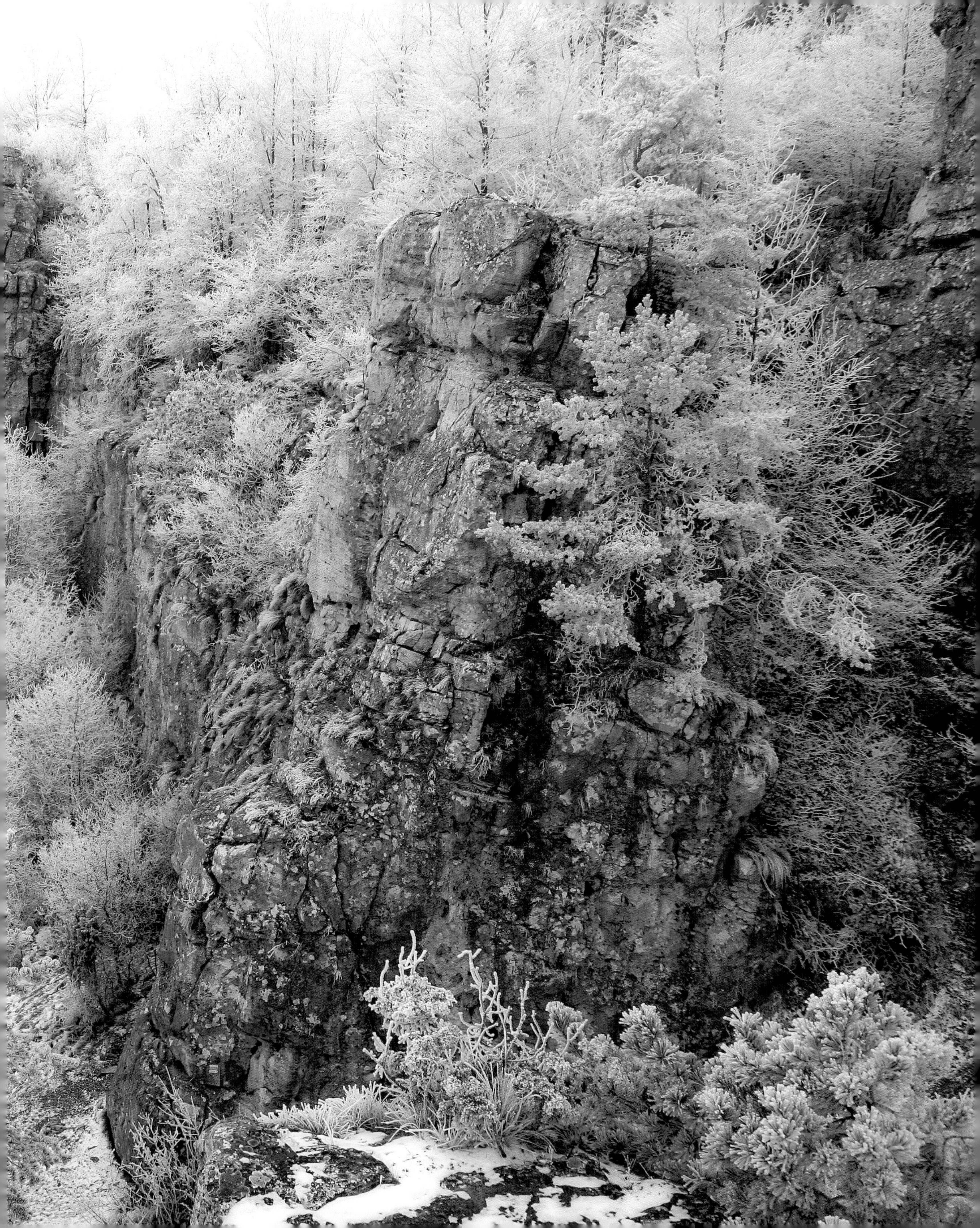

LEVOČA A OKOLIE

Skvostná historická metropola Spiša opradená povesťami

... nádherná polohou na vrchole kopca, výnimočná obrovským stredovekým námestím, bohatá na historické pamiatky - architektúru, gotické, renesančné a barokové oltáre, je Levoča po mnohé roky cieľom pokorných pútnikov a návštevníkov hľadajúcich čaro dávnych čias. Viaceré obce v okolí Levoče, ako Spišský Štvrtok, Dravce, Bijacovce či ďalšie, sú taktiež bohaté na pamiatky vynikajúcej umeleckej hodnoty...

LEVOČA AND SURROUNDINGS

Splendid historical metropolis of the Spiš region emblazoned with legends

.... Beautiful thanks to its location on the top of the hill, outstanding due to voluminous medieval town square, rich in historical monuments - architecture, Gothic, Renaissance and Baroque altars, Levoča has for many years been a destination for humble pilgrims and visitors scouting the magic of old times. Numerous villages in the surroundings of Levoča, such as Spišský Štvrtok, Dravce, Bijacovce and many other are also rich in monuments of remarkable artistic value...

LEVOČA UND UMGEBUNG

Die herrliche Metropole der Zips von Sagen umhüllt

... Dank ihrer schönen Hügellage, einzigartig Dank ihrem großen mittelalterlichen Hauptplatz, reich an historischen Denkmälern - Architektur, gotische, renaissanceartige und barocke Altäre - Levoča ist schon lange Zeit das Ziel für Pilger und Reisende, die den Zauber der Vergangenheit suchen. Mehrere Dörfer in der Umgebung von Levoča wie Spišský Štvrtok, Dravce und Bijacovce oder weitere sind auch reich an Denkmälern von herrlicher künstlerischer Qualität...

LEVOČA ET SON ENVIRONS

La métropole historique joaillière de Spiš couronnée des légendes

... magnifique par son emplacement au sommet de la coline, extraordinaire par sa place immense médiévale, riche aux monuments historiques- son architecture, les autels de l´art Gothique, Renaissance et Baroque, Levoča reste depuis longues années le but de humbles pélerins et les visiteurs cherchants le charme du passé. Plusieurs villages à son environs comme Spišský Štvrtok, Dravce, Bijacovce et d´autres sont aussi riches aux sites de haute valeur artistique...

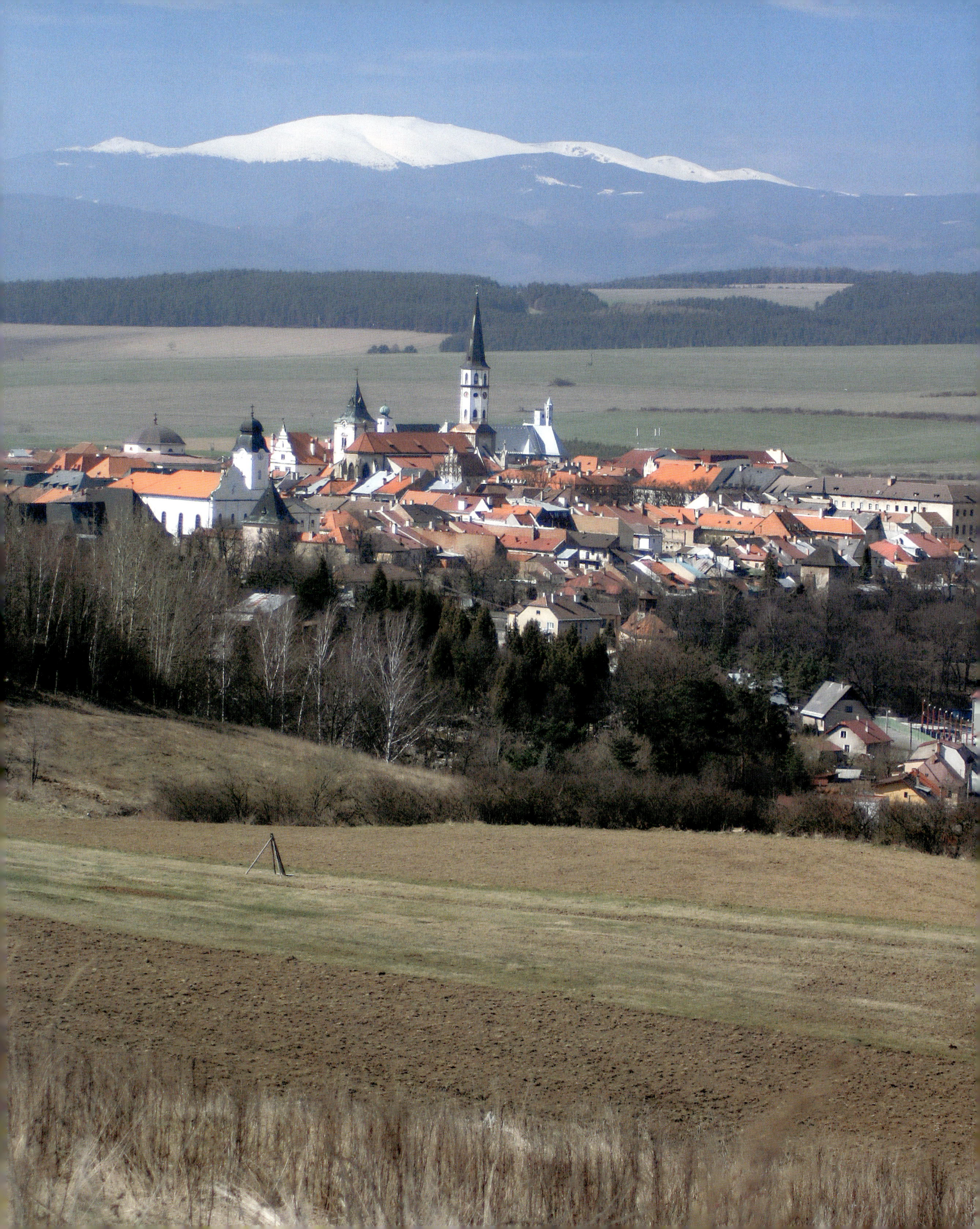

«

Panoráma mesta Levoča z východu

Panorama of the town Levoča from the east

Die Panorama der Stadt Levoča von Osten

Le panorama de la ville de Levoča pris de l´est

Letecký pohľad na historické centrum mesta, s tromi dominantami uprostred - kostolom sv. Jakuba, radnicou a evanjelickým kostolom

Air view of historical town centre with three dominants in the middle - the St. James´ Church, the town hall and the Evangelic church

Das historische Zentrum der Stadt aus der Vogelperspektive, mit den drei herausragenden Merkmalen in der Mitte - Die Kirche des hl. Jacob, das Rathaus und die evangelische Kirche

La vue aérienne au centre historique de la ville avec les trois dominantes au milieu, l´église Saint Jacques, l´hôtel de ville et l´église protestante

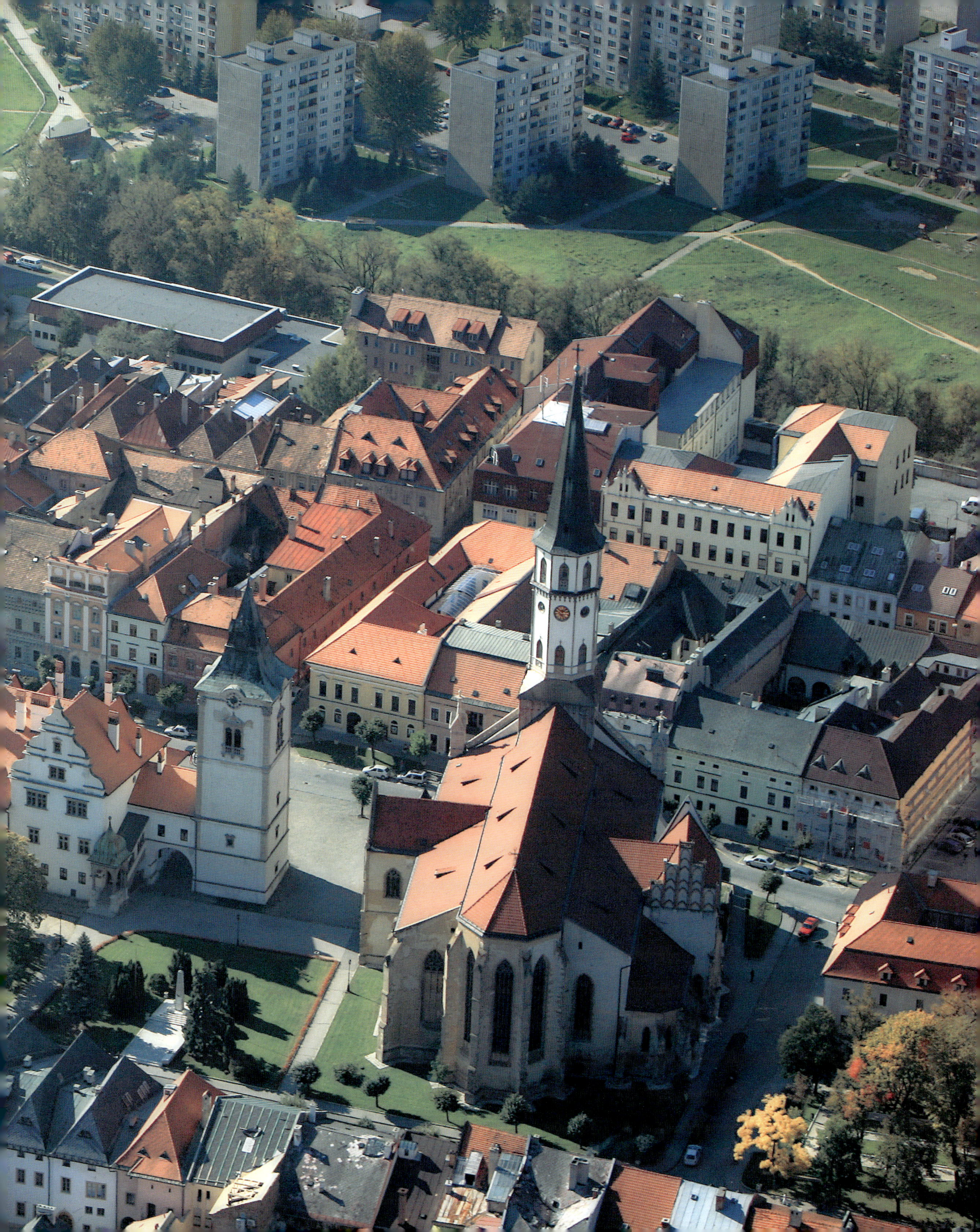

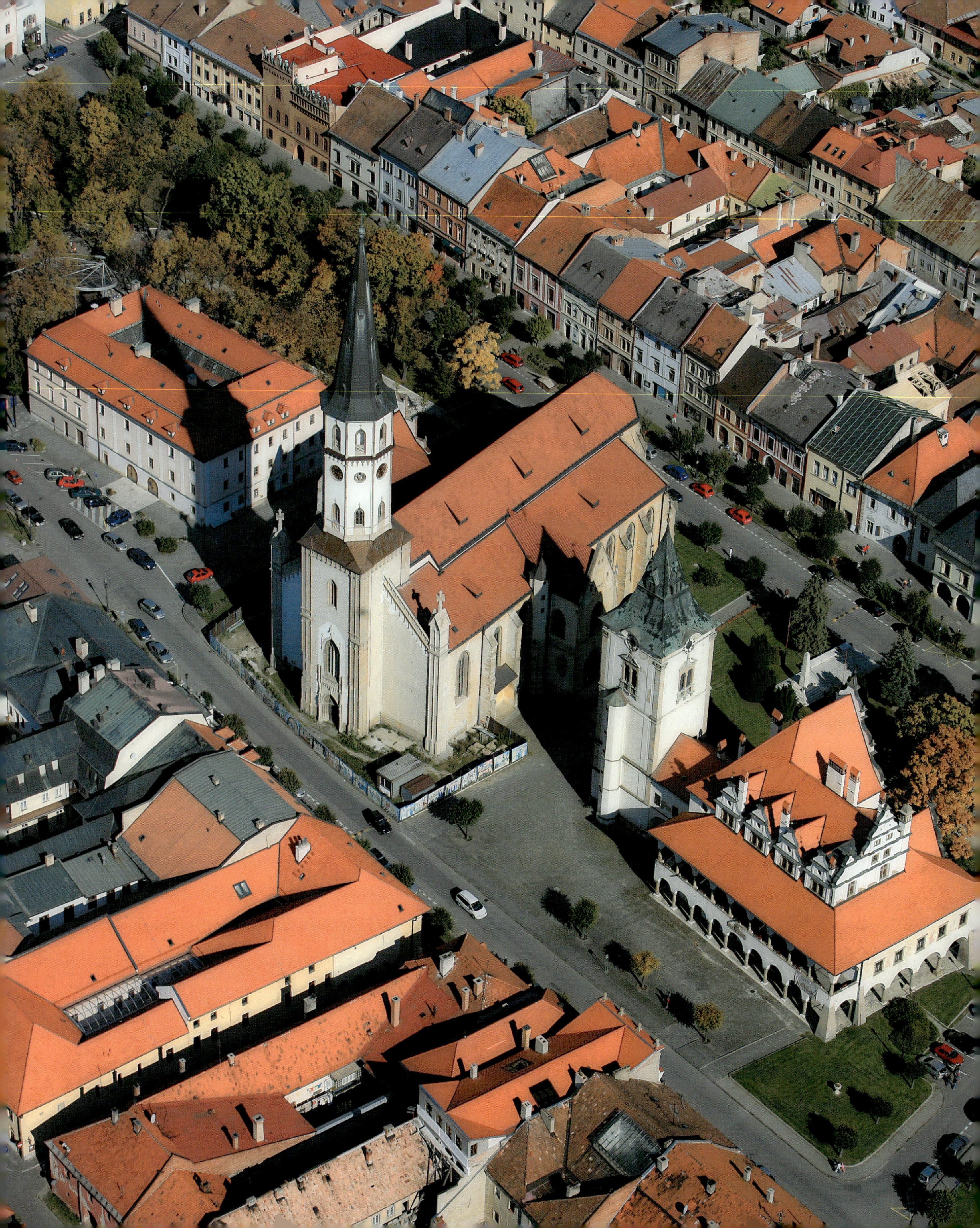

Staré centrum mesta - historická radnica, kostol sv. Jakuba a starý obchodný dom z roku 1569, dnes sídlo mestského úradu, obklopené parkom
Thurzov dom, ktorého priečelie je zdobené sgrafitovou výzdobou z roku 1904

Old town centre - historical town hall, St. James' Church and old trade centre from 1569, nowadays a seat of local administration, surrounded with a park
Thurzo´s house with a sgrafitti decorations on facade from 1904

Das alte Zentrum der Stadt - das historische Rathaus, die Kirche des hl. Jacob und das alte Handleshaus von 1569, heute Sitz des Stadtamtes, von einem Park umgeben
Das Thurzo-Haus, dessen Fassade mit einer Grafitdekorierung aus 1904 ausgeschmückt ist

Le vieux centre de la ville - l´hôtel de ville historique, l´église Saint Jacques et l´ancien magasin du 1569, aujourd´hui siège de la mairie, entourés du parc municipal
La maison de Thurzo dont la façade est ornée de la décoration de graffite de 1904

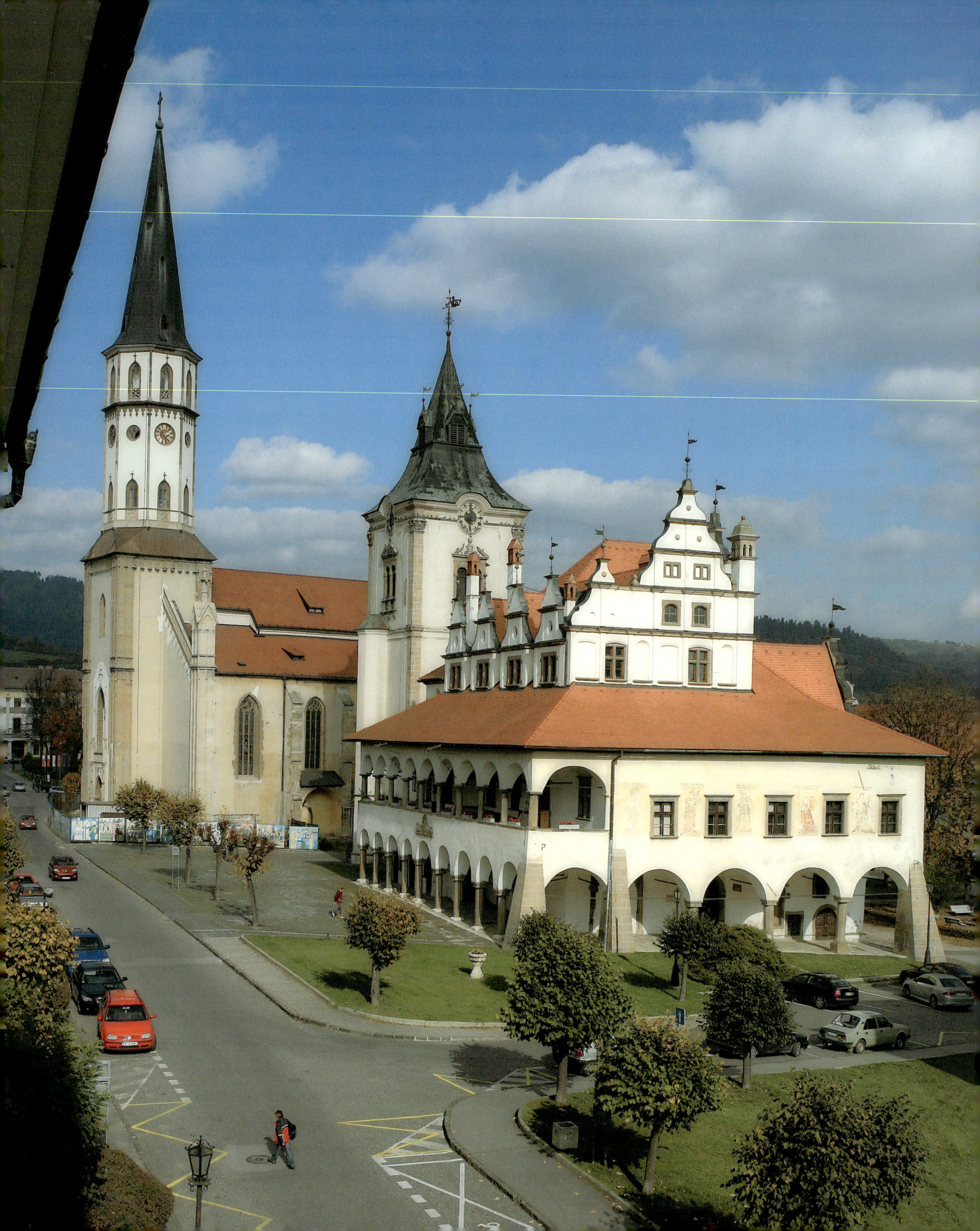

Radnica v Levoči, sídlo mestskej samosprávy. Stredoveká budova prestavaná v renesančnom štýle
v 2. polovici 16. storočia, upravená v rokoch 1893 - 1895
Interiér radnice - radničná sála a zasadacia sieň s muzeálnou expozíciou   >>

Town hall in Levoča, the seat of local administration. Medieval building, reconstructed into the Renaissance style
in the second half of the 16th century, other adjustments in 1893 - 1895
Interior of town hall - Ceremony and session hall with museum exposition   >>

Rathaus in Levoča, Sitz der städtischen Selbstverwaltung. Das mittelalterliche Gebäude wurde im Renaissancestil
in der 2. Hälfte des 16. Jahrhunderts umgebaut, hergerichtet in den Jahren 1893 - 1895
Das Interieur des Rathauses - Rathaussaal und die Versammlungshalle mit einer musealen Ausstellung   >>

L´hôtel de ville à Levoča, la siège de municipalité,
l´édifice médiévale reconstruite en style renaissance dans la seconde moitié du XVIe siècle, refaite en 1893 - 1895
L´intérieur de l´hôtel de ville - la salle de l´hôtel de ville et la salle sociale avec l´exposition du musée   >>

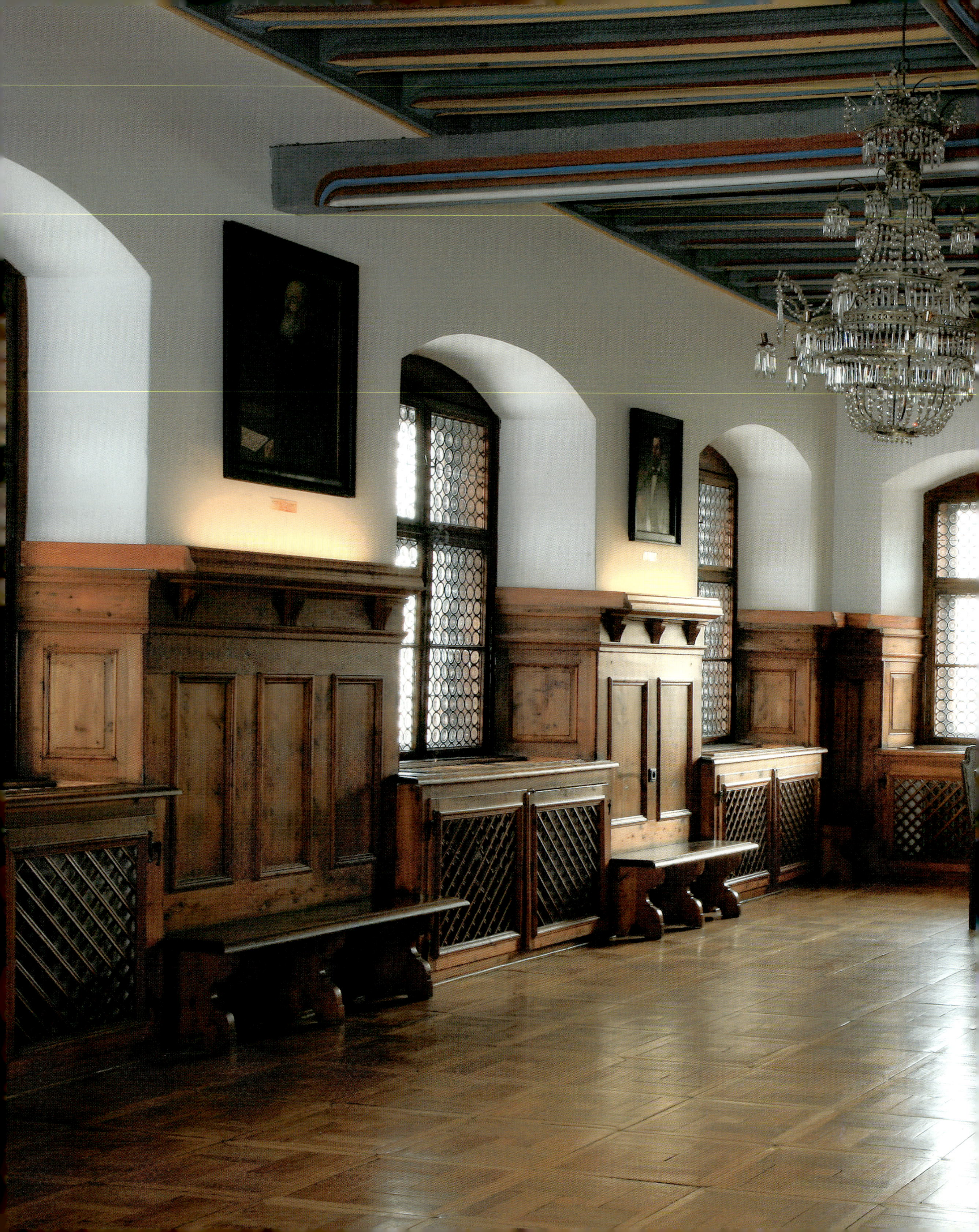

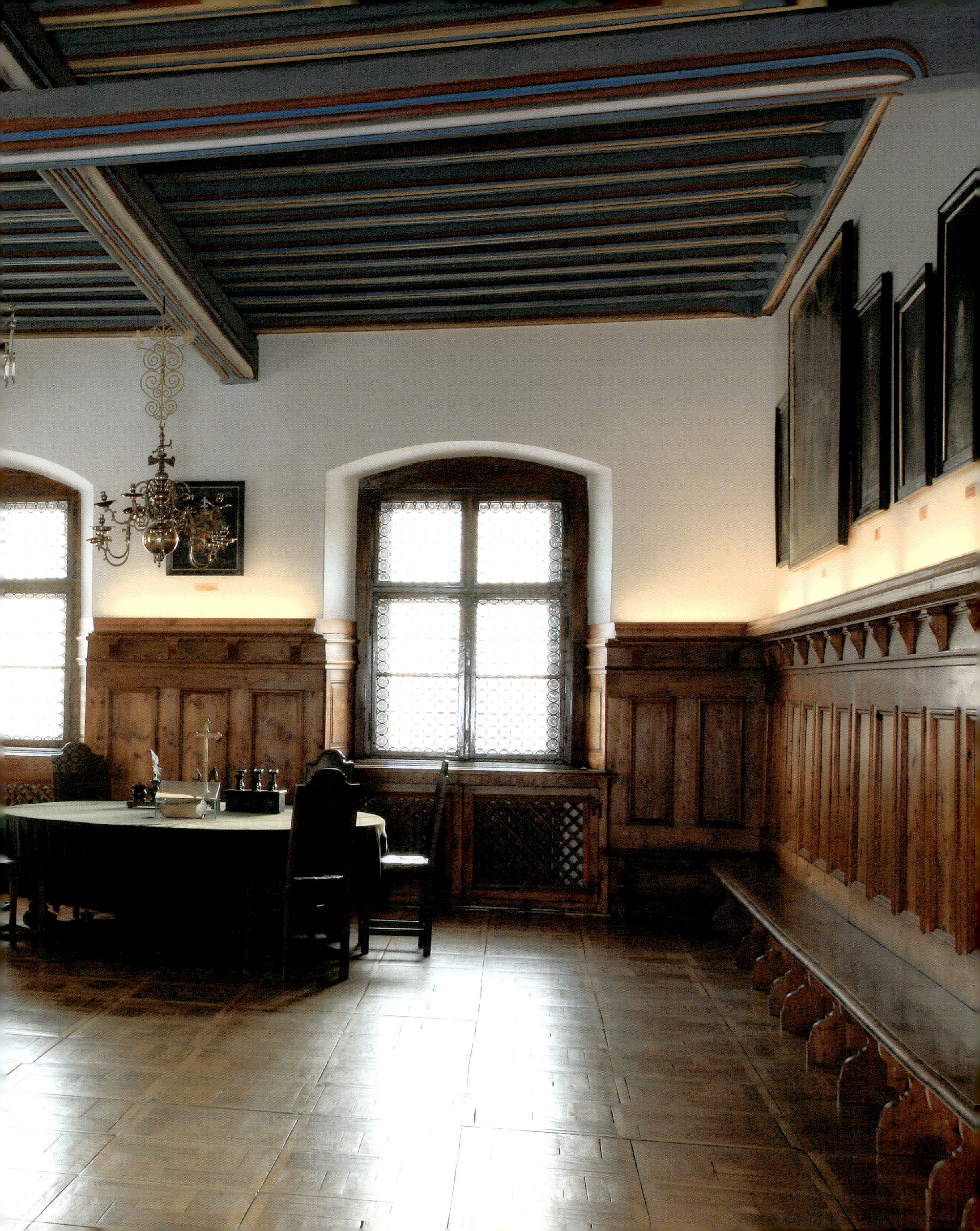

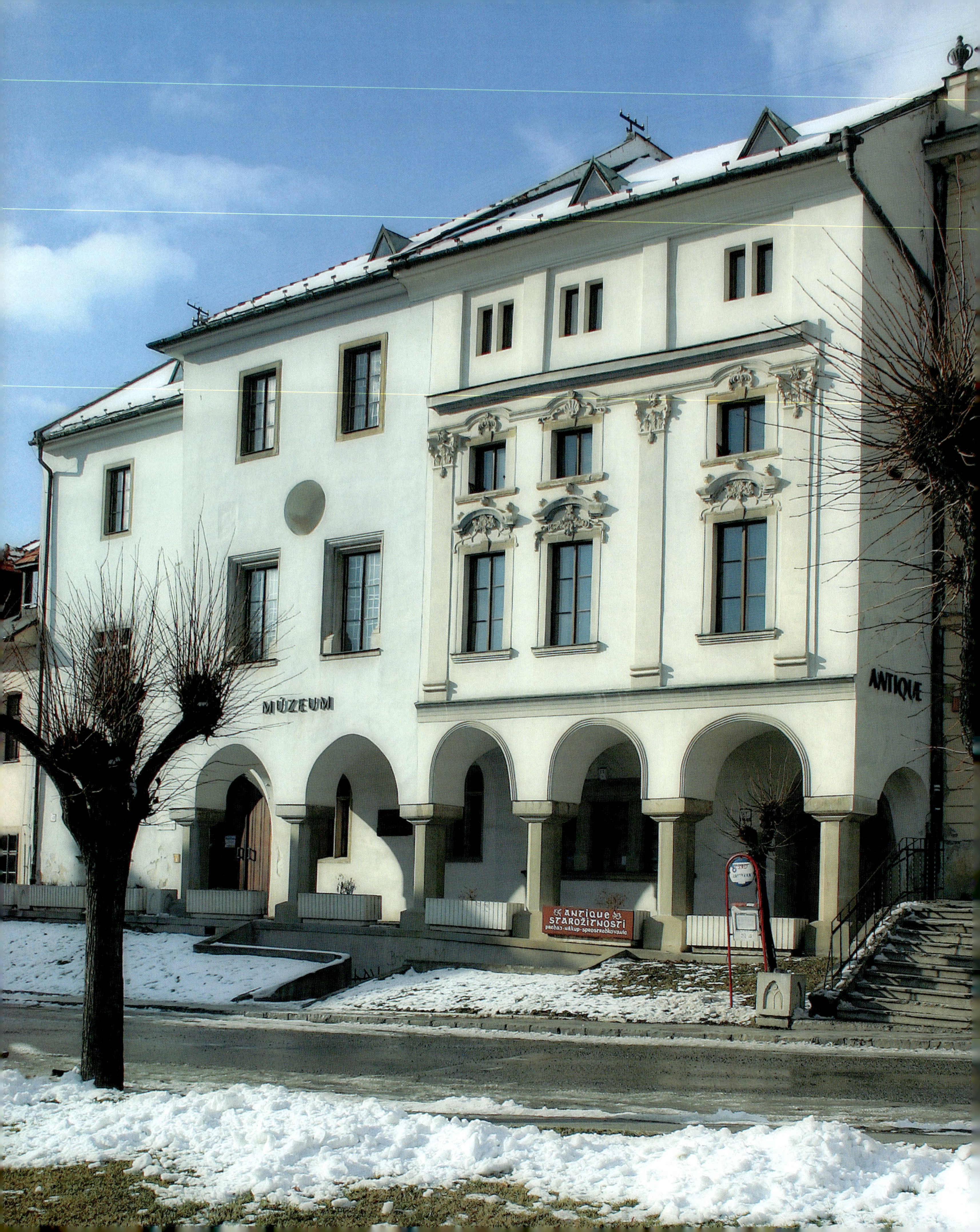
MÚZEUM
ANTIQUE
ANTIQUE
STAROŽITNOSTI

Hainov dom na námestí - stredoveký dom prestavaný v polovici 16. storočia, má v interiéri renesančné nástenné maľby. Bývalé evanjelické lýceum, dnes sídlo Spišského múzea v Levoči
Renesančný portál vo veľkej sále domu, datovaný rokom 1530

Hain´s house on the square - medieval house, reshaped in the middle of the 16th century with the Renaissance mural paintings inside. Former the Evangelic Lyceum, nowadays a seat of the Spiš Museum in Levoča
Renaissance portal in a large hall of the hause from 1530

Das Hainsches Haus auf dem Hauptplatz - mittelalterliches Haus, das in der Mitte des 16. Jahrhunderts umgebaut wurde, hat im Innern ein Wandgemälde aus der Renaissance. Das ehemalige evangelische Lyzeum, heute der Sitz des Zipser Museums in Levoča
Renaissanceportal im Großen Saal des Hauses, datiert in das Jahr 1530

La maison de Hain sur la place, la maison médiévale, refaite au milieu du XVIe siècle avec les peintures murales renaissance à l´intérieur, l´ancien lycée évangélique, aujourd´hui il abrite le Musée de Spiš à Levoča
Le portail renaissance dans la grande salle de la maison, se datant vers 1530

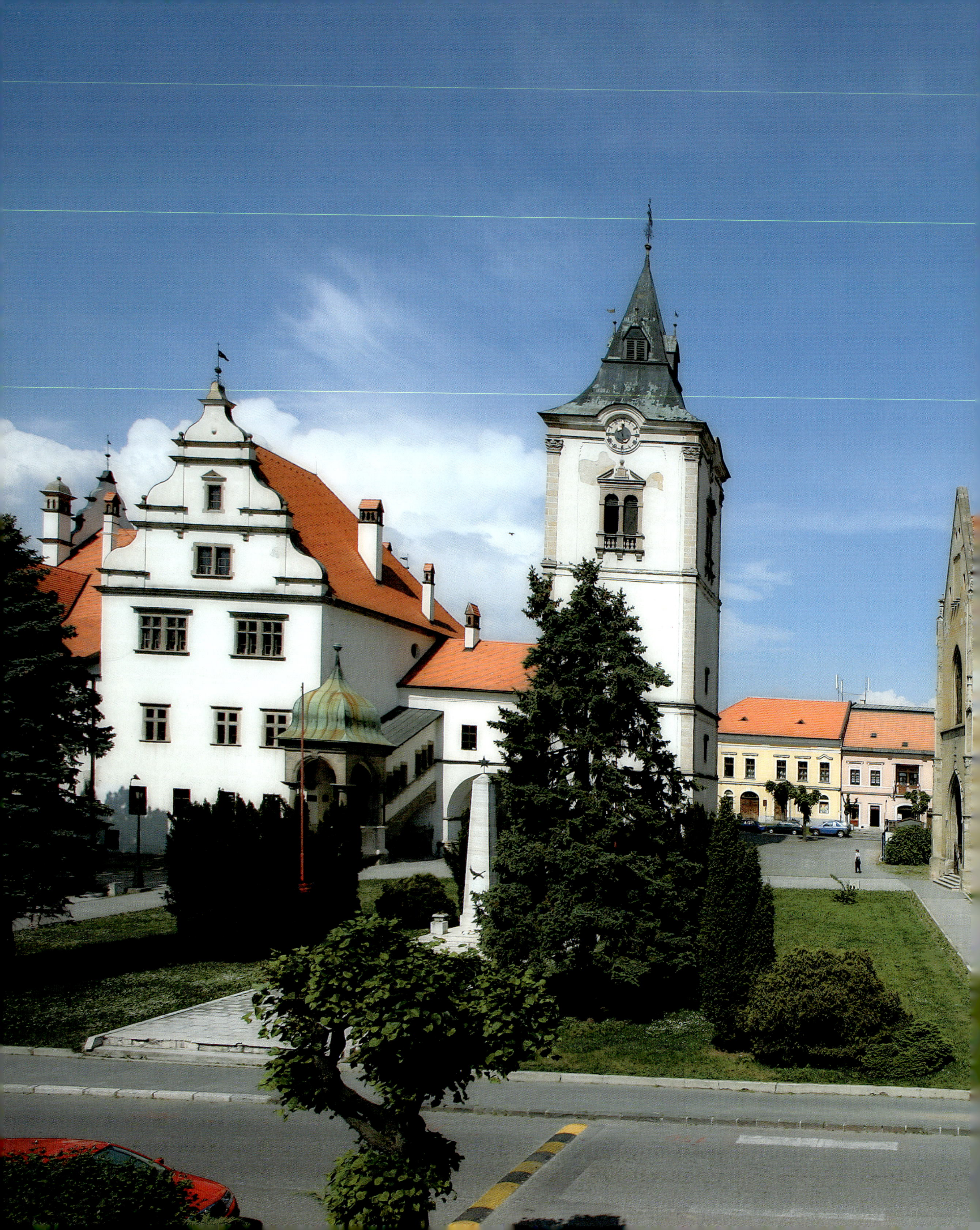

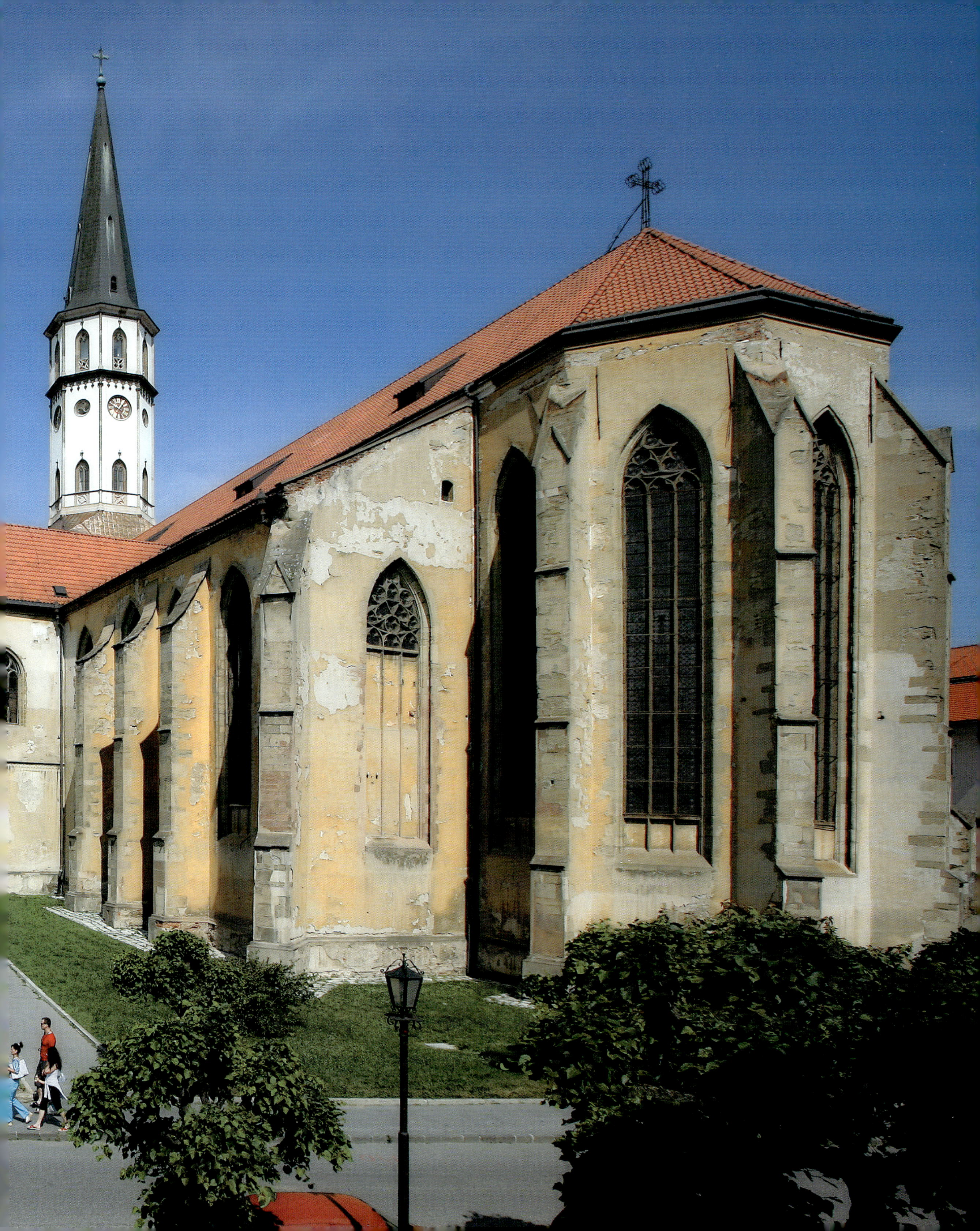

«

Pohľad na radnicu a kostol sv. Jakuba z východnej strany námestia

View of town hall and St. James' Church from the eastern side of the square

Blick auf das Rathaus und die Kirche des Hl. Jacob von der östlichen Seite des Hauptplatzes

L´hôtel de ville et l´Église Saint Jacques vus du côté de l´est de la place

Sochárska výzdoba neogotického západného portálu kostola sv. Jakuba z druhej polovice 19. storočia

Statue decorations of the Neo-Gothic western portal of St. James' Church from the second half of the 19th century

Die bildhauerische Ausschmückung des neogotischen, westlichen Portals der Kirche des hl. Jacob aus der 2. Hälfte des 19. Jahrhunderts

La décoration sculpturale du portail néo-gothique de l´ouest dans l´Église Saint Jacques, seconde moitié du XIXe siècle

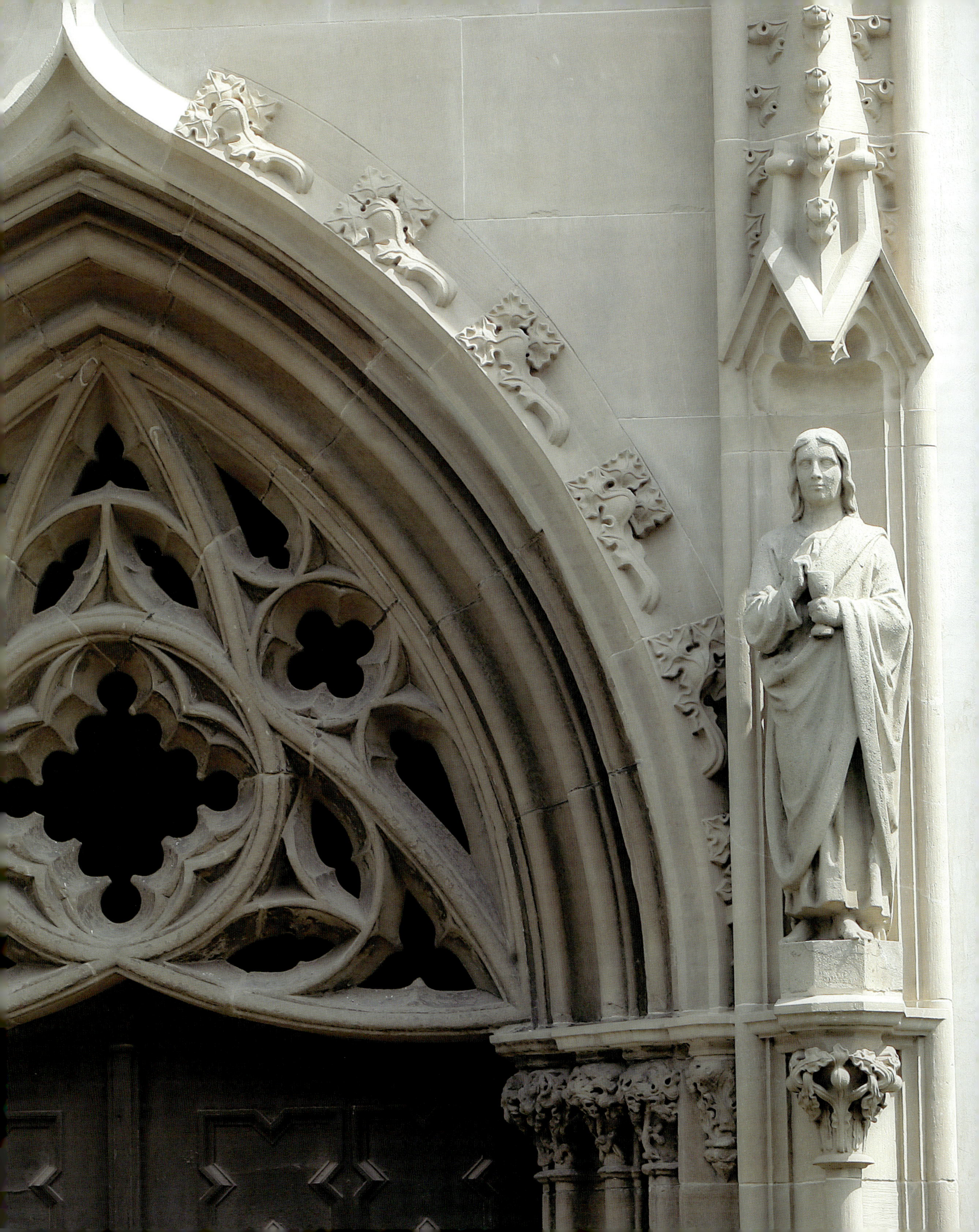

Kamenné pastofórium z polovice 15. storočia a nástenné maľby v presbytériu kostola
Morality (sedem dobrých skutkov milosrdenstva a sedem hlavných hriechov) - unikátny cyklus nástenných malieb zo začiatku 15. storočia v severnej bočnej lodi, nad vstupom do sakristie

Pastoforium from the middle of the 15th century and wall painting in church presbytery
Morality (Seven Deeds of Mercy and Seven Main Sins), an unique cycle of mural paintings from the beginning of the 15th century in the northern side nave

Das Stein-Pastoforium aus der Mitte des 15. Jahrhunderts und Wandgemälde im Presbyterium der Kirche
Die sieben Werke der Barmherzigkeit und sieben Todsünden - ein einzigartiger Zyklus von Wandgemälden aus dem Begin des 15. Jahrhunderts in dem nördlichen Seitenschiff, über dem Eingang in die Sakristei

Le pastoforium de pierre du milieu du XVe siècle et les peintures murales dans le prèsbytère de l´église
Moralités (Sept charités de miséricorde et sept péchés capitaux) le cycle unique des peintures murales du début du XVe siècle dans la nef latérale du nord, au-dessus de l´entrée dans la sacristie

Pohľad na hlavný oltár a bočné oltáre pri pilieroch južnej bočnej lode

View of the main altar and side altars at pillars of southern side nave

Blick auf den Hauptaltar und die Seitenaltäre bei den Pfeilern des südlichen Seitenschiffes

L´autel principal et les autels latéraux près de piliers de la nef latérale du sud

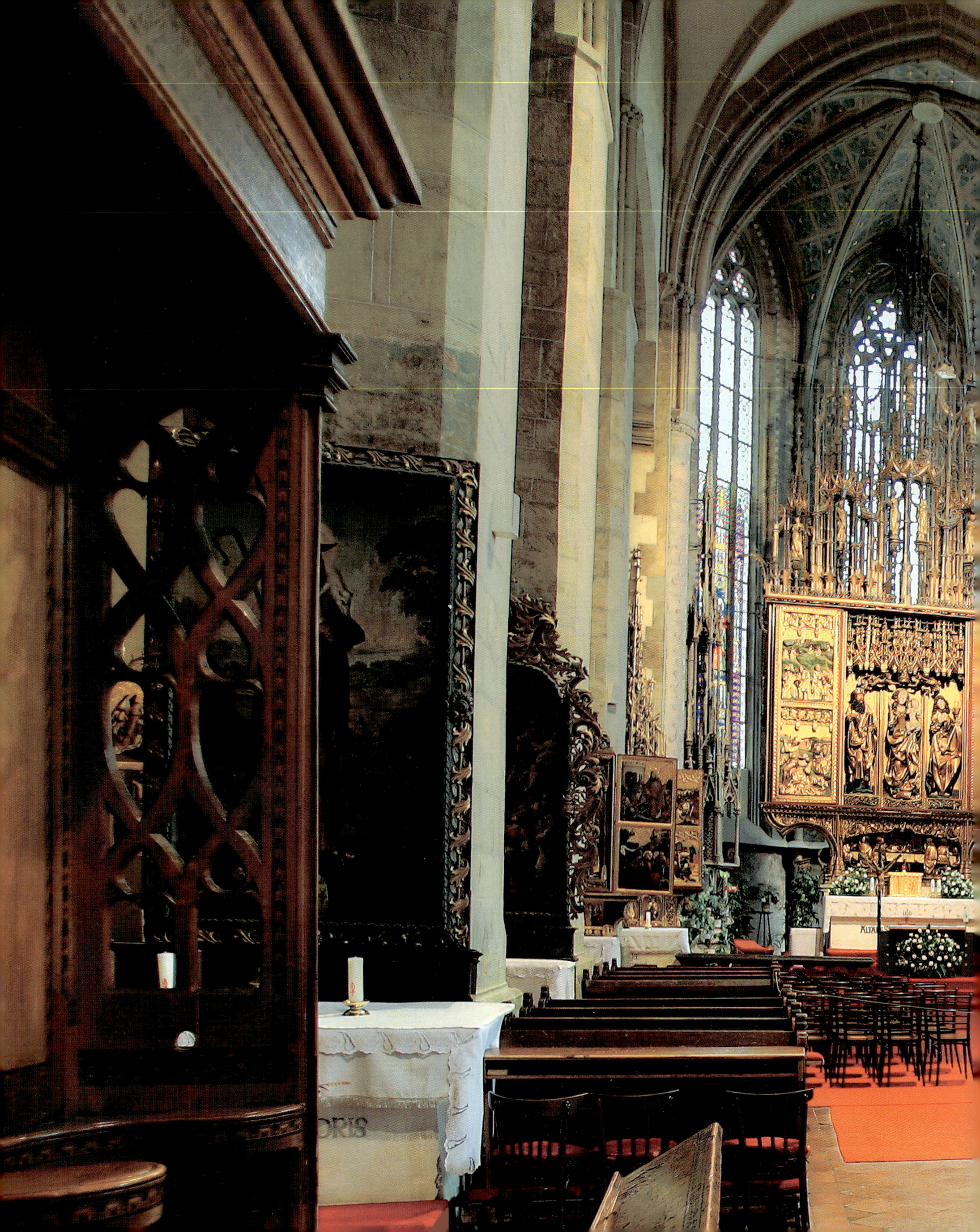

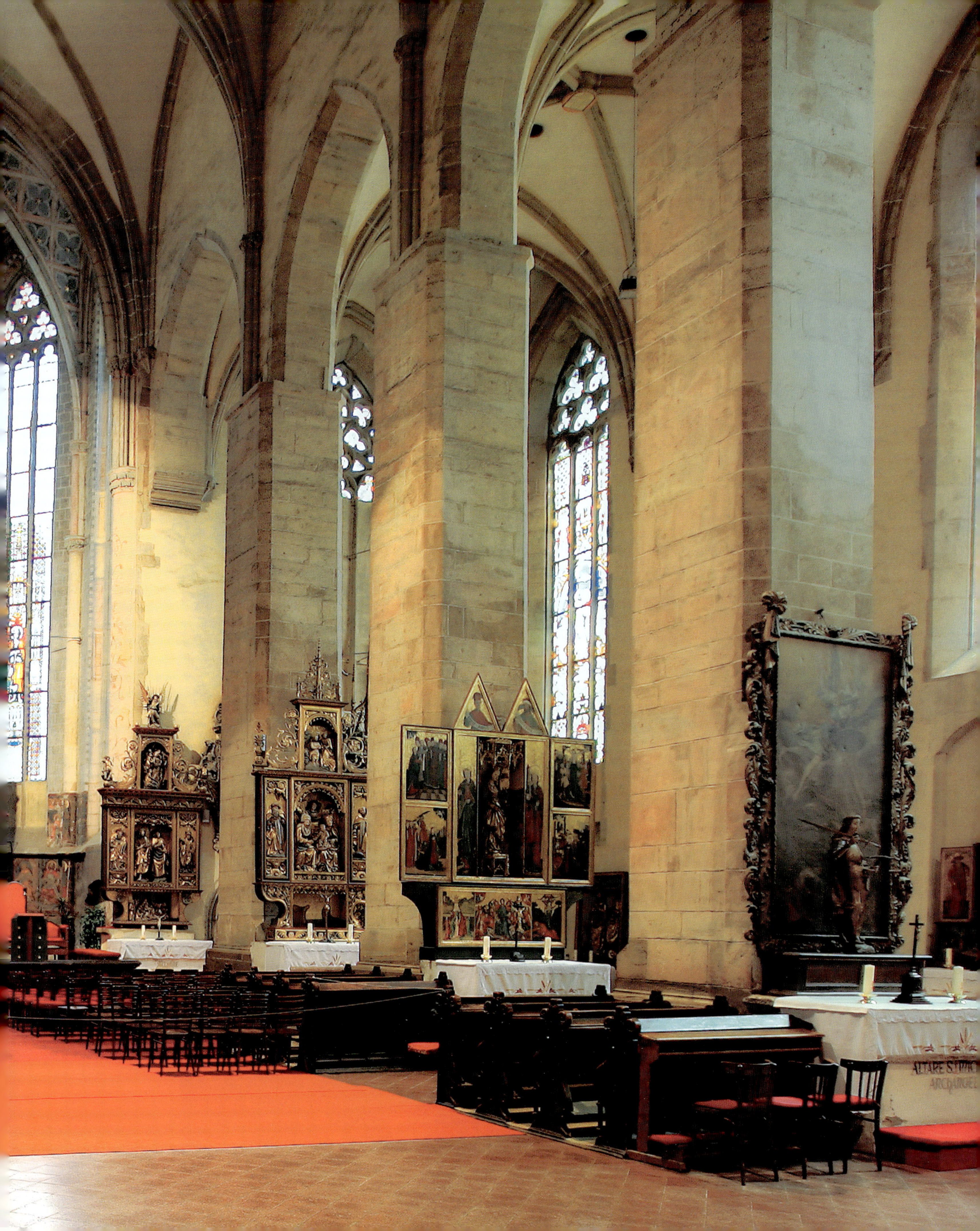

Bočný oltár sv. Petra a sv. Pavla z 90. rokov 15. storočia

Side altar of Ss. Peter and Paul from the end of the 15th century

Seitenaltar der Heiligen Petrus und Paulus aus den 90er Jahren des 15. Jahrhunderts

L´autel latéral Saint Pierre et Paul, des annés 90 du XVe siècle

Bočný oltár sv. Jánov z roku 1520, dielo Majstra Pavla z Levoče, ktoré si objednal levočský kňaz, spovedník uhorskej kráľovnej Márie Habsburgskej, humanista Ján Henckel

Side altar of Ss. Johns from 1520, work of Master Paul of Levoča, carved on demand of Levoča's priest, a confessor of the Queen Maria Theresa, a humanist Jan Henckel

Der Seitenaltar des hl. Johannes aus dem Jahr 1520, das Werk von Meister Paul aus Levoča, das der Priester aus Levoča und der Beichtvater der ungarischen Königin Maria von Habsburg, der Humanistengelehrte Ján Henckel, bestellte

L´autel latéral Saints Jeans de 1520, l´oeuvre de Maître Paul de Levoča, commandé par l´ humaniste Ján Henckel, prêtre de Levoča, qui était le confesseur de Marie Habsbourg, reine hongroise

Socha sv. Kataríny z bočného oltára z roku 1470

Statue of St. Catherine from side altar from 1470

Die Statue der Hl. Katharina aus dem Seitenaltar von 1470

La statue Sainte Cathérine de l´autel latéral de 1470

Socha Madony z oltára Panny Márie Snežnej z roku 1496 v severnej bočnej lodi

Statue of Madonna from altar of Our Lady of the Snows from 1496 in the northern side nave

Die Statue der Madonna aus dem Maria-Schnee-Altar aus dem Jahr 1496 im nördlichem Seitenschiff

La statue de la Madonne de l´autel Notre Dame des Neiges de 1496 dans la nef latérale du nord

ALTARE S. MICHAELIS
ARCHANGELI

Južná bočná loď kostola s Korvínovským oltárom na čelnej stene
Korvínovské oratórium nad južnou predsieňou so súsoším Kalvárie

Southern side church nave with Corvinus altar on head wall
Corvinus oratorium above the southern fore-hall with the group of statues Calvary

Südliches Seitenschiff mit Korvinus - Altar auf der Frontfassade
Das Korvinus - Oratorium über der südlichen Diele der Kirche mit der Statue der Kalvarie

La nef latérale du sud de l´église avec l´autel Corvinien dans le côté frontal.
La vue donnante sur l´oratorium Corvinien au dessus de la parvis du sud de l´église avec la sculpture Calvaire

>>

Pohľad do západnej časti interiéru kostola, ktorej dominujú rannobarokové diela - organ (1624) a kazateľnica (1625)

Look into the western section of church interior, dominated by early Gothic works - organ (1624) and pulpit (1625)

Blick in den westlichen Teil des Kircheninterieurs, in dem frühbarocke Werke dominieren - die Orgel (1624) und die Kanzel (1625)

La vue donnante à la partie occidentale de l´intérieur de l´église dominée par les oeuvres du baroque initial, l´orgue (1624) et la chaire à prêcher (1625)

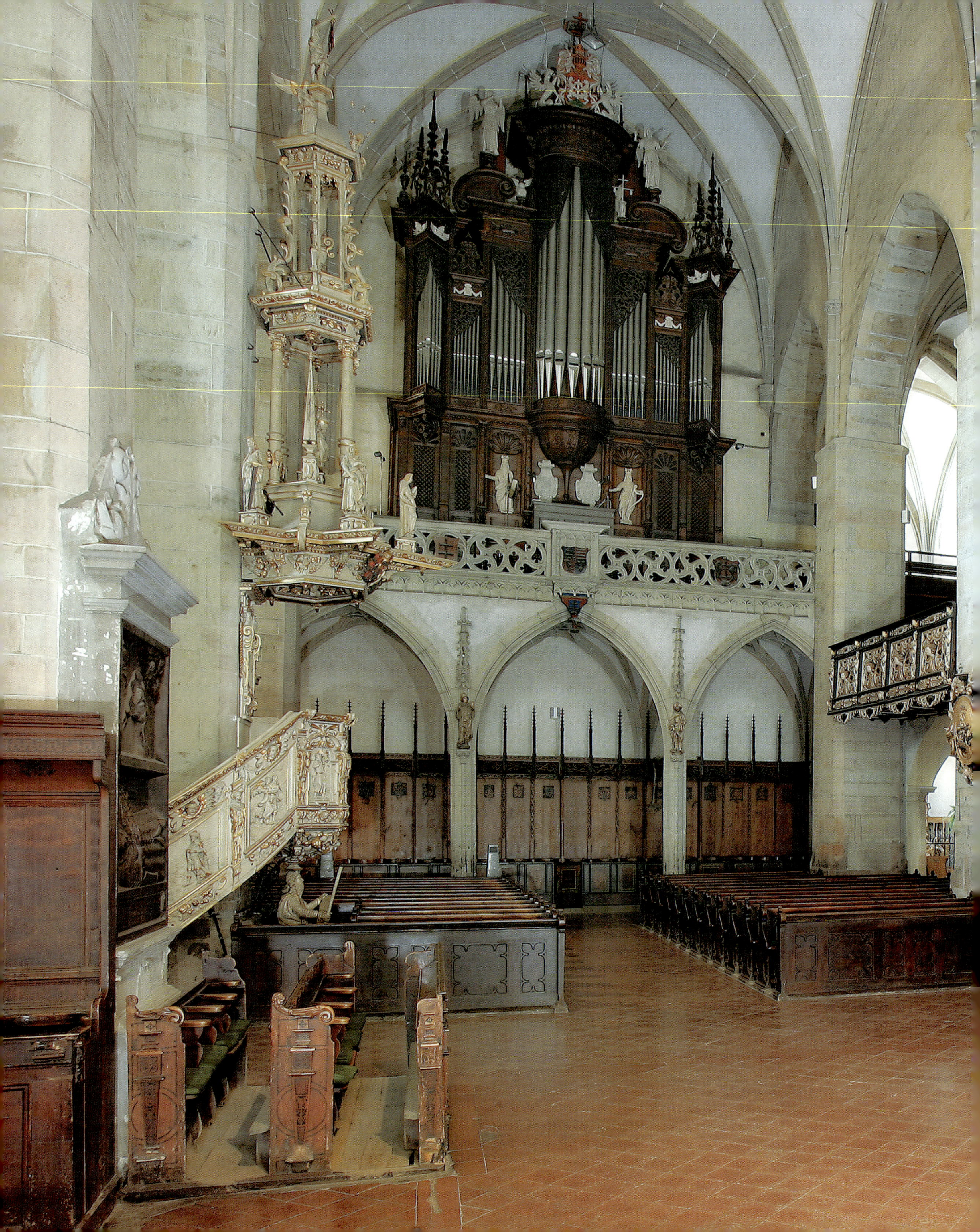

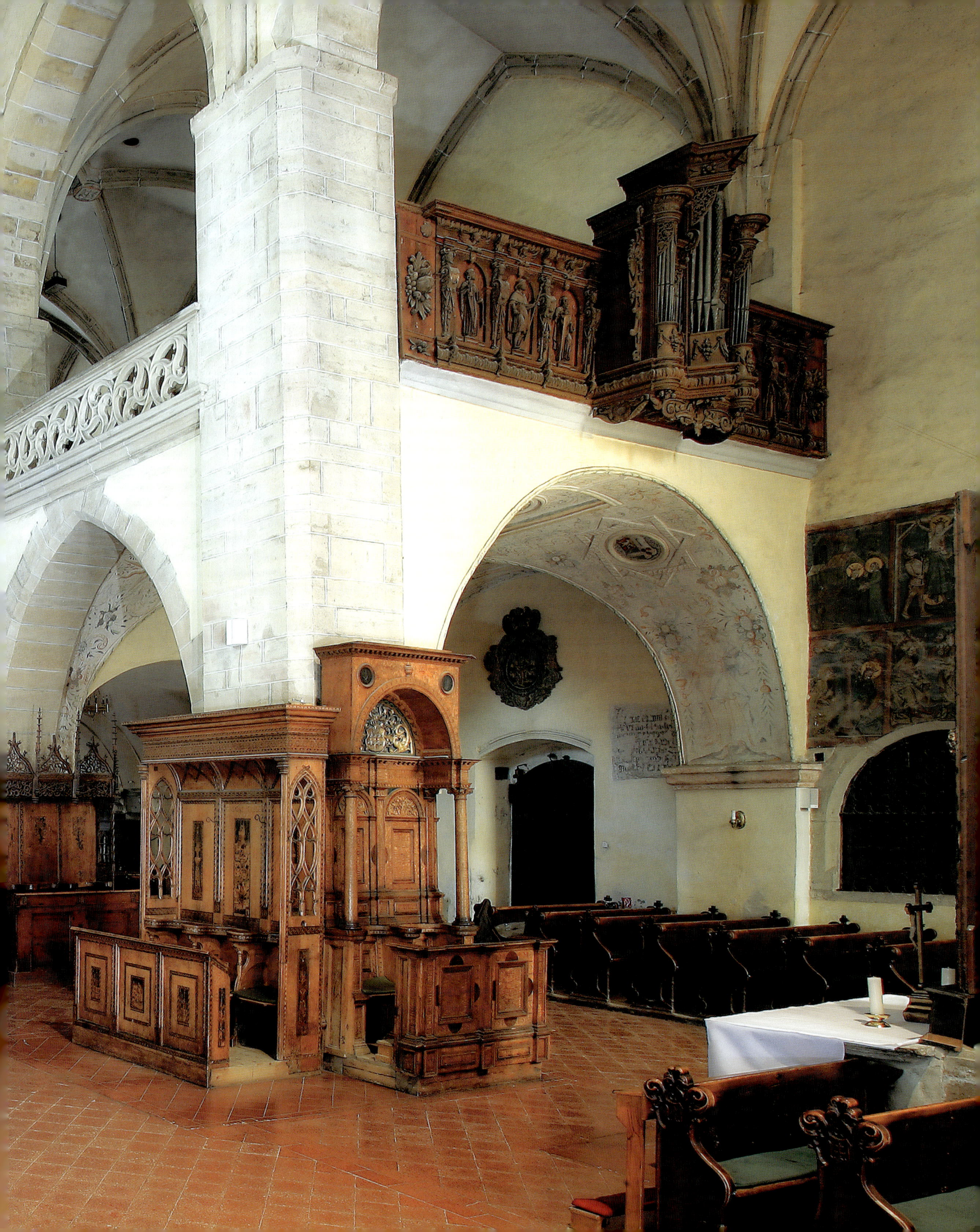

Starý minoritský alebo gymnaziálny kostol zo začiatku 14. storočia, postavený pri Poľskej mestskej bráne
s barokovým interiérom z konca 17. storočia
Krížová chodba starého minoritského kláštora zo začiatku 14. storočia >>

Old Church of Minorites or Grammar School church from the beginning of the 14th century constructed at Polish town gate
with the Baroque interior from the end of the 17th century
Cross hall of old monastery of Minorites from the beginning of the 14th century >>

Die alte Minoriten- oder Gymnasialkirche aus dem Beginn des 14. Jahrhunderts, gebaut beim Polnischen Stadttor
mit einem barocken Interieur vom Ende des 17. Jahrhunderts
Der Kreuzgang der alten Minoritenkirche aus dem Beginn des 14. Jahrhunderts >>

La vieille église lycéenne ou celle de Minimes du début du XIVe siècle, bâtie près de la Porte urbaine polonaise à l´intérieur baroque
de la fin du XVIIe siècle. Le couloir croisé d´un ancien monastère de Minimes du début du XIVe siècle >>

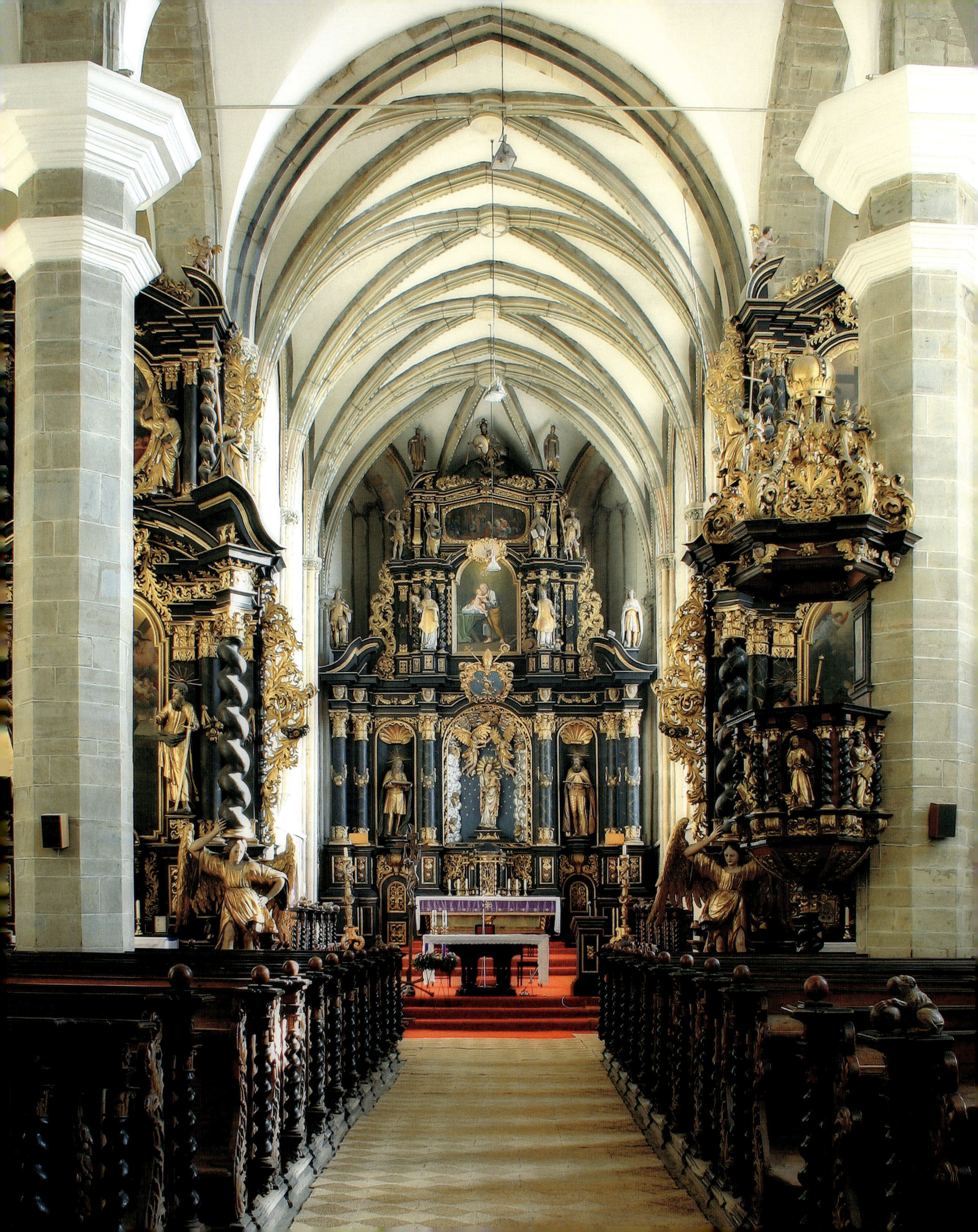

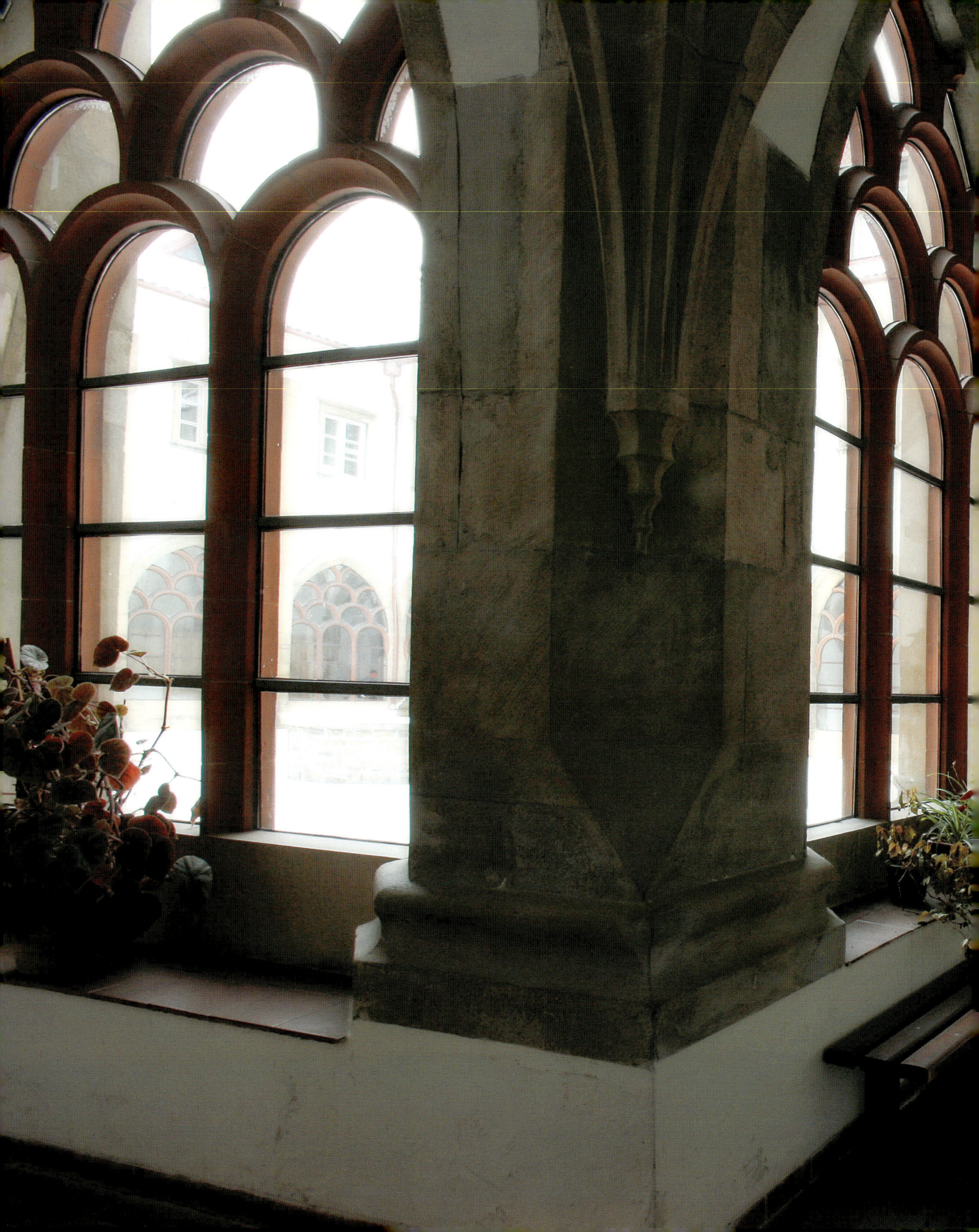

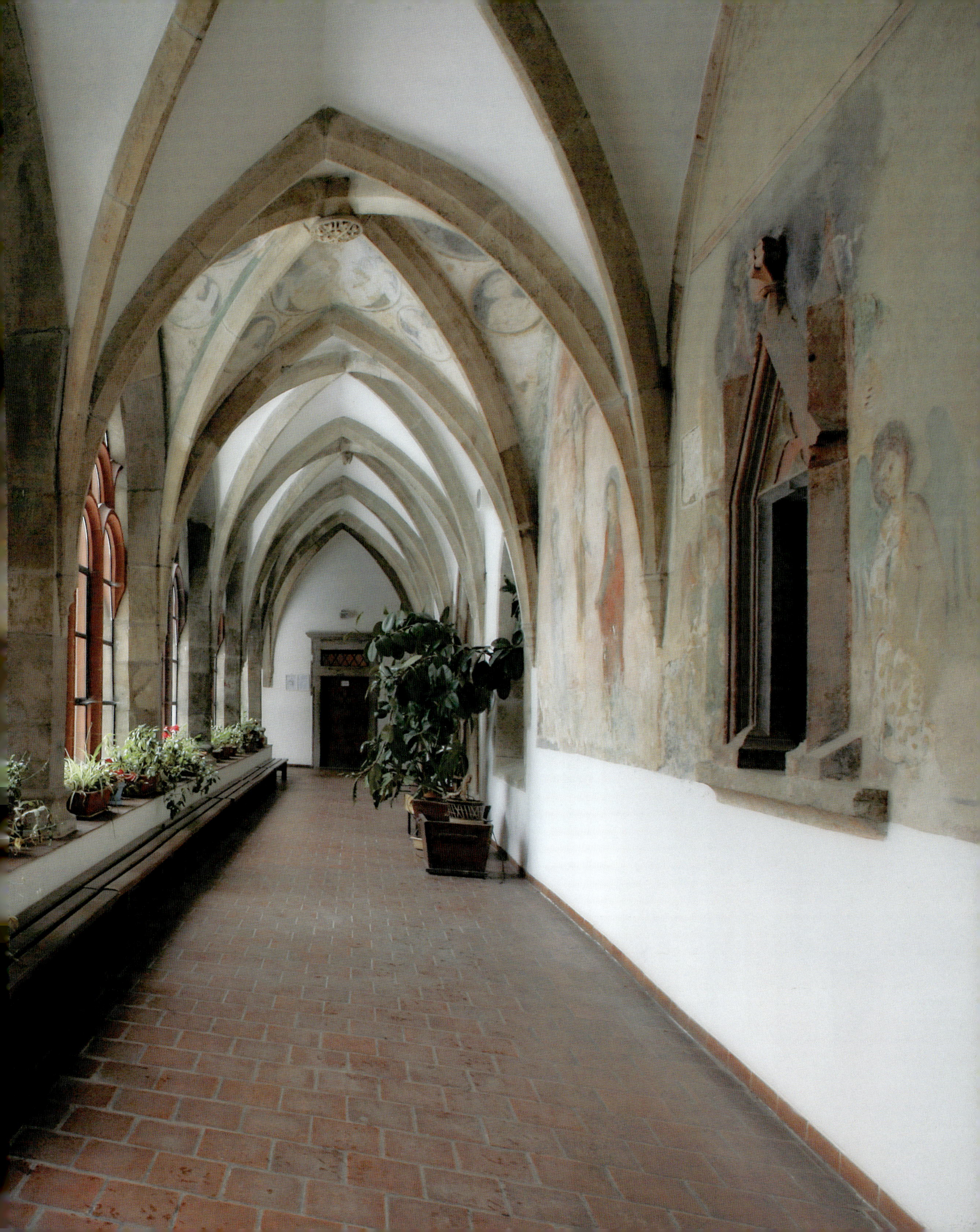

Mesto ohraničujú mestské hradby, unikátne svojím rozsahom a zachovalosťou. Z východu sa cez hradby dodnes vstupuje do mesta Košickou bránou
Barokový kostol Ducha Svätého a kláštor rehole františkánov minoritov z druhej polovice 18. storočia

Town is laced by municipal fortifications which are unique by their size and state of preservation. Eastern access to town via Košice gate being used until nowadays
Baroque church of St. Spirit and monastery of Franciscan Minorites Order from the second half of the 18 century

Die Grenze der Stadt bildet die Stadtmauer, die dank ihres Umfangs und ihres guten Erhaltungszustands einzigartig ist. Die Stadt wird bis heute von Osten durch das Kaschauer Tor betreten
Die Barockkirche des Heiligen Geistes und das Kloster des Franziskanerordens der Minoriten aus der 2. Hälfte des 18. Jahrhunderts

La ville est entourée de remparts municipaux, uniques par leur ampleur et intégrité. Jusqu´à maintenant on peut entrer la ville de l´est par la porte de Košice
L´Église Saint Esprit baroque et le monastère de l´ordre des Minimes franciscains de la seconde moitié du XVIIIe siècle.

110

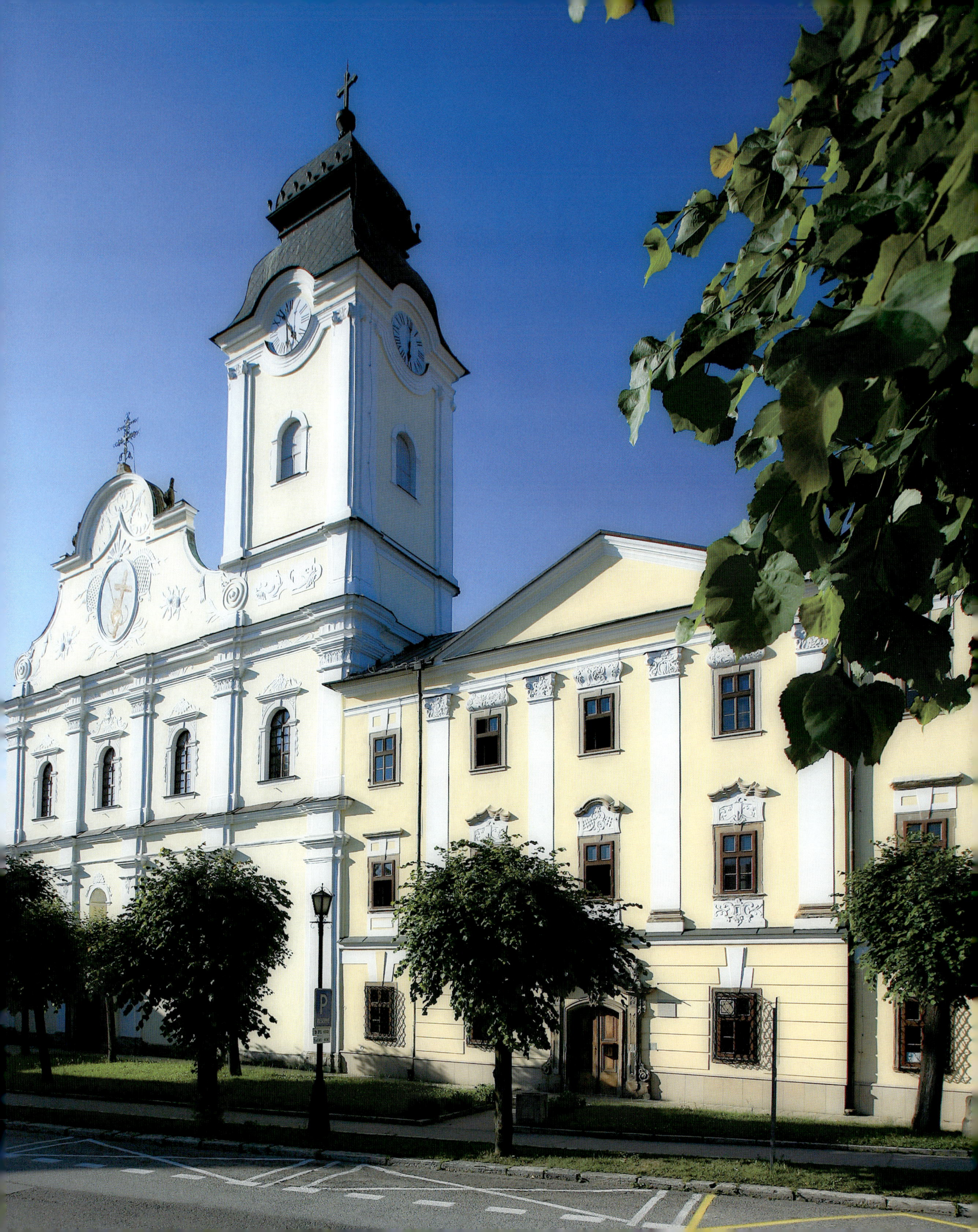

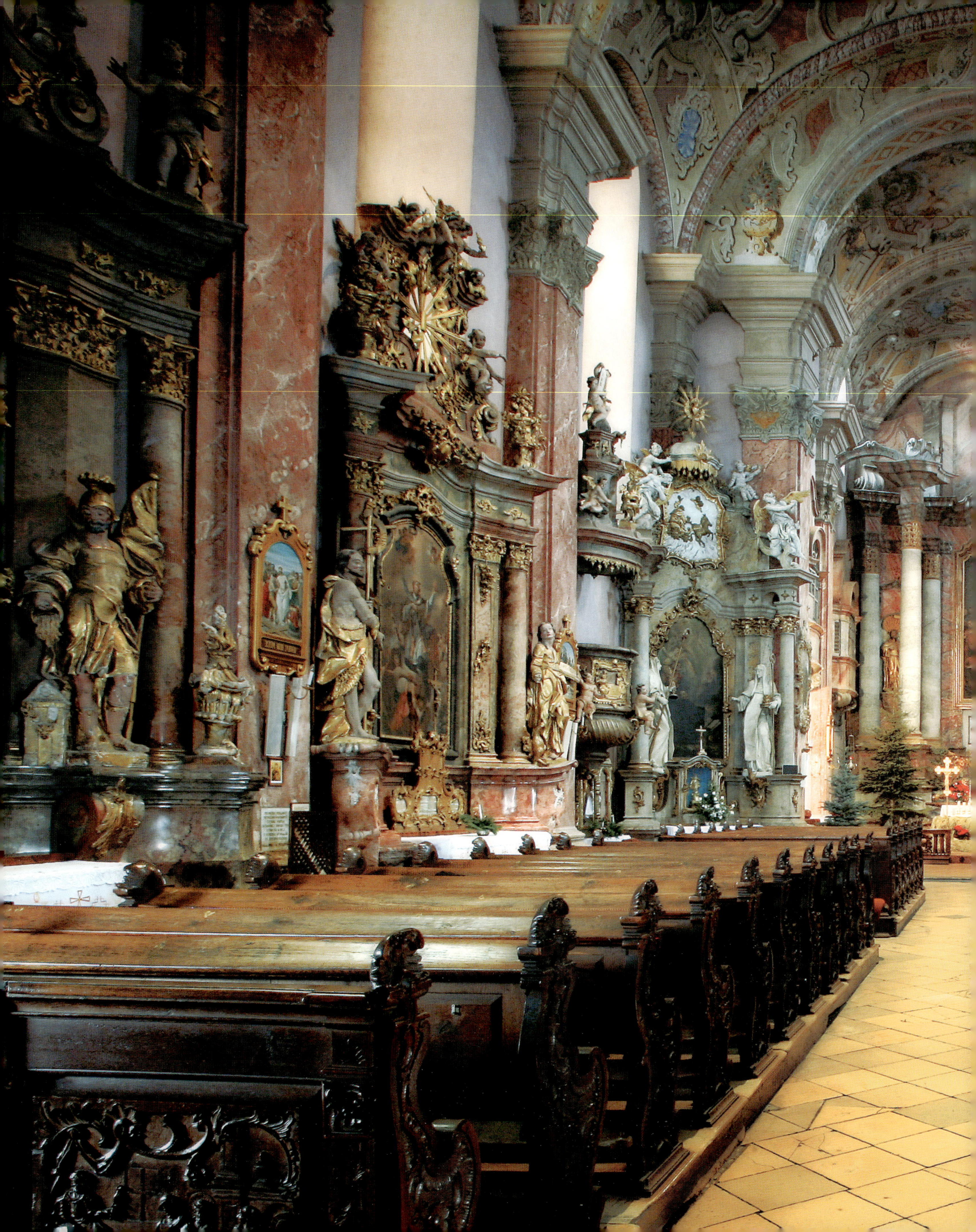

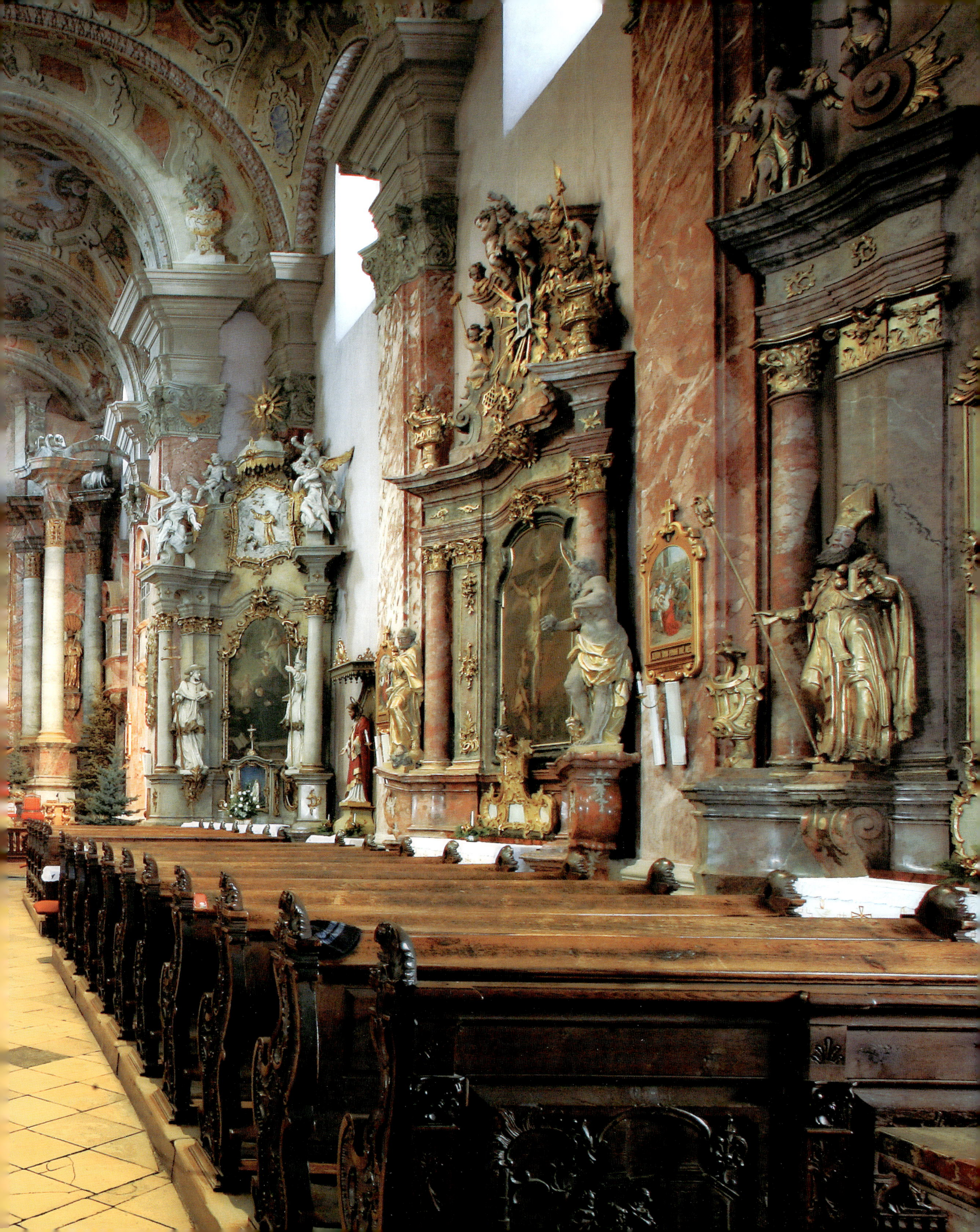

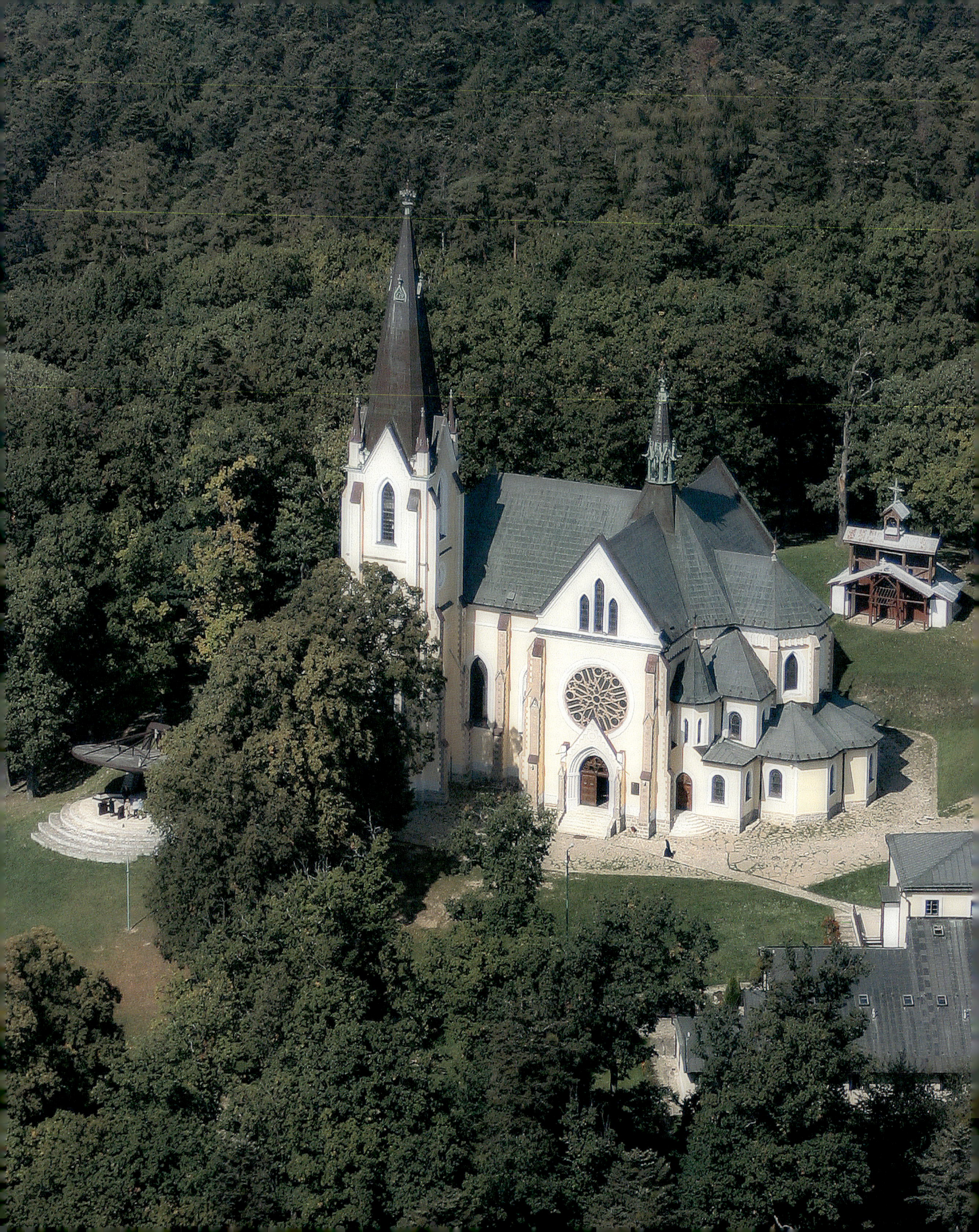

Pútnické miesto na Mariánskej hore v Levoči - neogotická bazilika Navštívenia Panny Márie z konca 19. storočia
Socha levočskej Panny Márie z konca 15. storočia v hlavnom oltári baziliky

Pilgrimage spot at Mariánska hora in Levoča - the Neo-Gothic basilica of Visitation of Virgin Mary from the end of the 19th century
Statue of Madonna of Levoča from the 15 century in main basilica altar

Pilgerort an dem Marienberg in Levoča - Neogotische Basilika Heimsuchung der Jungfrau Maria vom Ende des 19. Jahrhunderts
Die Statue der Jungfrau Maria aus Levoča vom Ende des 15. Jahrhunderts auf dem Hauptaltar der Basilika

Le lieu de pélérinage sur la Coline de Vierge Marie à Levoča - Basilique de la Visitation, néo-gothique de la fin du XIXe siècle
La statue Vierge Marie de Levoča de la fin du XVe siècle, située dans l´autel principal de la basilique

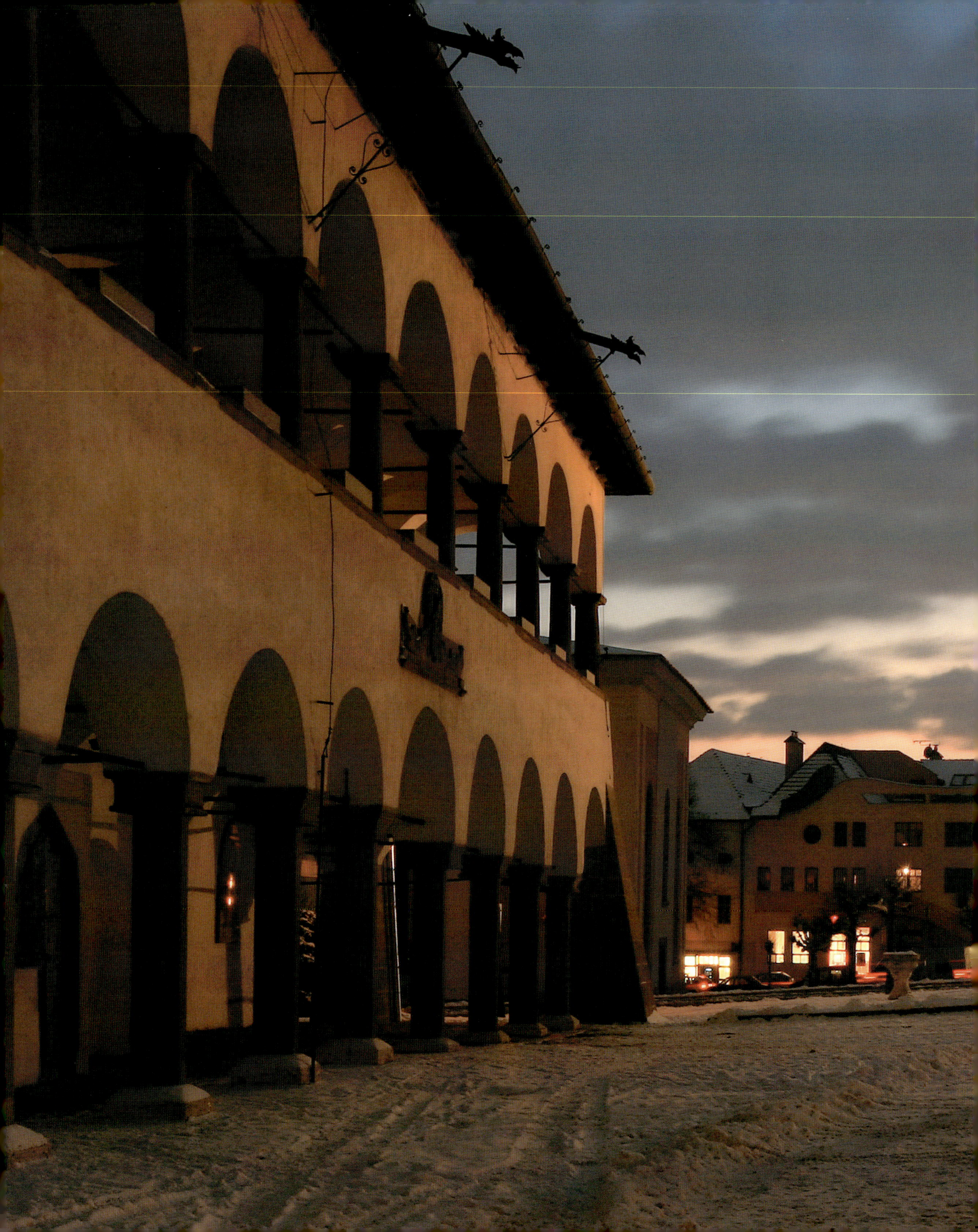

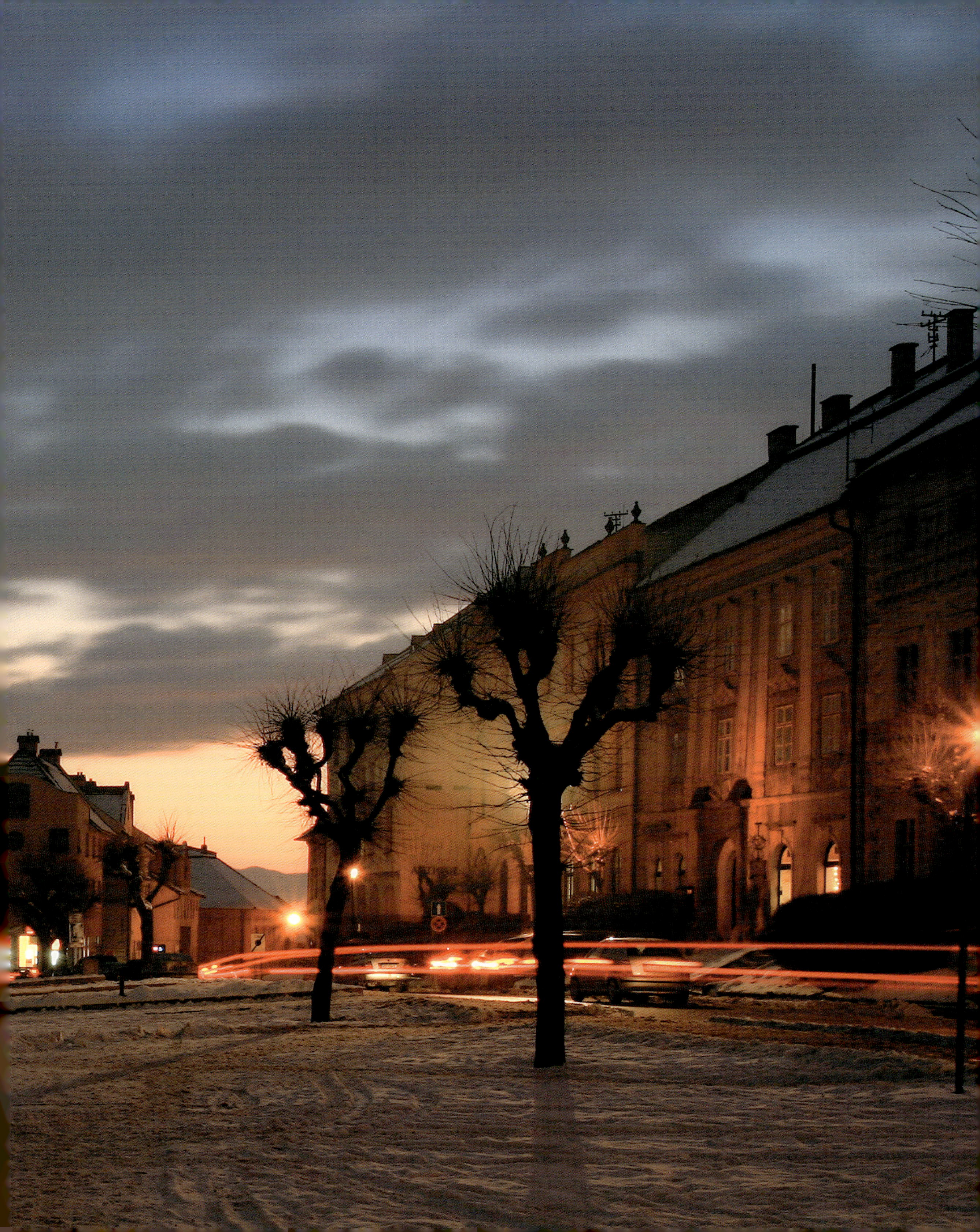

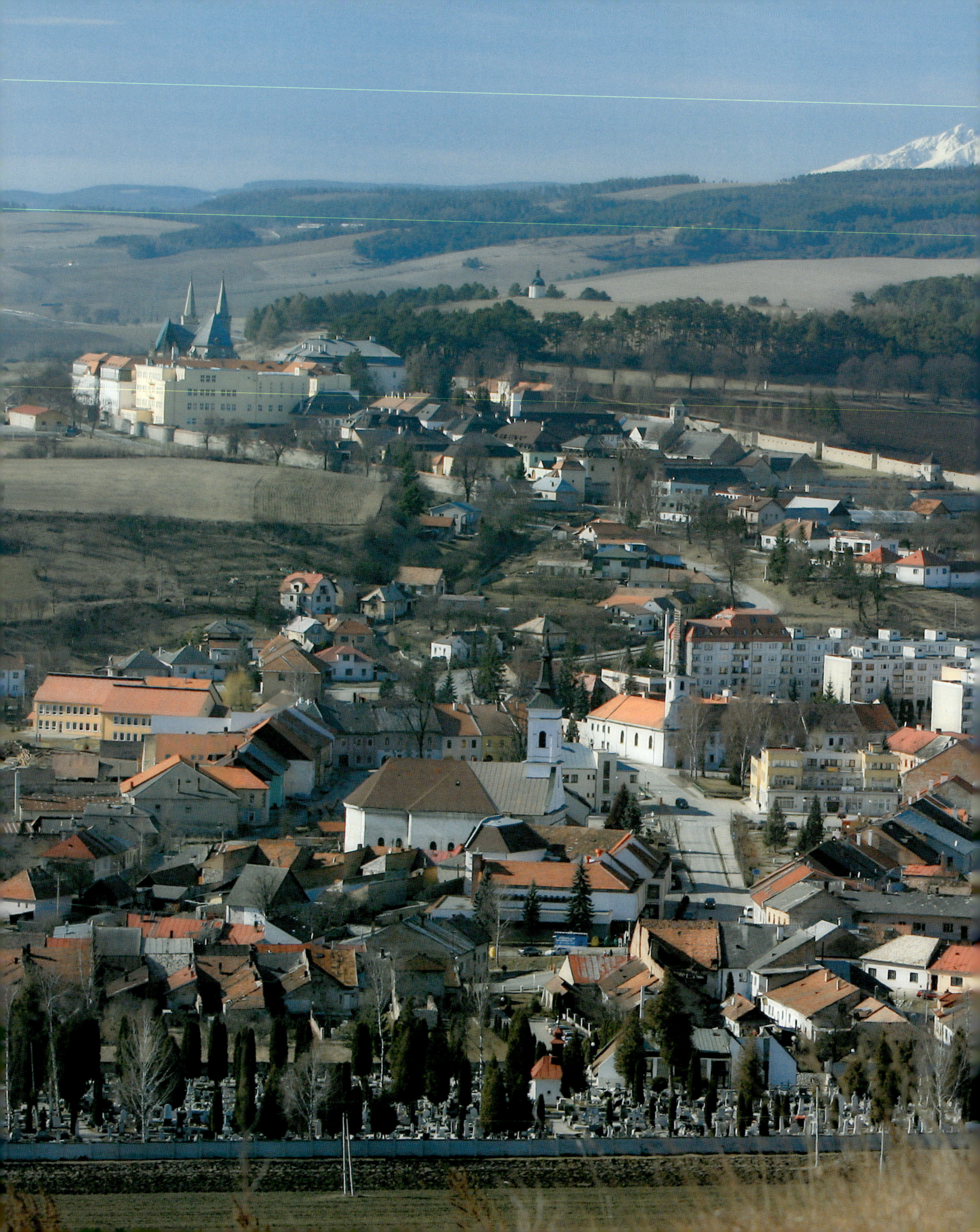

Spišská Kapitula a Spišské Podhradie z hradného kopca

Spišská Kapitula and Spišské Podhradie from the castle hill

Spišská Kapitula und Spišské Podhradie aus dem Burghügel

Spišská Kapitula (Capitole de Spiš) et Spišské Podhradie vues de la coline du château-fort

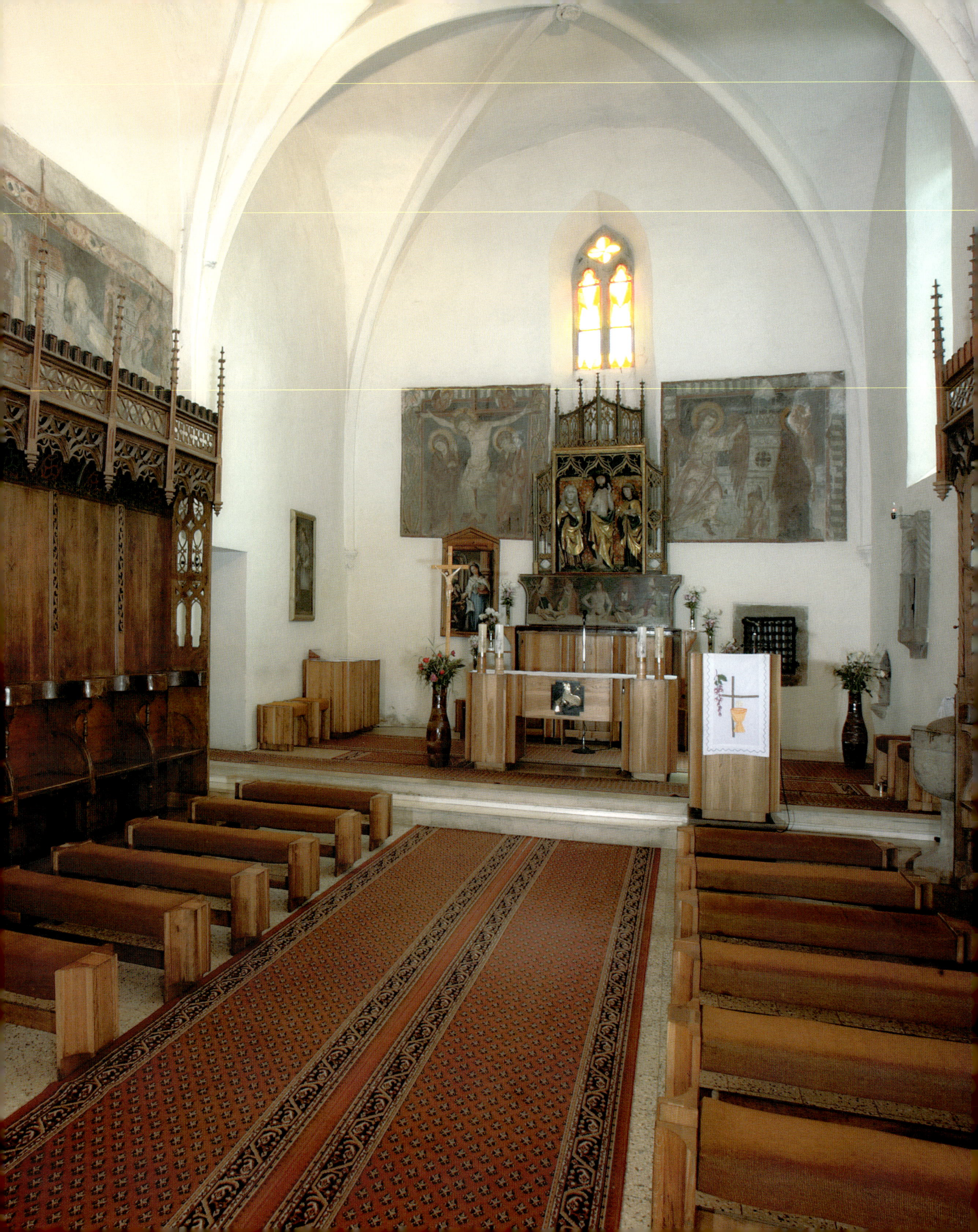

Gotický interiér kostola sv. Antona Pustovníka v Dravciach
Socha sv. Antona Pustovníka z 15. storočia

Gothic interior of the St. Antonius, the Hermit' Church in Dravce
Statue of St. Antonius, the Hermit from the 15th century

Gotisches Interieur der Kirche des Hl. Anton Einsiedlers in Dravce
Statue des Hl. Anton des Einsiedlers aus dem 15. Jh.

L´intérieur gothique de l´Église Saint Antoine, l´Ermite à Dravce
La statue de Saint Antoine, l´Ermite du XVe siècle

Spišský Štvrtok - pohrebná kaplnka pristavaná ku kostolu sv. Ladislava v pol. 15. stor. podľa návrhov staviteľa Dómu sv. Štefana vo Viedni, Hansa Puchspauma
V interiéri kaplnky je zachovaná tabuľová maľba z pôvodného gotického oltára s výjavom Smrti Panny Márie, ktorú namaľoval norimberský maliar, Majster Tucherovho oltára, okolo polovice 15. stor.

Spišský Štvrtok – burial chapel added to the St. Ladislav' Church in the middle of the 15th century by the project of the main architect of St. Stephen's Dome in Vienna, Hans Puchspaum
Preserved tablet painting from the original Gothic altar with depiction of Death of Virgin Mary

Spišský Štvrtok - die Begräbniskapelle die zur Kirche des Hl. Ladislav in der Mitte des 15. Jhs. nach den Plänen des Baumeister des Stefansdoms in Wien, Hans Puchspaum, ausgebaut wurde
In dem Kapelleninterieur ist ein Tafelgemälde aus dem ursprünglichen gotischen Altar erhalten geblieben, an dem der Tod der Jungfrau Maria abgebildet ist

Spišský Štvrtok - la chapelle funéraire, ajoutée à l´église de Saint Ladislas au milieu du XVe siècle selon les plans de l´architecte Hans Puchspaum, constructeur du Dôme de Saint Stéphan (Étienne) à Vienne
Dans l´intérieur de la chapelle subsiste un tableau de l´autel gothique originel avec la scène de la Mort de Vierge Marie

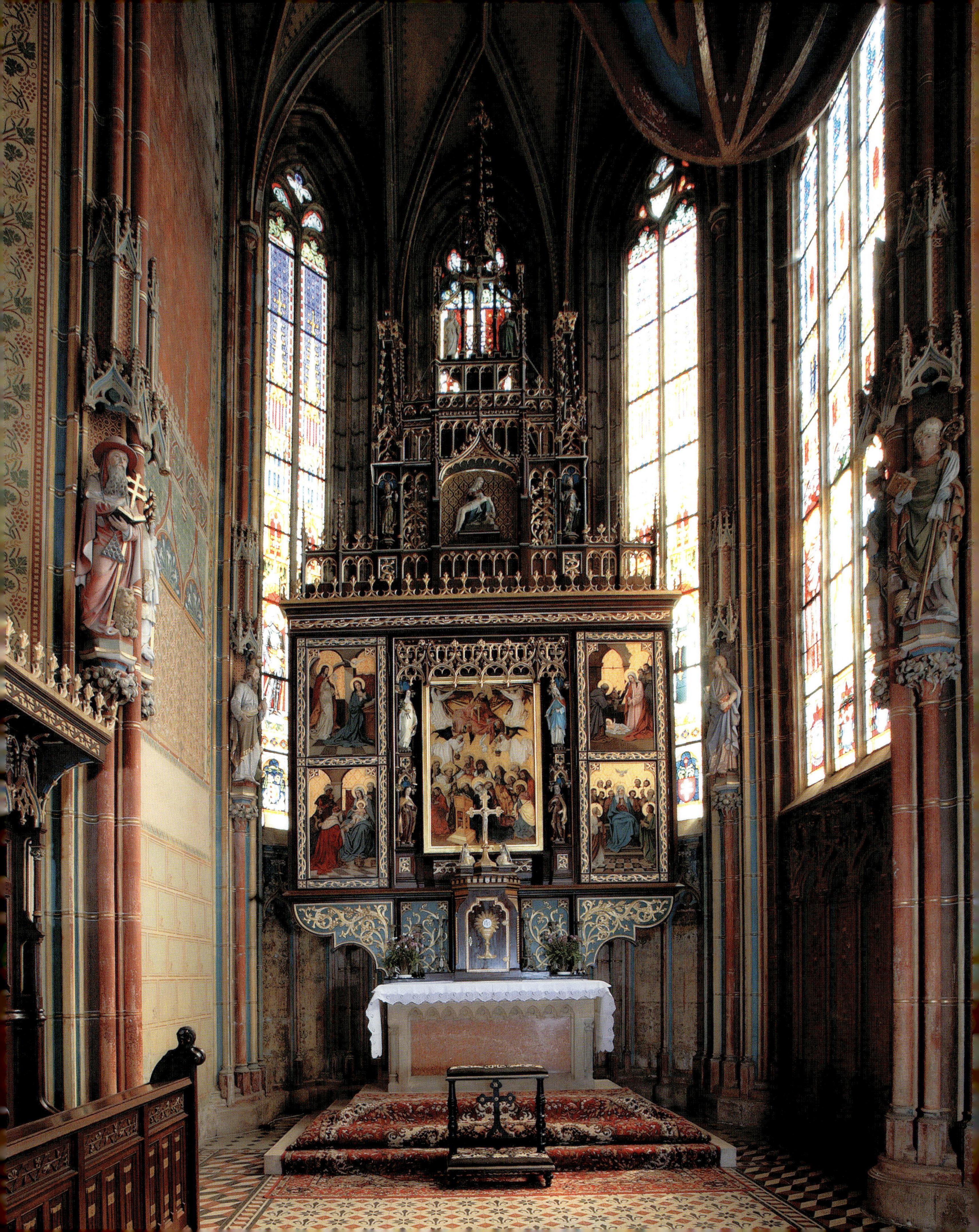

Priečelie neskorobarokového kaštieľa v Bijacovciach, ktorý postavil uhorský kancelár, gróf Ján Csáky, v rokoch 1780 - 1785
Gotická karnerová kaplnka sv. Kozmu a sv. Damiána pri farskom kostole v Bijacovciach

Facade of late Baroque manor house in Bijacovce, constructed by the Hungarian noble Ján Csáky in 1780 – 1785
Gothic chapel of Ss. Kozma and Damian at the parish church in Bijacovce

Fassade des spätgotischen Kastells in Bijacovce, den der ungarische Kanzler Graf Ján Csáky in den Jahren 1780 - 1785 erbauen lies
Gotische Kapelle des hl. Kozmo und des hl. Damian bei der Pfarrenkirche in Bijacovce

La façade du manoir baroque tardive à Bijacovce, bâti par le chancellier hongrois le Comte Jan Csaky en 1780 - 1785
La chapelle gothique de Saint Cosmas et Damian près de l´église paroissiale à Bijacovce

Neobarokový kaštieľ v Spišskom Hrhove, ktorý dal postaviť gróf Hilár Csáky podľa návrhov viedenského architekta Heinricha Adama po roku 1893

Neo-Baroque manor house in Spišský Hrhov, constructed on order of noble Hilár Csáky, following the design of an architect from Vienna, Heinrich Adam after 1893

Neobarockes Schloss in Spišský Hrhov, das Graf Hilár Csáky nach den Plänen des Wiener Architekten Heinrich Adam nach dem Jahr 1893 erbauen lies

Le manoir néo-baroque à Spišský Hrhov, fait construire par le Comte Hilar Csáky selon l´architecte viennois Heinrich Adam après 1893

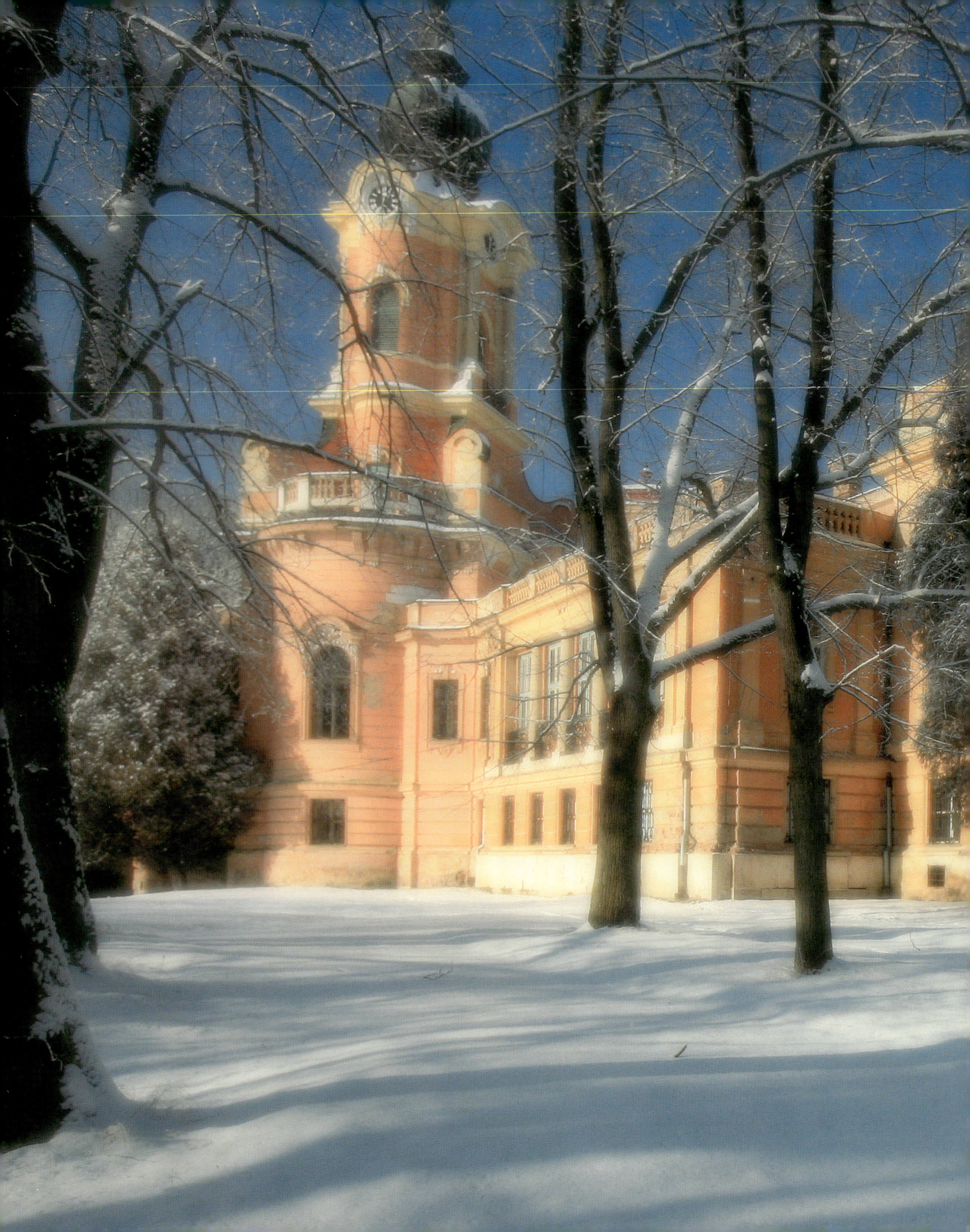

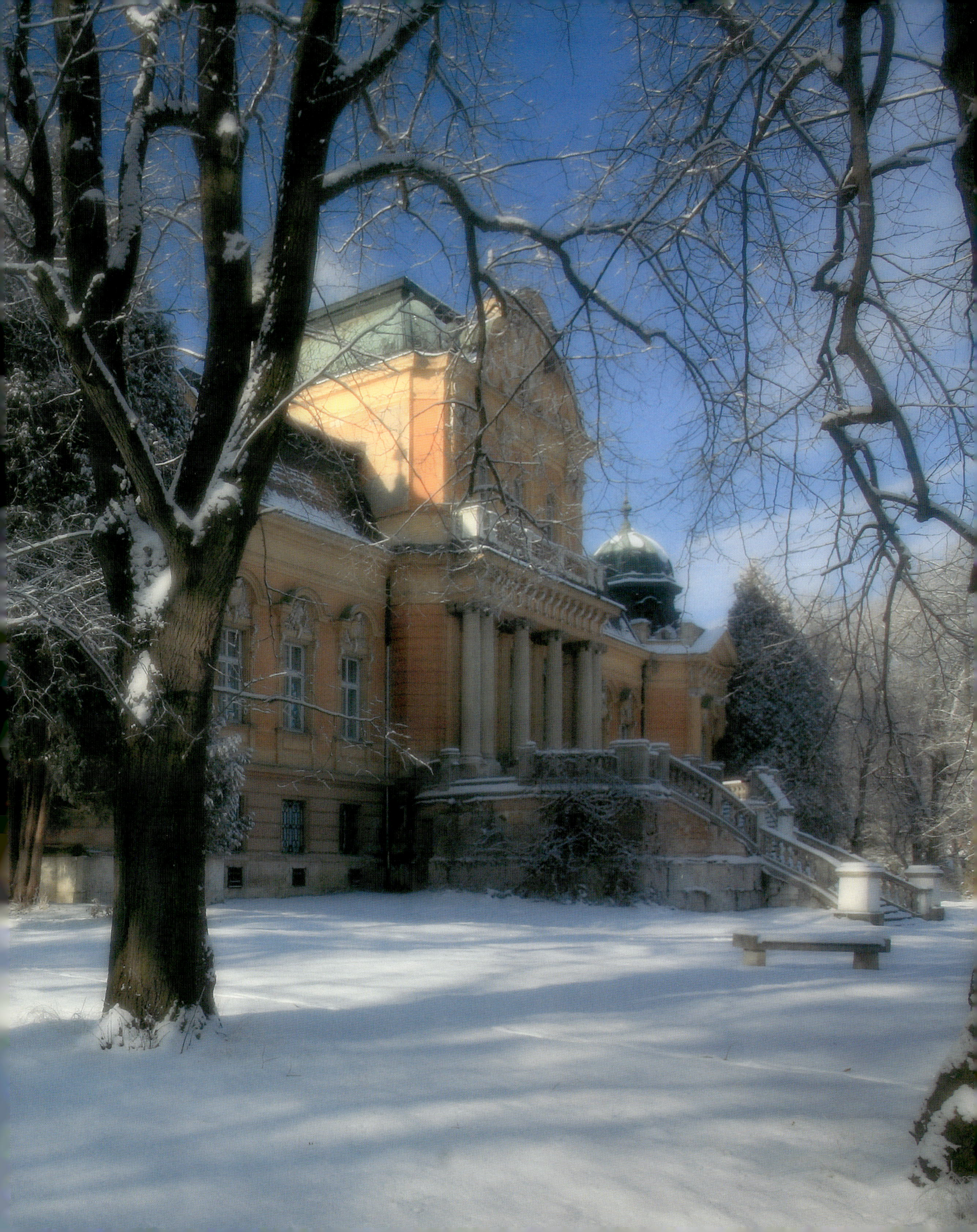

MAJSTER PAVOL Z LEVOČE

Tvorca najvyššieho gotického krídlového oltára na svete

... medzi mnohými gotickými oltármi a sochami na Spiši vynikajú práce rezbára svetovej veľkosti. Famózny stredoveký umelec s neznámym priezviskom získal meno od mesta, v ktorom žil a tvoril: najvýznamnejšie diela Majstra Pavla z Levoče zdobia Chrám sv. Jakuba v Levoči, ďalšie sú roztrúsené po celom východnom a strednom Slovensku ...

MASTER PAUL OF LEVOČA

An author of the world highest winged altar

... among many Gothic altars and statues found in Spiš region, there are works of the world-famous carver the ones, which are above the others. Famous medieval artist with unknown surname got his name from the town where he had lived and worked. The most outstanding works of Master Paul of Levoča adorn the St. James´ Church in Levoča, other ones can be found in entire area of the eastern and central Slovakia ...

MEISTER PAUL AUS LEVOČA

Der Autor des höchsten gotischen Flügelaltars der Welt

... zwischen den vielen gotischen Altären und Statuen der Zips, ragen die Arbeiten des Meisters von Weltgröße heraus. Der famose mittelalterliche Künstler, dessen Nachname unbekannt ist, erhielt seinen Namen nach der Stadt, in der er lebte und wirkte: seine bedeutendsten Werke schmücken die Kirche des Hl. Jacob in Levoča; weitere sind auf die ganze mittlere und östliche Slowakei verstreut ...

MAÎTRE PAUL DE LEVOČA

Auteur de l´autel gothique aux ailes le plus haut du monde entier

... parmi nombreux autels et statues gothiques en Spiš dominent les oeuvres de ce sculpteur en bois au nom mondial. L´artiste fameux médiéval avec le nom inconnu a reçu son nom de la ville où il a vécu et créé. Les chefs-d´oeuvres du Maître Paul de Levoča décorent l´Église Saint Jacques à Levoča, les autres sont éparpillés partout en Slovaquie orientale et centrale ...

Hlavný oltár Kostola sv. Jakuba v Levoči, ktorý vznikal v rokoch 1507 - 1517, je najvýznamnejším dielom Majstra Pavla

Main altar of St. James´ Church in Levoča, being constructed in 1507 - 1517, represents the most important work of Master Paul

Der Hauptaltar der Kirche des Hl. Jacob, der in den Jahren 1507 - 1517 entstand, ist das bedeutendste Werk von Meister Paul

Le maître-autel de l´Église Saint Jacques à Levoča, érigé en 1507-1517, est le plus grand oeuvre de Maître Pavol

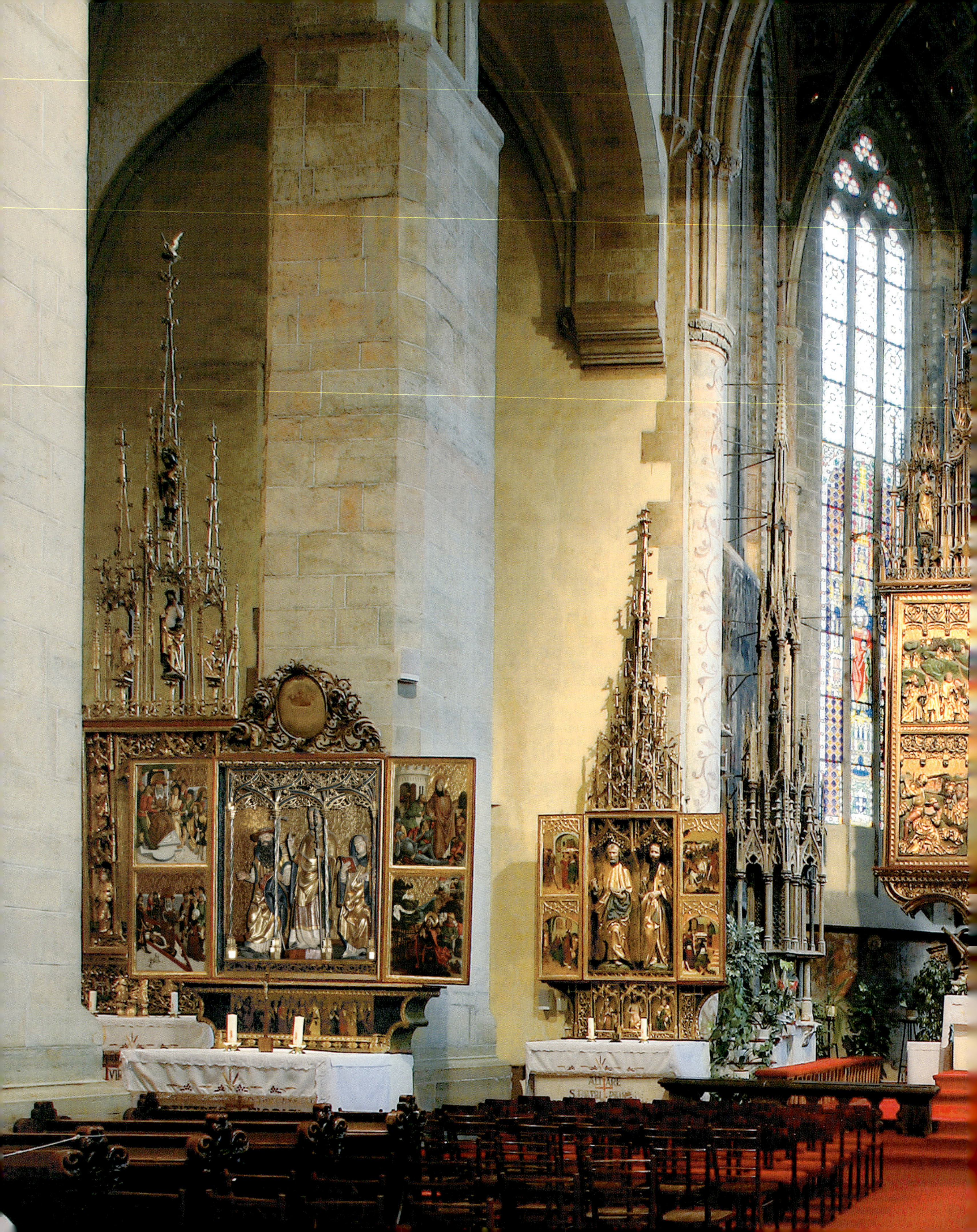

Pohľad do interiéru farského kostola s viacerými dielami Majstra Pavla, ktoré tu postupne vytvoril v období medzi rokmi 1507 - 1520

View into the interior of parish church with numerous works of Master Paul, carved between the years 1507 - 1520

Der Blick in das Interieur der Pfarrenkirche mit mehreren Werken von Meister Paul, die er hier schrittweise in den Jahren 1507 - 1520 erschuf

L´intérieur de l´église paroissiale avec plusieurs oeuvres de Maître Paul, qui les créa entre 1507 - 1520

Oltárna skriňa z hlavného oltára s tromi sochami nadživotnej veľkosti. Madona uprostred má po stranách vľavo sv. Jakuba, patróna kostola a mesta, a sv. Jána Evanjelistu

Altar case of main altar with three statues of above-life size. Madonna in the centre, patron of the church and town, the St. James on the left and St. John, the Evangelist on the right

Der Altarschrank aus dem Hauptaltar mit drei Statuen in Überlebensgröße. Die Madonna in der Mitte hat an den Seiten den Hl. Jacob, den Patron der Kirche und der Stadt und den Hl. Johannes Evangelista

La boîte du maître-autel avec les trois statues de taille imposante. La Madonne au centre avec Saint Jacques, patron saint de l'église et de la ville, et Saint Jean Évangéliste à ses côtés

Reliéf s výjavom sv. Ján Evanjelista na ostrove Pathmos v hornej časti pravého oltárneho krídla hlavného oltára levočského kostola

Relief with depiction of St. John, the Evangelist at Pathmos island in upper right part of altar wing

Das Relief mit der Abbildung des Hl. Johannes Evangelista auf der Insel Patmos im oberen Teil des rechten Altarflügels des Hauptaltars der Kirche in Levoča

Le relief avec la scène de Saint Jean Évangéliste sur l´île Pathmos en haut de l´aile droite du maître-autel de l´église à Levoča

Socha sv. Jakuba a Madona s dieťaťom z hlavného oltára levočského kostola

Statues of St. James and Madonna with child from main altar of church

Die Statue des Hl. Jacob und Madonna mit Kind aus dem Hauptaltar in der Kirche in Levoča

La statue St. Jacques et Vierge Marie et l´Enfant du maître-autel de l´ église à Levoča

>>

Súsošie Poslednej večere v predele hlavného oltára levočského kostola

Group of statues Last Supper in main altar predella

Die Statue des Letzten Abendmahls in Predella des Hauptaltars in der Kirche in Levoča

La sculpture de la Cène dans la cloison du maître-autel de l´église à Levoča

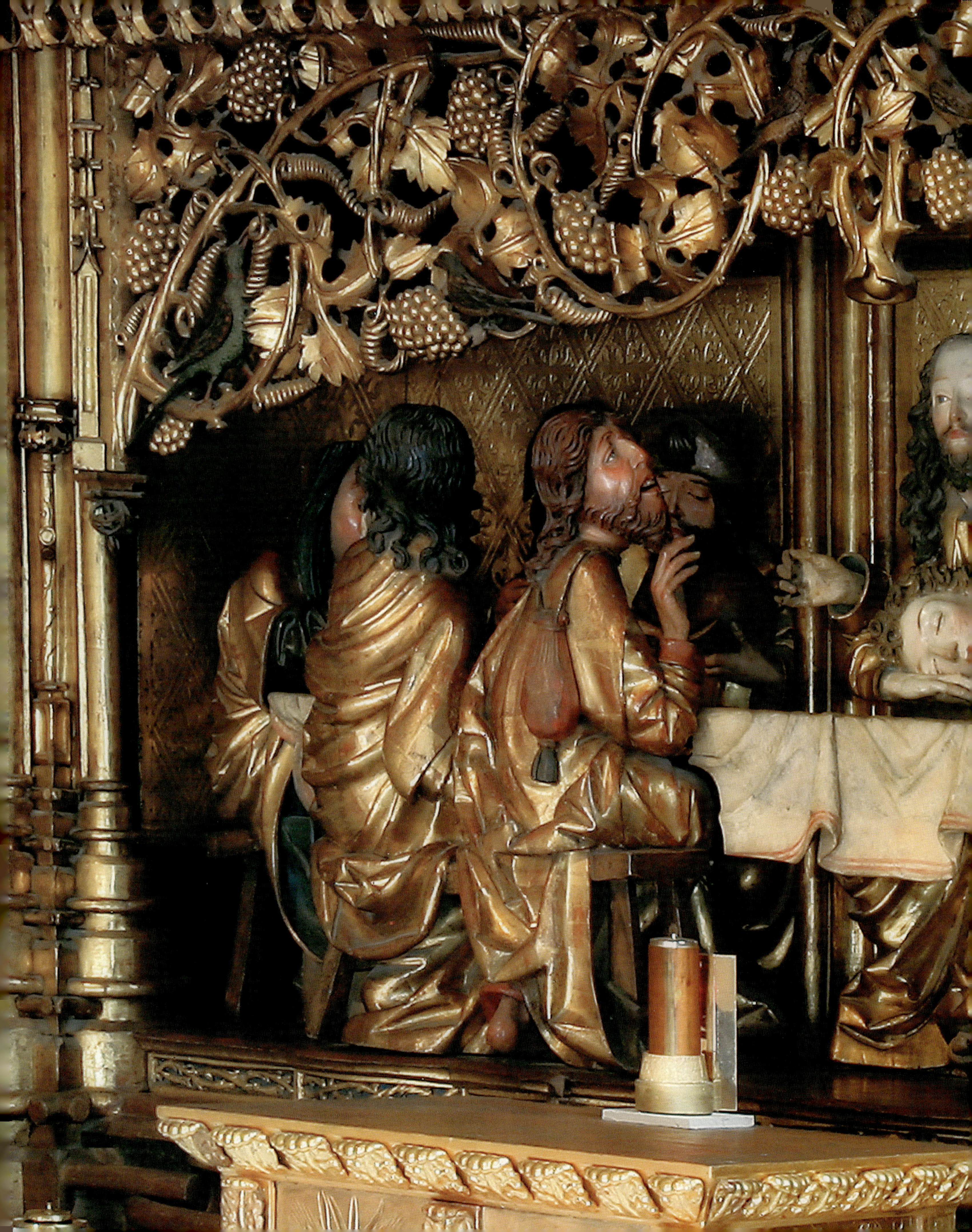

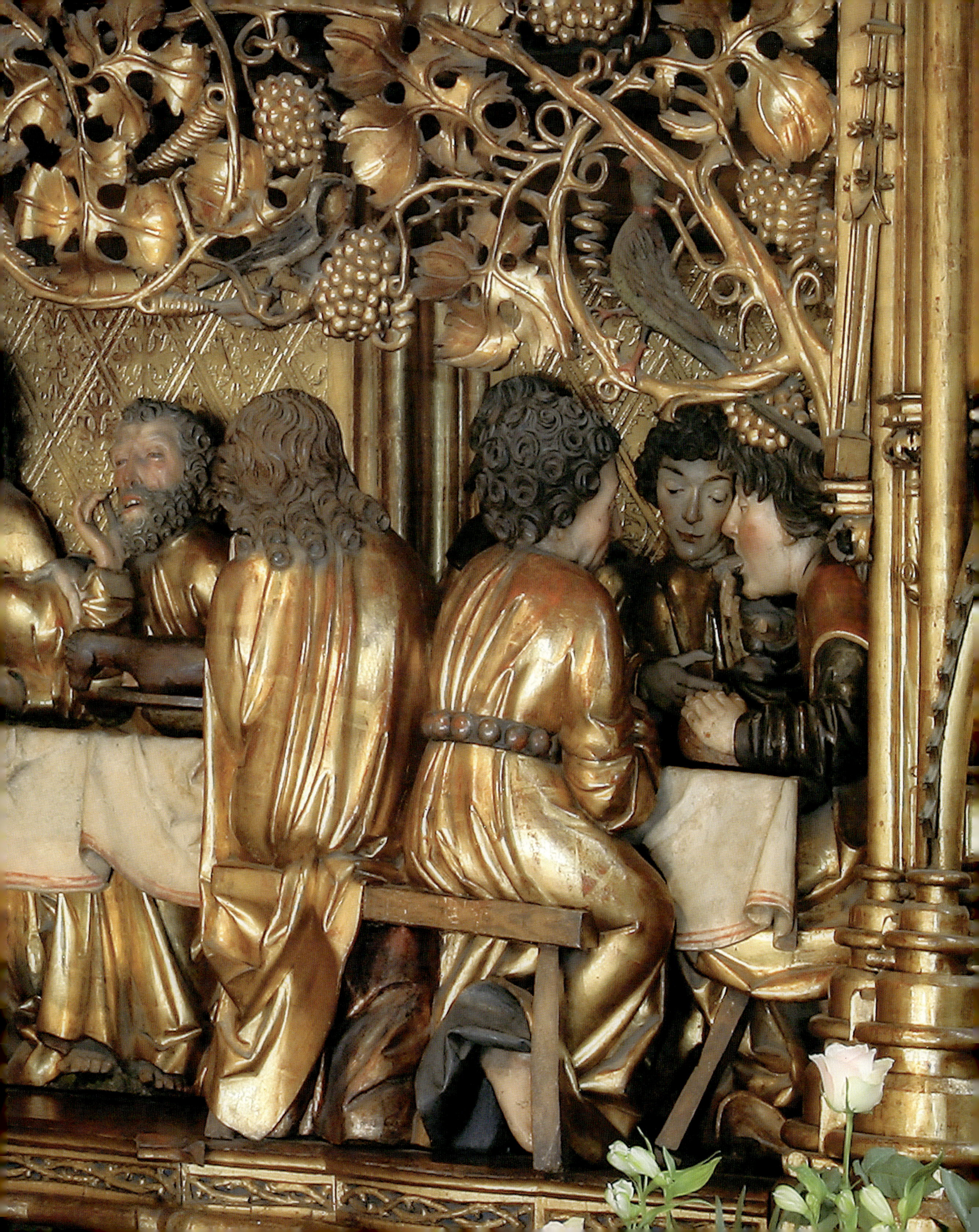

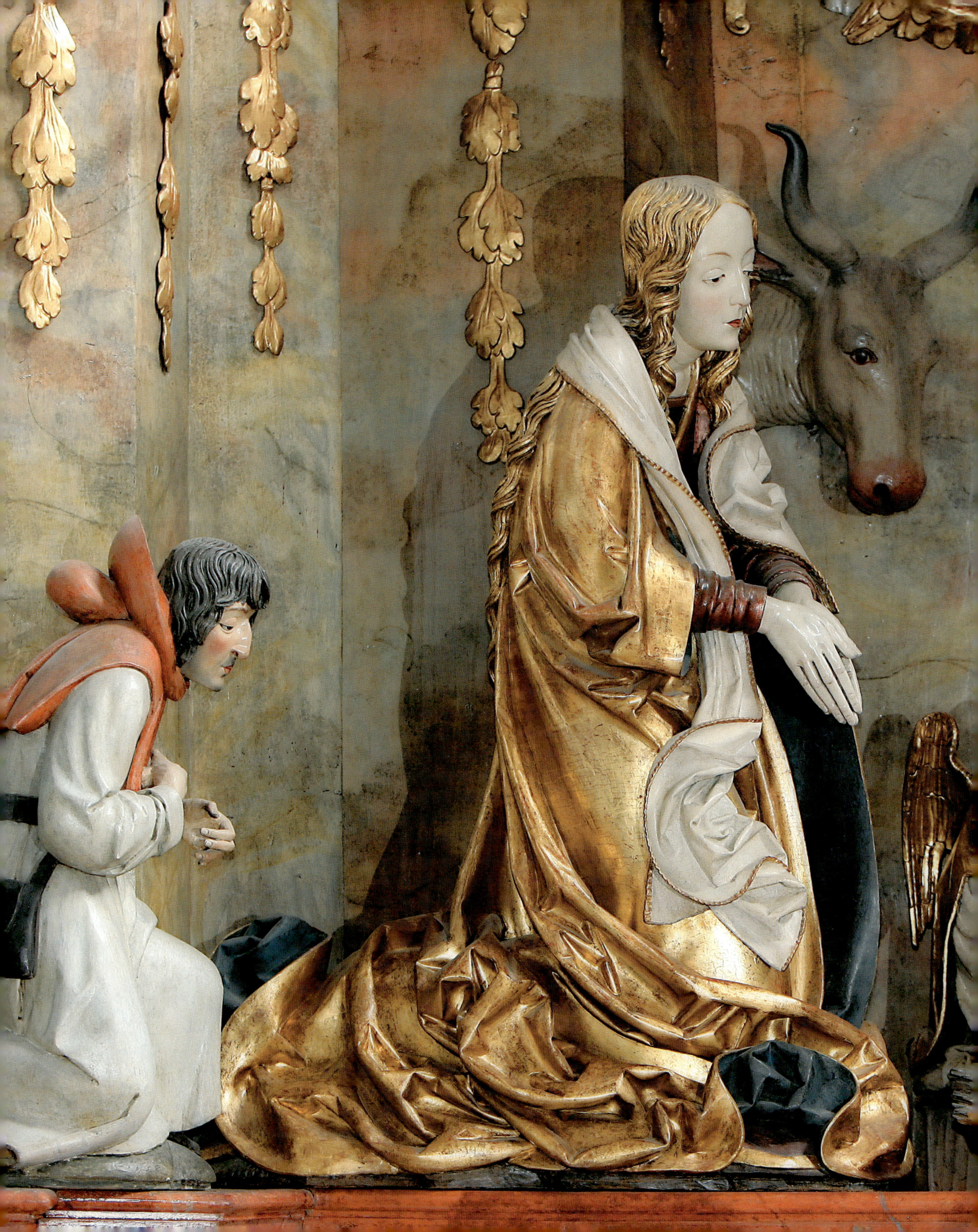

Skupina sôch z oltára Narodenia z obdobia okolo roku 1507. Súsošie je dnes v barokovej oltárnej architektúre v kaplnke severnej bočnej lode levočského kostola

Group of statues at Nativity altar from about 1507. Statues are today placed in the Baroque architecture of northern side nave chapel of the main Levoča's church

Gruppe von Statuen aus dem Altar Geburt Christi um 1507. Die Statue ist heute in der barocken Altararchitektur in der Kapelle des nördlichen Seitenschiffes der Kirche in Levoča zu finden

La groupe statuaire de l´autel, la Nativité, de l´époque vers 1507, aujourd´hui elle se trouve dans l´architecture d´ autel baroque dans la chapelle de la nef latérale du nord de l´église à Levoča

Socha sv. Jána Almužníka z oltára sv. Mikuláša z roku 1507 a sv. Anna Samotretia z bočného oltára sv. Anny z roku 1516 v levočskom kostole sv. Jakuba

Statue of St. John, the Almoner from St. Nicolas altar from 1507 and St. Anne Metercia from 1516 in St. James' Church

Die Statue des Hl. Johannes des Almosengebers aus dem Altar des Hl. Nicolaus aus dem Jahr 1507 und der Hl. Anna Selbdritt aus dem Seitenaltar der Hl. Anna aus dem Jahr 1516 in der Kirche des Hl. Jacob in Levoča

La statue de Saint Jean l´Aumônier de l´autel Saint Nicolas de 1507 et Sainte Anne Trinitaire de l´autel latéral de Sainte Anne de 1516 dans l´église Saint Jacques à Levoča

»

Súsošie Poslednej večere z hlavného oltára farského kostola v Spišskej Sobote z roku 1516

Last Supper from the main altar of parish church in Spišská Sobota from 1516

Die Statue des Letzten Abendmahles aus dem Hauptaltar der Pfarrenkirche in Spišská Sobota aus dem Jahr 1516

La groupe statuaire de la Cène du maître-autel de l´église parroissiale à Spišská Sobota de 1516

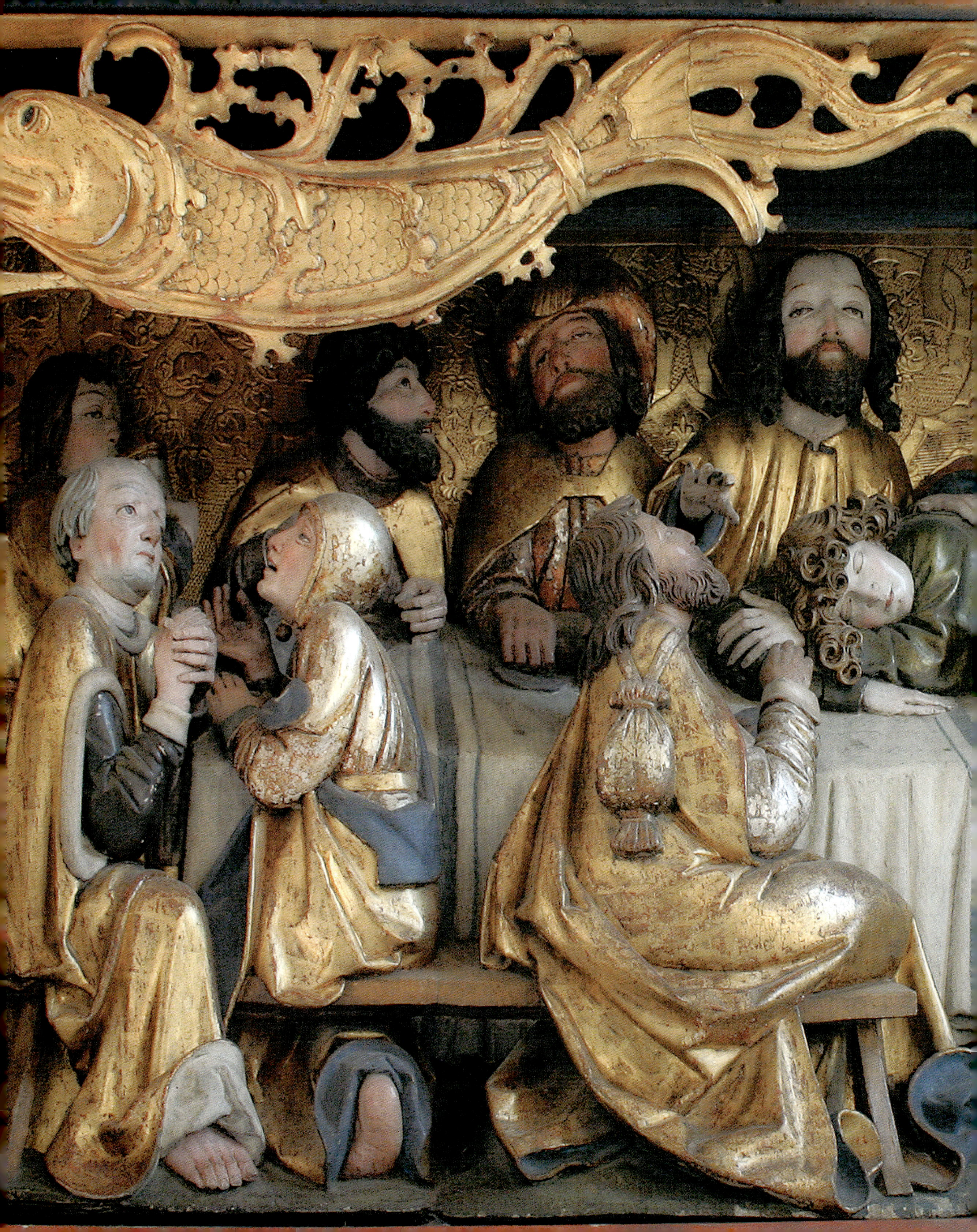

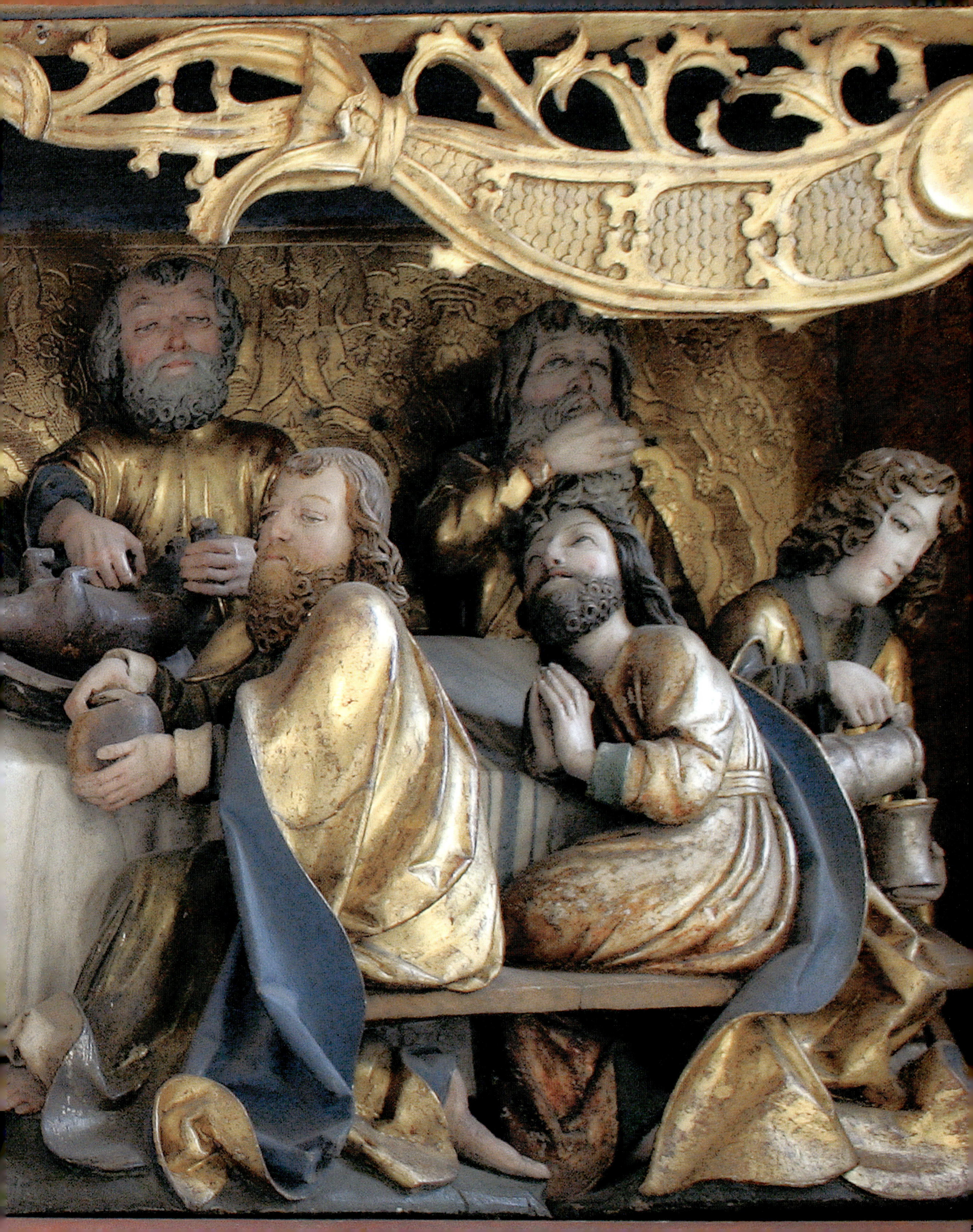

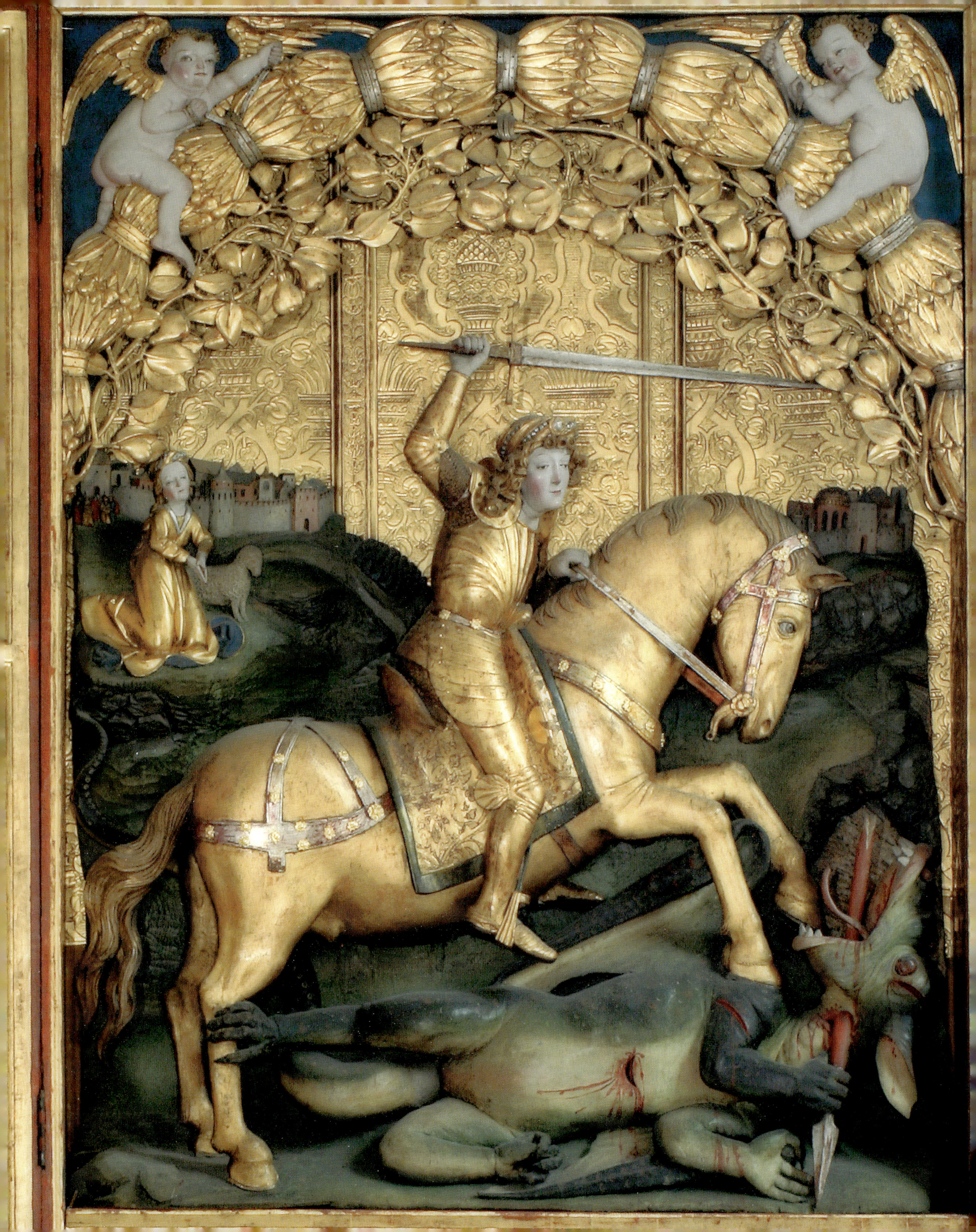

Medzi zachované Pavlove práce patria dve jazdecké súsošia sv. Juraja. Jedno, z roku 1515, je postavené na vysokej konzole v rovnomennej kaplnke levočského kostola sv. Jakuba. Druhé (vľavo), z roku 1516, sa nachádza v hlavnom oltári kostola v Spišskej Sobote

Other two Master Paul´s works - statues of St. George. One is from 1515, placed on a tall console in the chapel of the same name of St. James´ Church. The second one from 1516 on main altar of the church in Spišská Sobota (on the left)

Zu den erhaltenen Werken von Paul gehören zwei Reiterstatuen des Hl. Georg. Die erste aus dem Jahr 1515 steht auf der hohen Konsole in der gleichnamigen Kapelle der Kirche des hl. Jacob in Levoča. Das zweite aus dem Jahr 1516 befindet sich an dem Hauptaltar der Kirche in Spišská Sobota (links)

Deux statuaires équestrès de Saint George appartiennent aussi aux oeuvres de Maître Paul. La première statue faite en 1515 est placée sur une haute console dans la chapelle du même nom dans l´église Saint Jacques. La seconde, de 1516, se trouve dans l´autel principal de l´église à Spišská Sobota (à gauche)

Ukrižovaný v bočnom oltári kostola v Lomničke vznikol po roku 1520

Crucified on side altar in church in Lomnička was made after 1520

Der Gekreuzigte an dem Seitenaltar in der Kirche in Lomnička (Kleinlomnitz) entstand nach dem Jahr 1520

La statue de Jésus Crucifié dans l´autel latéral à Lomnička fut créé 1520

Kalvária zo Spišskej Novej Vsi vznikla po roku 1520. Súsošie zachované vo farskom kostole nie je úplné. Kľačiaca socha sv. Márie Magdalény je dnes v kostole v Stratenej

Calvary from Spišská Nová Ves was made after 1520. Group of statues is not complete. Kneeling statue of St. Maria Magdalena is today placed in the church in Stratená

Die Kalvarie aus Spišská Nová Ves entstand nach dem Jahr 1520. Die Staute, erhalten in der Pfarrenkirche, ist nicht komplett. Die kniende Statue der Hl. Maria Magdalena ist heute in der Kirche in Stratená

Le Calvaire de Spišská Nová Ves ouvré après 1520. La groupe statuaire persistée dans l´église paroissiale n´est pas complète. La statue agénouillée de Sainte Marie-Madeleine se trouve aujourd´hui dans l´église de Stratená

Socha Madony z obdobia okolo roku 1510 v hlavnom oltári farského kostola v Slovenskej Vsi
Oltárna skriňa hlavného oltára sv. Vavrinca vo farskom kostole v Hrabušiciach z rokov 1510 - 1515

Statue of Madonna from about 1510 in main altar of parish church in Slovenská Ves
Altar case of main altar of St. Lawrence in parish church in Hrabušice from 1510 - 1515

Die Statue der Madonna aus der Zeit um 1510, auf dem Hauptaltar der Pfarrkirche von Slovenská Ves (Windschendorf)
Der Altarschrank des Hauptaltars des Hl. Vavrinec, in der Pfarrkirche von Hrabušice (Kabsdorf) um 1510 - 1515

La statue Sainte Vierge de l´époque vers 1510, dans le maître-autel de l´église paroissiale à Slovenská Ves
La boîte du maître-autel Saint Vavrinec de l´église paroissiale à Hrabušice de 1510 - 1515

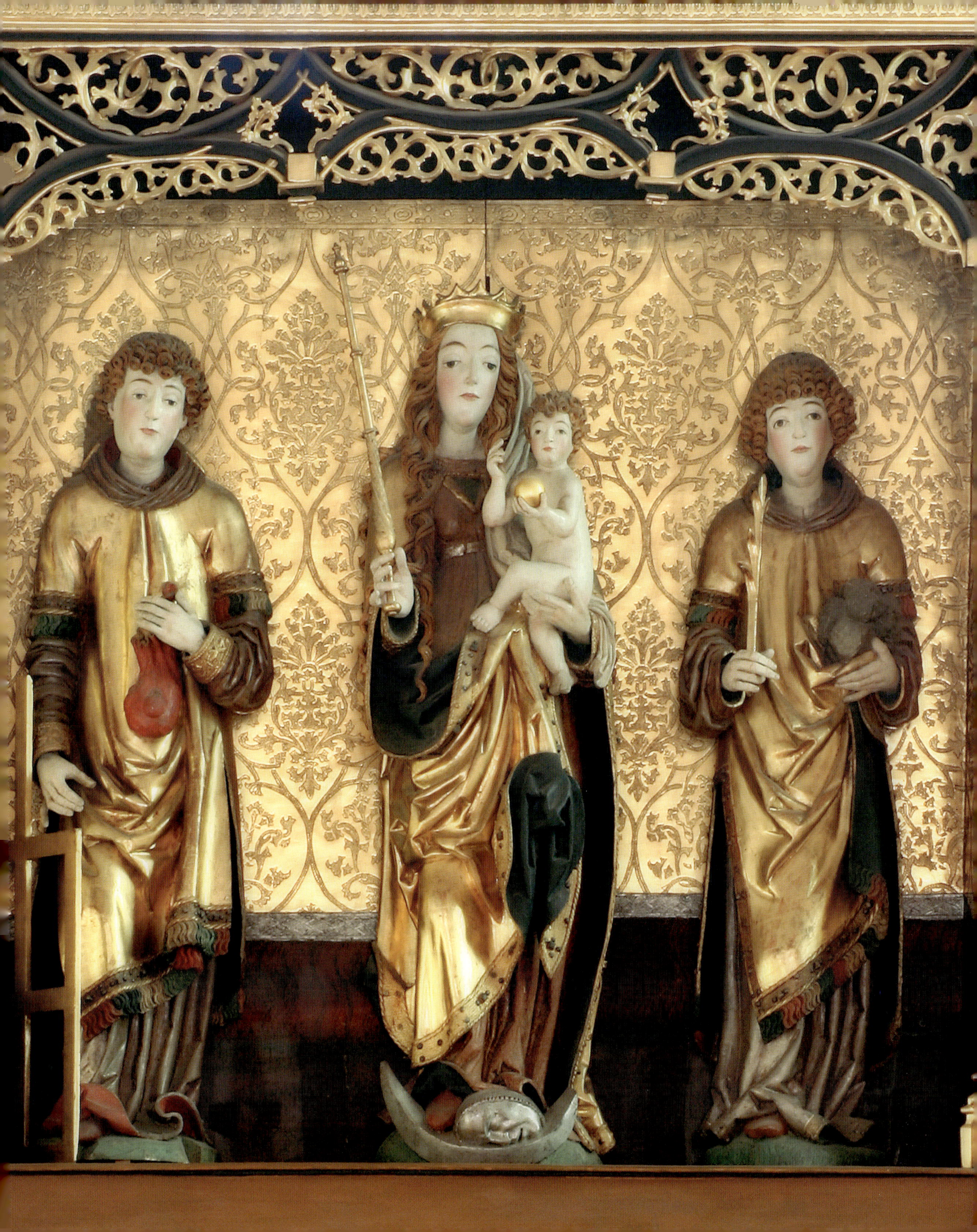

Detail Madony zo Strážok, ktorú Pavol vytvoril okolo roku 1520
Súsošie Kalvárie z baziliky v Kežmarku. Z tohto súsošia býva k Pavlovým dielam často priradená socha Ukrižovaného

Detail of Madonna from Strážky, made by Master Paul in about 1520
Group of statues Calvary from basilica in Kežmarok. Most probably the Crucified is the work of Master Paul

Das Detail auf die Madonna aus Strážky, die Paul um 1520 herstellte
Die Statue der Kalvarie aus der Basilika in Kežmarok. Von diesem Werk wird die Staute des Gekreuzigten zu den Arbeiten von Paul gerechnet

Le détail de Sainte Vierge de Strážky, taillée par Maître Paul vers 1520
La groupe statuaire de Calvaire de la basilique à Kežmarok, dont la statue de Jésus Crucifié est souvent associée aux oeuvres de Maître Paul

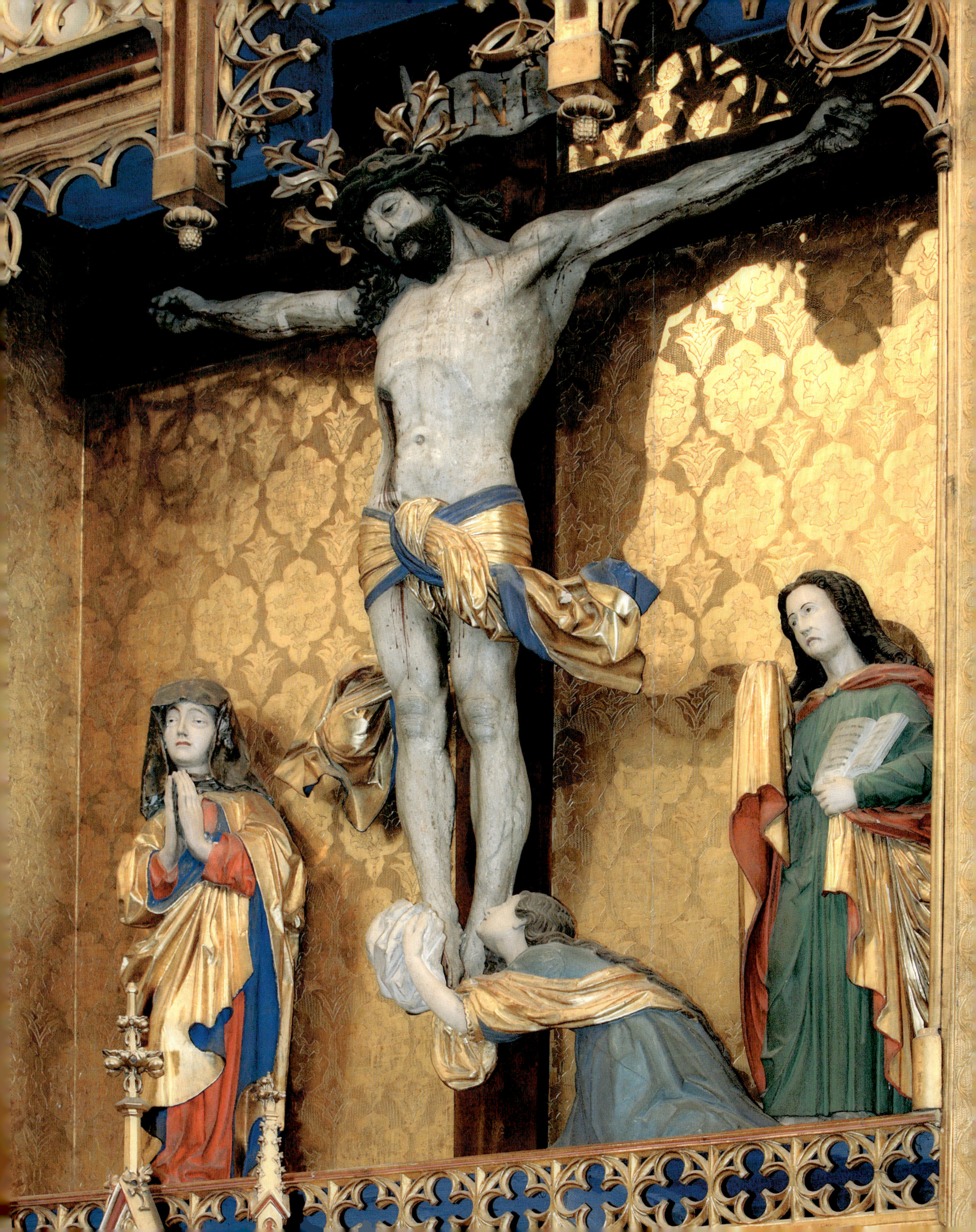

POPRAD A OKOLIE
Moderná dopravná tepna Spiša a Tatier

...dynamicky sa rozvíjajúce moderné mesto s medzinárodným letiskom, východisko do Vysokých Tatier. Unikátne päťmestie, ktoré vzniklo postupným približovaním a splynutím Popradu so štyrmi okolitými mestečkami: Spišská Sobota, Veľká, Stráže pod Tatrami, Matejovce. Medzi vzácnymi historickými pamiatkami, ktoré vítajú návštevníkov na každom kroku, vyniká zachované stredoveké námestie v Spišskej Sobote. Neďaleké Gánovce sú známe nálezom pozostatkov neandertálskeho človeka...

POPRAD

POPRAD AND SURROUNDINGS
Modern transport venue of the Spiš and Tatras

...modern town being dynamically developed. City with an international airport; a gate to the High Tatras. Unique pentathlonic composition which has come into origin via gradual advancing and fusing of Poprad with four small adjacent towns: Spišská Sobota, Veľká, Stráže pod Tatrami, Matejovce. Among the valuable historical monuments, attracting the visitors in every spot of the town, the preserved medieval square in Spišská Sobota is first to be mentioned. Close Ganovce are known by the findings of remains of the Neanderthal man...

POPRAD UND UMGEBUNG
Moderne Verkehrsader der Zips und der Tatra

... eine sich dynamisch entwickelnde Stadt mit einem internationalen Flughafen, der Ausgangspunkt in die Hohe Tatra. Einzigartiger Fünfstädtebund, der durch die schrittweise Annäherung und Zusammenführung von Poprad mit den vier umliegenden Städten (Spišská Sobota, Veľká, Stráže pod Tatrami, Matejovce) entstand. Zwischen kostbaren historischen Denkmälern, die den Besucher auf jedem Schritt begleiten, ragt der erhaltene mittelalterliche Hauptplatz in Spišská Sobota heraus. Das nahe liegende Dorf Gánovce ist bekannt durch den Fund eines Neandertalermenschen...

POPRAD ET SON ENVIRONS
l´artère moderne du transport de Spiš et Hautes Tatras

...une ville moderne dynamique avec l´aéroport international, le point de départ pour aller dans les Hautes Tatras, l´ensemble unique de 5 villes créé par l´approchement et fusionnement de Poprad avec ses 4 villes satélites: Spišská Sobota, Veľká, Stráže pod Tatrami, Matejovce. Parmi les sites historiques précieux souhaitants le bienvenu à chaque visiteur, domine la place médiévale à Spišská Sobota. Le village de Gánovce se trouvant pas loin d´ici, est connu grâce à la découverte unique de l´empreinte de crâne de l´Homme néanderthalien...

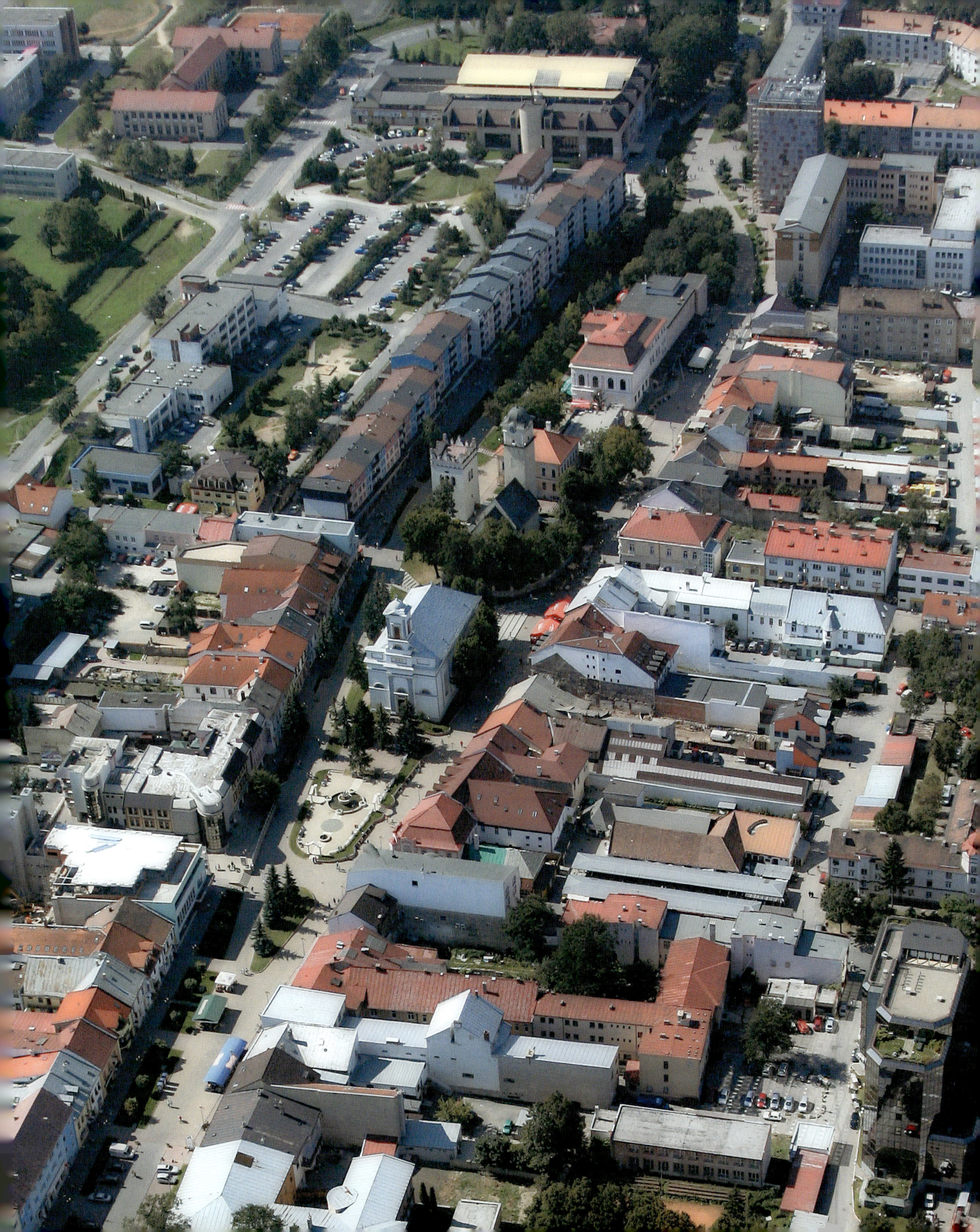

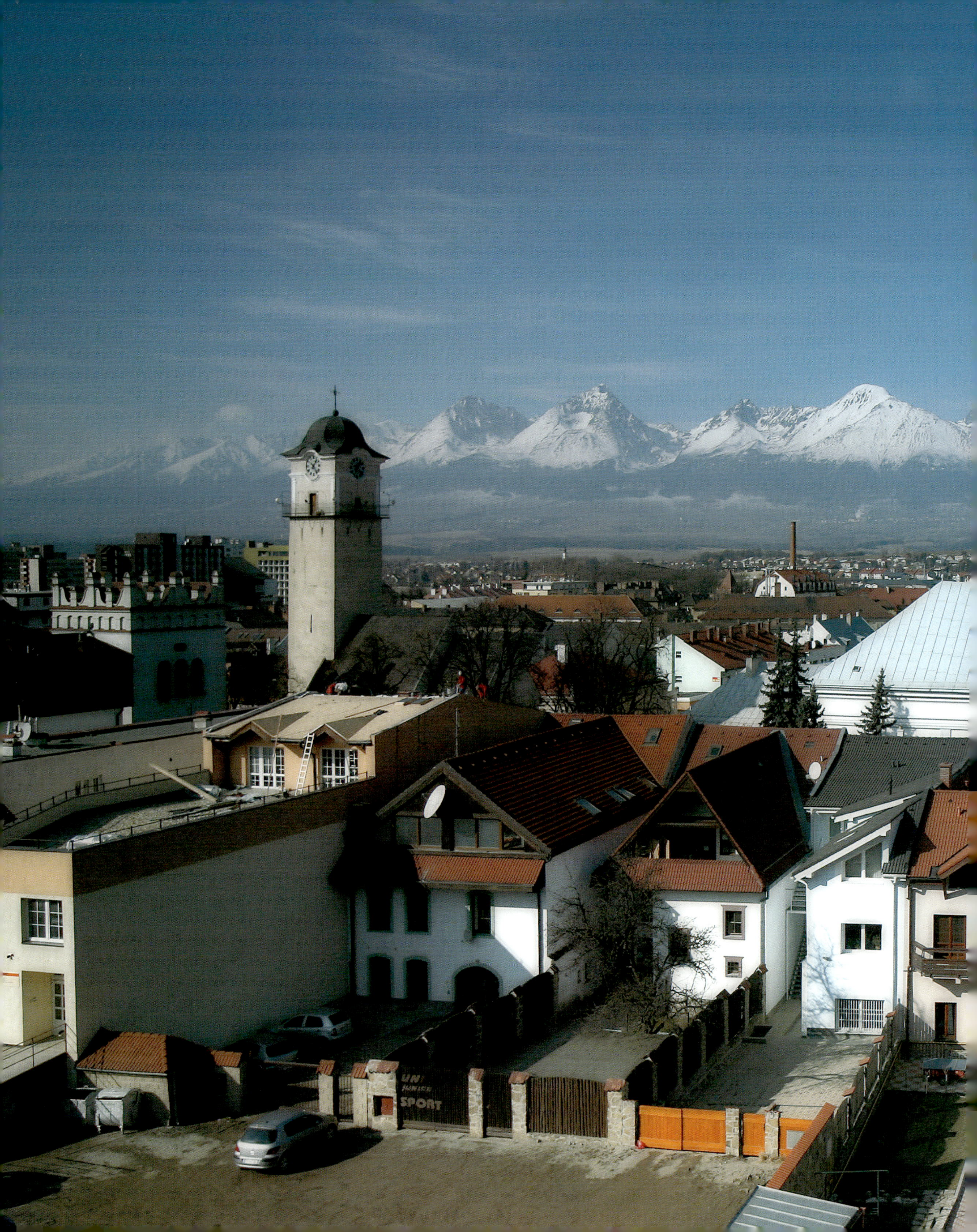
SPORT

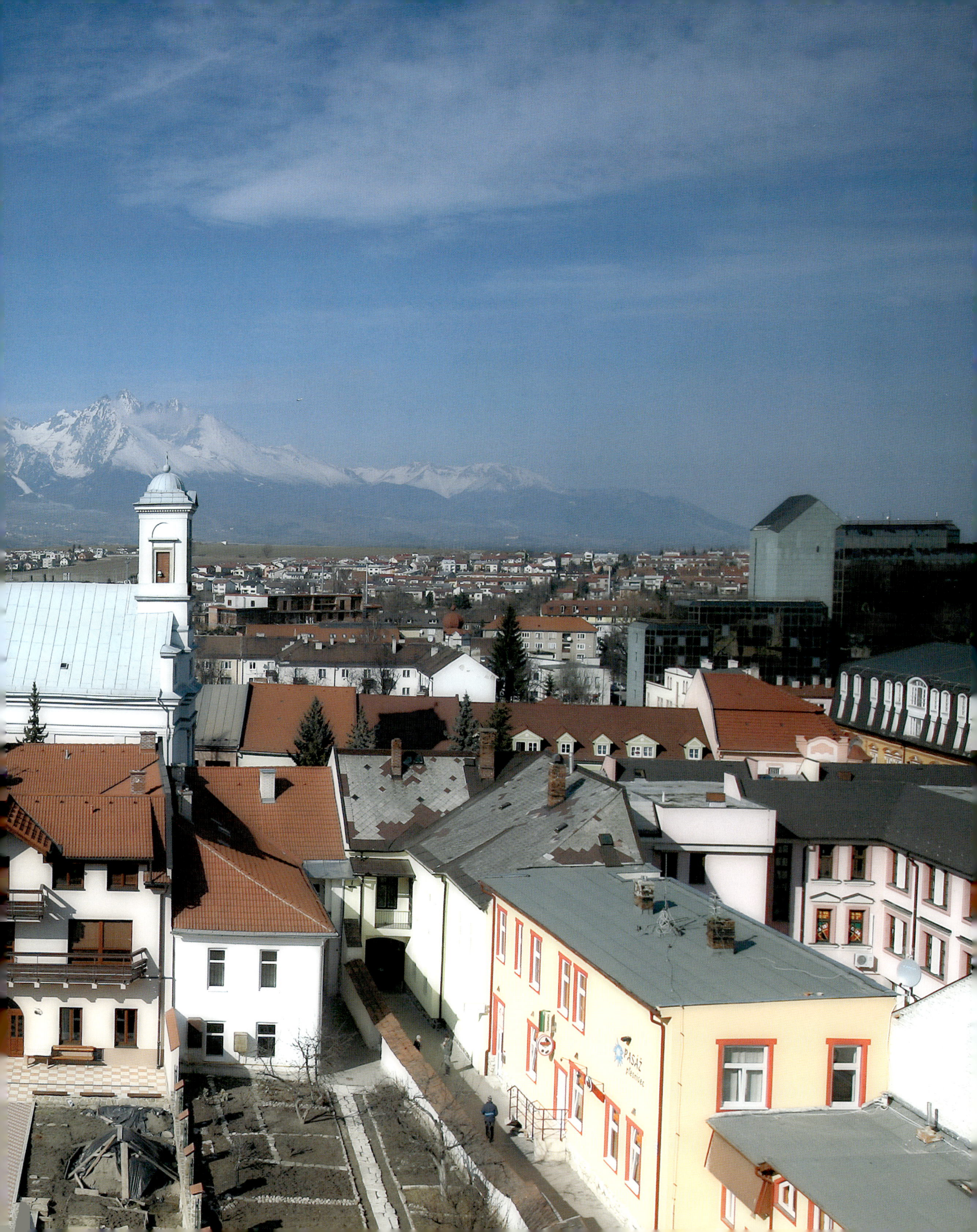
PASÁŽ
plesnivec

«

Panoráma mesta na pozadí Vysokých Tatier

Panorama of the town, the High Tatras on the back

Das Panorama der Stadt auf dem Hintergrund der Hohen Tatra

Le panorama de la ville avec les Hautes Tatras à l´arrière-plan

Jednu z dominánt historického centra tvorí klasicistická architektúra evanjelického kostola postaveného v rokoch 1829 - 1834 podľa projektov župného inžiniera Jána Fabriciusa

One of the dominants - the Classicistic architecture of the Evangelic church, constructed in 1829 - 1834 per design of a county engineer Ján Fabricius

Eine der Besonderheiten des historischen Zentrums der Stadt bildet die klassizistische Architektur der evangelischen Kirche, die in den Jahren 1829 - 1834 nach den Plänen des Gespanschaftsingenieurs Jan Fabricius gebaut wurde

L´architecture classiciste de l´église protestante, une des dominantes du centre historique, édifiée en 1829-1834 d´après les plans de Ján Fabricius, l´ingénieur de „zsupa"

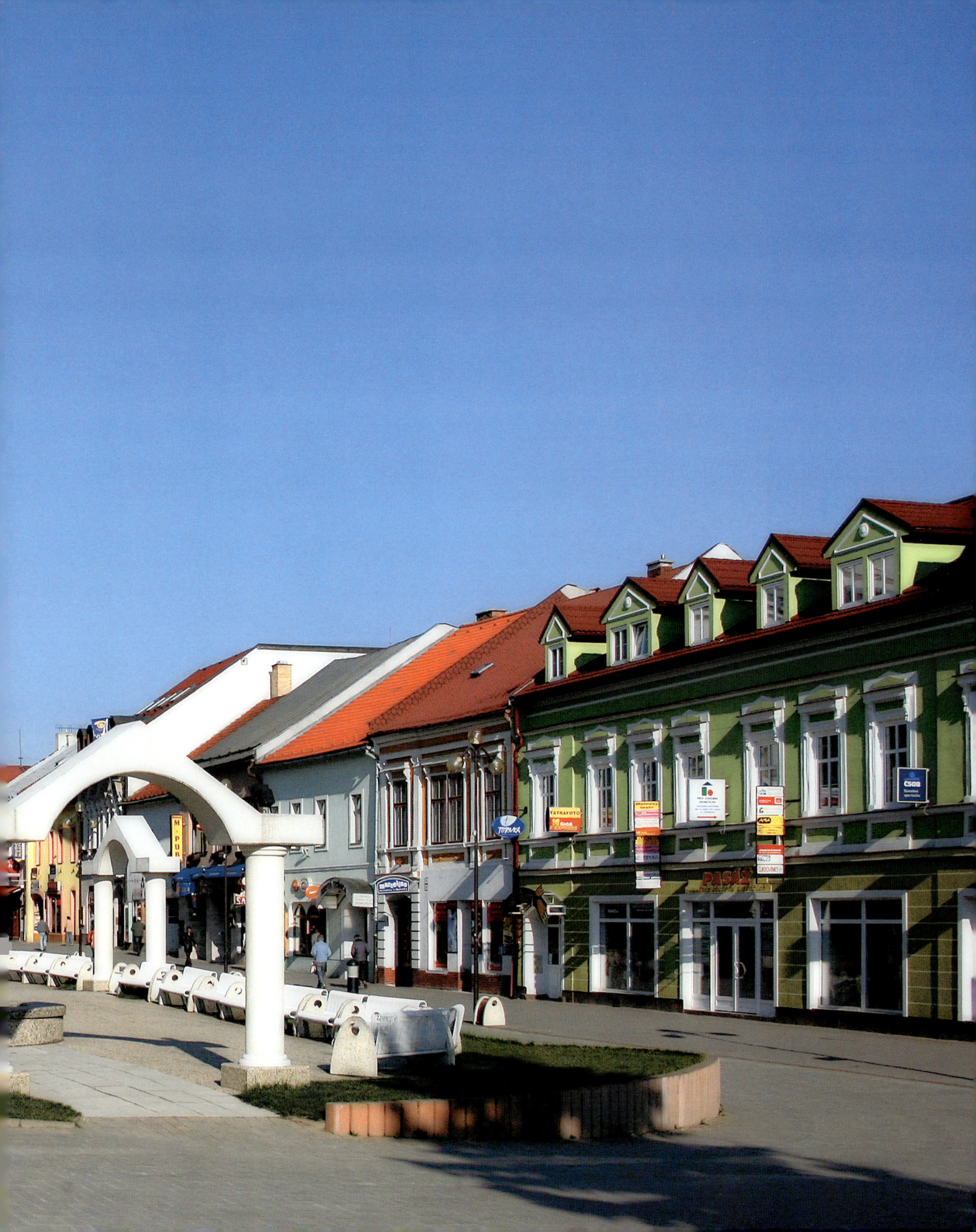

TATRAFOTO
Kodak
ČSOB
PASÁŽ

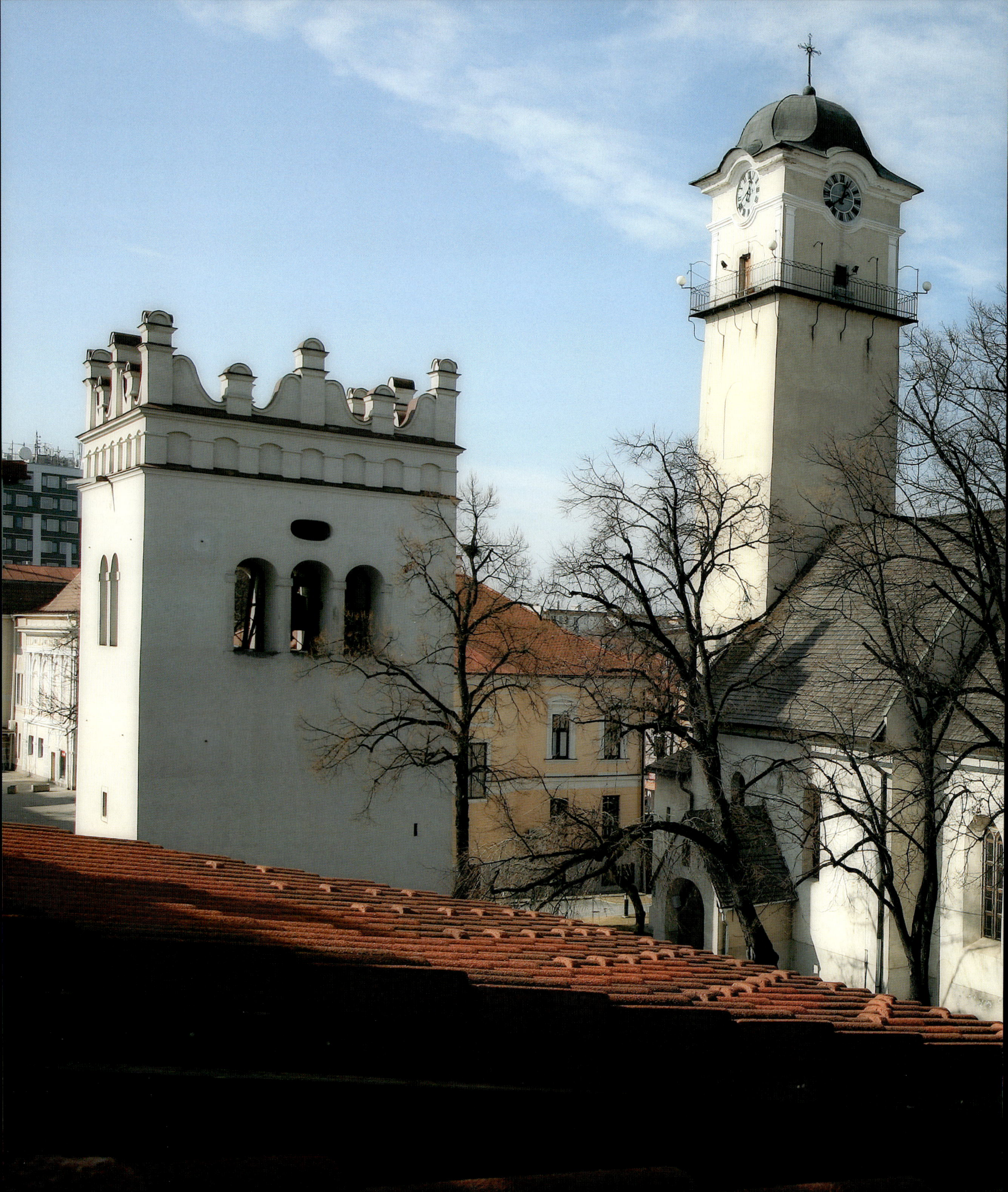

Druhou a najstaršou dominantou popradského námestia je gotický kostol sv. Egídia z 13. storočia
Vedľa kostola stojí renesančná zvonica z roku 1598, ktorú postavil majster Ulrich Matern (Mauerer) z Kežmarku

The second and the oldest solitaire of the square in Poprad - the Gothic church of St. Egidius from the 13th century
Next to the church, the Renaissance belfry from 1598, made by Ulrich Matern (Maurerer) from Kežmarok

Die zweite und älteste Besonderheit des Hauptplatzes von Poprad ist die gotische Kirche des Hl. Egidius aus dem 13. Jahrhundert
Neben der Kirche steht ein Renaissanceglockenturm aus dem Jahr 1598, den der Meister Ulrich Matern (Mauerer) aus Kežmarok baute

La seconde et la plus vieille dominante de la place à Poprad est l´église gothique Saint Égide du XIIIe siècle. Près de l´église se dresse le clocher renaissance de 1598 bâti par le Maître Ulrich Matern (Mauerer) de Kežmarok

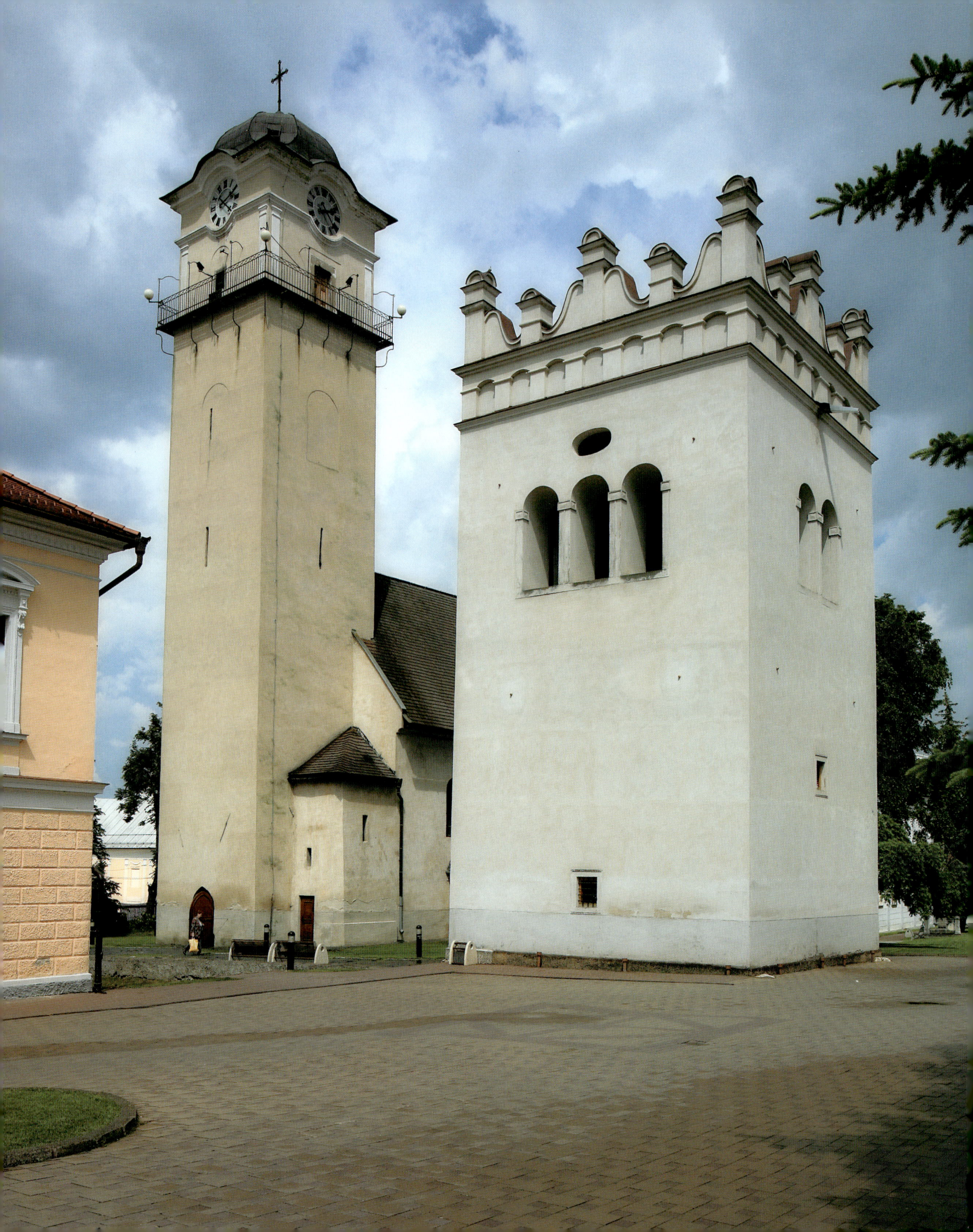

Gotická nástenná maľba s výjavom Vraždenie neviniatok a Útek do Egypta z prvej polovice 14. storočia a celý interiér stredovekého kostola sv. Egídia >>

Gothic wall painting depicting The Massacre of the Innocents and The Escape from Egypt from the first half of the 14th century and entire interior of medieval church of St. Egidius >>

Das gotische Wandgemälde mit der Abbildung Unschuldige Kinder und Die Flucht aus Ägypten aus der Mitte des 14. Jahrhunderts und das ganze Interieur der mittelalterlichen Kirche des Hl. Egidius >>

La peinture murale gothique avec la scène Massacre des Innocents et Fuite en Égypte de la première moitié du XIVe siècle et l´intérieur de l´église médiévale Saint Égide >>

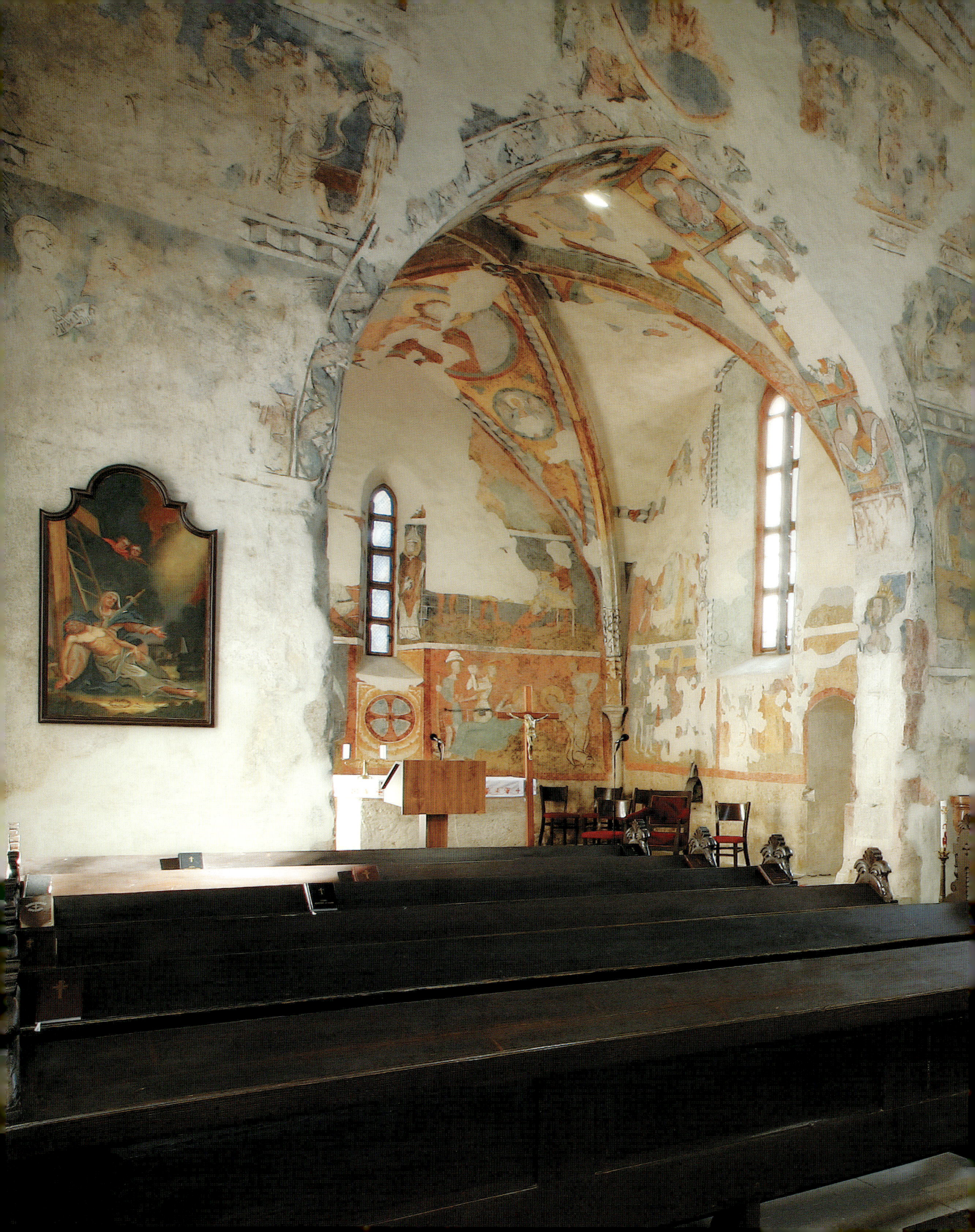

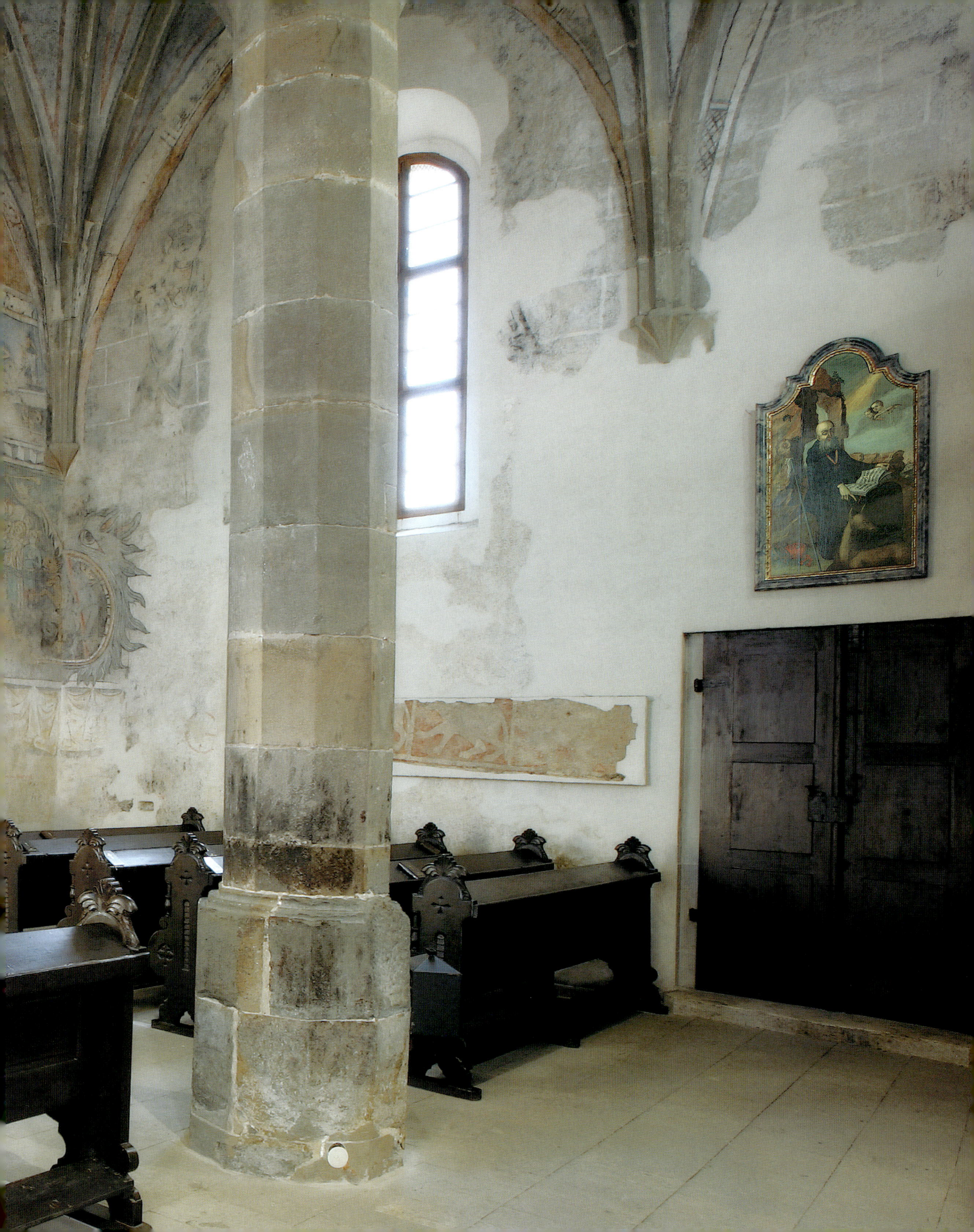

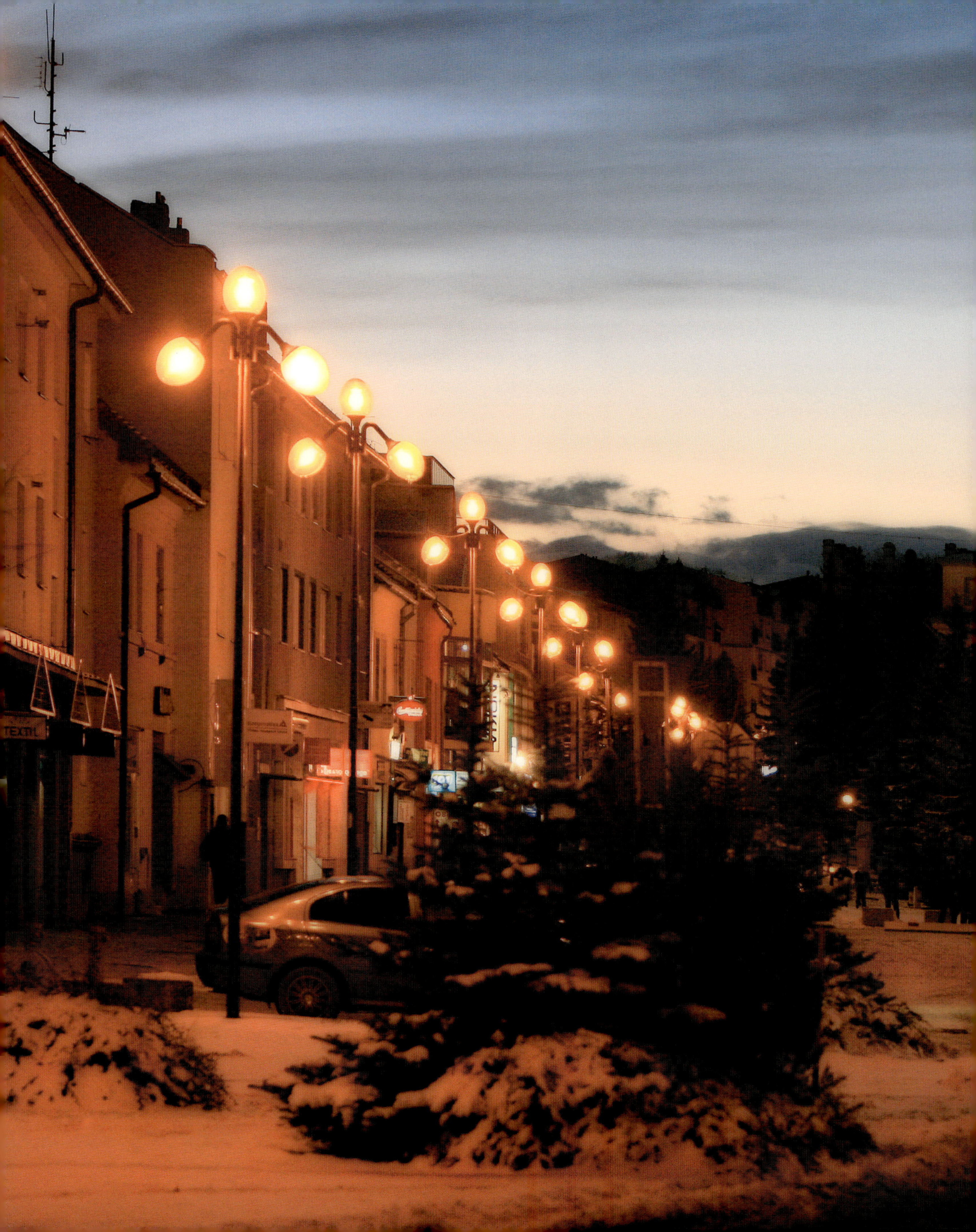
TEXTIL

Zimný podvečer na popradskom námestí

Winter early evening at the square in Poprad

Die winterliche Dämmerung auf dem Hauptplatz von Poprad

Crépuscule d´hiver sur la place de Poprad

>>

Oddychový park Aqua City je moderné a vyhľadávané rekreačné centrum

Relax park Agua City represents a modern centre of recreation

Der Erholungspark von Aqua City ist ein modernes und gernbesuchtes Erholungszentrum

Le parc de loisir d´Aqua City est un oisis aquatique de dépaysement totale, un centre moderne et très recherché

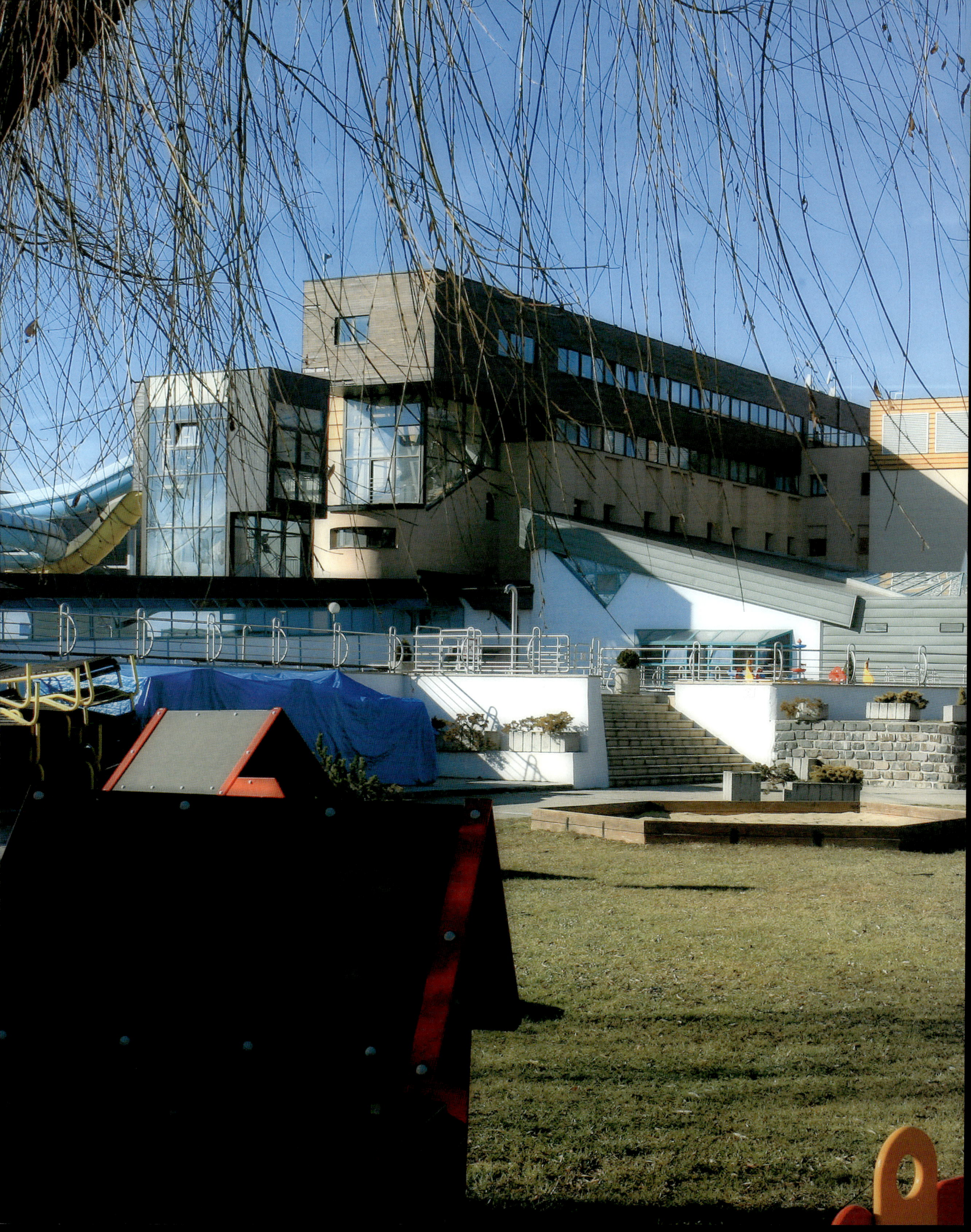

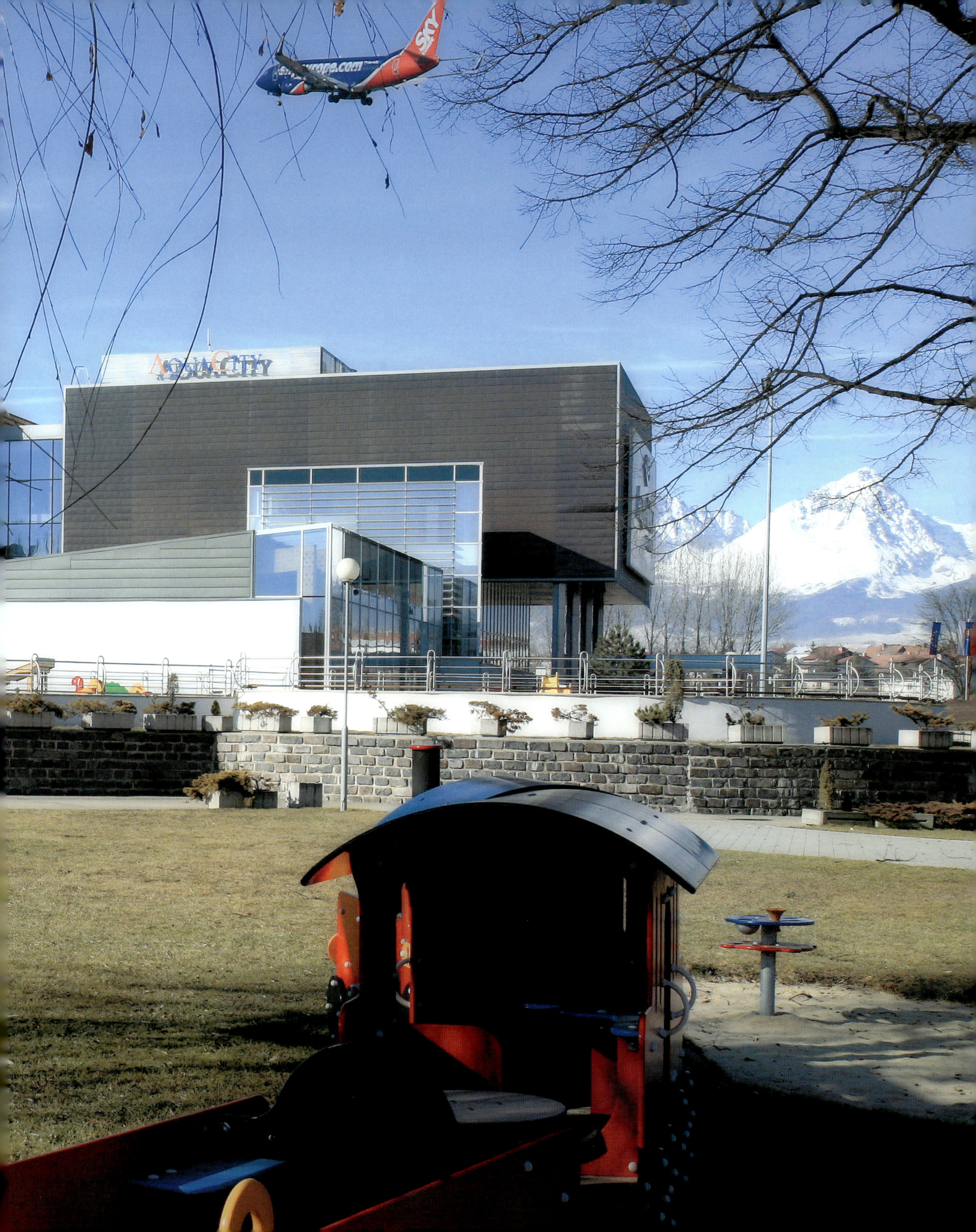
SKY
AQUACITY

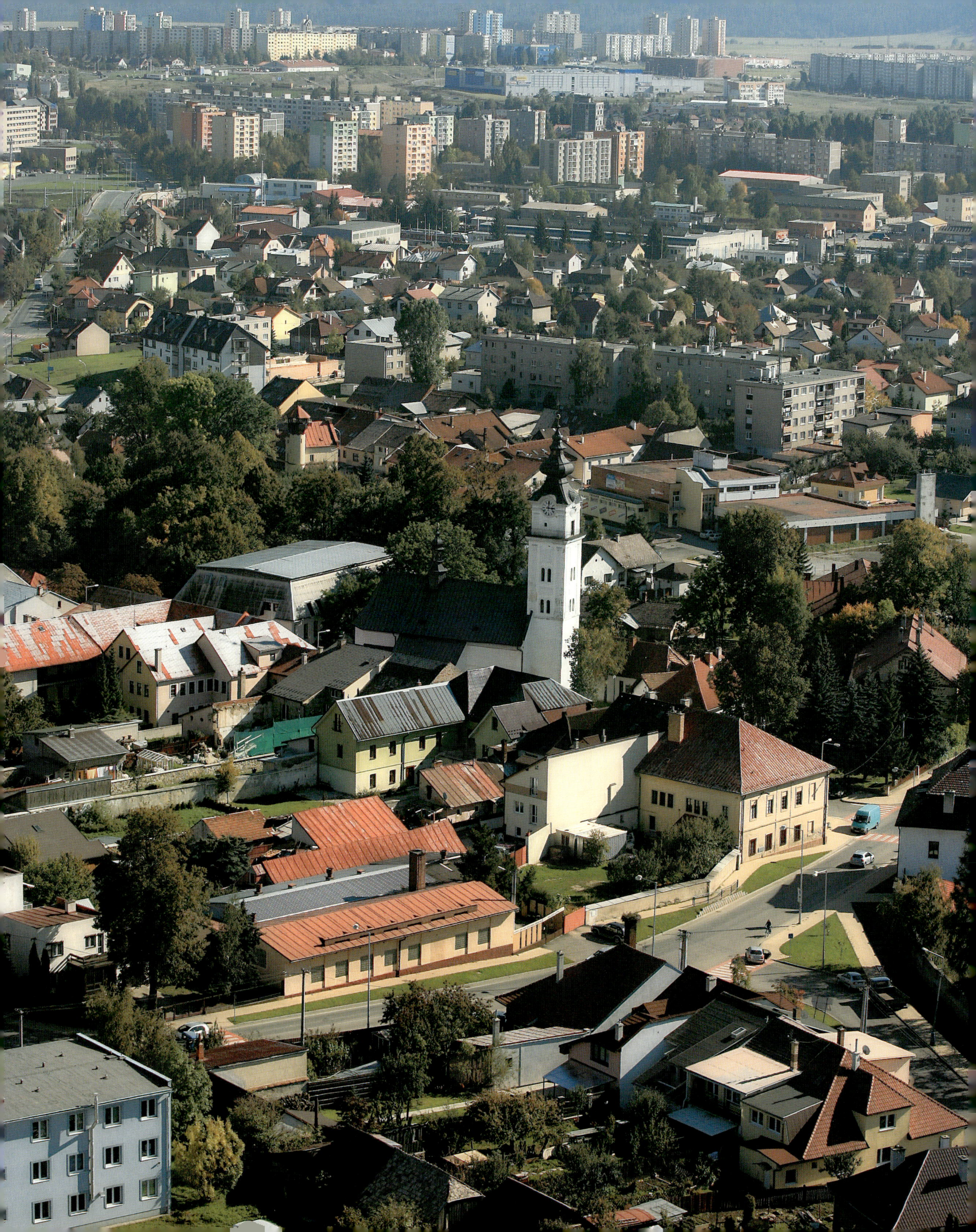

Mestské časti Popradu: Poprad-Veľká a Poprad-Stráže

Municipalities of Poprad: Poprad-Veľká a Poprad-Stráže

Die Stadtteile von Poprad: Poprad-Veľká und Poprad-Stráže

Les banlieues de Poprad: Poprad-Veľká et Poprad-Stráže

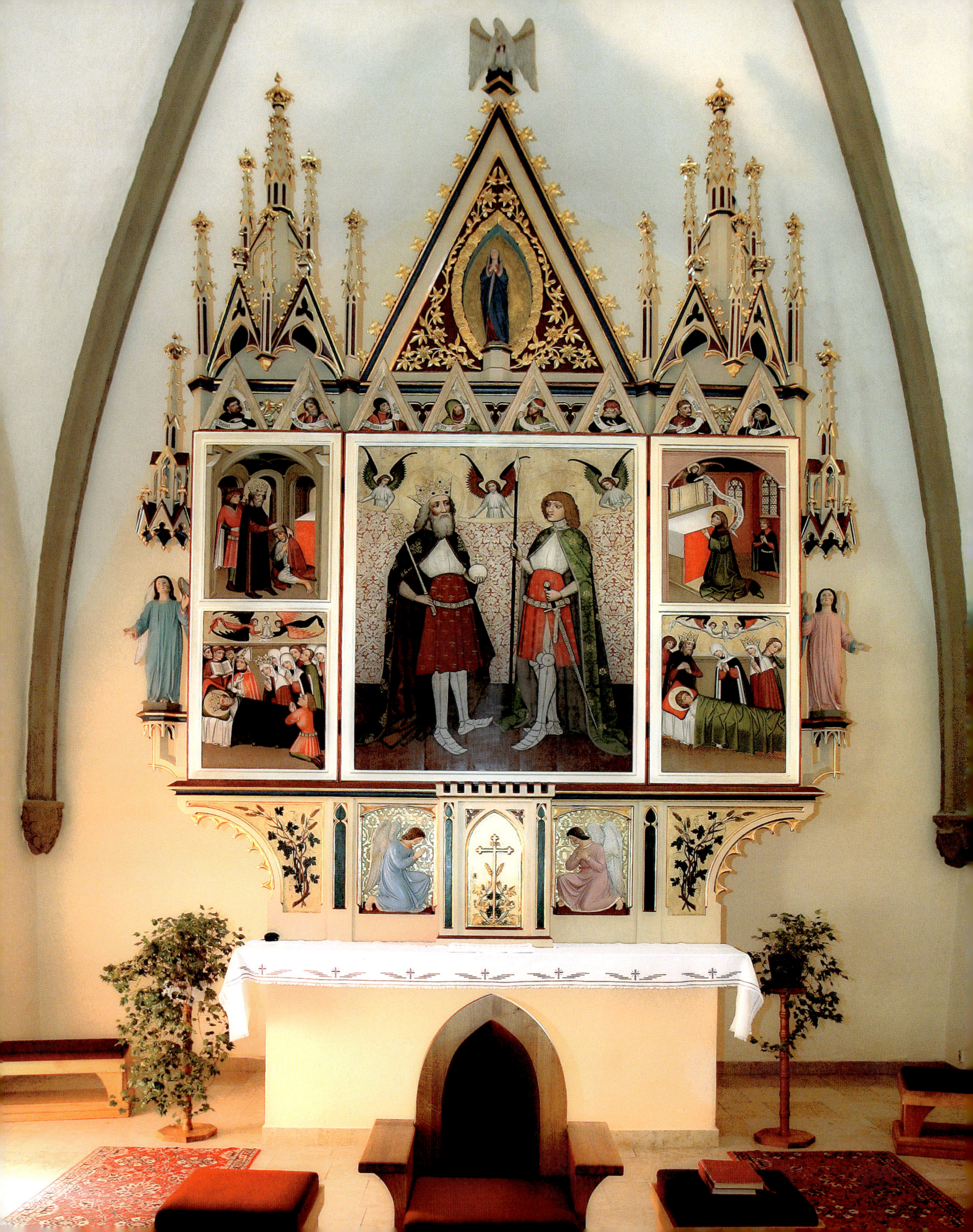

Hlavný oltár rímsko-katolíckeho kostola v Poprade-Matejovciach z obdobia okolo roku 1460. Na tabuľových maľbách sú unikátne výjavy zo života uhorských kráľov
Gotická krstiteľnica je dielom známej zvonolejárskej dielne Konráda Gaala, ktorá pôsobila v 14. storočí v Spišskej Novej Vsi

Main altar of the Romano-Catholic church in Poprad - Matejovce from about 1460. Tablet paintings with unique depictions of the life of the Hungarian kings
Gothic baptistery from famous bell-foundry workshop of Konrad Gaal, working in the 14th century in Spišská Nová Ves

Der Hauptaltar der römisch-katholischen Kirche in Poprad-Matejovce aus der Zeit um 1460. Auf den Tafelgemälden sind die einzigartigen Abbildungen aus dem Leben der ungarischen Könige dargestellt
Das gotische Taufbecken ist das Werk der bekanten Glockengießerei von Konrad Gaal, der im 14. Jahrhundert in Spišská Nová Ves wirkte

Le maître-autel de l´église catholique romaine à Poprad - Matejovce de l´époque vers 1460. Sur les tableaux il y a des scènes uniques de la vie des rois hongrois à voir Les fonts baptismaux gothiques sont un oeuvre moulé par l´atelier de fondeurs de cloches très connu de Konrád Gaal, qui travaillait au XIVe siècle à Spišská Nová Ves

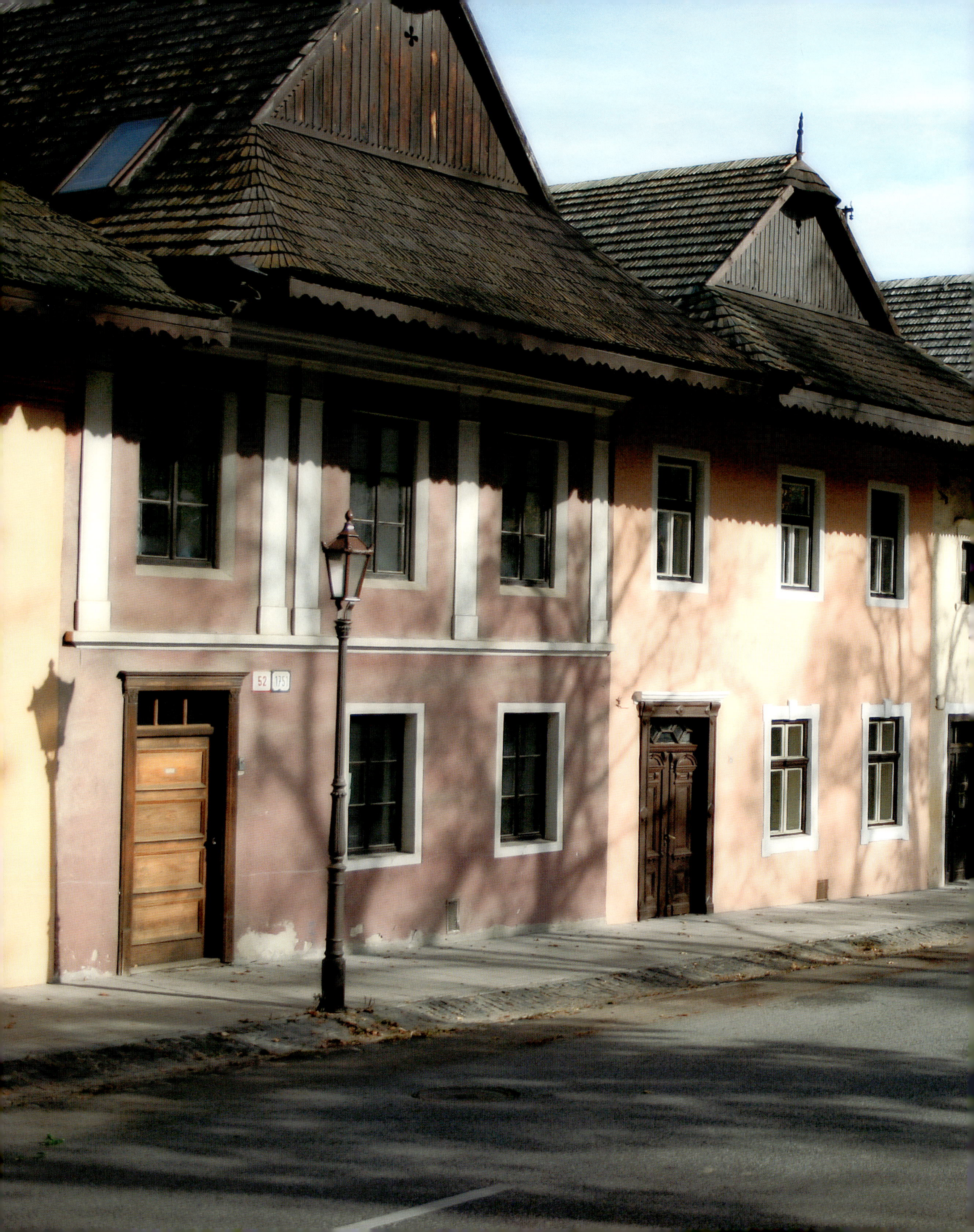
52
1751

Staré remeselnícke domy na námestí v Spišskej Sobote patria k typickým príkladom spišskej meštianskej architektúry

Old craftsmen houses on the square of Spišská Sobota as typical examples of the Spiš architecture

Die alten Handwerkerhäuser auf dem Hauptplatz von Spišská Sobota gehören zu den typischen Beispielen der zipser bürgerlichen Architektur

Les vieilles maisons d´artisans sur la place à Spišská Sobota sont les exemples typiques de l´architecture bourgeoise de Spiš

>>

Kostol sv. Juraja v Spišskej Sobote a zvonica patria k najvýznamnejším pamiatkam Spiša

St. George´ Church and bellfry in Spišská Sobota rank among the most outstanding Spiš monuments

Die Kirche des Hl. Georg in Spišská Sobota und der Glockenturm gehören zu den bedeutendsten Denkmälern der Zips

L´église Saint George à Spišská Sobota avec le clocher représentent les monuments les plus importants de Spiš

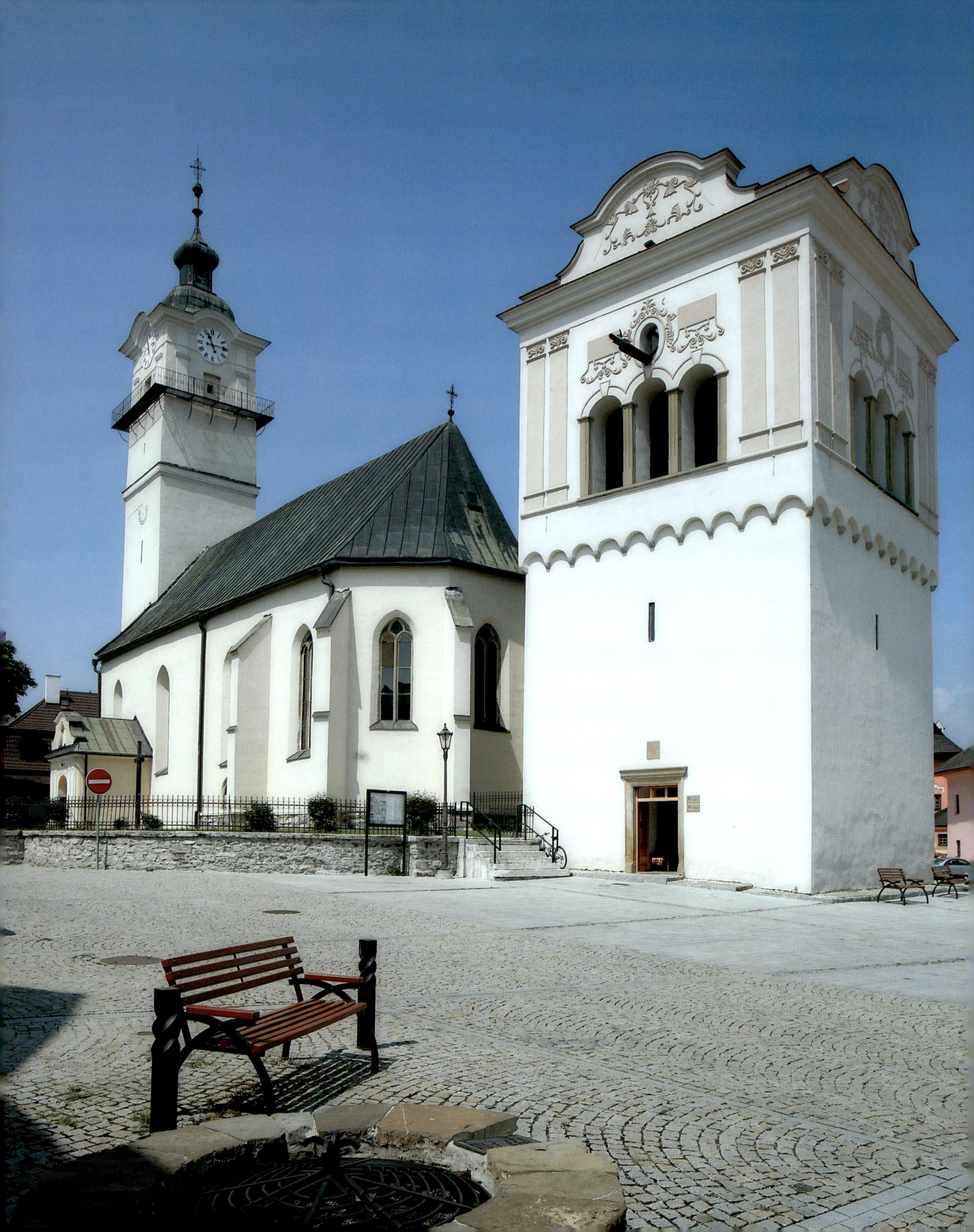

V interiéri kostola je zachovaný súbor gotických oltárov. Významné sú aj barokové súčasti interiéru - kazateľnica, organ, epitafy. Mnohé z nich vytvorila rodina miestnych sochárov Grossovcov v druhej polovici 17. storočia

Set of the Gothic altars preserved in the church interior. The Baroque pulpit, organ and epitaph are valuable, too. Many of them were made by the family of local sculptors named Gross in the second half of the 17th century

In dem Kircheninterieur ist ein Komplex der gotischen Altäre erhalten geblieben. Bedeutend sind auch die barocken Teile des Interieurs - Die Kanzel, Orgel und die Epitaphen. Viele von ihnen hat die Familie des dortigen städtischen Bildhauers Gross in der zweiten Hälfte des 17. Jahrhunderts hergestellt

Dans l´intérieur de l´église on a su préserver un corps d´autels gothiques. Les parties baroques de l´intérieur - la chaire à prêcher, l´orgue et les épitaphes, ont leur grande valeur aussi. La famille des sculpteurs locaux, les Gross, en firent la majorité dans la seconde moitié du XVIIe siècle

Hlavný oltár kostola sv. Juraja vytvoril známy neskorogotický sochár Majster Pavol z Levoče a jeho dielňa v roku 1516. Tabuľové maľby oltára namaľoval neznámy majster, ktorý na pravej strane v predele zanechal svoj monogram CS

Main altar of St. George´ Church by the late Gothic sculptor Master Paul of Levoča in 1516. Tablet paintings by anonymous author, his monogram „CS" can be found on the right side of predella

Der Hauptaltar der Kirche des Hl. Georgs stellte der berühmte, spätgotische Bildhauer Meister Paul aus Levoča und seine Werkstatt im Jahr 1516 her. Die Tafelgemälde des Altars malte ein unbekannter Künstler, der an der ersten Seite der Predella seine Initialen CS hinterließ

L´autel principal de l´église Saint George fut taillé par le sculpteur connu Maître Paul de Levoča (gothique tardive) et par son atelier en 1516. Les peintures de l´autel furent peintues par un Maître anonyme qui les signa à droite en cloison par son monogramme CS

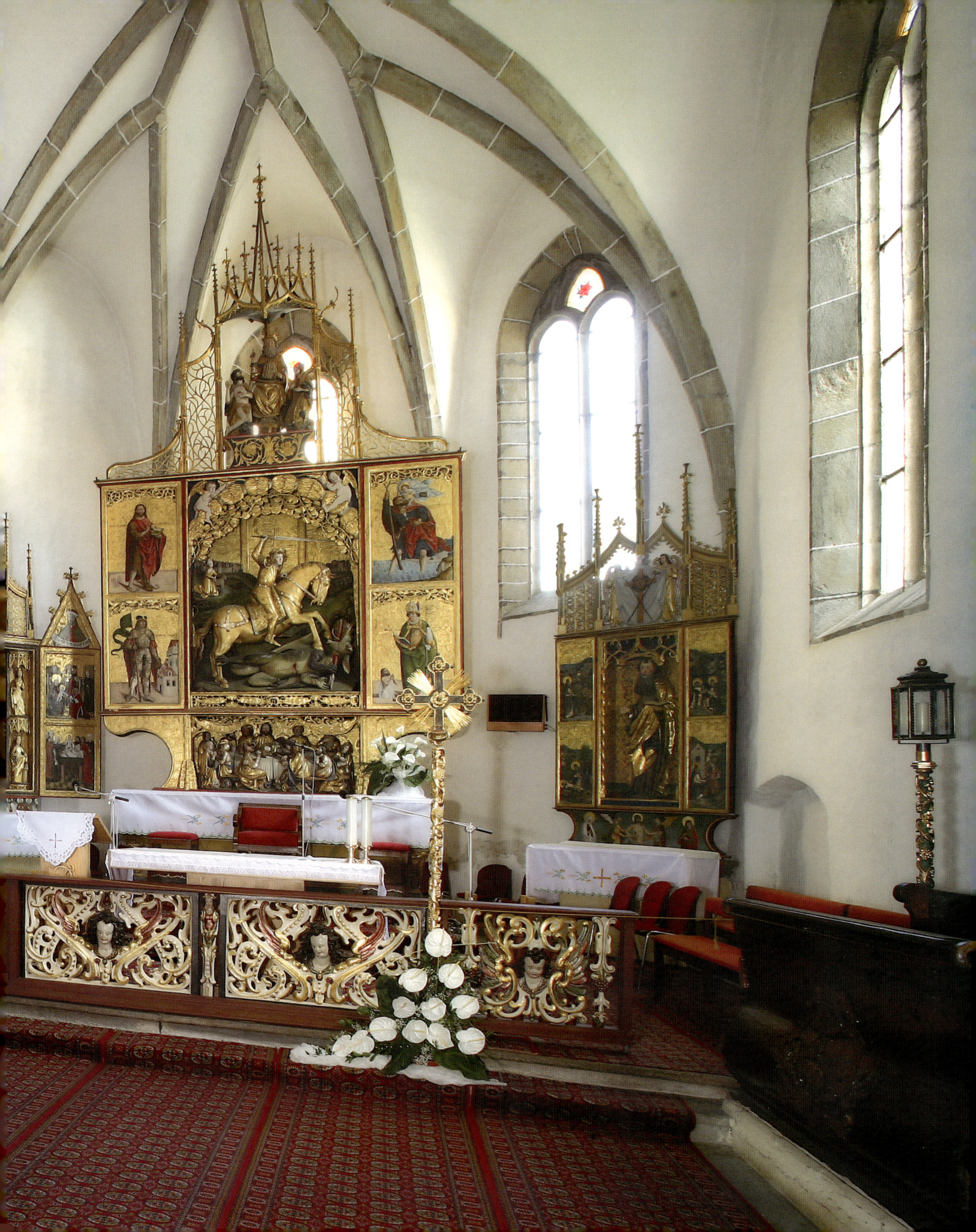

AD MAJOREM DEI GLORIAM
ORGANVM HOC CUM CHORO
suis propriis sumptibus de novo fieri curavit
ADMODUM REVERENDUS DOMINUS
IOAN: MELCH: PAVRNFEIND
S: SCEP: LOCIQVE DECANVS
ANNO
VIrgInea DoMVs MCCIVs
VIrgoIs aV IVIt

Organ kostola postavil v roku 1663 Tomáš Dobkovitz. Organovú skriňu zhotovil v tej dobe azda najznámejší miestny umelec - sochár Pavol Gross st.
Tabuľová maľba zo zavretého oltára sv. Antona Pustovníka

Organ in the church made by Tomáš Dobkovitz in 1663. Organ case made by the most known artist of its era - sculptor Pavol Gross sr.
Tablet painting from closed altar of St. Antonius, the Hermit

Die Orgel der Kirche baute 1663 Tomas Dobkovitz. Den Altarschrank baute damals wahrscheinlich der berühmteste einheimische Künstler - der Bildhauer Pavol Gross Sr.
Das Tafelgemälde aus dem geschlossenen Altar des hl. Antonius des Einsiedlers

L´orgue de l´église fut construit en 1663 par Tomáš Dobkovitz. La boîte d´orgue fut ouvrée par le sculpteur Pavol Gross senior, artisan local le plus connu à l´époque.
La peinture en bois de l´autel fermé, Saint Antoine l´Ermite

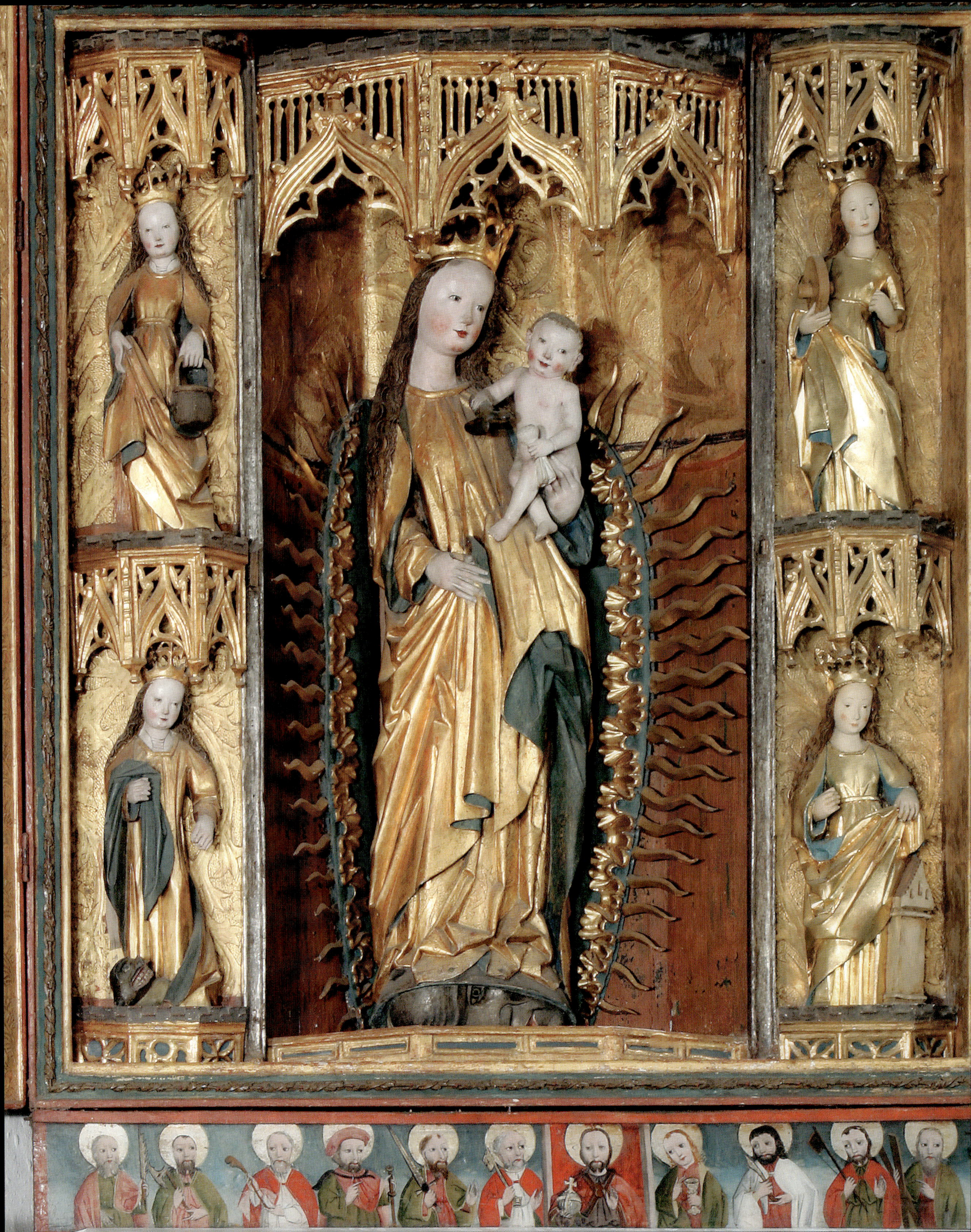

Oltárna skriňa oltára Panny Márie z roku 1470. V strede je socha Madony, po bokoch menšie sochy sv. Doroty, sv. Margity, sv. Kataríny Alexandrijskej a sv. Barbory
Skriňa oltára sv. Mikuláša, ktorý vznikol v rokoch 1505 - 1510. V strede sv. Mikuláš, vľavo sv. Augustín a vpravo sv. Hieronym

Case of the altar of the Virgin Mary from 1470. Madonna in the centre, smaller statues of Ss. Dorothea, Margareth, Catherine from Alexandria and Barbara on the sides
Case of altar of St. Nicolaus, originated in 1505 - 1510. St. Nicolaus in the centre, St. Augustin on the left and St. Hieronymus of the right

Der Altarschrank der Jungfrau Maria aus dem Jahr 1470. In der Mitte steht die Statue der Madonna, auf den Seiten stehen die kleineren Statuen der Hl. Dorothea, der Hl. Margaret, der Hl. Katharina von Alexandrien und der hl. Barbara
Der Altarschrank des Hl. Nicolaus - Altar, der um 1505 - 1510 entstand. In der Mitte ist der Hl. Nicolaus, links der Hl. Augustin und rechts der Hl. Hieronymus abgebildet

La boîte d´autel de la Vierge Marie de 1470. La statue de Sainte Vierge au centre, les statuettes de Saint Dorothea, Sainte Marguérite, Sainte Cathérine d´Alexandrie et Sainte Barbora à ses côtés
La boîte d´autel Saint Nicolas créée en 1505-1510. Au centre St. Nicolas, à gauche St. Augustin et à droite St. Hieronyme

V meštianskom dome na námestí je expozícia Podtatranského múzea v Poprade. Časti zariadenia (drevený polychrómovaný oltár, predná doska kazateľnice, chórové zábradlie, oltárne obrazy) z nezachovaného dreveného evanjelického kostola v Spišskej Novej Vsi z polovice 18. storočia

Presentation of the Podtatranské Museum in Poprad in burger's house at the square. Furnish (wooden polychromic altar, front pulpit panel, banisters of organ loft, altar pictures) from no-more existing wooden Evangelic church in Spišská Nová Ves from the middle of the 18th century

In dem bürgerlichen Haus auf dem Hauptplatz ist die Ausstellung des Museum von Poprad. Teile der Einrichtung (der hölzerne, mehrfarbige Altar, Frontbrett der Kanzel, Chorgitter, die Altargemälde) sind aus der nichterhaltenen evangelischen Kirche von Spišská Nová Ves aus der Mitte des 18. Jahrhunderts

La maison bourgeoise sur la place abrite l´exposition du Musée sub-tatran à Poprad. Les parties du mobilier (l´autel en bois polychrome, la planche de front de la chaire à prêcher, les barres d´appui de la tribune, les peintures d´autel) de l´église protestante en bois de Spišská Nová Ves du milieu du XVIIIe siècle, ne plus subsistée

Madona s dieťaťom - drevená ľudová plastika z dielne neznámeho rezbára (okolo polovice 18. storočia), pôvodne umiestnená v niektorej kaplnke na Spiši

Madonna with child - folk wooden sculpture made by anonymous carver, originally placed in some of the Spiš chapels (about the middle of the 18th century)

Madonna mit Kind - Die Holzplastik aus der Werksatt eines unbekannten Schnitzers, ist ursprünglich in einer der zipser Kapellen gewesen (um die Mitte des 18. Jahrhunderts)

La Sainte Vierge avec l´Enfant-Jésus - plastique populaire de bois, provenante de l´atelier d´artisan anonyme, originellement placée dans l´une des chapelles en Spiš (vers moitié du XVIIIe siècle)

Travertínová kopa Hrádok v Gánovciach, významná archeologická lokalita - známa unikátnym nálezom výliatku lebečnej dutiny neandertálca (starého 105 000 rokov) v roku 1926. Chránená prírodná pamiatka

Travertine hill Hrádok in Gánovce, outstanding archaeological locality - known by the unique discovery of scull cast of the Neanderthal Man (105 000 years) in 1926. Protected nature monument

Die Travertinmaße Hrádok bei Gánovce - eine bedeutende archäologische Lokalität - bekannt durch den einzigartigen Fund im 1926 - Abguss des Hirnschädels des Neandertalers (105.000 Jahre alt). Geschütztes Naturdenkmal

La coline de travertin Hrádok à Gánovce, localité de haute importance archéologique, connue grâce à la découverte unique de l´empreinte de crâne de l´Homme néandertalien (105,000 ans) en 1926. Site de patrimoine naturel

Unikátne nádobky z brezovej kôry pochádzajúce z doby bronzovej sa zachovali vďaka minerálnej vode v gánoveckej kultovej studni (3 500 rokov)

Unique small pots of the birch bark from the Bronze Age are preserved thanks to mineral water in cult well in Gánovce (3500 years)

Gefäße aus Birkenkruste, die aus der Bronzezeit stammen und dank des Mineralwassers in dem Kultusbrunnen von Gánovce erhalten geblieben sind (3500 Jahre)

Les pots uniques de l´écorce de bouleau de l'Âge du bronze, gardés grâce à l´eau minérale du puits de culte à Gánovce (3,500ans)

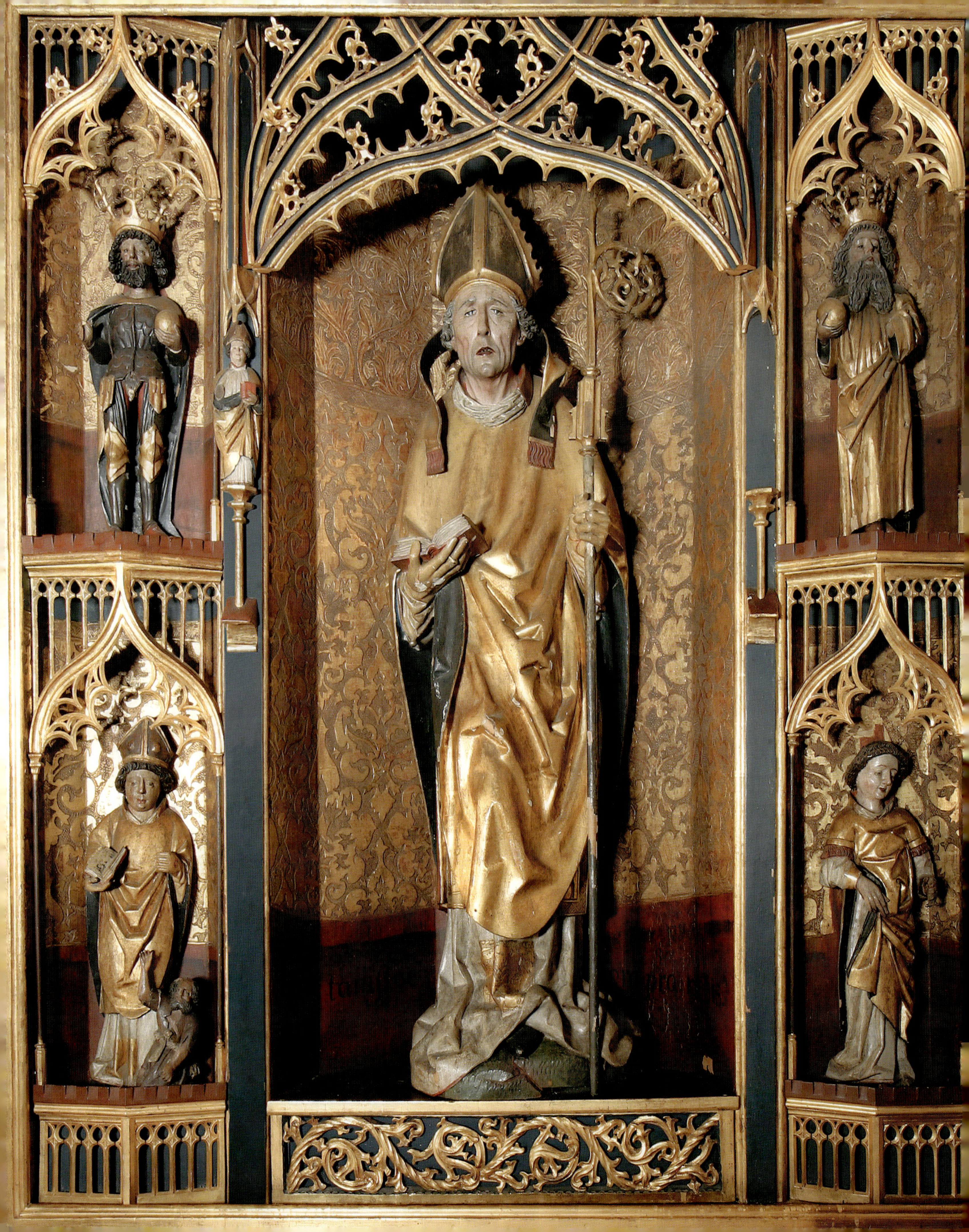

Oltár sv. Stanislava biskupa, z Gánoviec, okolo roku 1500, jedno z najkvalitnejších zachovaných sochárskych diel neskorej gotiky na Slovensku
Socha sv. Margity z hlavného oltára v Mlynici, ktorý vznikol okolo roku 1515 v dielni Majstra Pavla z Levoče

Altar of St. Stanislaus the Bishop, from Gánovce, from about 1500, one of the best preserved carved works of the late Gothic in Slovakia
Statue of St. Margareth from main altar in Mlynica, from about 1515 in the workshop of Master Paul of Levoča

Der Altar des Hl. Stanislaus des Bischofs, um 1500, eines der qualitativ am besten erhaltenen bildhauerischen Werken der Spätgotik in der Slowakei
Die Statue der Hl. Margaret aus dem Hauptaltar in Mlynica, der in der Werkstatt von Meister Paul aus Levoča um 1515 entstand

L´autel Saint Stanislaus l´évêque, de Gánovce, vers 1500, l´un des oeuvres les mieux préservés de la sculpture gothique tardive en Slovaquie
La statue de Ste Marguerite de l´autel principal à Mlynica, taillé vers 1515 dans l´atelier de Maître Paul de Levoča

TATRANSKÝ NÁRODNÝ PARK

Vysoké Tatry – najmenšie veľhory v Európe

...najmenšie a zároveň najvyššie veľhory Karpát, pýcha Spiša i celého Slovenska. Jedinečné klimatické kúpele pre všetkých návštevníkov, raj pre turistov a horolezcov, so všetkým, čo k veľhorám patrí: so strmými končiarmi a nádhernými scenériami, so vzácnymi vysokohorskými rastlinami a zvieratami, prísne chránenými v najväčšom národnom parku na Slovensku, i s nebezpečenstvom a nástrahami nevyspytateľného počasia...

TATRAS NATIONAL PARK

The High Tatras – the smallest European mountains

...and at the same time the highest mountains of the Carphats, the glory of Spiš and entire Slovakia. Unique climatic spas, a paradise for tourists and climbers with everything which belongs to the mountains: steep peaks and wonderful landscapes and sceneries, precious mountainous fauna and flora, being protected in the largest Slovak national park; but danger and risks of inscrutable weather, too...

TATRA-NATIONALPARK

Die Hohe Tatra – das kleinste Großgebirge von Europa

... das kleinste und zugleich das höchste Großgebirge der Karpaten, der Stolz der Zips wie auch der ganzen Slowakei. Einzigartiger klimatischer Kurort für jeden Besucher, ein Paradies für die Touristen und Bergsteiger mit allem was zu einem Großgebirge gehört: mit steilen Hängen und schönen Szenerien, mit kostbaren Gebirgspflanzen und Tierarten, streng geschützt in dem größten Nationalpark der Slowakei, allerdings auch mit der Gefahr und Fallen des unberechenbaren Wetter...

PARC NATUREL DES TATRAS

Les Hautes Tatras - le massif alpine le moins grand en Europe

...le massif le plus petit et en même temps le plus haut des Carpathes, l´orgueil de Spiš et de toute la Slovaquie. Les bains climatigues uniques, paradis des randonneurs et alpinistes avec tout ce qui appartient à la grande montagne, les pics escarpés, les paysages pittoresques, les plantes et animaux de la zone alpine, protégés dans le parc naturel le plus grand en Slovaquie, mais aussi avec tous leurs dangers et les piýges du temps, les risques liés aux orages et avalanches...

Križovatky turistických chodníkov na Poľskom hrebeni, v pozadí najvyšší štít Tatier - Gerlachovský štít (2654 m)

Crossroads of tourist paths on Poľský hrebeň, the highest peak of the High Tatras (2654 m) on the back

Die Kreuzungen der Touristenrouten auf dem polnischen Kamm, im Hintergrund der Höchste Gipfel der Tatra Gerlachovský štít (2654m)

Les carrefours des sentiers touristiques sur Poľský hrebeň (Crète polonaise), à l´arrière-plan le pic culminant des Tatras, le pic Gerlachovský štít (2654 m)

>>

Už na Liptove leží Štrbské pleso, jedno z najznámejších turistických stredísk. Vpravo spišská časť Vysokých Tatier

Štrbské pleso, one of the most known tourist centre, is located in the Liptov region. Spiš section of the High Tatras on the right

Schon im Liptov (Liptau) liegt der Gebirgssee Štrbské pleso, eines der bekanntesten touristischen Zentren. Rechts der zipser Teil der Hohen Tatra

Le lac Štrbské pleso, un des centres touristiques les plus connus se trouve en Liptov. A droite la partie des Hautes Tatras située en Spiš

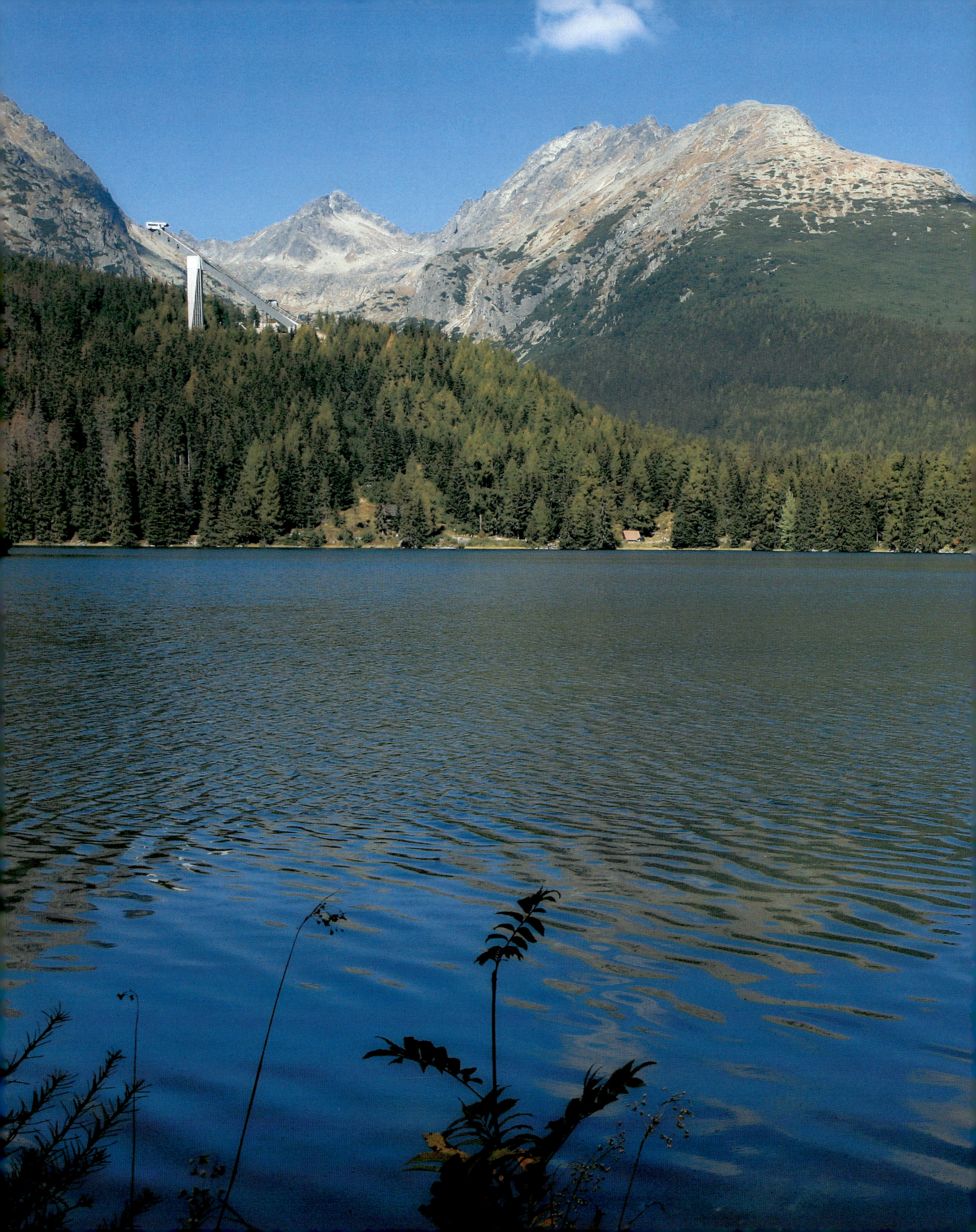

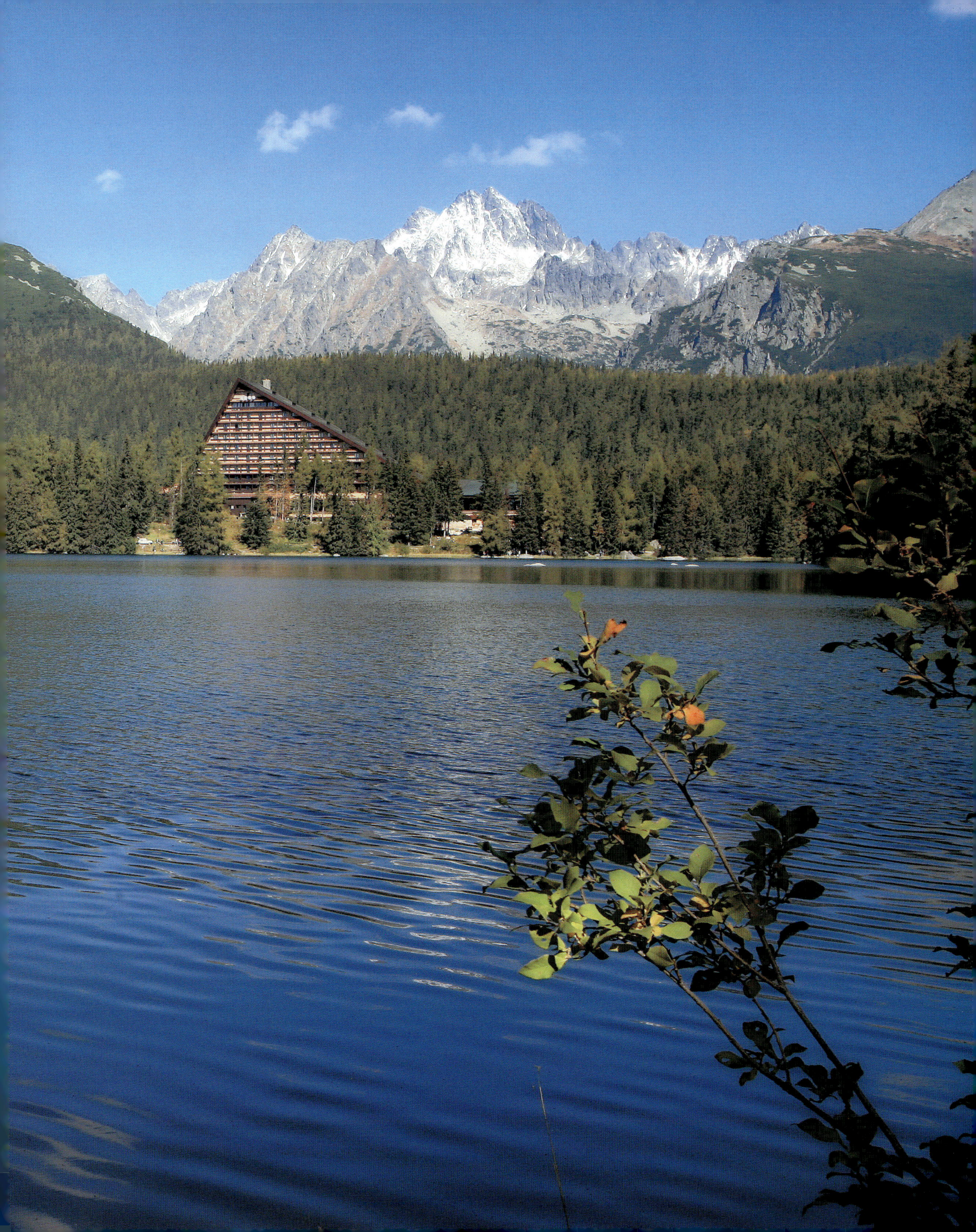

Nádherné farby jesene na Tatranskej magistrále medzi Štrbským a Popradským plesom
Limby pri Popradskom plese

Marvelous colours of autumn on Tatranská magistrála between Štrbské and Popradské pleso (mountain lakes)
Pines at Popradské pleso

Wunderschöne Farben des Herbstes auf dem Hauptverkehrsweg von Tatra zwischen den Seen Štrbské pleso und dem Popradské pleso
Zirben auf dem See Popradské pleso

Les magnifiques couleurs d´automne bordent la Magistrale de Tatras entre les lacs Štrbské et Popradské pleso
Les pins près de Popradské pleso

\>\>

V subalpínskom stupni nad hranicou lesa sa hojne vyskytuje kosodrevina (Pinus montana), ktorá je miestami prerušená skalnými morénami. Lomnický štít (2632) s observatóriom a konečnou stanicou visutej lanovky - vľavo, vpravo Kežmarský štít (2558 m)

Pinus alpine can be very often find at sub-alpine level above the forest border. Lomnický štít with observatory and final station of telpherway on the left. Kežmarský štít (2558 m) on the right

In der subalpinen Stufe, über der Baumgrenze, tritt häufig die Bergkiefer auf (Pinus montana), die sich an manchen Stellen mit Felsenmoränen abwechselt. Der Gipfel Lomnický štít (2632m) mit einem Observatorium und der Endstation der Seilbahn - links, rechts der Gipfel Kežmarský štít (2558m)

Aux altitudes de la zone subalpine au dessus de la zone des forêts on retrouve souvent les pins de montagne ou les pins mugo (Pinus montana), dont l´aire altère de temps en temps des moraines rocheuses. Le pic Lomnický štít avec l´observatoire et la station terminale du téléphérique à gauche, le pic Kežmarský štít (2558 m) à droite

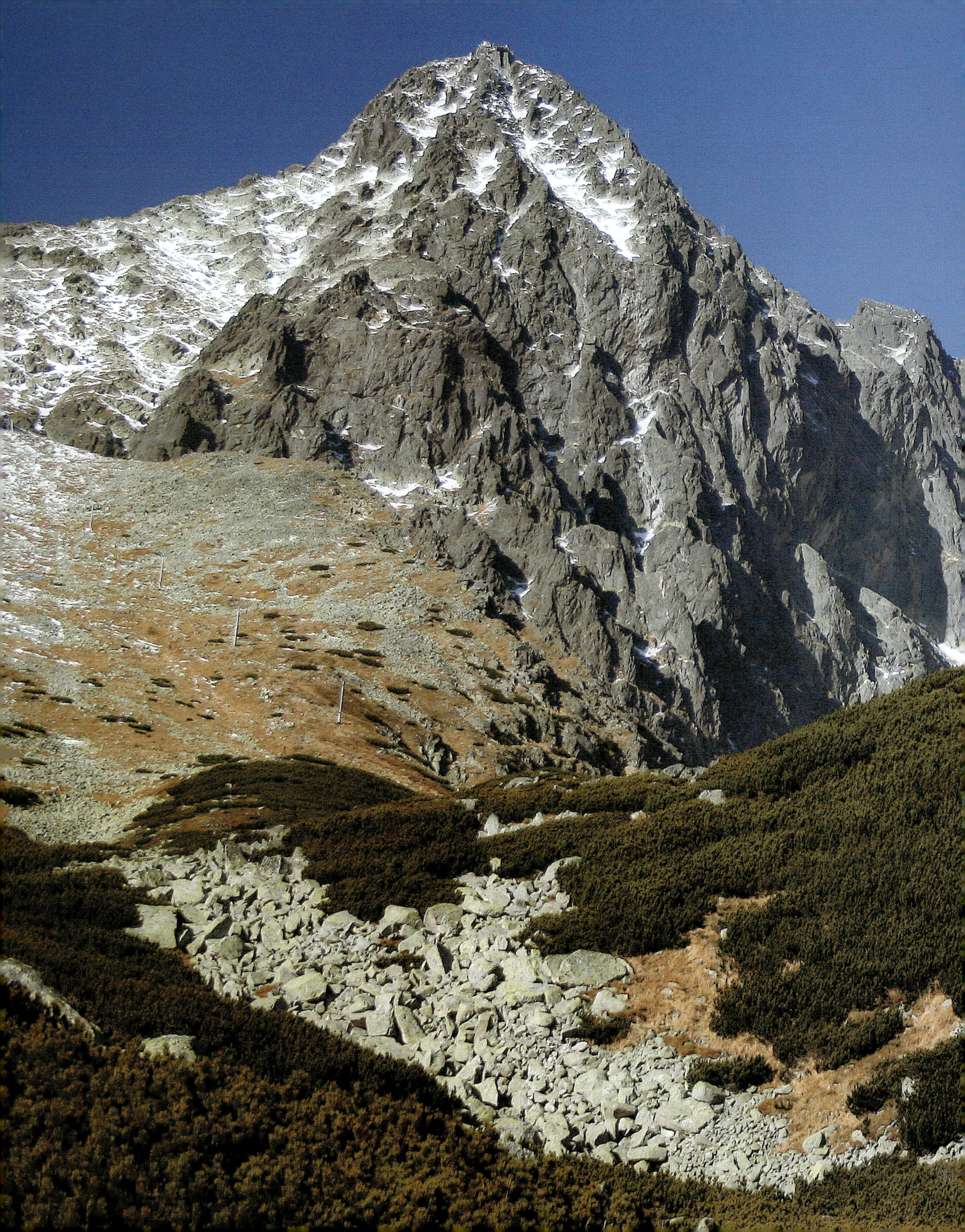

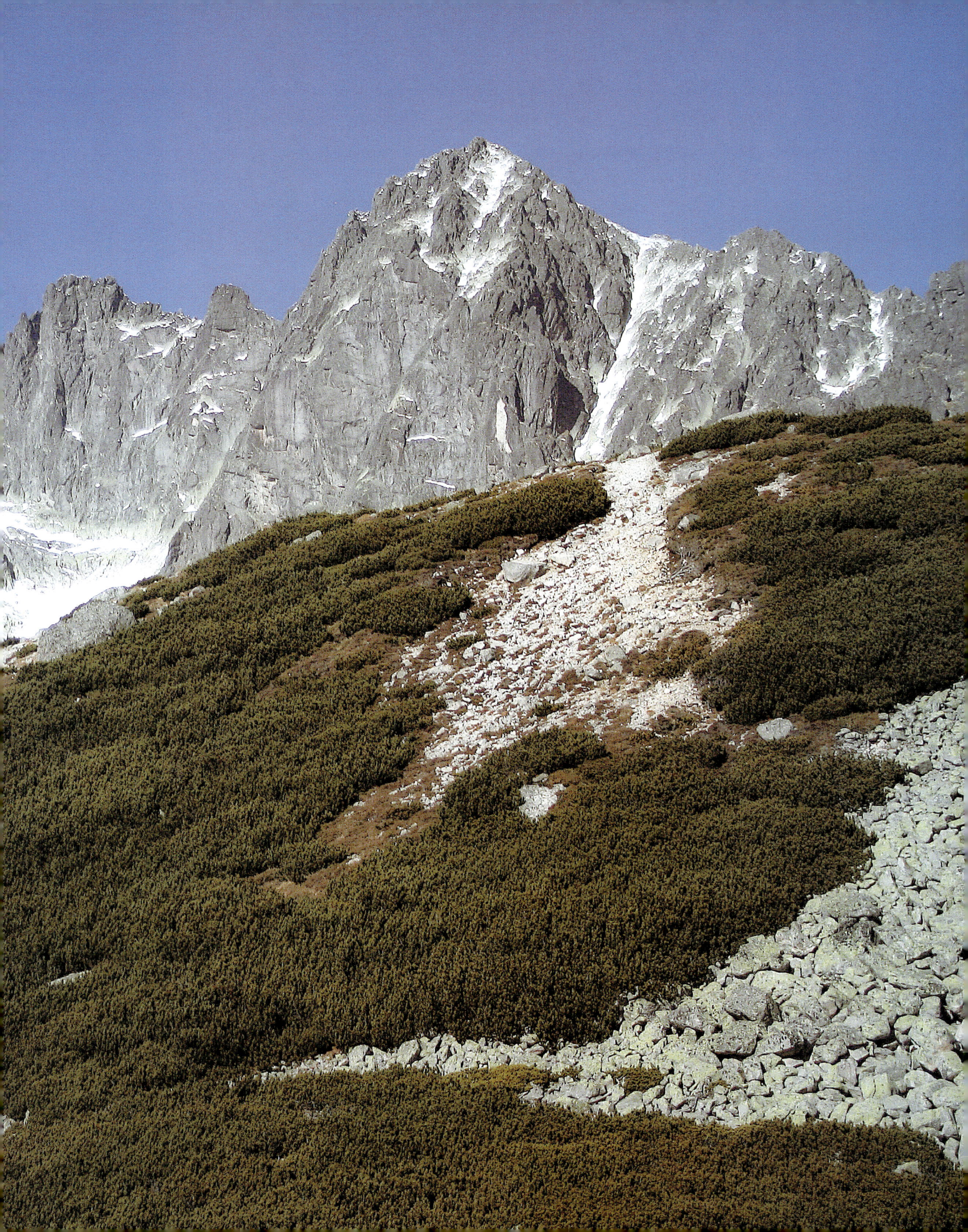

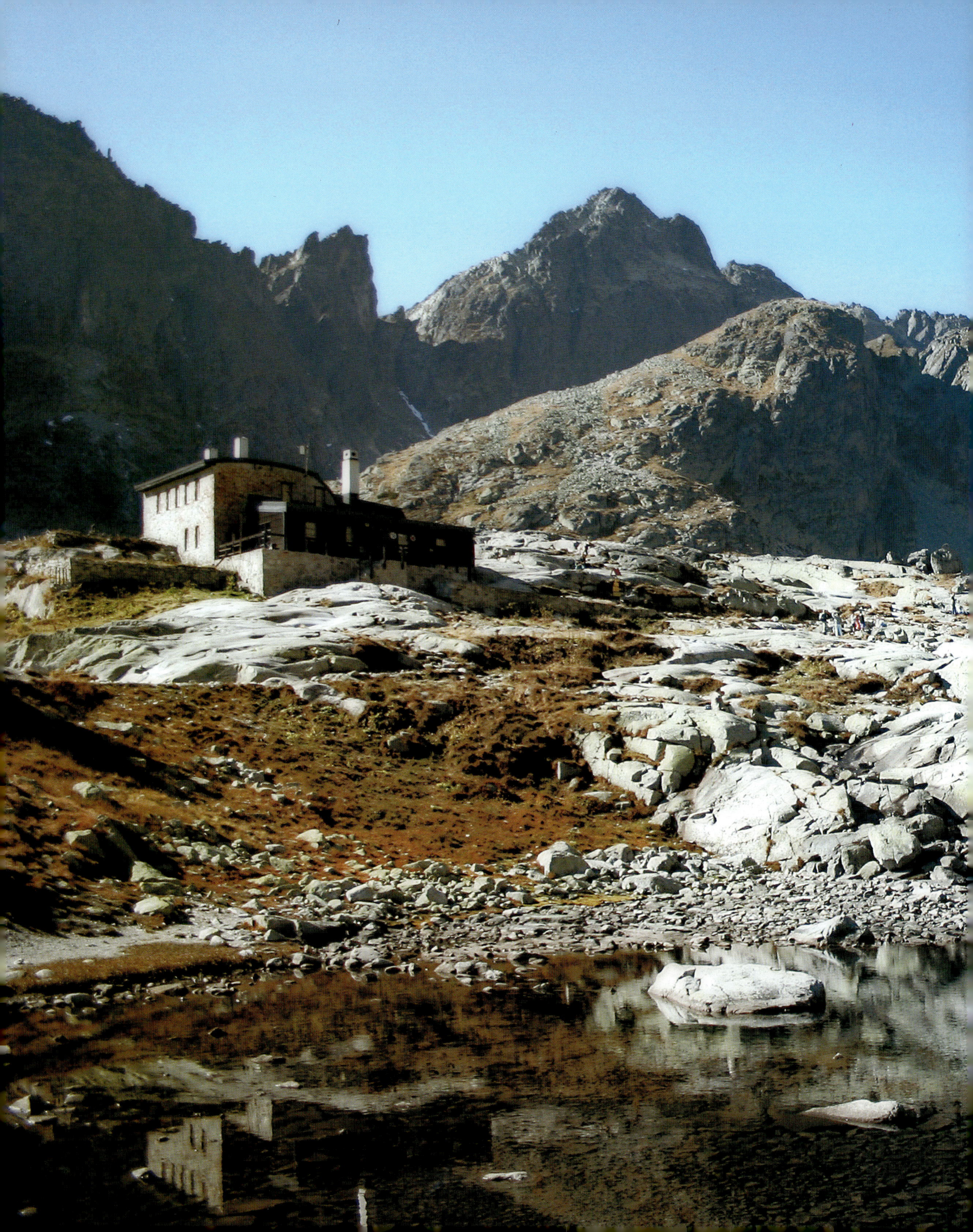

Pre návštevníkov celoročne otvorená Téryho chata v Kotline Piatich Spišských plies, ktorá tvorí hornú časť Malej Studenej doliny. Povrch skál je vyhladený pôsobením ľadovca

All year round open Téryho chata (cottage) in the Kotlina Piatich Spišských plies, a part of Malá Studená dolina. Surface of rocks has been smoothed by the glacier

Für die Besucher die ganzjährig geöffnete Hütte Téry in dem Bergkessel Piatich spišských plies, die den obigen Teil des Tales Malá Studená bildet. Die Felsenoberfläche ist wegen der Gletscherwirkung glaciert

Le refuge de Téry (Téryho chata) dans la Vallée de Cinq laquets de Spiš (5 Spišských plies) accueillit les touristes pendant toute l´année, au-dessous on peut voir une partie de Petite Vallée Froide (Malá Studená dolina). La surface des rochers est frottée par l´activité glacière

Nenápadná Zbojnícka chata (vľavo dole) je centrom Veľkej Studenej doliny - jednej z najkrajších a najväčších dolín južnej strany Tatier, zo všetkých tatranských dolín najbohatšej na plesá (22). Pod Hranatou vežou leží najvyššie položené pleso doliny - Ľadové pleso (2057 m)

Humble cottage Zbojnícka chata (down left) is a centre of Veľká Studená dolina - one of the most beautiful and largest valleys of the southern part of the Tatras, the richest in mountain lakes valley (there are 22). Under Hranatá veža lies the highest located lake of the valley - Ľadové pleso (2057m)

Unauffällige Hütte Zbojnícka (unten links) ist das Zentrum des Tales Veľká Studená dolina - eins der schönsten und größten Tälern der südlichen Seite der Tatra, von allen Tälern der Tatra ist das Tal das reichste an Bergseen (22). Unter dem Berg Hranatá veža liegt der am höchsten gelegene See Ľadové pleso (2057m)

Le refuge des Brigands (Zbojnícka chata) caché en bas à gauche est le centre de Grande Vallée Froide (Veľká Studená dolina), une des plus grandes et plus belles vallées du côté sud des Tatras, la plus riche en laquets, il y en a 22. Au pied de la Tour Angoulaire (Hranatá veža) se trouve le lac le plus élévé Ľadové pleso (2057 m), Lac Glacé

Najkrajšou ozdobou alpínskeho stupňa je kamzík vrchovský (Rupicapra rupicapra tatrica)

Chamois (Rupicapra rupicapra) as the most gracious embellishment of the alpine level fauna

Der schönste Schmuck der alpinen Stufe ist die Tatra-Gams (rupicapra rupicapra tatrica)

Chamois (Rupicapra rupicapra tatrica)

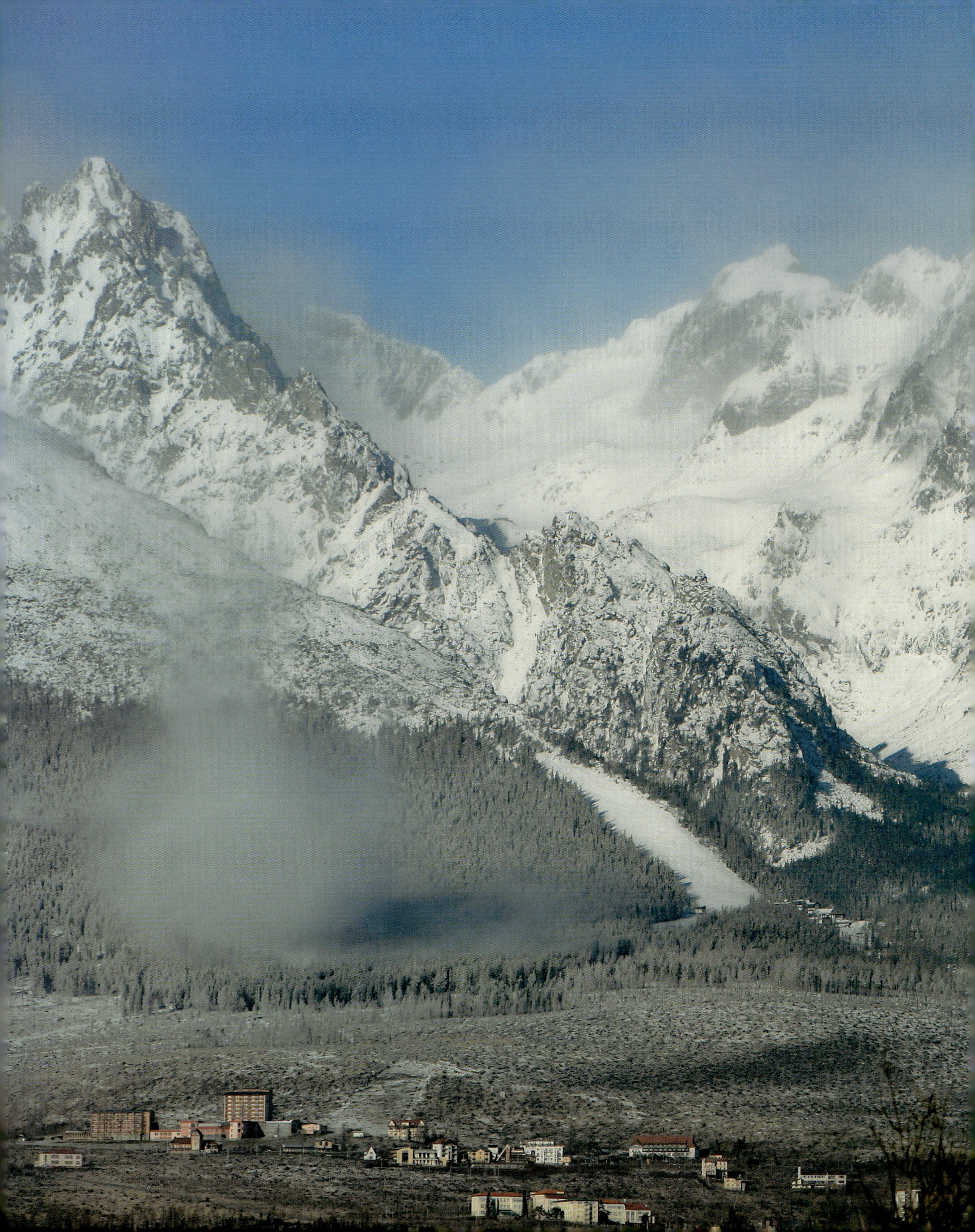

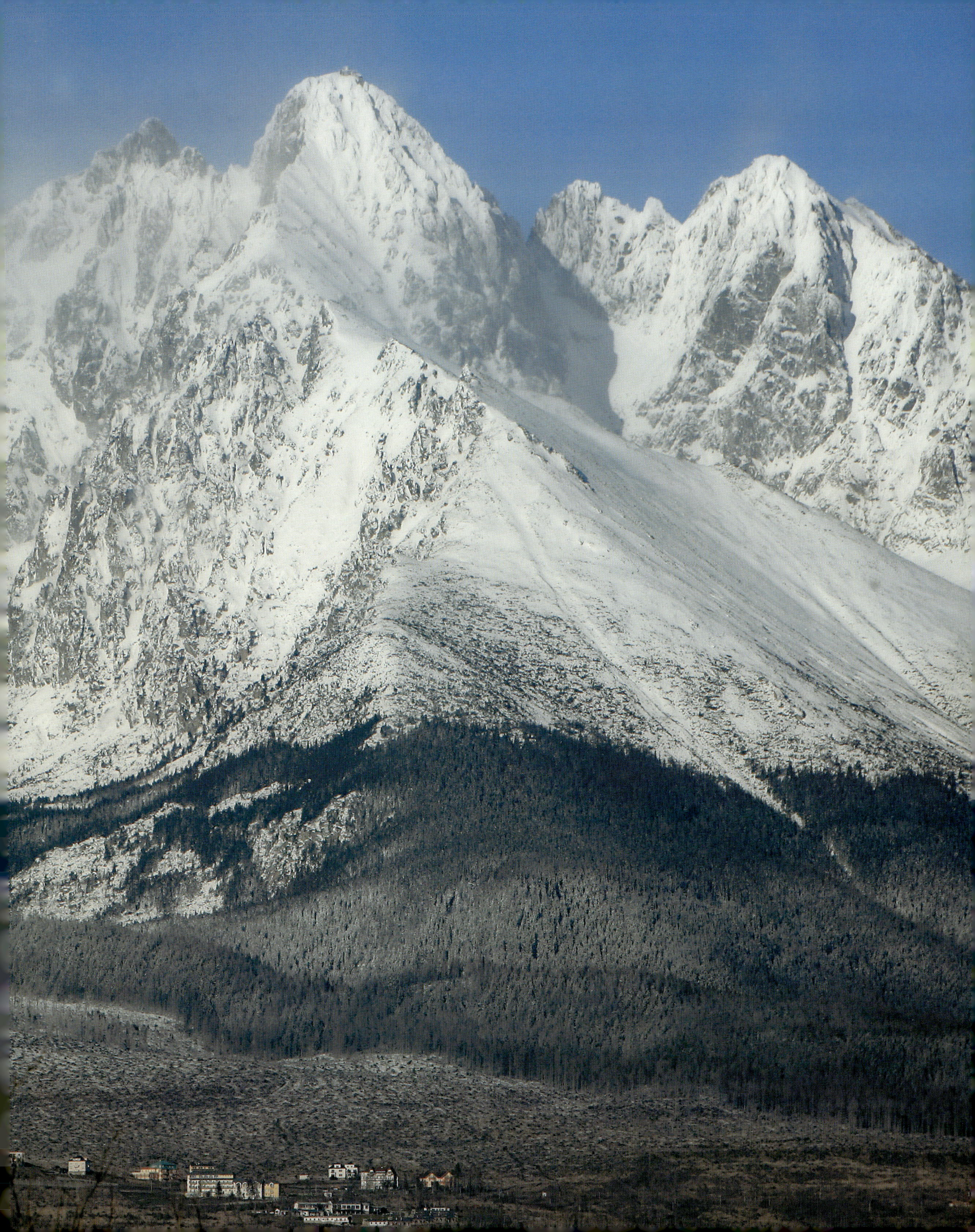

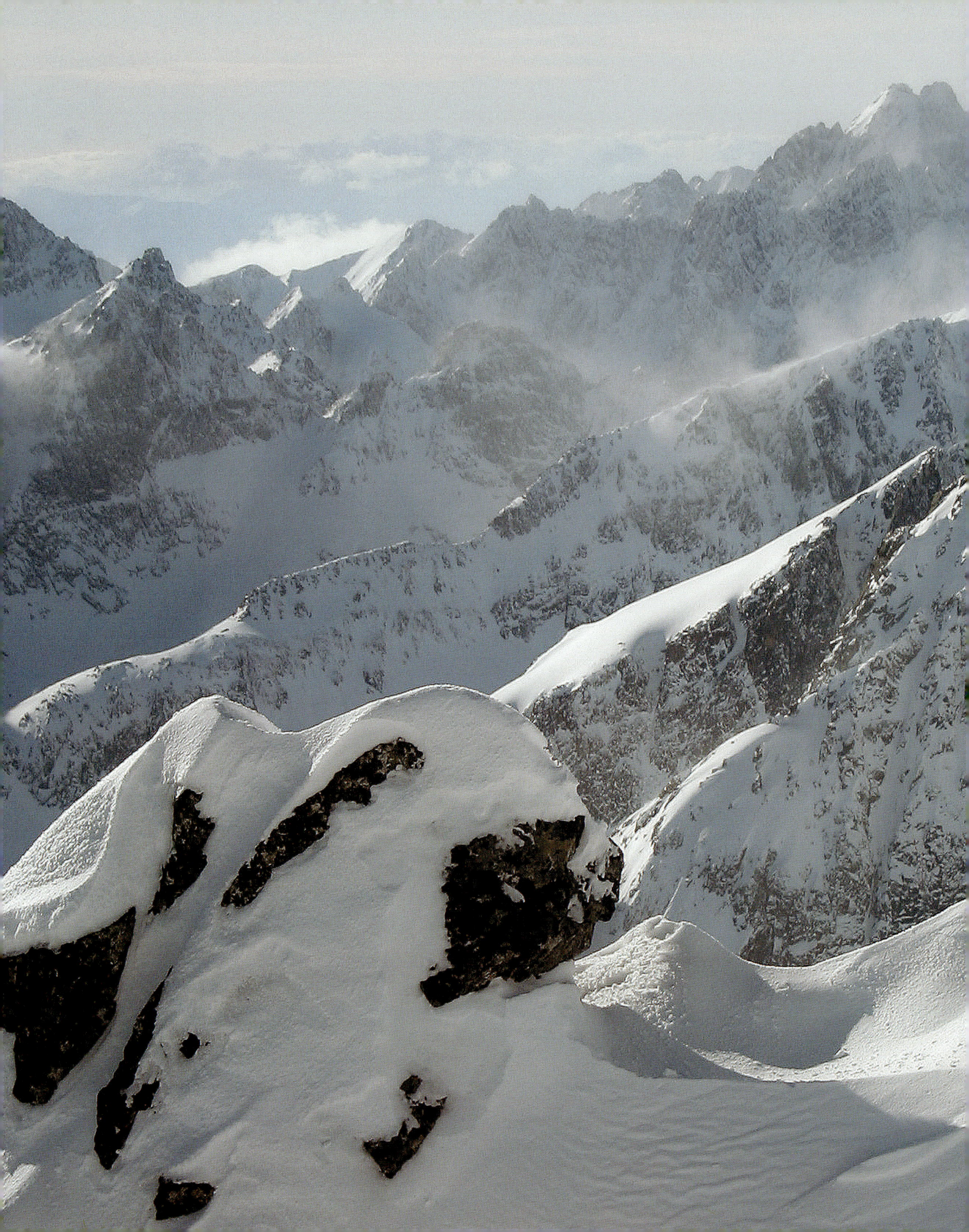

«

Do Vysokých Tatier prichádza zima náhle a jej belostná nádhera očarí každého

Winter comes suddenly to the High Tatras and enchants us its white-shinning splendor

In der Tatra bricht der Winter plötzlich ein und seine weiße Pracht bezaubert jeden

L´hiver arrive tout à coup dans les Hautes Tatras et chacun doit être charmé par son éclat lilial

»

Z vrcholov Tatier sú nádherné výhľady

Marvelous views from the peaks of the Tatras

Auf den Tatragipfeln kann man wunderschöne Aussichten genießen

Les vues des sommets de Tatras sont magnifiques

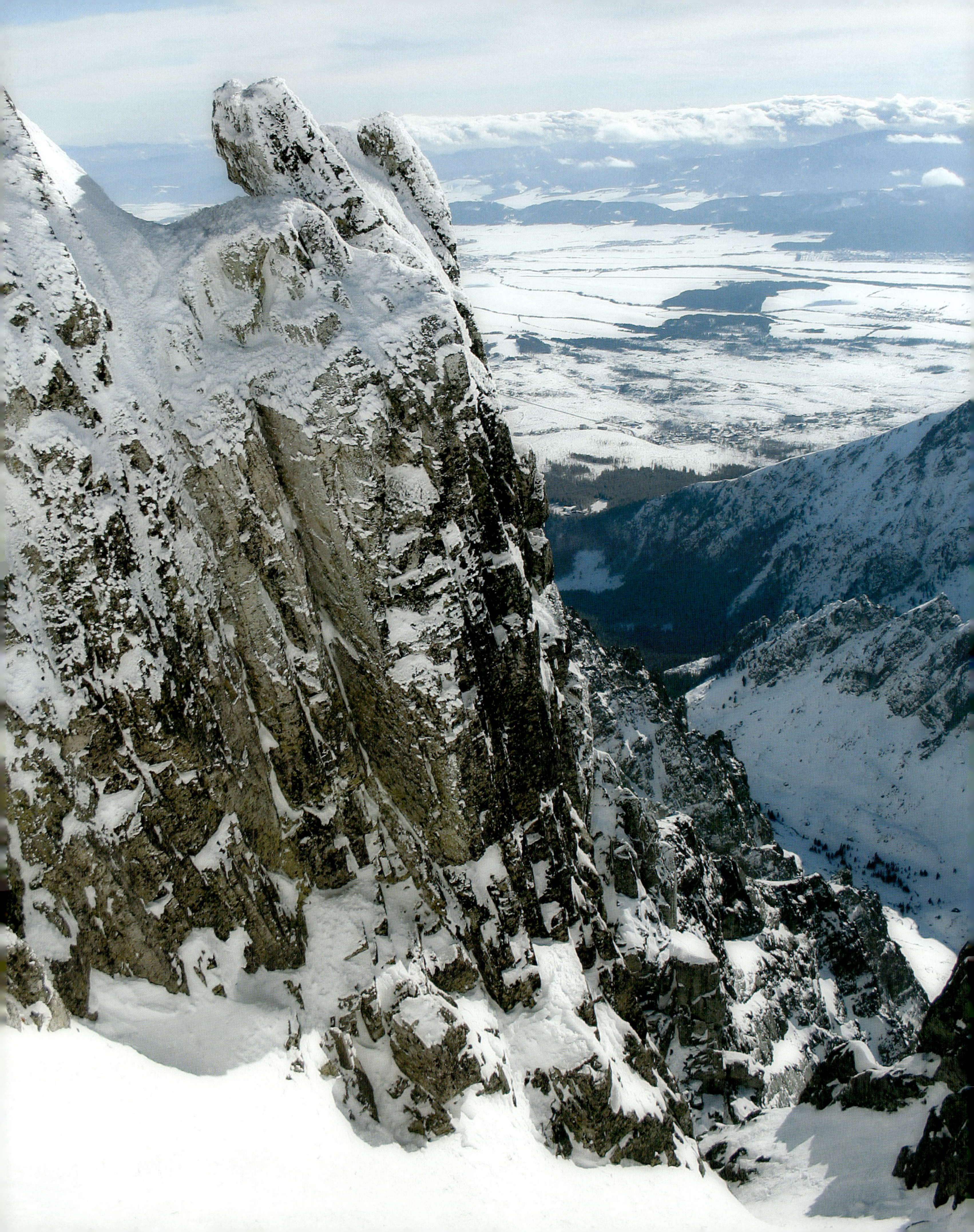

Počas celého roka neexistuje mesiac, v ktorom by v Tatrách nemohlo snežiť.
Tentokrát vybielil augustový sneh štíty nad Veľkou a Malou Zmrzlou dolinou

Snow can be expected in the Tatras in every month of the year.
For this time it were the peaks above Veľká and Malá Zmrzlá dolina which tops were whitened

Das ganze Jahr hindurch gibt es keinen Monat, in dem es in der Tatra nicht schneien könnte.
Diesmal hat der Augustschnee die Gipfeln über den Täler von Veľká Zmrzlá und Malá Zmrzlá beschneit

Il n´y a pas de mois où il ne puisse pas neiger dans les Hautes Tatras.
Cette fois la neige d´août a blanchi les pics au-dessus des vallées de Veľká et Malá Zmrzlá dolina

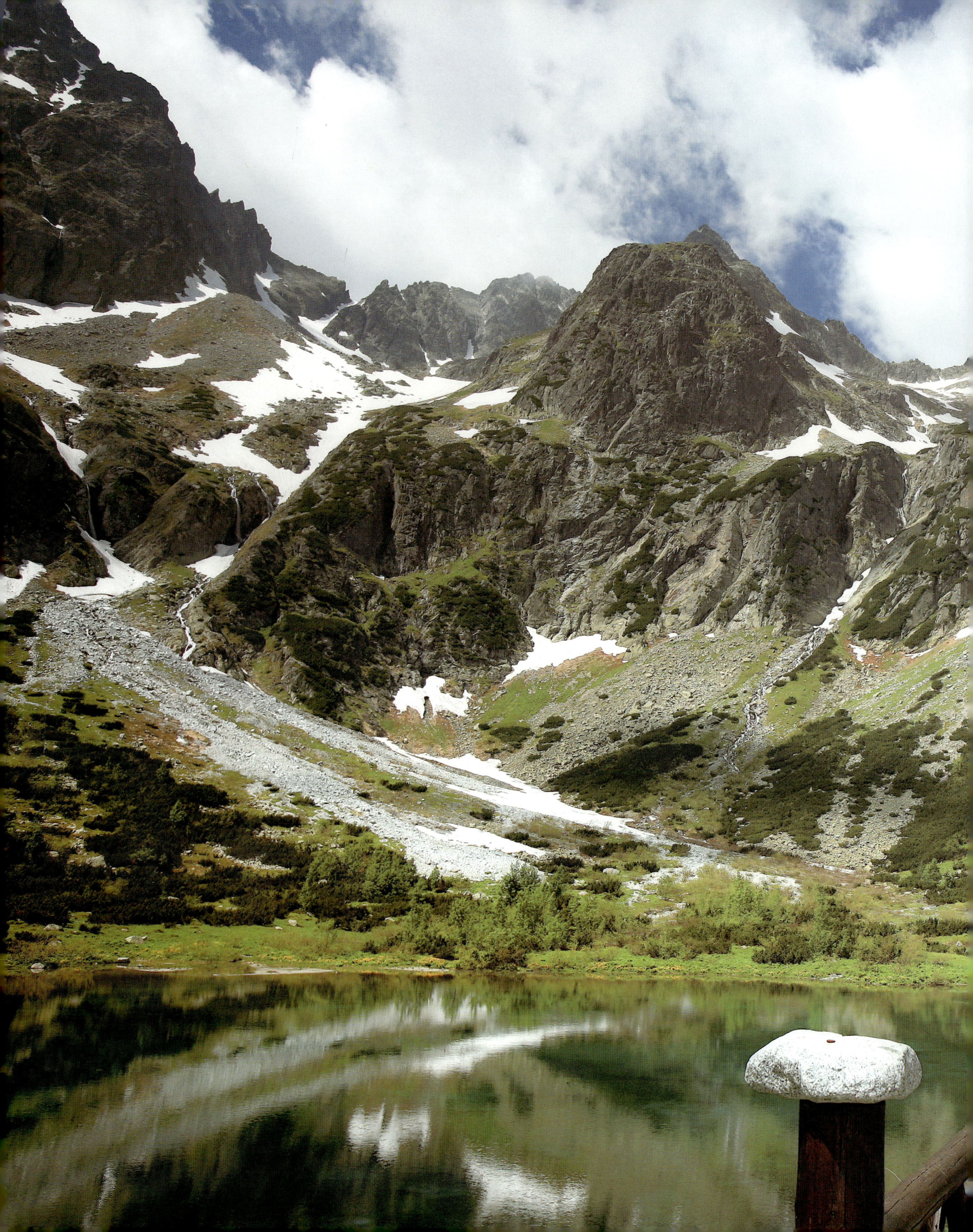

Pohľad na Jastrabiu vežu, Malú a Veľkú Zmrzlú dolinu z terasy Chaty pri Zelenom plese

View of Jastrabia veža, Malá and Veľká Zmrzlá dolina from the terrace of the cottage Chata pri Zelenom plese

Der Blick auf den Berg Jastrabia veža und die Täler Malá Zmrzlá und Veľká Zmrzlá von der Terrasse der Hütte Pri Zelenom Plese

Jastrabia veža, Malá et Veľká Zmrzlá dolina vues de la terasse du chalet an bord du lac Zelené pleso

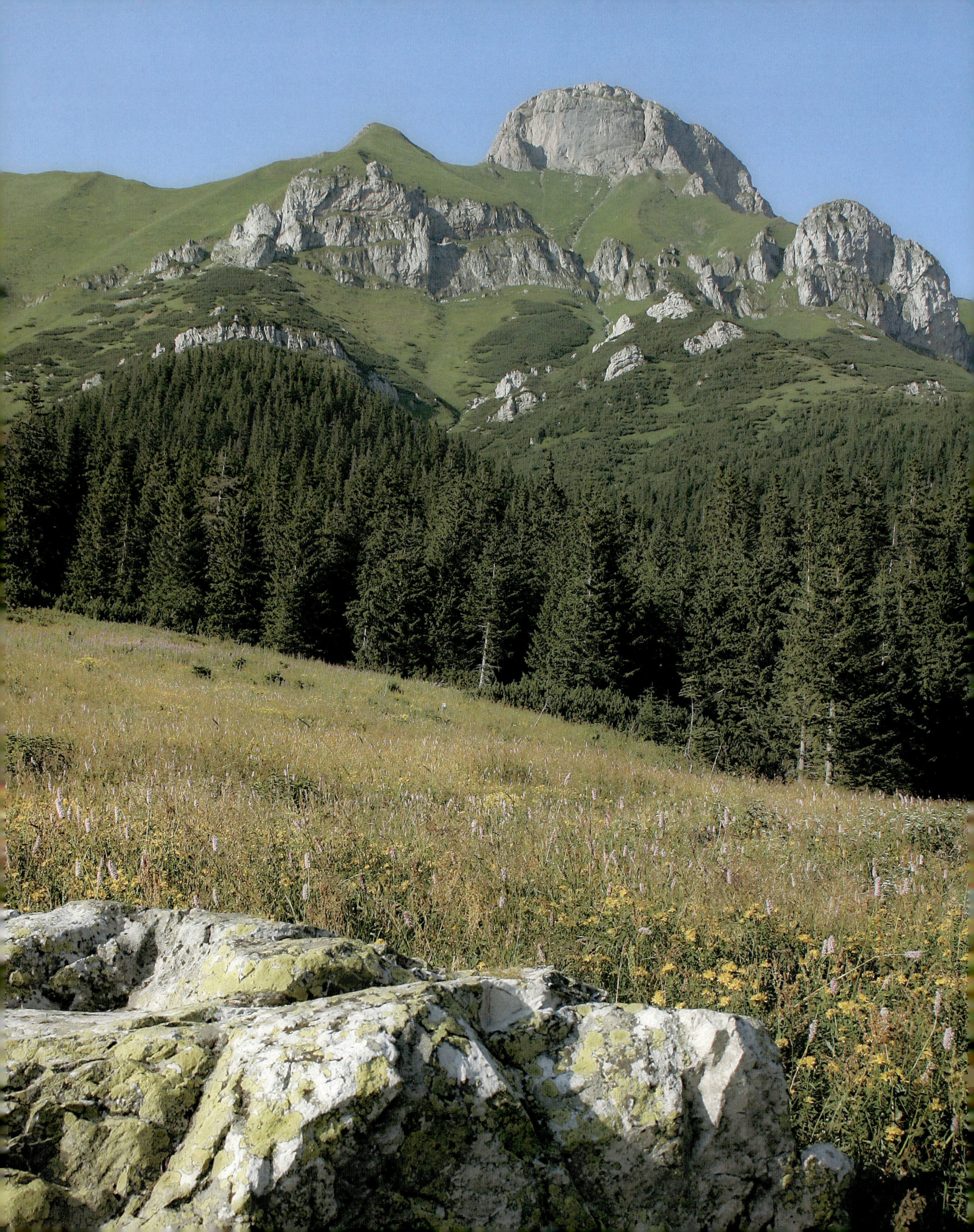

Nádherne rozkvitnuté letné lúky v doline Zadné Meďodoly oddeľujú mladšie, prevažne vápencové Belianske Tatry, od centrálneho hrebeňa Vysokých Tatier, ktoré sú tvorené kryštalickými horninami, hlavne žulou. Vľavo Ždiarska vidla (2142 m), Jahňací štít (2230 m) - vpravo

Marvelous summer meadows full of flowers in the valley Zadné Meďodoly at the border of younger, mostly limestone The Belianske Tatry and central crest of the High Tatras, created by crystallic rock, mainly the granite. Ždiarska vidla (2142 m) on the left, Jahňací štít (2230 m) on the right

Schön blühende Sommerwiesen im Tal Zadné Meďodoly grenzen an die jüngere, überwiegend kalksteinartige Belauer Tatra vom zentralen Kamm der Hohen Tatra, die von den Kristalldachgebirge, vor allem Granit gebildet wird, ab. Links Ždiarska vidla (2142 m), rechts der Gipfel Jahňací štít (2230 m)

Les prés fleuris estivaux dans la vallée de Zadné Meďodoly séparent les Tatras de Belá, plus jeunes et surtout calcaires, de la crête centrale des Hautes Tatras, qui sont créées en roches crystallines, surtout au granit. A gauche Ždiarska vidla (2142 m), à droite Jahňací štít (2230 m)

Potoky, ktoré pretekajú dolinami Tatier, často vytvárajú na strmých úsekoch a skalných prahoch hučiace a spenené vodopády. Medzi najkrajšie patrí Skok (vľavo) a Studenovodské vodopády. Veľký Studenovodský vodopád (vpravo)

Brooks, passing by the Tatras' valleys often create vociferous and wild waterfalls on steep and rocky sections. Skok (on the left) and Studenovodské vodopády (Veľký Studenovodský vodopád - on the right) belong to the most beautiful

Die Bäche, die die Täler der Tatra durchfließen, bilden oft an den Felsenschwellen brausende und schaumige Wasserfälle. Zu den schönsten gehört der Skok (links) und die Wasserfälle Studenovodské (der Wasserfall Veľký Studenovodský - rechts)

Les torrents ruisselants dans les vallées de Tatras forment souvent les chutes d´eau bruissantes et moutonnantes dans les sections des cascades. Parmi elles la plus belle est la chute d´eau de Skok (à gauche) et chute d´eau Studenovodské vodopády (Veľký Studenovodský vodopád - à droite)

»

Ustupujúce ľadovce poslednej doby ľadovej vyformovali dnešný tvar dolín Vysokých Tatier a zanechali na ich dne množstvo plies. Aj v lete zamrznuté Okrúhle pleso (2105 m) a Capie pleso (2072 m) v uzávere Mlynickej doliny, uprostred Hlinská veža (2330 m)

Withdrawing glaciers of the final Icy period formed current shape of the High Tatras' valleys and left numerous lakes on their bottoms. Lakes are covered with the ice even in winter: Okrúhle pleso (2105 m) and Capie pleso (2072 m) in closure of Mlynická dolina; Hlinská veža in the middle (2330 m)

Sich zurückziehende Gletscher der letzen Eiszeit formierten die heutige Gestalt der Täler der Hohen Tatra und hinterließen auf ihrem Grund viele Seen. Der auch im Winter gefrorene See Okrúhle pleso (2105m) und Capie pleso (2072 m) im Abschluss des Tals Mlynická dolina, in der Mitte der Berg Hlinská veža (2330m)

Les glaciers fuyants de la dernière période glacière ont coupé les vallées actuelles des Hautes Tatras en y laissant de nombreux lacs et laquets à leurs fonds. Okrúhle pleso (2105 m), gelé même en été, et Capie pleso (2072 m) dans la clôture de Vallée de Mlynica, au milieu Hlinská veža (2330 m)

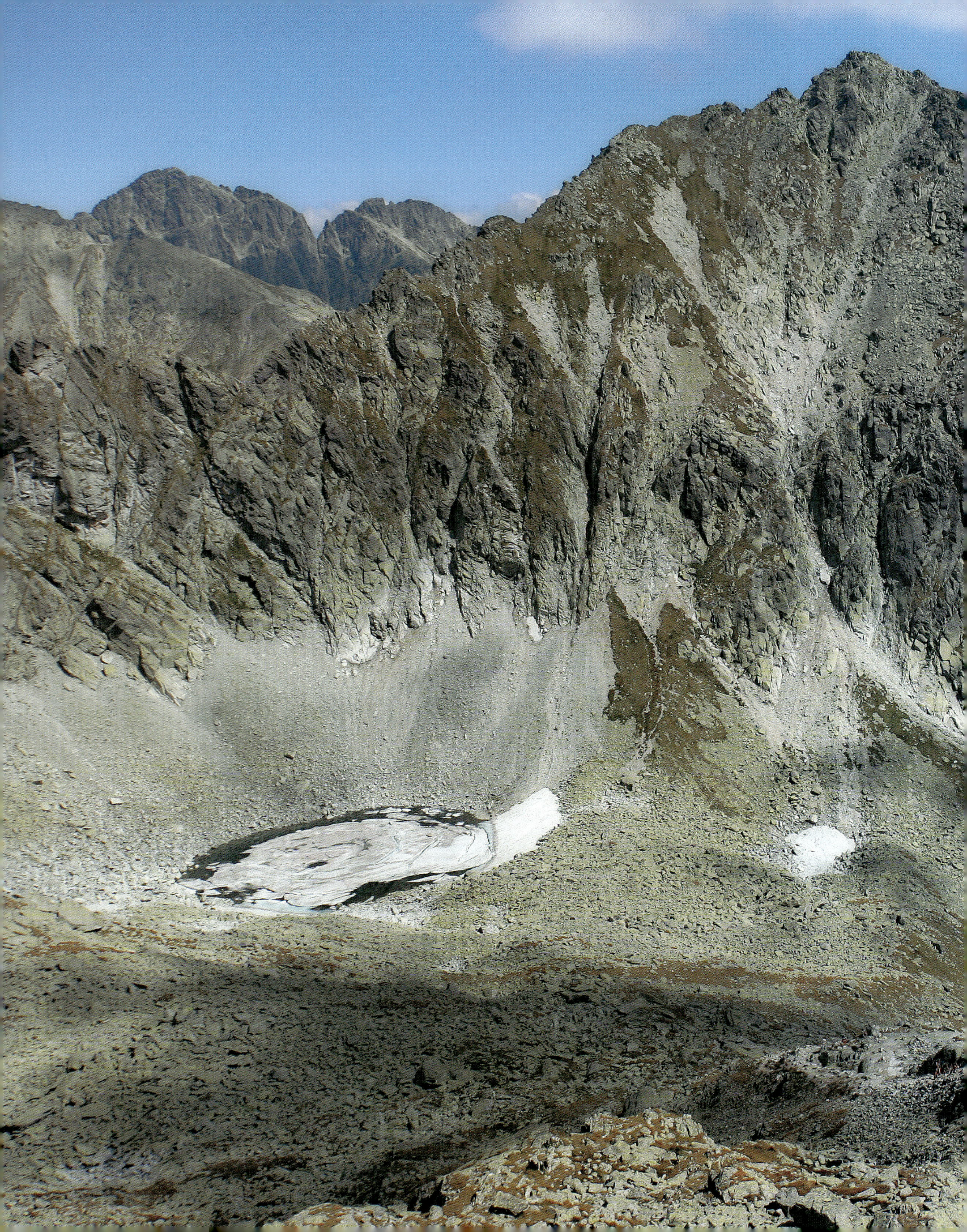

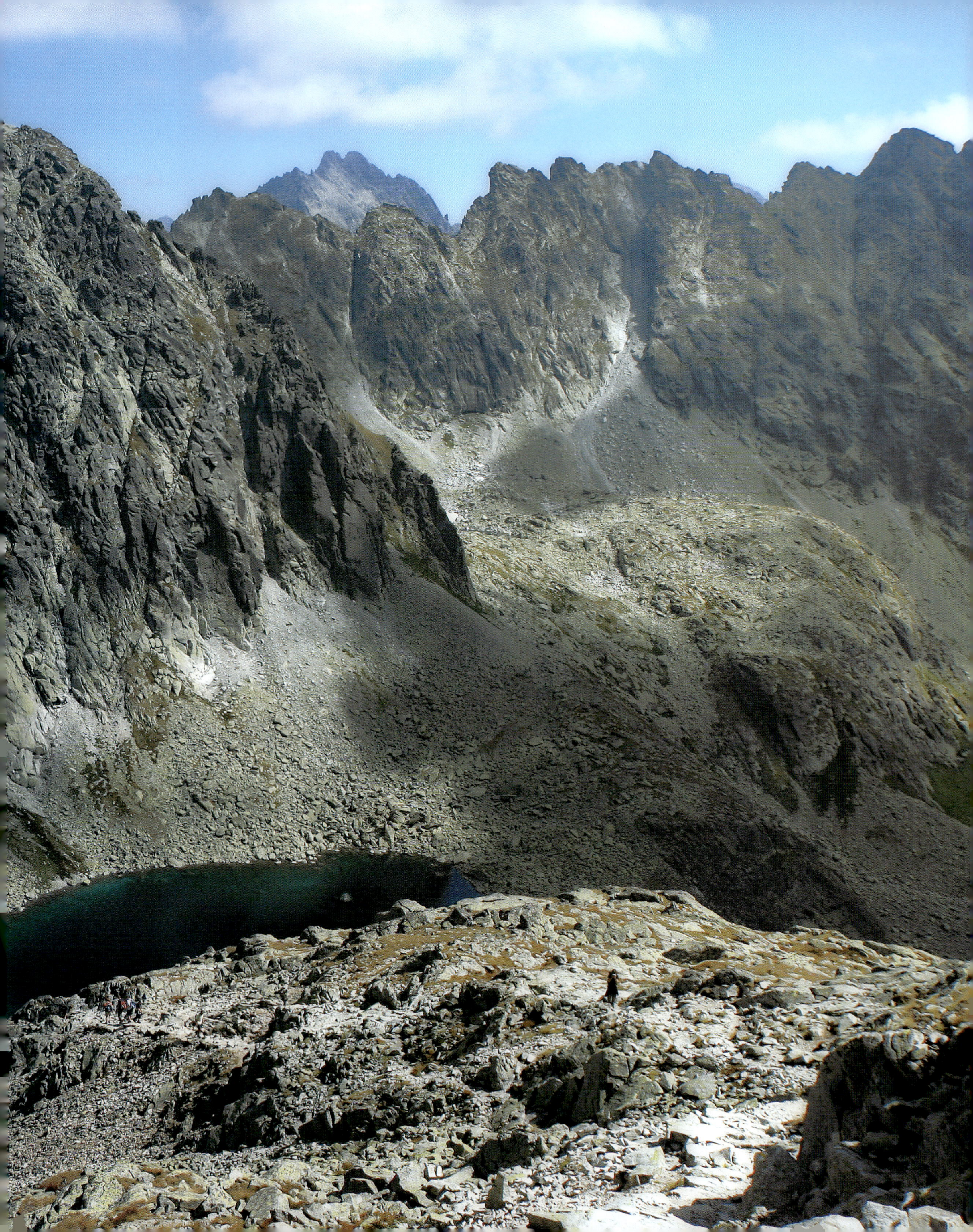

Prechody medzi dolinami po turistických chodníkoch cez vysokohorské sedlá sú na exponovaných miestach zabezpečené reťazami. Bystré sedlo (2314 m)

Passes among the valleys via mountainous saddles are secured by chains especially on their dangerous sections. Bystré sedlo (2 314m)

Die Wege zwischen den Tälern auf den Touristenrouten durch die Bergjoche sind an den wichtigen Stellen mit Ketten gesichert. Das Joch Bystré (2314m)

Les chemins de passages entre les vallées sont aménagés de routes touristiques, les points exposés des cols de montagne sont assurés par les chaînes. Bystré sedlo (2 314m)

Jeden z endemitov tatranskej prírody, ktorý nesie v svojom názve Tatry, je stračia nôžka tatranská (Delphinium oxysepalum)

Stračia nôžka tatranská (Delphinium oxysepalum), one of the Tatras' nature endemits, bearing the Tatras in its name

Eine der endemischen Pflanzen der Tatranatur, der in seiner slowakischen Bezeichnung die Tatra trägt, ist der Karpaten - Rittensporn (Delphinium oxysepalum)

L´un des endémites de la nature de Tatras portant le nom de Tatras dans son nom, est la dauphinelle ou pied d´alouette de Tatras (Delphinium oxysepalum)

Vo vysokých polohách, na holiach a lúkach priťahuje pozornosť horec bodkovaný (Gentiana punctata)
Vpravo na skalách sediaci svišť vrchovský (Marmota marmota), nehybne pozoruje okolie a stráži svoje mláďatá, aby ich v prípade nebezpečenstva mohol varovať hlasitým piskotom

Gentiana Punctata attracts at high meadows and slopes
On the right, a woodchuck (Marmota marmota), watching in stiffness the environs and guarding its young ones to warn them from danger by loud whistle

In den höheren Lagen auf den Almen und Wiesen zieht der getüpfelter Enzian (Gentiana Punctata) die Aufmerksamkeit auf sich
Rechts auf den Felsen sitzendes Murmeltier (marmota marmota), das ohne Bewegung die Umgebung beobachtet und seine Nachkommen schützt, um sie im Falle einer Gefahr mit einem lauten Quietschen zu schützen

Gentiane ponctuée (Gentiana Punctata) sur les alpages et prairies en altitude attire les regards. A droite la marmotte (Marmota marmota) assise sur les rocs observe l´endroit sans bouger, elle garde ses petits pour qu´elle puisse les prévenir de danger avec son haute sifflet

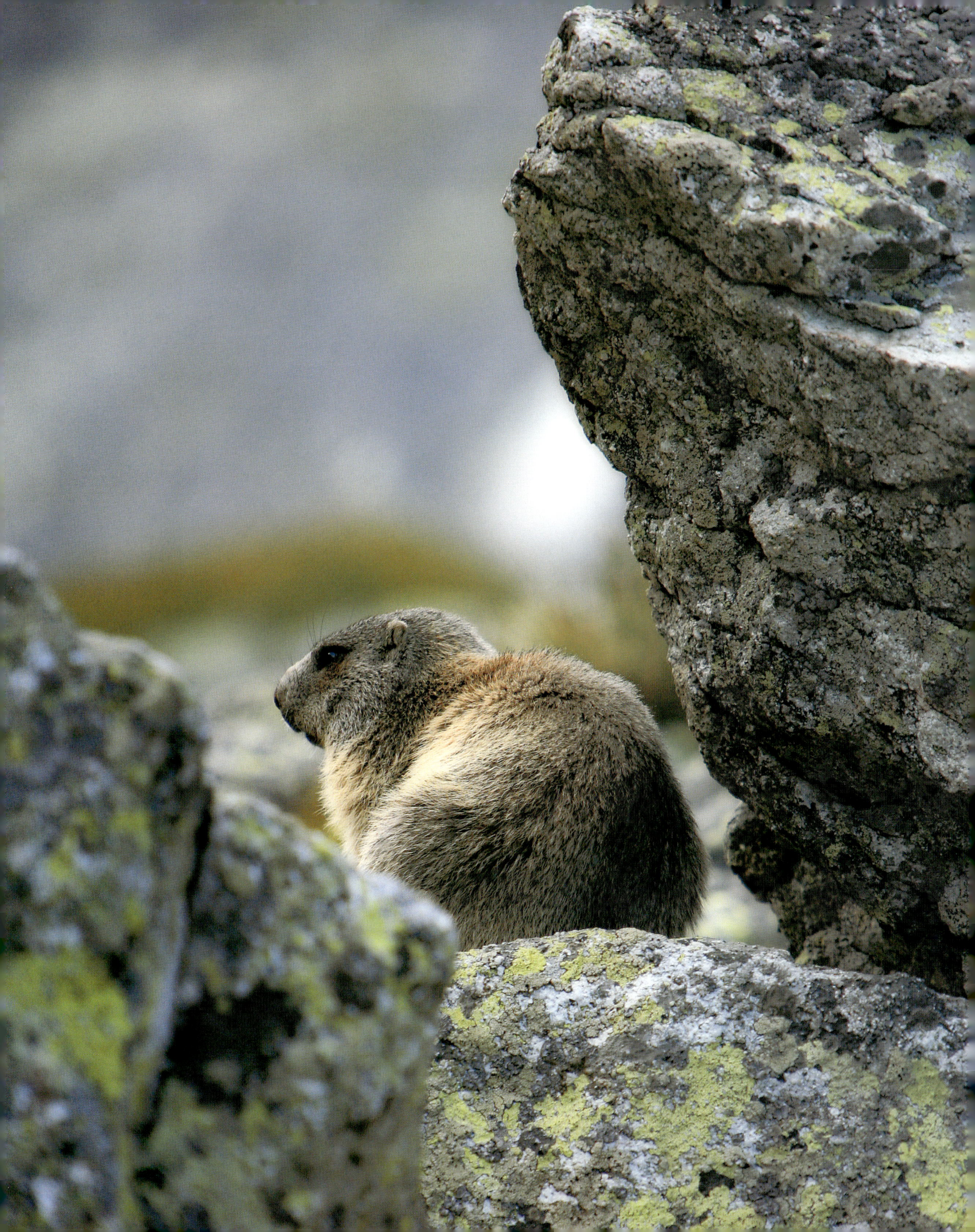

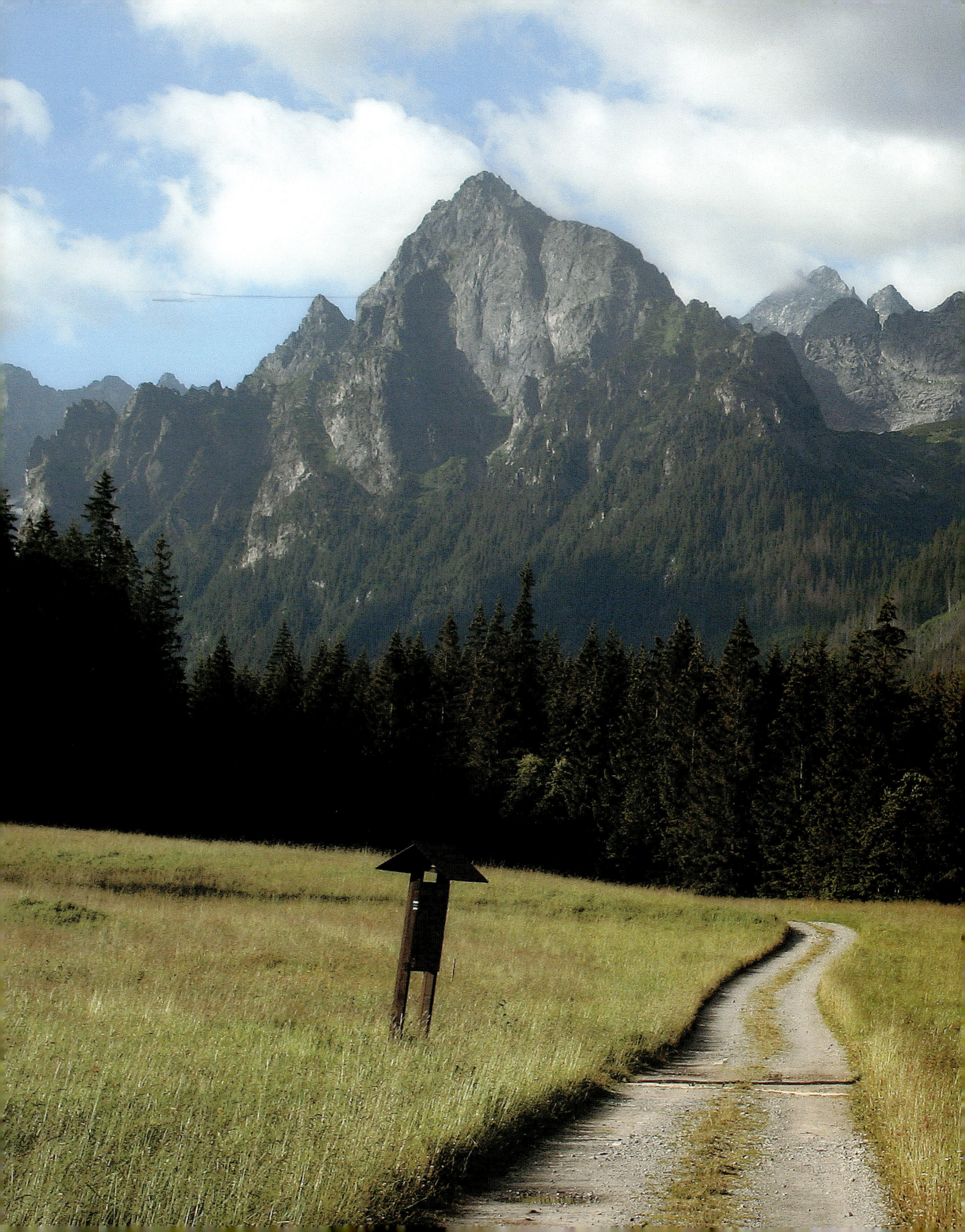

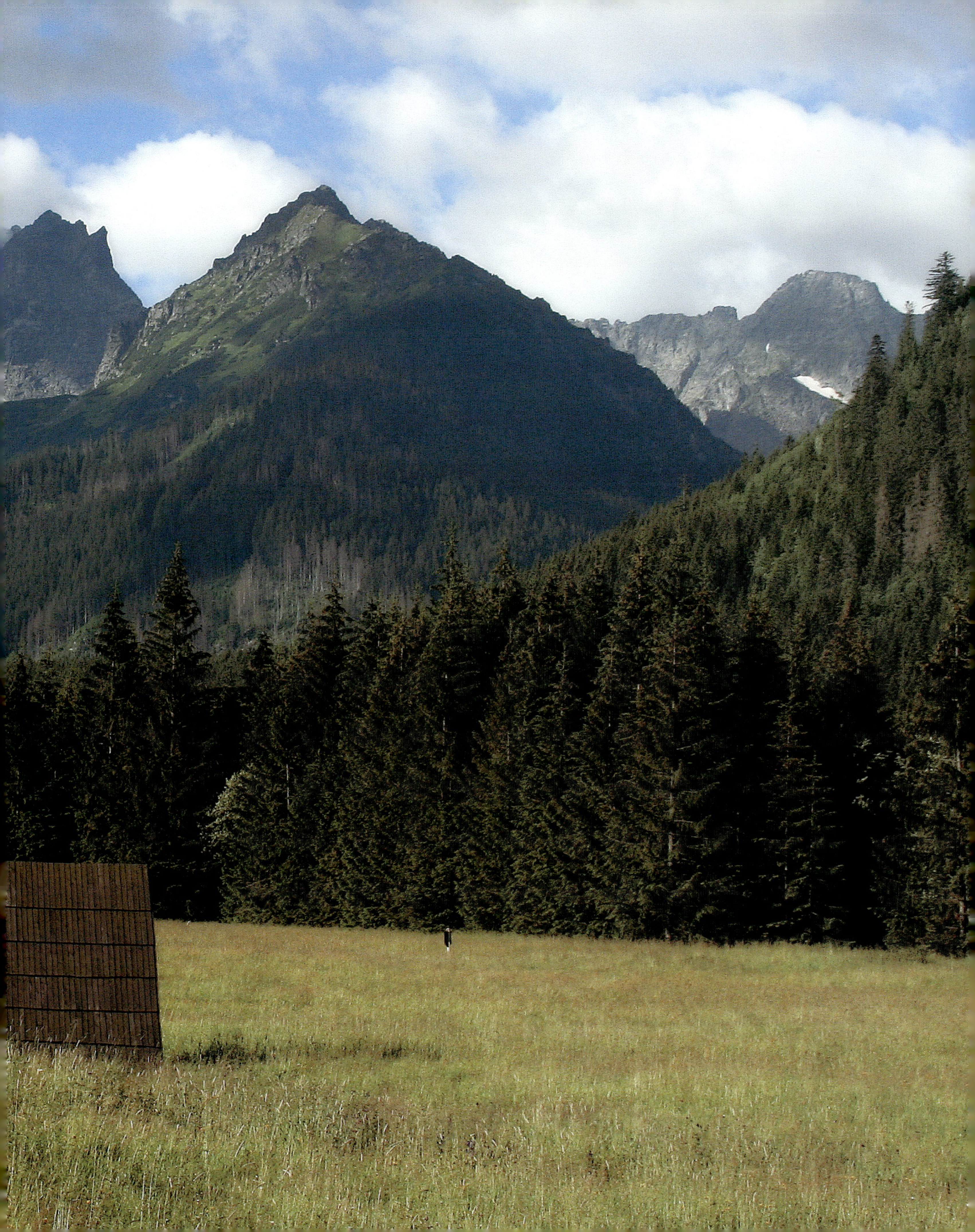

«

Panoráma štítov Vysokých Tatier od severu, z poľany Biela voda. Zľava: Mlynár (2170 m), Vysoká (2547 m), Český štít (2500 m), Rysy (2499 m), Malý Žabí (2098 m) a Východný Mengusovský štít (2410 m)

Panorama of the High Tatras peaks from the north from Biela voda. From the left: Mlynár (2170 m), Vysoká (2547 m), Český štít (2500 m), Rysy (2499 m), Malý Žabí (2098 m) and Východný Mengusovský štít (2410 m)

Das Panorama der Tatragipfel von Norden aus, von der Waldwiese Biela Voda: Von links: Mlynár (2170 m), Vysoká (2547 m), Český štít (2500 m), Rysy (2499m), Malý Žabí (2098 m) und der Gipfel Vychodný Mengusovský (2410 m)

Le panorama des sommets de Hautes Tatras pris du nord de près de Biela voda. A gauche: Mlynár (2170 m), Vysoká (2547 m), Český štít (2500 m), Rysy (2499 m), Malý Žabí (2098 m) et Východný Mengusovský štít (2410 m)

Bielovodská dolina dlhá 7 km je jednou z najkrajších tatranských dolín. Je to jediná dolina alpského typu
Medzi pozoruhodných a stále vzácnejších obyvateľov lesného pásma patrí tetrov hlucháň (Tetrao urogallus)

7 km long Bielovodská dolina is one of the most beautiful valleys It is the only one of the alpine type
Grouse (Tetrao urogallus) ranks among the remarkable and more and more precious habitants of the forest zone

Das sieben Kilometer lange Tal Bielovodská ist eines der schönsten Täler der Tatra. Es ist das einzige Tal des alpinen Typus. Zu den bemerkenswerten und immer kostbareren Bewohner der Waldstufe gehört das Auerwild (Tetrao urogallus)

La vallée de Bielovodská dolina, 7 km longue est une des plus belles vallées de Tatras. C´est une seule vallée du type alpine
Grand Tétras ou grand coq de bruyère (Tetrao urogallus) appartient aux habitants remarquables et rares de la zone forestière

V najvyšších polohách pásma skál možno len veľmi vzácne zazrieť orla. Hniezdiaci orol skalný (Aquila chrysaetos) s mláďaťom

It is a very precious moment to see an eagle in the highest levels of rocky zone. Nesting Aquila chrysaetos with a young one

In den höchsten Lagen der Felsenstufe kann man nur sehr selten einen Falken erblicken. Der hier nistende Steinadler (Aquilla chrysaetos) mit seinem Jungen

L´aigle royal n´est que rarement vu dans les altitudes des rochers. Aigle royal/ doré (Aquila chrysaetos) dans son nid avec son petit

Medveď hnedý (Ursus arctos) je najväčším a aj najnebezpečnejším zástupcom tatranskej fauny

Brown bear (Ursus arctos) is the biggest and the most dangerous representative of the Tatra fauna

Der Braunbär (Ursus arctos) ist der größte und gefährlichste Vertreter der Tatrafauna

Ours brun (Ursus arctos) est le plus grand et le plus dangereux représentant de la faune de Tatras

Dolu skalným prahom z Kačacej doliny padá asi 15 m vysoký Hviezdoslavov vodopád

Down the rocky slope from the valley Kačacia dolina - 15 m high Hviezdoslavov vodopád

Von den Felsenkanten fällt von dem Tal Kačacia Dolina ein ca. 15 m hoher Wasserfall Hviezdoslavov vodopád

La chute d´eau Hviezdoslav se précipite dans le vide à 15 m en aval de flanc de Kačacia dolina

Neskutočne nádherné farby Litvorového plesa v jasnom letnom dni. V pozadí svahy Rumanovho štítu (2428 m) a Gánku (2462 m)

Unbelievable colours of Litvorové pleso in a bright summer day. Slopes of Rumanov štít (2428 m) and Gánok (2462 m) on the back

Unglaublich schöne Farben des Sees Litvorové pleso an einem hellen Sommertag. In dem Hintergrund die Hänge des Gipfels Rumanhov štít (2248m) und Gánok (2426m)

Les couleurs irréeles et splendides du lac de Litvorove pleso au coeur du jour ensoleillé d´été. A l´arrière-plan les flancs de Rumanov štít (2428 m) et Gánok (2462 m)

V nehostinnom prostredí skalných žulových štrbín v 2200 m výške poteší vnímavého návštevníka drobný, asi 10 cm vysoký, kvitnúci iskiernik ľadovcový (Ranunculus glacialis)

In inhospitable environment of rocky granite fissures in the height of 2200 m the perceptive visitor can be delighted by Ranunculus glacialis, about 10 cm high flower

In einer ungastlichen Umgebung der granitartigen Felsenlücken in einer Höhe von 2200 m, erfreut sich das Auge eines wachsamen Besuchers an einem kleinem, ca 10 cm hohen, blühenden Gletscherhahnenfuß (Ranunculus glacialis)

Dans l´entourage revêche des crevasses de granit à l´altitude de 2200 m un sensible visiteur réjouira un regard au petit renoncule des Alpes (glacière) en fleur (Ranunculus glacialis)

Z množstva vzácnych kvetov tatranskej prírody vyniká svojou nežnou krásou veternica narcisokvetá (Anemone narcissiflora)

Anemone narcissiflora as an exceptional flower of the Tatras fauna thanks to its delicate beauty

Aus der Menge der kostbaren Blumen der Tatranatur hebt sich dank ihrer sanften Schönheit das narzissenblättrige Windröschen (Anemone narcissiflora) ab

Anémone au fleurs de narcisse (Anemone narcissiflora) domine parmi des fleurs de la nature de Tatras par sa douce beauté

Belianska jaskyňa je najväčšia a jediná sprístupnená kvapľová jaskyňa v Tatranskom národnom parku v najvýchodnejšej časti Belianskych Tatier

Belianska jaskyňa is the largest and the only open for public dripstone cave in the Tatras National Park in the most eastern part of the Belianske Tatry

Die Höhle Belianska jaskyňa ist die größte und einzige Tropfsteinhöhle im Nationalpark Tatra die betretbar ist. Sie liegt im östlichsten Teil der Belauer Tatra

La grotte Belianska jaskyňa est la plus grande et la seule grotte de calcite accessible dans le Parc national des Tatras, qui se trouve dans la partie la plus orientale des Tatras de Belá

V jaskyni môžno vidieť pestrofarebnú kvapľovú výzdobu rôznych tvarov a veľkostí, podzemné jazierka, nádherné priestory zdobené kvapľovými vodopádmi

Dripstone decoration of many shapes, colours and sizes and small underground likes can be seen in the cave

In der Höhle kann man eine buntfarbige, tropfsteinartige Ausschmückung von verschiedenen Formen und Größen, unterirdische Seen und wunderschöne Räume, die mit Tropfsteinwasserfällen beschmückt sind, sehen

Dans la grotte on peut admirer les calcites colorées de formes et tailles diverses, des lacs souterrains, les surfaces ornées des cascades aux calcites

SPIŠSKÁ NOVÁ VES A OKOLIE

Pulzujúca vstupná brána do Slovenského raja

...niekdajšie významné stredoveké banské mesto so známou zvonolejárskou dielňou, sídlo ústrednej správy Provincie XVI spišských miest v rokoch 1774 - 1786 leží v doline rieky Hornád. Spišská Nová Ves, dnes moderné priemyselné mesto plné života, víta návštevníkov pôvabným rozľahlým šošovkovitým námestím, farským kostolom s vysokou neogotickou vežou, priateľskou atmosférou a pohostinnosťou...

SPIŠSKÁ NOVÁ VES AND SURROUNDINGS

Pulsing entrance gate to Slovenský raj

... former important medieval mining town with famous bell - foundry workshop, seat of central administration of the Province of XVI Spiš Towns in 1774 - 1786, is located in the valley of the Hornád river. Spišská Nová Ves, nowadays a modern industrial city, enchants the visitors by marvelous specious lens-like square, by the parish church with tall neo-Gothic tower and friendly atmosphere and hospitality...

SPIŠSKÁ NOVÁ VES UND UMGEBUNG

Das tobende Eingangstor ins Slowakische Paradies

... die ehemalige, bedeutende mittelalterliche Bergstadt mit der bekannten Glockengießerei, der Sitz der Verwaltung der Provinz der XVI. Zipser Städte in den Jahren 1774-1786, liegt in dem Tal des Flusses Hornád. Spišská Nová Ves, heute eine moderne Stadt voller Leben, heißt ihre Gäste mit dem großen linsenartigen Hauptplatz, der Pfarrkirche mit dem hohen neogotischen Turm, der freundlichen Atmosphäre und Gastfreundlichkeit willkommen...

SPIŠSKÁ NOVÁ VES ET SON ENVIRONS

La ville d´entrée au Paradis Slovaque

...la ville minière du Moyen-Âge, importante à son époque avec l´atelier célèbre de fondeurs de cloches, le siège de l´ administration centrale de la Province de seize villes de Spiš entre 1774 et 1786, est située dans le bassin de la rivière Hornád. Spišská Nová Ves, aujourd´hui la ville industrielle pleine de vie pulsante, accueillit les visiteurs avec sa place charmante en forme d´une lentille, l´église paroissiale avec sa flèche neo-gothique très haute et son ambiance amicale et hospitalière...

SPIŠSKÁ NOVÁ VES

Letecký pohľad na šošovkovité námestie historického centra mesta

Air view of lens-like square of historical town centre

Der Blick aus der Vogelperspektiv auf das linsenartige historische Zentrum der Stadt

La vue aérienne sur la place en forme de lentille dans le centre historique de la ville

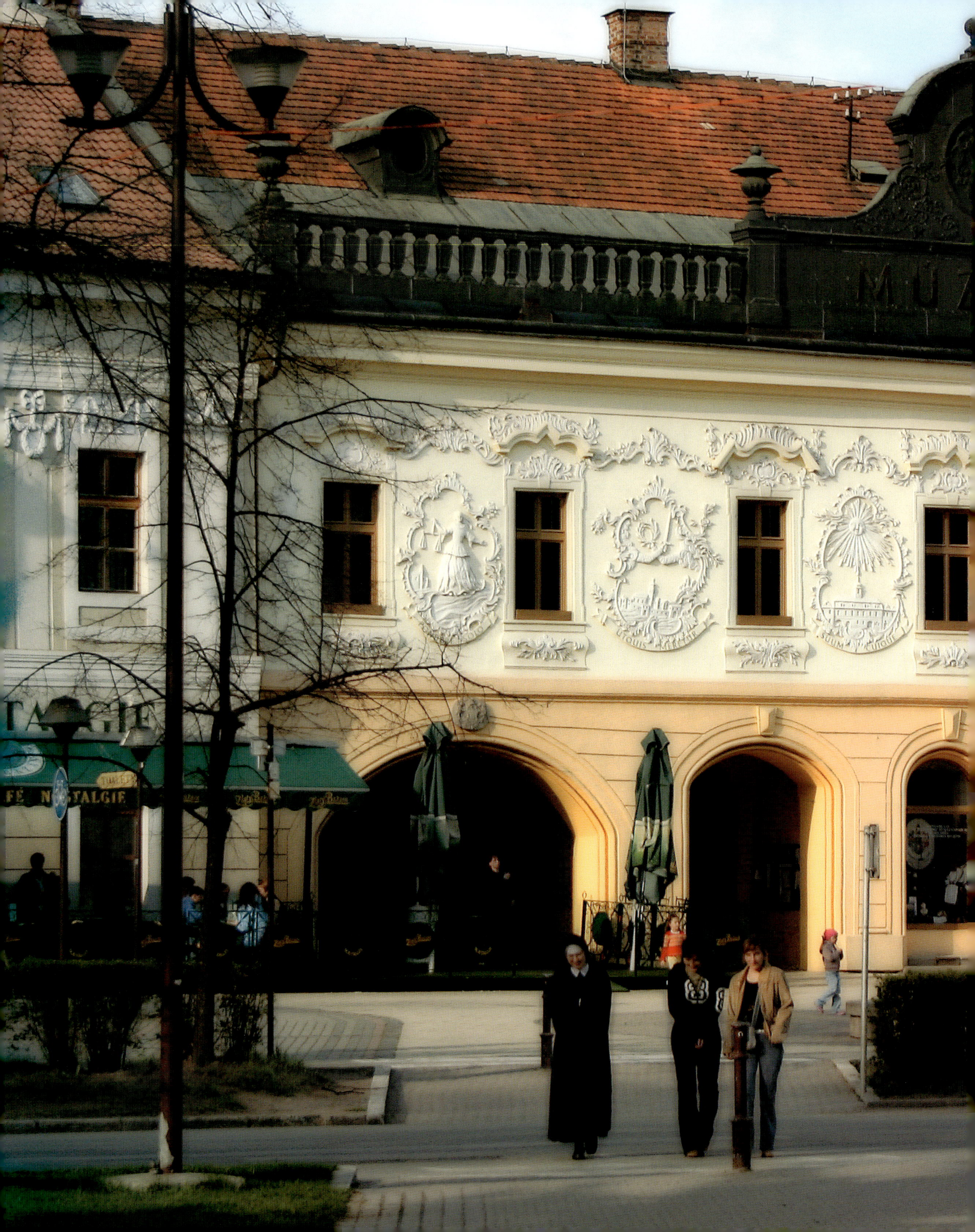
MÚZ
FÉ NOSTALGIE

Provinčný dom má fasádu zdobenú figurálnou štukovou výzdobou z konca 18. storočia. Dnes sídlo Múzea Spiša

Province house has stucco decorated facade from the end of the 18th century. Today a seat of The Spiš Museum

Das Provinzhaus hat seine Frontseite mit einer figuralen Stuckausschmückung aus dem Ende des 18. Jahrhunderts verziert. Heute der Sitz des Museum der Zips

La maison de province a une façade ornée de stucs de la fin du XVIIIe siècle, aujourd´hui elle abrite le Musée de Spiš

>>

V strede námestia dominujú budovy radnice z roku 1779 a evanjelického kostola z roku 1796

Dominants of the square in its centre - Town Hall from 1779 and the Evangelic Church from 1796

In der Hauptplatzmitte dominieren die Gebäuden des Rathauses aus dem Jahr 1779 und der evangelischen Kirche aus dem Jahr 1796

Au milieu de la place dominent des édifices de l´hôtel de ville de 1779 et de l´église protestante de 1796

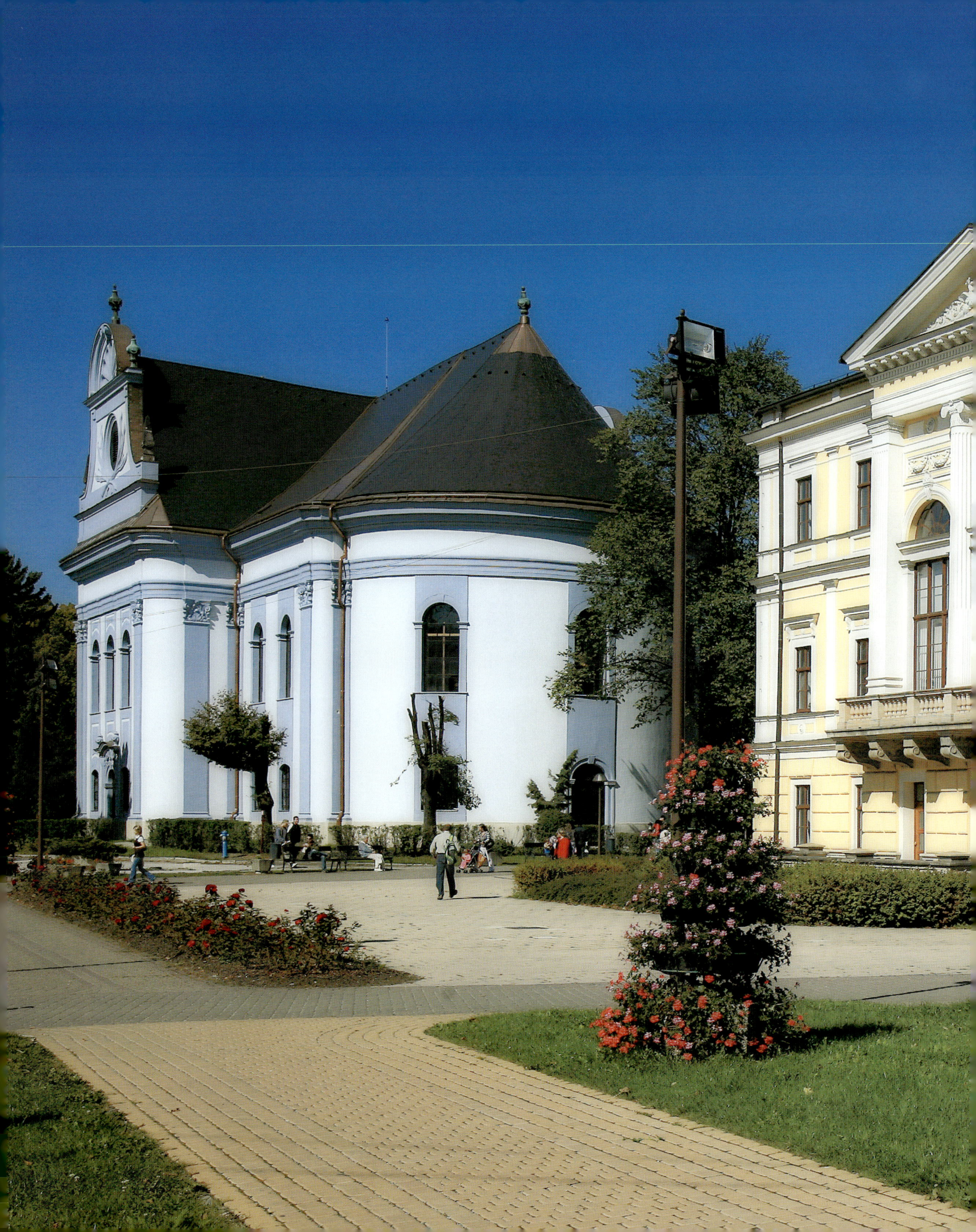

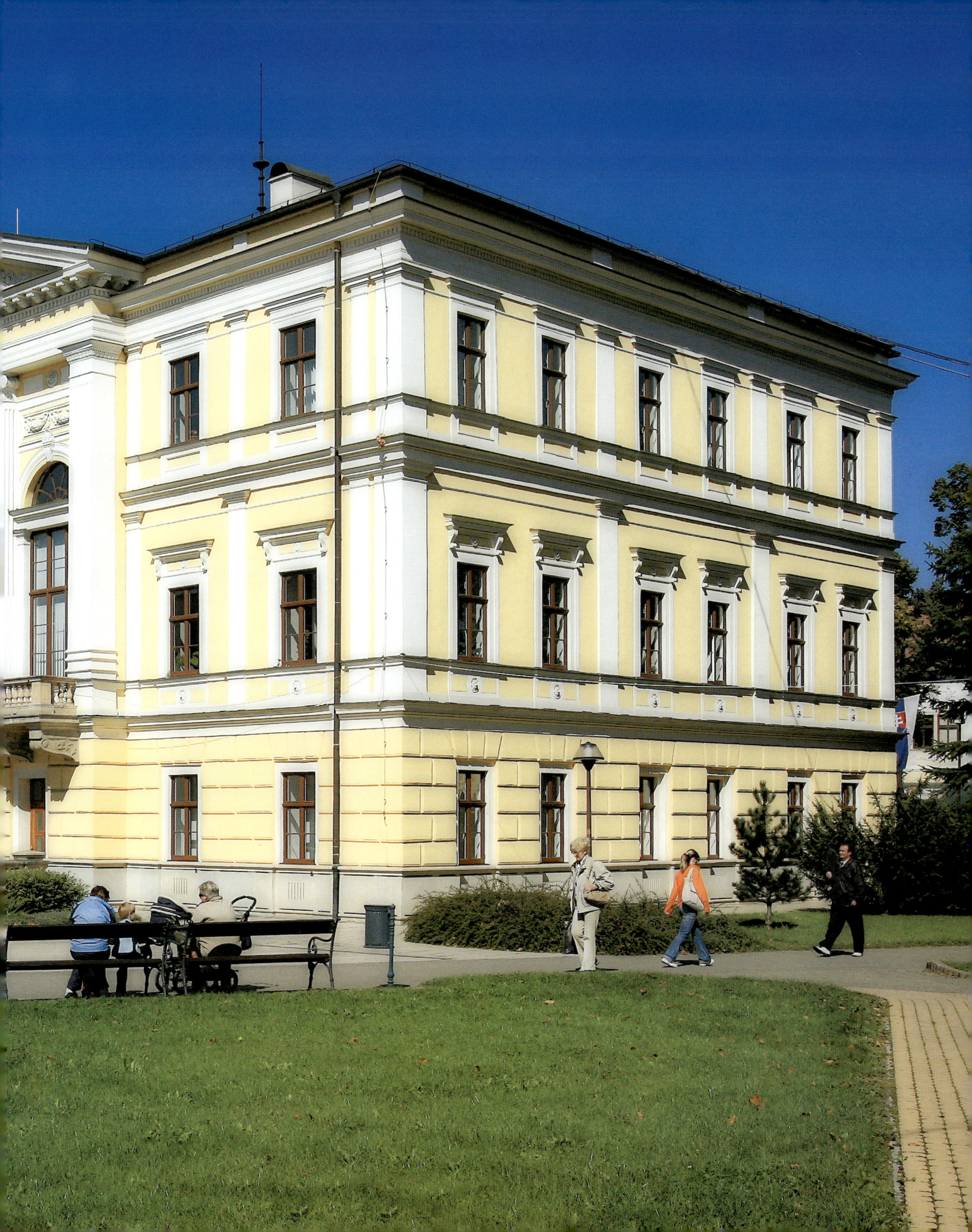

87 m vysoká veža gotického farského kostola Nanebovzatia Panny Márie je najvyššou kostolnou vežou na Slovensku

87 m tall tower of the Gothic parish church of the Assumption of Holy Mary is the tallest church tower in Slovakia

Der 87 m hohe Turm der gotischen Pfarrkirche Maria-Himmelfahrt ist der höchste Kirchenturm der Slowakei

La flèche de l´église paroissiale gothique l´Assomption de la Vierge Marie, 87 m haute est la flèche la plus haute en Slovaquie

V interiéri kostola zaujme bohato zdobená hviezdicová klenba presbytéria

Attractive richly decorated star vault of presbytery in the church interior

In dem Kircheninterieur begeistert das reich geschmückte, sternartige Gewölbe des Presbyteriums

La voûte en étoile du prèsbytere, richement décorée attire l´oeil à l´intérieur de l´église

Detail strednej časti veže s neogotickou sochárskou výzdobou v podobe postáv štyroch evanjelistov. Na snímke sv. Lukáš (hlava býka) a sv. Marek (hlava leva pri nohách)
Južný portál kostola s kameňosochárskou výzdobou zo 14. stor. V tympanóne reliéf Najsvätejšej Trojice a dvojice anjelov

Detail of central part of the tower with the Neogothic statuary decoration - the statues of four evangelists. St. Lucas on the picture (head of bull) and St. Marc (head of lion at legs)
The southern church portal with lithosculpture decorations from the 14th century. Relief of the Most Holy Trinity and a pair of angels in tympanonum

Das Detail des Mittelteiles des Turms mit der neogotischen, bildhauerischen Ausschmückung in Form der Gestalten der vier Evangelisten. Auf der Abbildung der Hl. Lukas (der Stierkopf) und der Hl. Markus (der Löwenkopf bei den Beinen)
Das Südportal mit der bildhauerischen Ausschmückung aus dem 14. Jahrhundert. Im Tympanon das Relief der Heiligen Dreifaltigkeit und des Engelpaares

Détail de partie centrale de la flèche avec la décoration statuaire néogothique en forme des statues de quatre évangelistes. L'image de St. Lucas (tête du taureau) et St. Marc (tête du lion près de ses pieds)
Le portail sud de l'église avec la décoration en pierre sculptée du XIVe siècle. Au tympan le relief de Sainte Trinité et deux anges

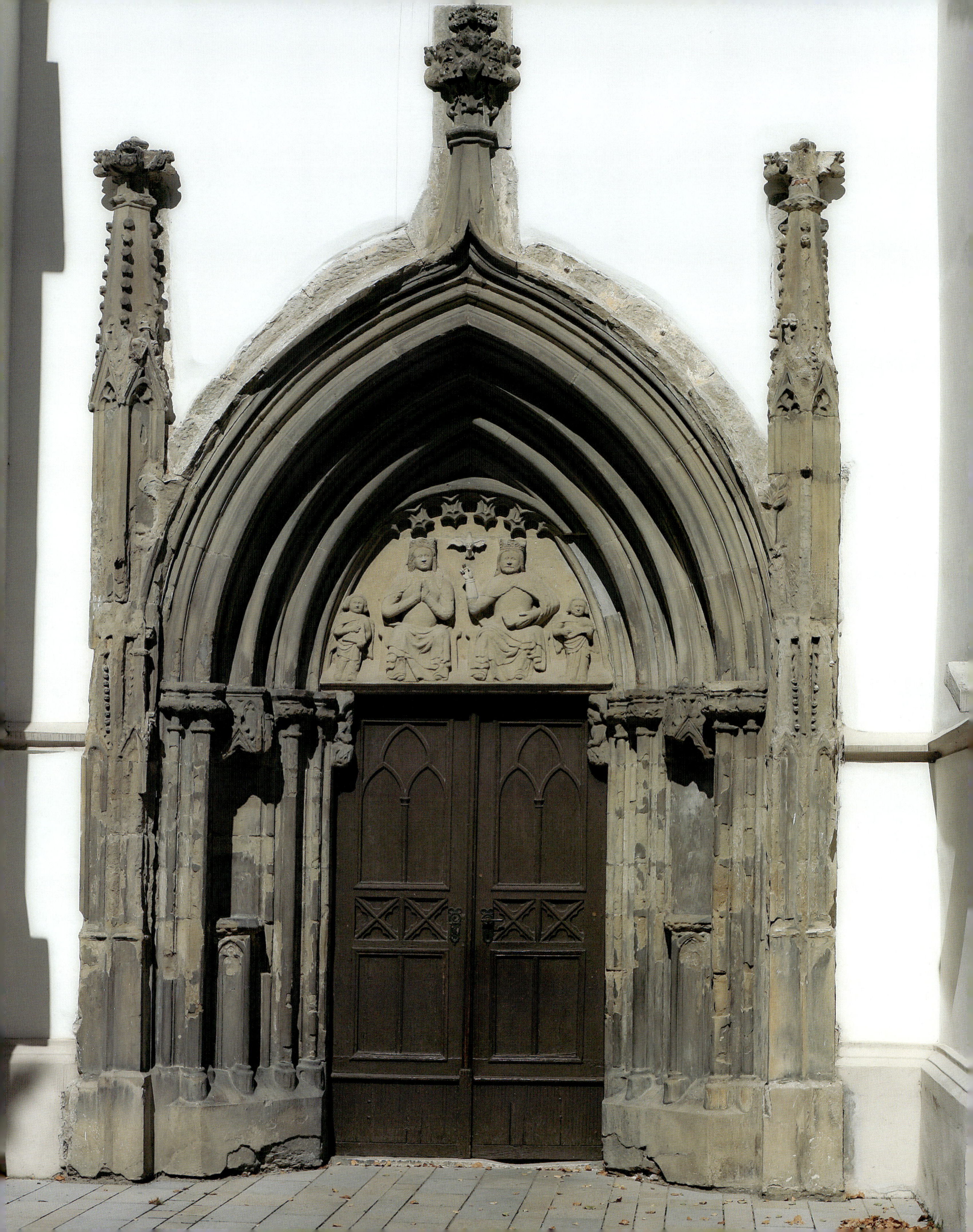

Budova Reduty zo začiatku 20. storočia v sebe spája mestské divadlo, koncertnú sálu a reštauráciu s kaviarňou
Pohľad do koncertnej sály je naozaj impozantný

Building of Reduta from the beginning of the 20th century joins within the municipal theatre, concert hall and restaurant with cafe
View of concert hall is really impressive

Das Gebäude des Festsaals vom Beginn des 20. Jahrhunderts vereinigt in sich das Stadttheater, den Konzertsaal und ein Restaurant mit Cafe
Der Blick in den Konzertsaal ist wirklich imposant

L´édifice de la Redoutte du XXe siècle abrite à la fois le théâtre municipal, la salle de concert, le restaurant et café
La vue dans la salle de concert est vraiment imposante

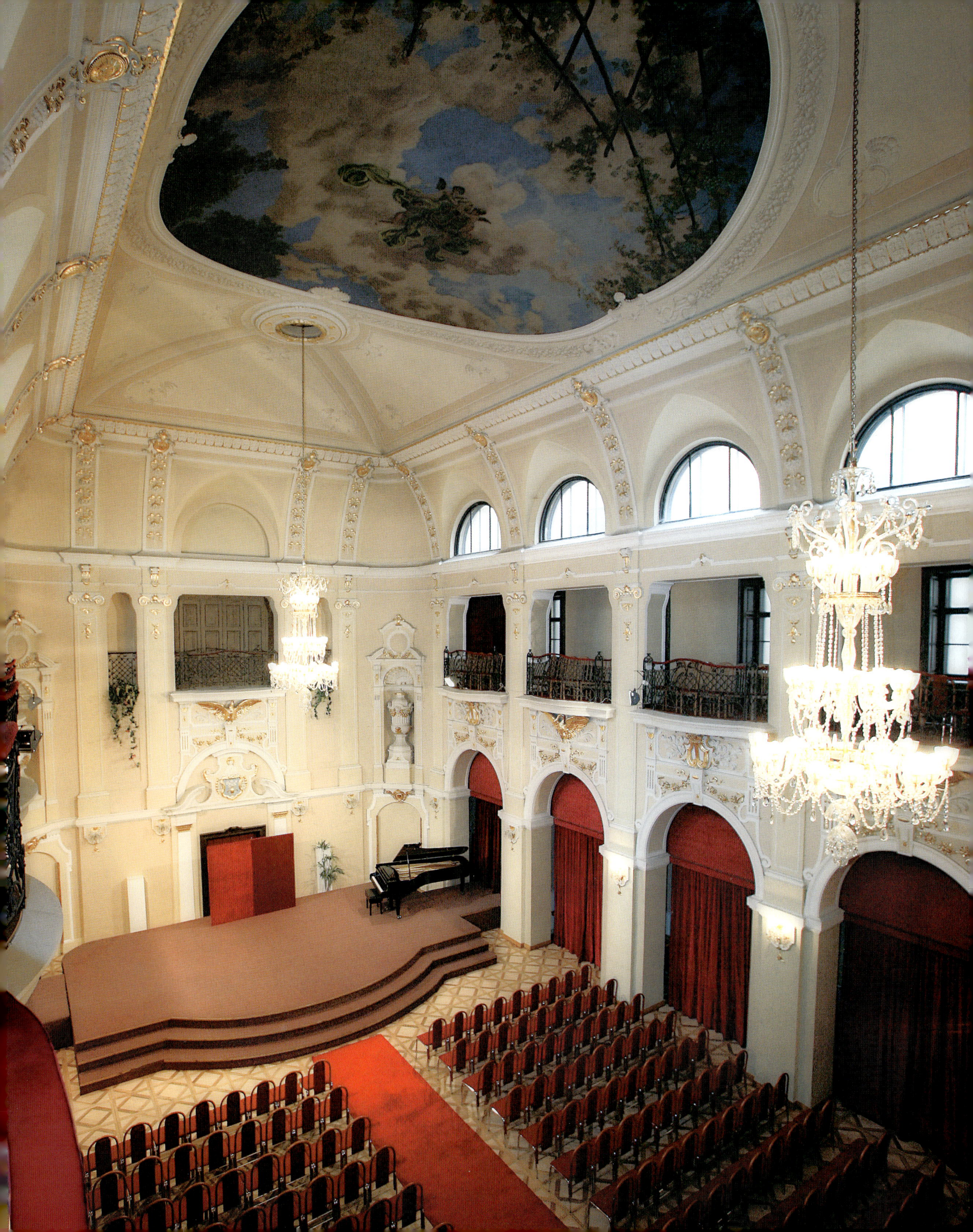

Renesančný kaštieľ Máriássyovcov v Markušovciach, upravený v rokoch 1770 - 1775 na pohodlné barokové sídlo
V interiéri je muzeálna nábytková expozícia, ktorej súčasťou je historický mobiliár rodovej sály Csákyovcov z kaštieľa v Hodkovciach

Renaissance manor house of Máriássy' in Markušovce, rebuilt in 1770 - 1775 into comfortable Baroque residence
Exhibition of furniture with historical furnish of Csaky'family from the manor house in Hodkovce

Renaissancekastell der Máriássy in Markušovce, umgebaut in den Jahren 1770 - 1775 zu einer bequemen Barockresidenz. Im Inneren ist die museale Möbelkomposition, deren Bestandteil auch das historische Mobiliar des Familiensaals der Csáky - Familie aus dem Kastell in Hodkovce ist

Le manoir renaissance de la famille Máriássy à Markušovce, refait en 1770 - 1775 en résidence baroque, bien confortable
A l´intérieur on admire l´exposition du mobilier du musée dont une partie est le mobilier historique de la salle de la famille Csáky du castel à Hodkovce

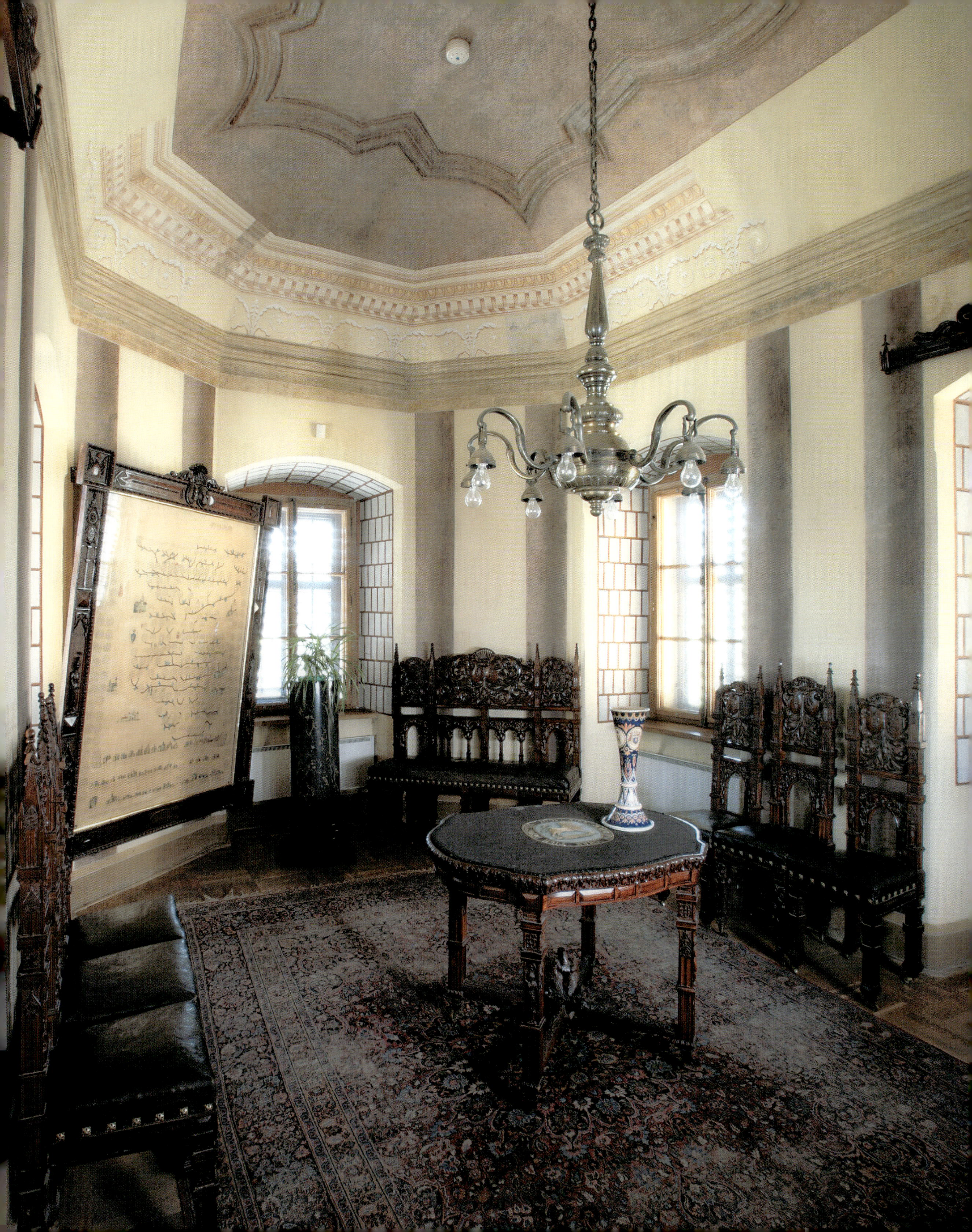

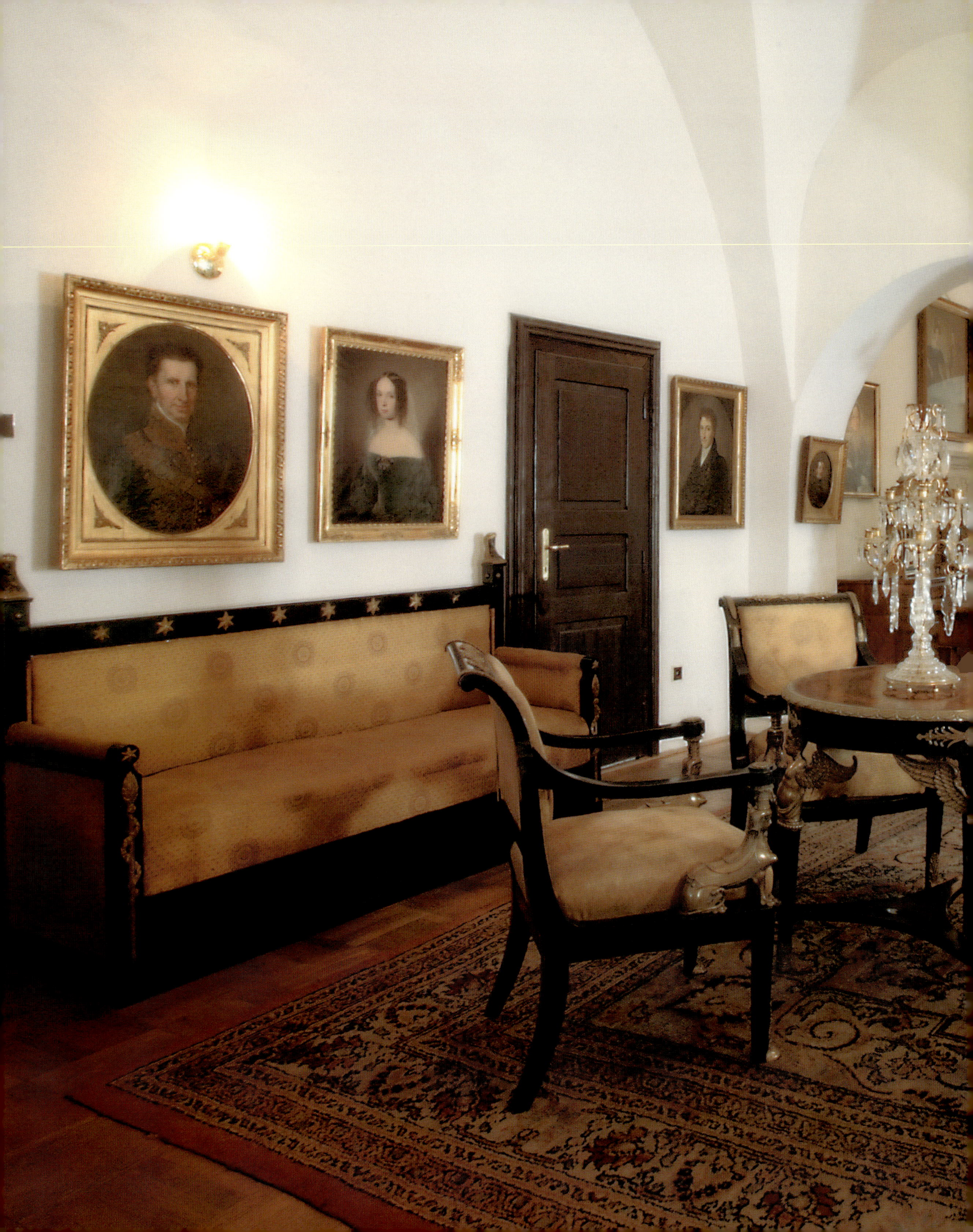

Empírový salón v podobe muzeálnej expozície. Nábytok zo začiatku 19. storočia bol tiež pôvodne v kaštieli v Hodkovciach

Empire saloon as museum exhibition. Furniture from the 19th century was originally in manor house in Hodkovce, too

Der Empire-Salon in der Gestalt einer musealen Ausstellung. Das Möbel ist aus dem Beginn des 19. Jahrhunderts und stammt ursprünglich auch aus dem Kastell in Hodkovce

Le salon de l´empire exposé au musée, le meuble du début de XIX siècle, provenant aussi de castel à Hodkovce

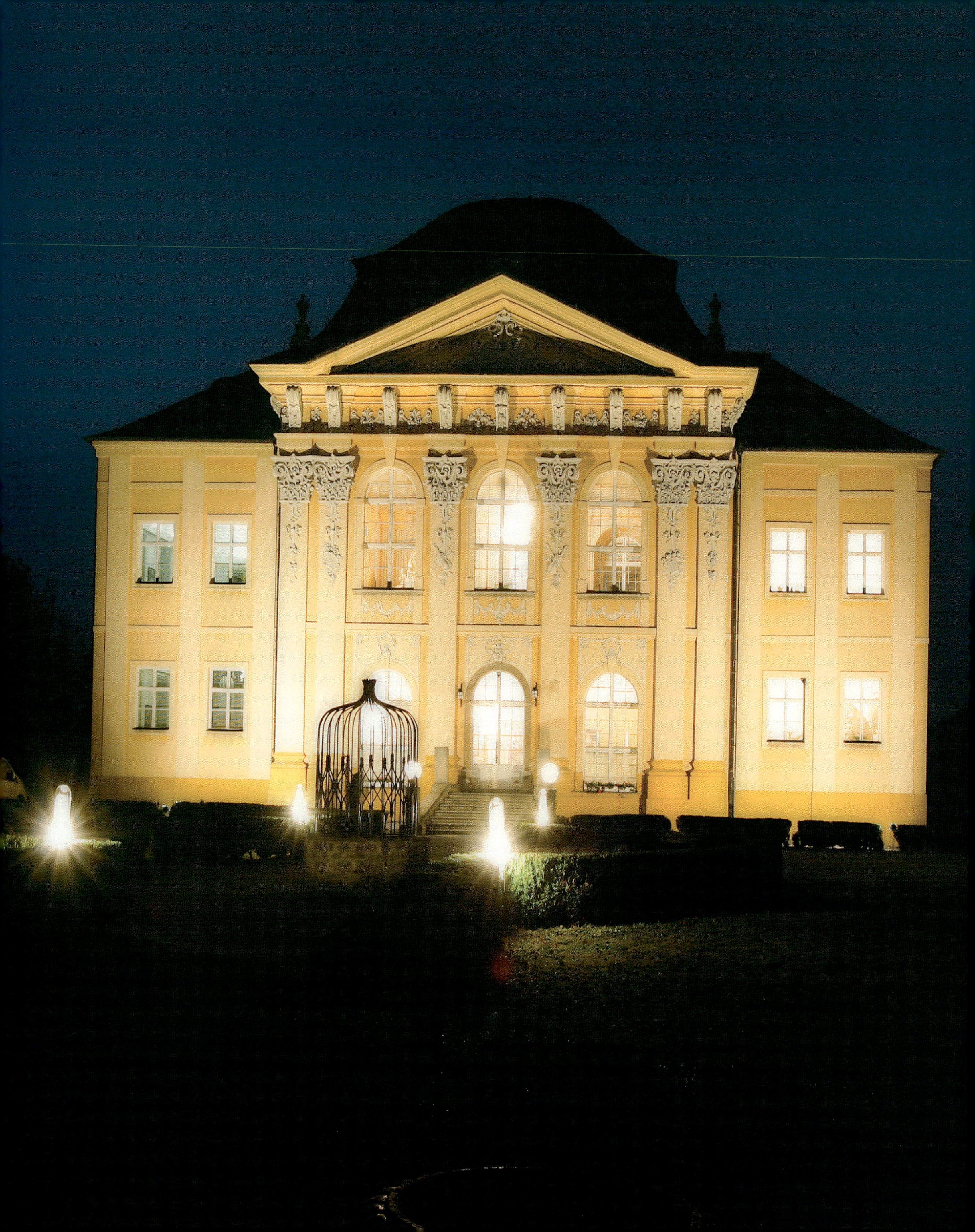

Letohrádok Dardalnely v parku kaštieľa dal postaviť Wolfgang Máriássy v poslednej tretine 18. storočia
Medzi najpôvodnejšie nástroje muzeálnej expozície v letohrádku patrí pozitív z rímskokatolíckeho kostola z Gánoviec pri Poprade z roku 1767

Summer house Dardanely in the manor house park which Wolfgang Máriássy let build in the last third of the 18th century
Positive from the Romano-Catholic church in Gánovce near Poprad from 1767 as one of the most original instruments of museum exhibition

Das Gartenschloss Dardanely im Kastellpark hat Graf Wolfgang Máriássy im letztem Drittel des 18. Jahrhunderts erbauen lassen
Zu den ursprünglichen Instrumenten der musealen Ausstellung in der Villa gehört das Positiv aus der römisch-katholischen Kirche aus Gánovce bei Poprad aus dem Jahr 1767

Le pavillon Dardalnely dans le parc bâti par Wolfgang Máriássy au dernier tiers du XVIIIe siècle.
Parmi les instruments les plus originels de l´exposition du musée dans le pavillon appartient le positif de l´église catholique romain de Gánovce près de Poprad de 1767

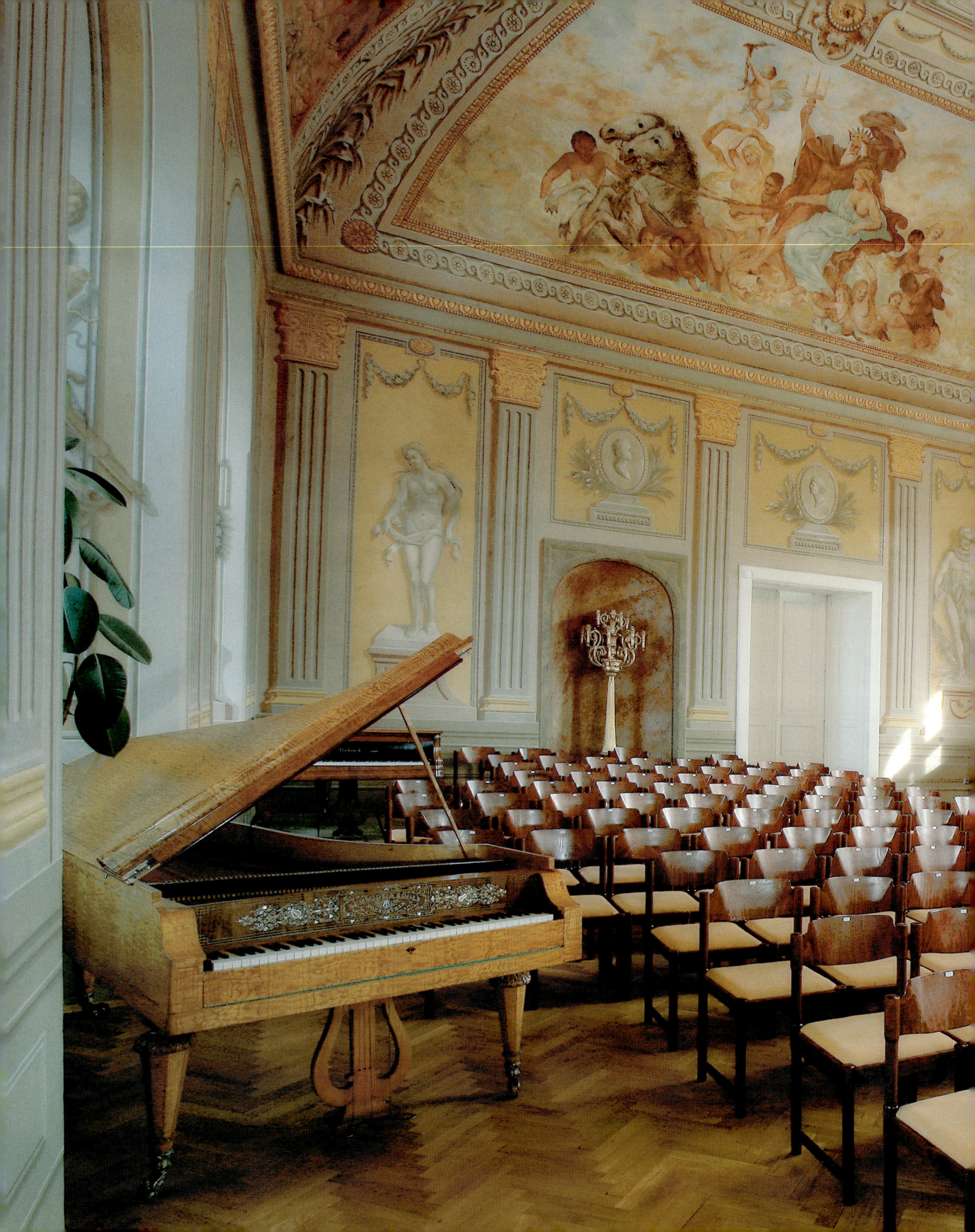

Spoločenská sála na poschodí letohrádku s iluzívnou nástennou maľbou. Na strope je šesť výjavov z gréckej mytológie

Ceremony hall on the first floor of summer house with illusive wall painting. Six scenes from the Greek mythology

Der Gesellschaftssaal auf dem Obergeschoss der Villa mit einem illusionistischem Wandgemälde. Auf der Decke sind sechs Abbildungen aus der griechischen Mythologie dargestellt

La salle sociale à l´étage du pavillon avec une trompe d´oeil murale. Sur le plafond il y a six scènes de la mythologie grecque

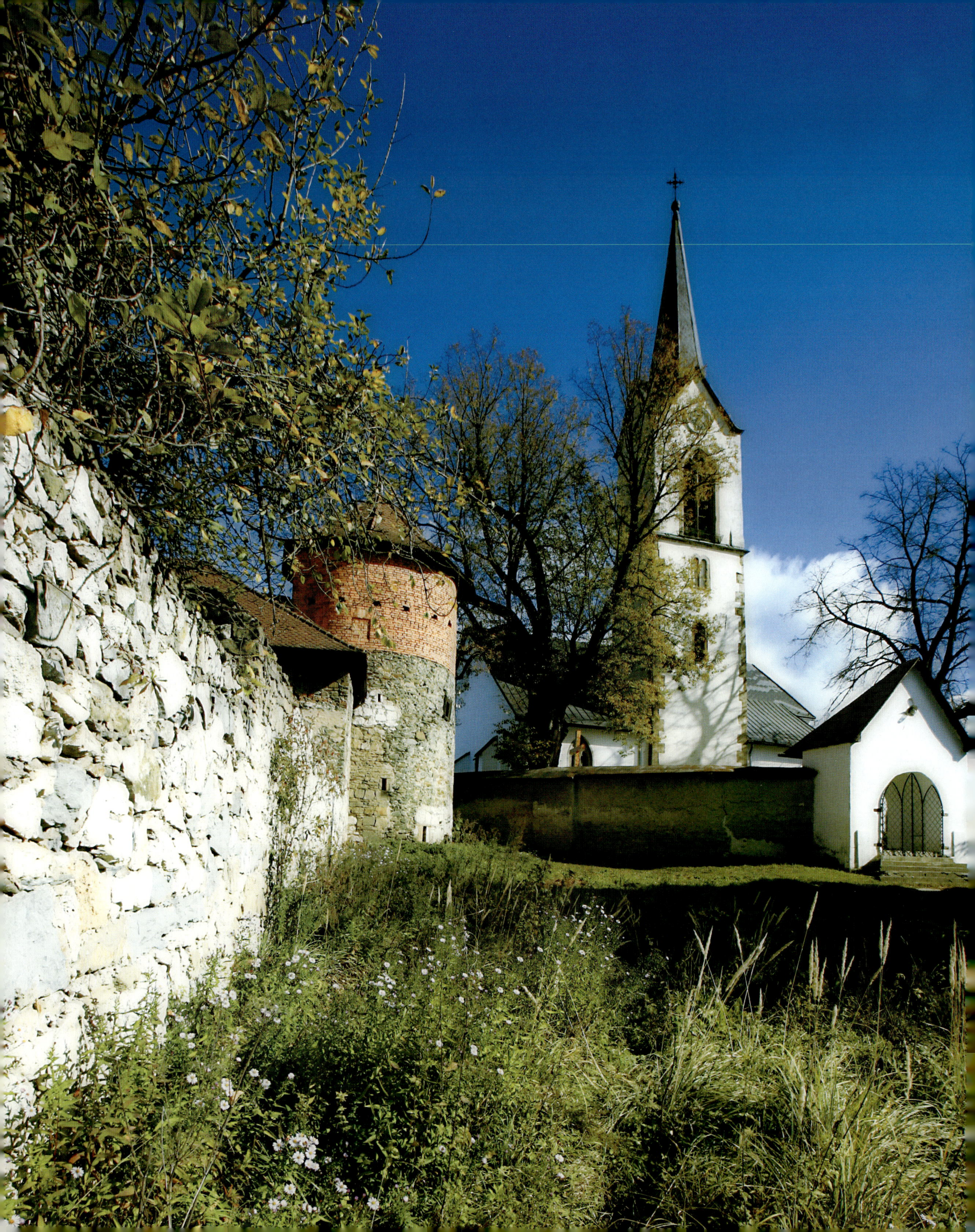

Gotický Kostol sv. Michala v Markušovciach z 13. storočia, postavený na kopci nad obcou, neďaleko Markušovského hradu
Kostol Ducha Svätého v Chrasti nad Hornádom z 13. storočia so zachovaným románskym pôdorysom

Gothic church of St. Michael from the 13th century, built on the hill above the village, close to the Castle of Markušovce
St. Spirit Church in Chrasť nad Hornádom with preserved Romanesque floor projection

Die gotische Kirche des Hl. Michael in Markušovce aus dem 13. Jahrhundert, gebaut auf dem Hügel über dem Dorf, nicht weit von der Burg von Markušovce
Die Kirche des Heiligen Geistes in Chrasť nad Hornádom aus dem 13. Jahrhundert mit dem gut erhaltenen romanischen Grundriss

L´église gothique Saint Michael à Markušovce du XIIIe siècle, érigée sur la coline au dessus du village, pas loin du château de Markušovce
L´église Saint-Esprit à Chrasť sur Hornád du XIIIe siècle avec le plan roman bien subsisté

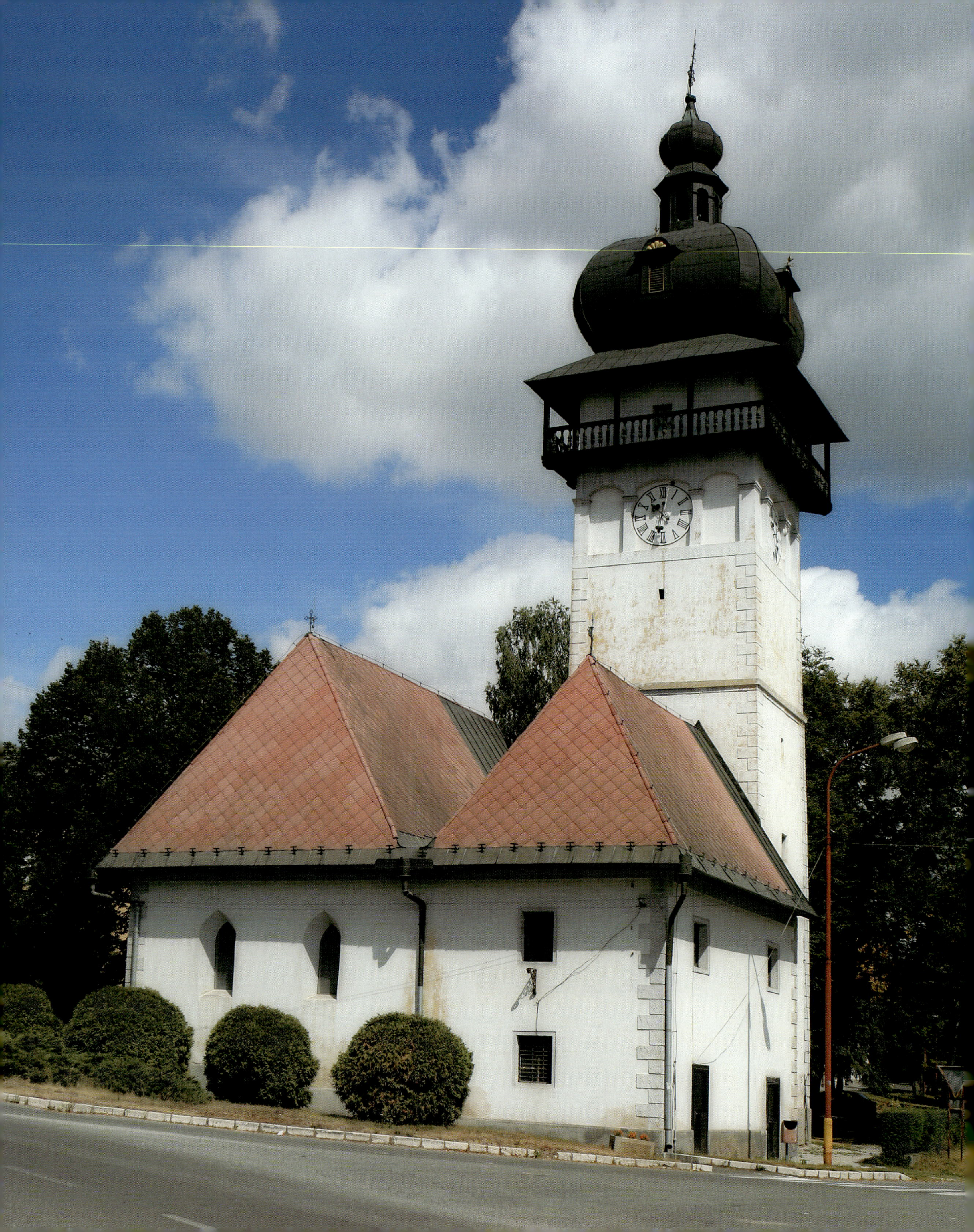

Bývalá gotická radnica s vežou a Kostol Nanebovzatia Panny Márie v Spišských Vlachoch
Farský Kostol sv. Jána Krstiteľa v Spišských Vlachoch, románska stavba, prestavaná po roku 1434. Pohľad do interiéru s barokovými oltármi z polovice 18. storočia

Original Gothic town hall with tower and Church of Assumption of Holy Mary in Spišské Vlachy
Parish church of St. John, the Baptist in Spišské Vlachy, Romanesque construction, rebuilt after 1434. View of interior with the Baroque altars from the half of the 18th century

Das ehemalige gotische Rathaus mit Turm und die Kirche Maria-Himmelfahrt in Spišské Vlachy
Die Pfarrkirche des Johannes des Täufers in Spišské Vlachy, ein romanischer Bau, nach 1434 umgebaut. Der Blick in das Interieur mit den barocken Altären aus der Mitte des 18. Jahrhunderts

L´ancien hôtel de ville du style gothique avec la tour et l´église l´Assomption de Vierge Marie à Spišské Vlachy
L´église paroissiale Saint Jean-Baptiste à Spišské Vlachy, l´édifice romane, refaite après 1434. L´intérieur avec les autels baroques du milieu du XVIIIe siècle

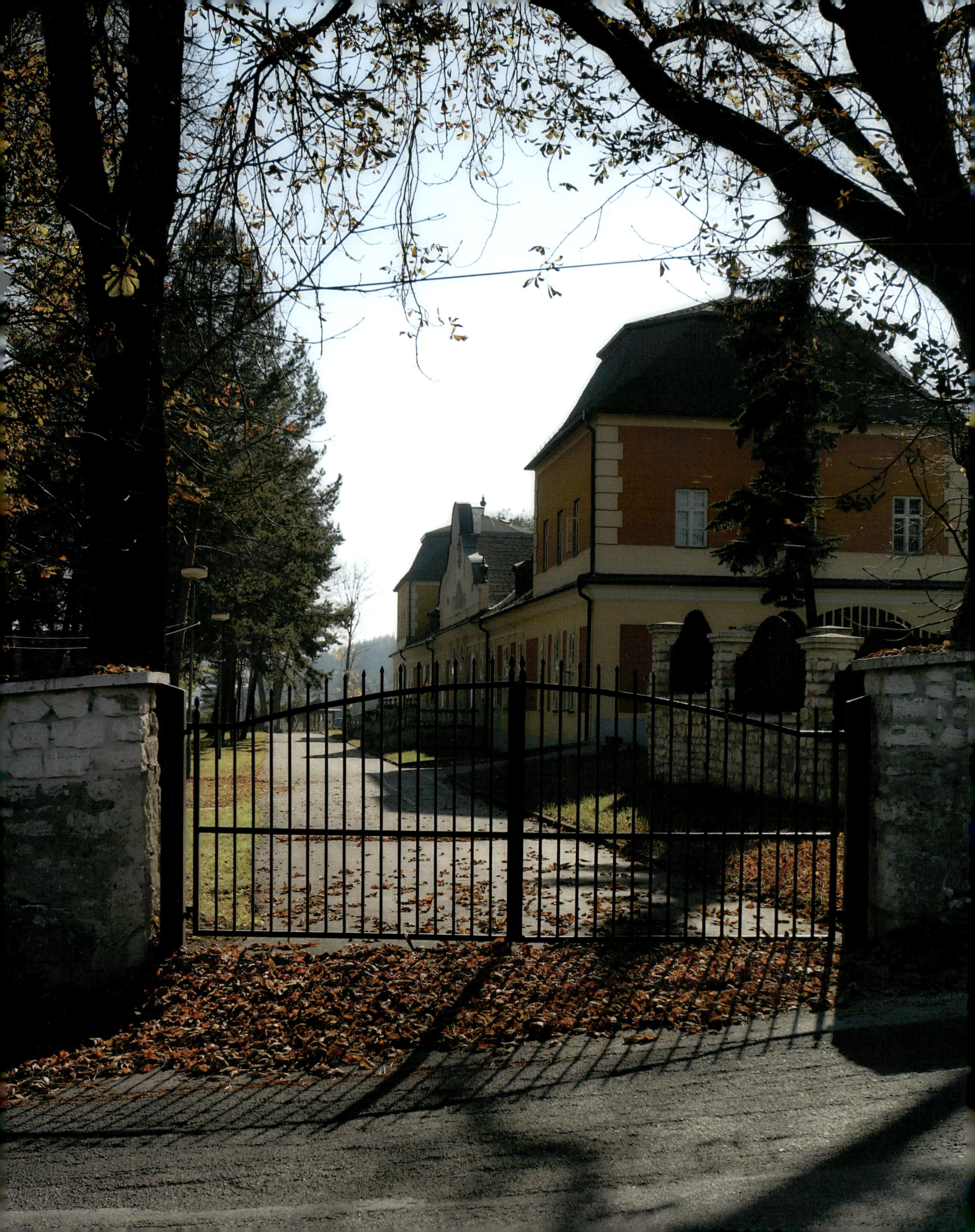

Kaštieľ Csákyovcov v Hodkovciach. Baroková stavba z konca 18. storočia, prestavaná v druhej polovici 19. storočia
Interiér bývalého fajčiarskeho salónu, nazývaného tiež „peklo", s pôvodným krbom a vyrezávaným stropom z druhej polovice 19. storočia

Csáky's manor house. The Baroque building from the end of the 18th century, rebuilt in the second half of the 19th century
Interior of former smooker's saloon, called also a „hell", with original fireplace and carved ceiling from the second half of the 19th century

Das Kastell der Csáky-Familie in Hodokovce. Der barocke Bau aus dem 18. Jahrhundert, umgebaut in der zweiten Hälfte des 19. Jahrhunderts
Das Interieur des ehemaligen Rauchersalon, auch „die Hölle" genannt, mit dem ursprünglichen Kamin und einer geschnitzten Decke aus der zweiten Hälfte des 19. Jahrhunderts

Le manoir de la famille Csáky à Hodkovce. L´édifice baroque de la fin du XVIIIe siècle, refaite dans la seconde moité du XIXe siècle
L´intérieur du fumoir ancien appelé aussi „l´enfer", avec l´âtre originel et le plafond sculpté de la seconde moitié du XIXe siècle

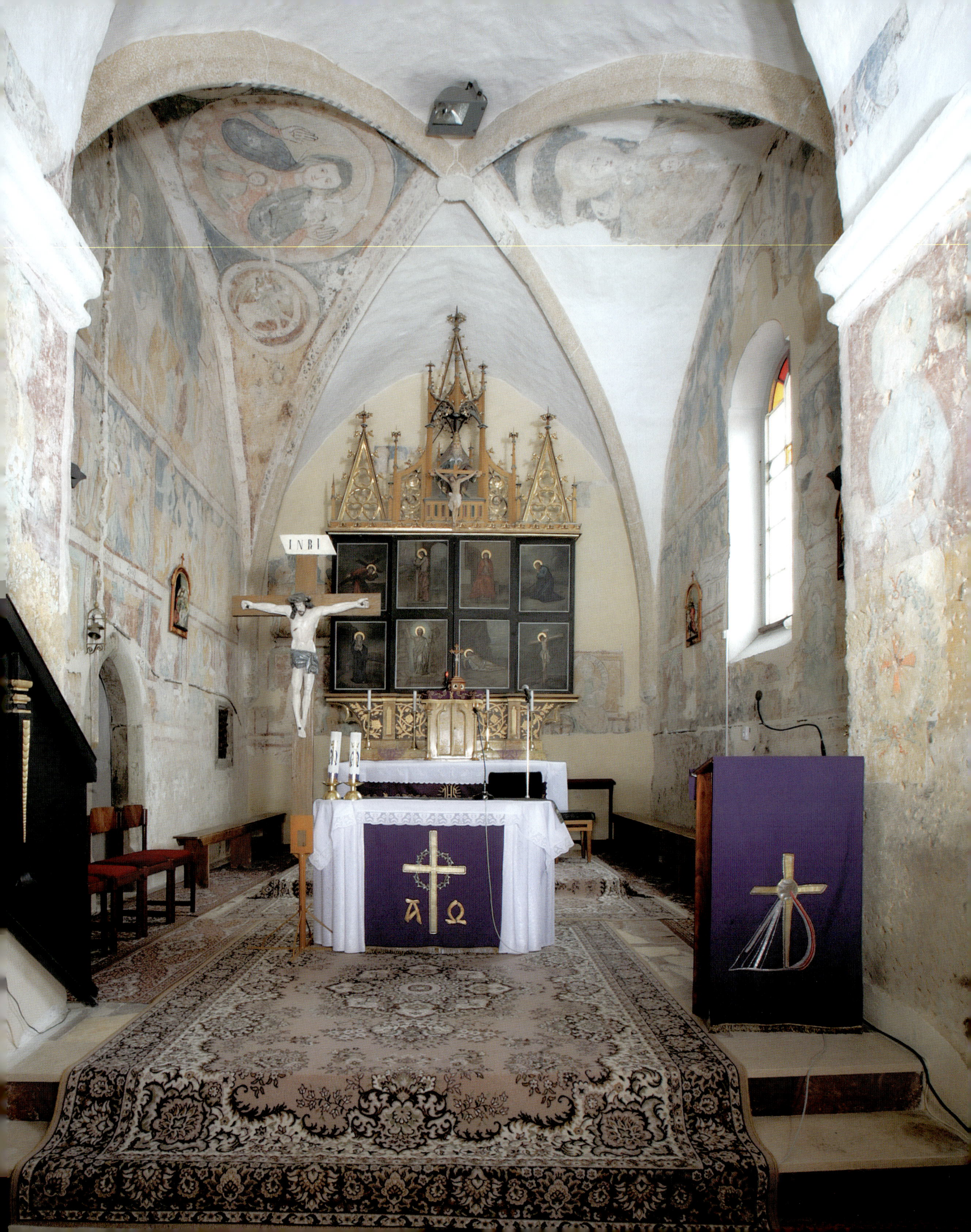
INRI

Kostol Nanebovzatia Panny Márie v Slatvinej - pohľad do interiéru s nedávno objavenými a odkrytými nástennými maľbami zo 14. storočia
Detail nástennej maľby v interiéri kostola s výjavom Krista pribíjajú na kríž

Church of the Assumption of Holy Mary in Slatviná - view of interior with recently disclosed mural paintings from the 14th century
Detail of mural paintings in the interior, depicting the crucifixion of Christ

Die Kirche Maria-Himmelfahrt in Slatvina (Salzbrunn) - Der Blick in das Interieur mit den vor kurzem gefundenen
und abgedeckten Wandgemälden aus dem 14. Jahrhundert
Das Detail des Wandgemäldes im Kircheninterieur mit der Abbildung „Christus wird gekreuzigt"

L´église l´Assomption de Vierge Marie à Slatviná - l´intérieur aux peintures murales récemment découvertes et dévoilées du XIVe siècle
Détail de la peinture murale à l´intérieur de l´église présentant la scène Jésus étant cloué contre la Croix

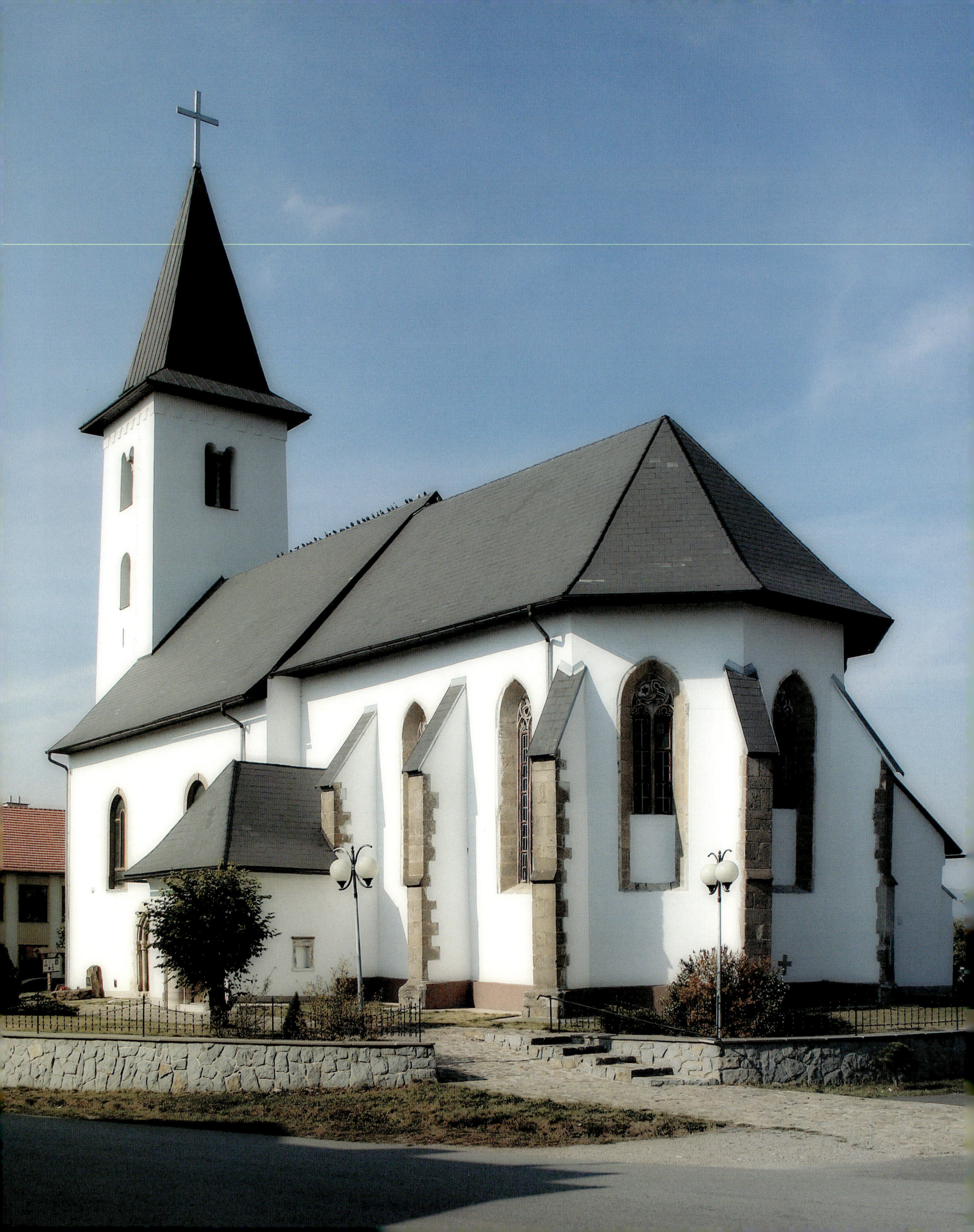

Farský Kostol sv. Vavrinca v Hrabušiciach
Hlavný oltár kostola s tabuľovými maľbami, ktoré znázorňujú výjavy z Pašií. Oltár vznikol v dielni Majstra Pavla z Levoče v rokoch 1510 - 1515

Parish church of St. Lawrence in Hrabušice
Main altar of the church with tablet paintings, depicting the Passions. Altar is from the workshop of Master Paul of Levoča from 1510 - 1515

Die Pfarrkirche des Hl. Vavrinec in Hrabušice
Der Hauptaltar der Kirche mit den Tafelgemälden, die die Szenen aus dem Passionszyklus darstellen. Der Altar entstand in der Werkstatt des Meisters Paul aus Levoča in den Jahren 1510 - 1515

L´église paroissiale Saint Vavrinec à Hrabušice
L´autel principal avec les peintures-tableaux démontrantes les scènes des Passions. L´autel fut taillé dans l´atelier de Maître Paul de Levoča entre 1510 - 1515

SLOVENSKÝ RAJ – NÁRODNÝ PARK
Fascinujúci krasový zázrak pohoria Karpát

... náhorné planiny, vápencové bralá, úzke rokliny, cez ktoré sa predierajú potoky s vodopádmi, divokou krásou podmaňujúce kaňony vytvorené riekami Hornád a Hnilec. V podzemí vytvorila voda vyše štyristo jaskýň, vrátane unikátnych dvojičiek, zapísaných do Zoznamu svetového prírodného dedičstva UNESCO: Dobšinskej ľadovej jaskyne a Stratenskej jaskyne. V lesoch a na skalách Slovenského raja sa ukrývajú i zbytky dávneho hradu a kartuziánskeho kláštora...

SLOVAK PARADISE – THE NATIONAL PARK
Fascinating carst miracle of the Carphats

.... Cliff plateaus, limestone rocks, narrow gorges with creeks and waterfalls, wild beauty of the canyons on the Hornád and Hnilec rivers. The water has carved about four hundred caves in the under-ground, including the famous twins, inscribed in the U.N.E.S.C.O. World Heritage List - Dobšinská Ice Cave and Stratenská Cave. Forests and rocks of Slovenský raj hide the remains of an old castle and the Carthusian monastery...

SLOWAKISCHES PARADIES – NATIONALPARK
Das faszinierde Karstgebilde – Wunder der Karpaten

... Plateaus, Kalksteinfelsen, schmale Schluchten, durch die sich die Flüsse mit Wasserfällen durchringen, die fesselnde, wilde Schönheit der Canonen, die von den Flüssen Hornád und Hnilec gebildet wurden. Unter der Erde hat das Wasser mehr als 400 Höhlen gebildet, inklusive der einzigartigen Zwillinge, die in die Liste des Weltnaturerbes der UNESCO eingetragen sind: Die Höhle Dobšinská ľadová und die Höhle Stratenská jaskyňa. In den Wäldern und an den Felsen des Slowakischen Paradieses sind auch Ruinen einer vergangen Burg und eines Kartäuserklosters erhalten geblieben...

PARC NATUREL DU PARADIS SLOVAQUE
Un miracle fascinant des Carpathes au relief calcaire

... les plateaux, roches calcaires, gorges étroites avec les torrents ruisselants et chutes d´eau, les canyons coupés par les rivières Hornád et Hnilec, séduisants par leur beauté sauvage. L´eau souterraine a créé plus de 400 grottes, les jumeaux uniques inscrits dans la Liste de patrimoine mondial de la nature UNESCO, la Grotte glacée de Dobšiná et celle de Stratená y compris. Dans les bois du Paradis Slovaque se cachent les vestiges du château ancien et du monastère cartusien...

Slnečné lúče nízkeho jesenného slnka cediace sa cez koruny stromov na dno hlbokých roklín vytvárajú neopakovateľnú atmosféru

Low autumn sun shining via tree tines creates a fantastic atmosphere in deep gorges

Die Sonnenstrahlen der niedrigen Herbstsonne die die Bäume durchstrahlen bilden eine unvergessliche Atmosphäre

Des rayons du soleil automnal flottants parmi les couronnes des arbres jusqu´au fond des cols profonds peuvent créer une atmosphère inoubliable

》

Z hlbokých lesov na severovýchodnom okraji náhornej planiny Geravy vystupujú skalné bralá Červenej skaly a Holého kameňa

Rock cliffs Červená skala and Holý kameň climb up from deep forests at the north-eastern side of the plateau Geravy

Aus den tiefen Wäldern am nordöstlichen Rand das Plateau Geravy steigen die Felsen Červená skala und Holý kameň auf

Les pitons escarpés de Červená skala et Holý kameň sortent des forêts fourrés au nord-ouest du plateau Geravy

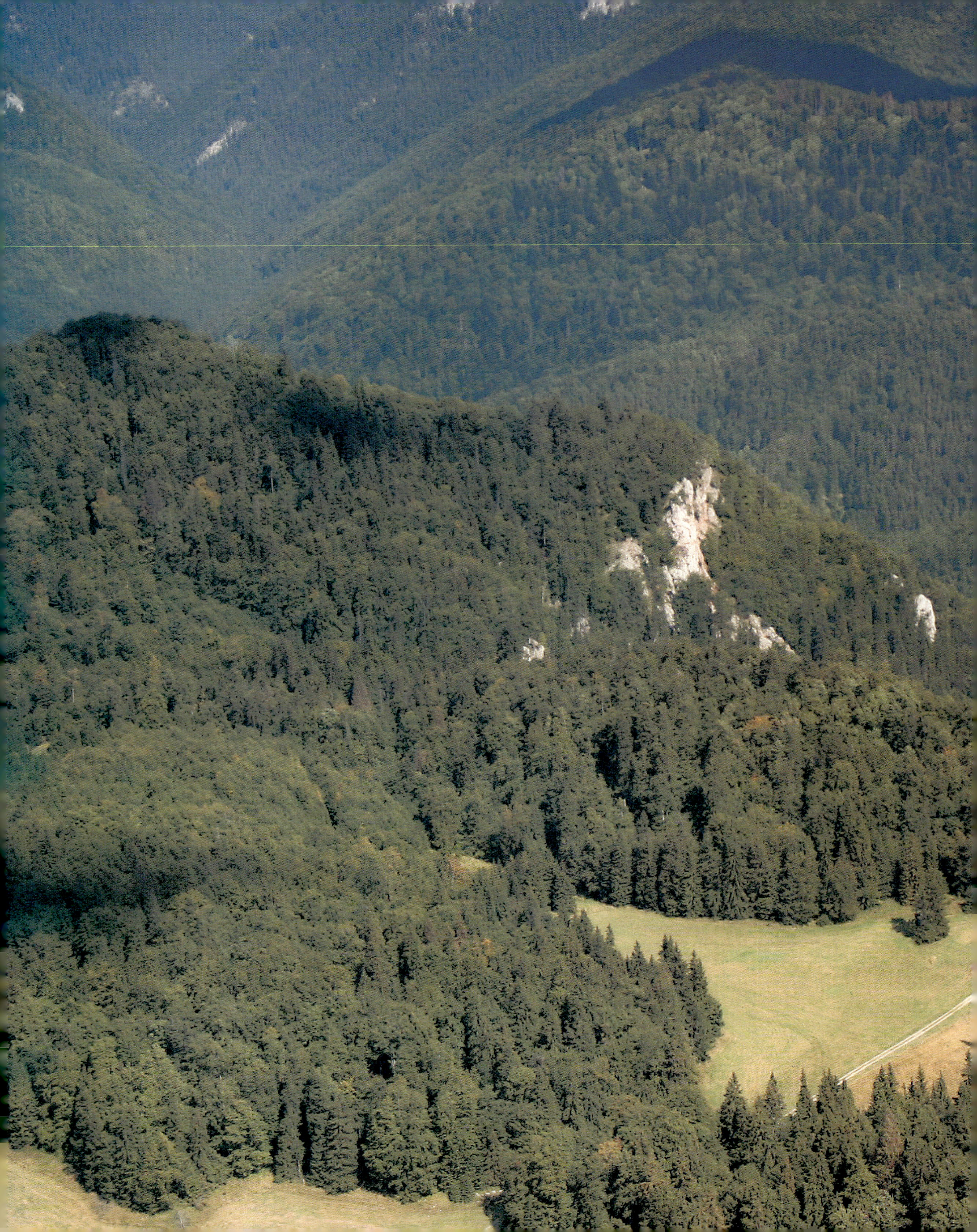

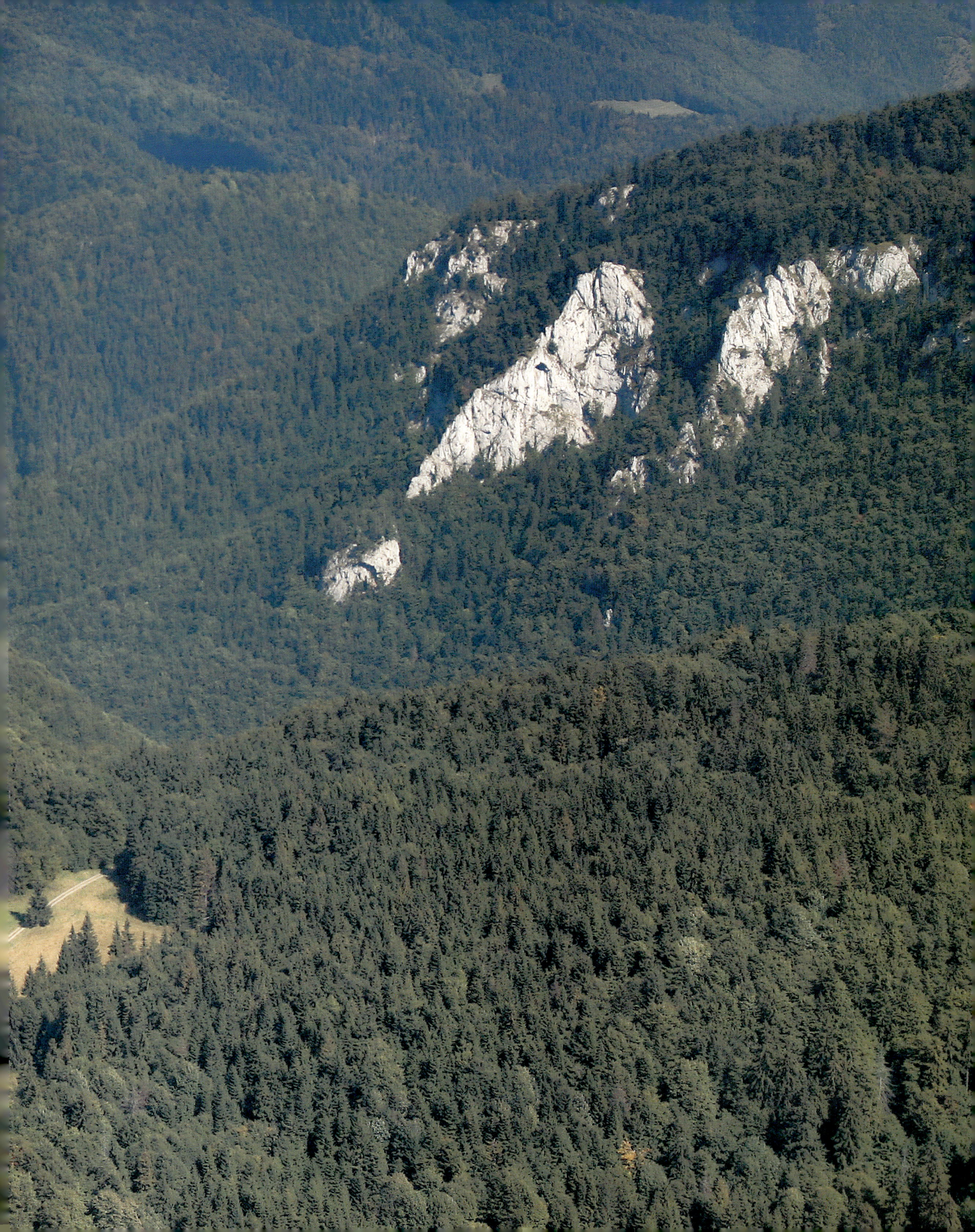

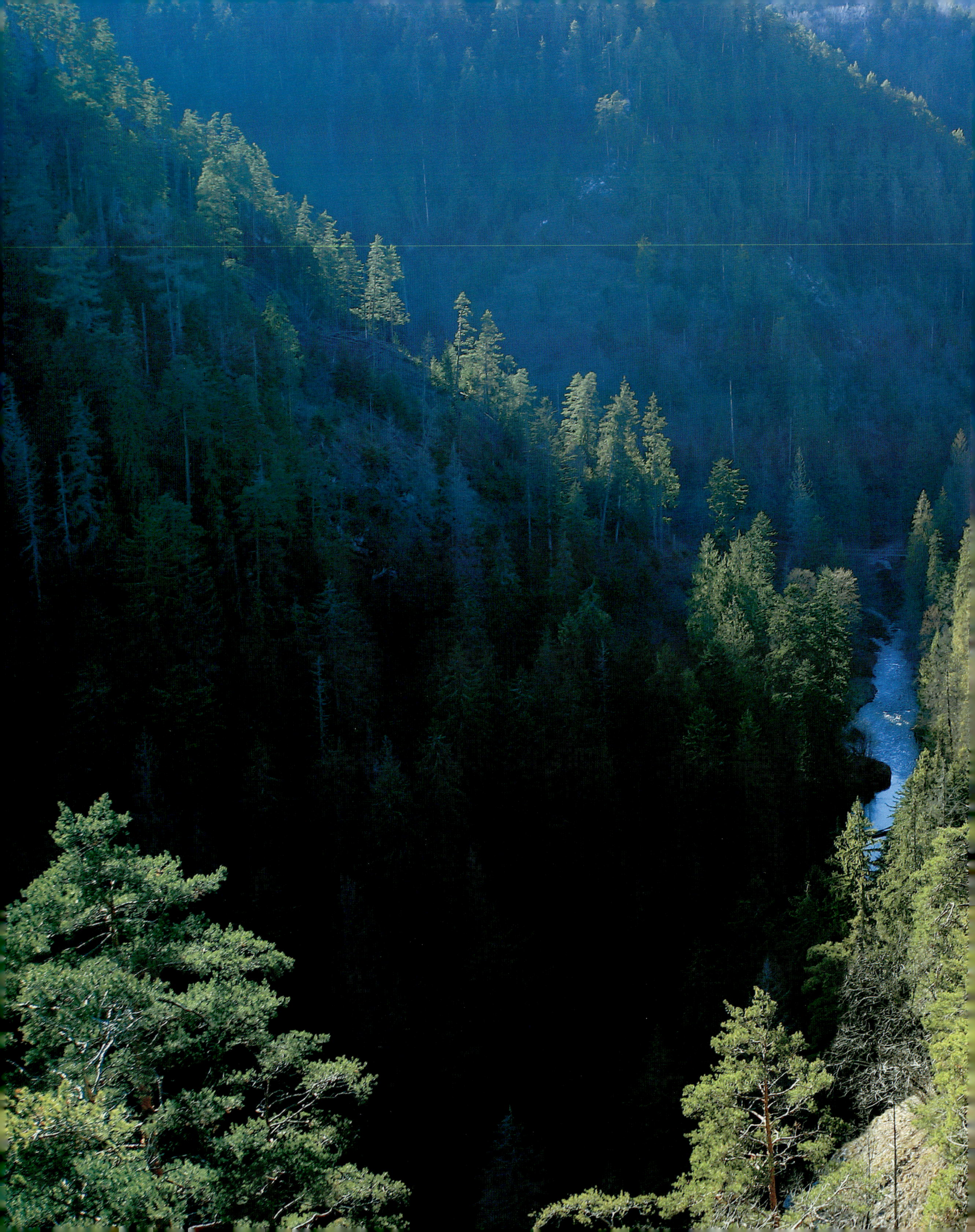

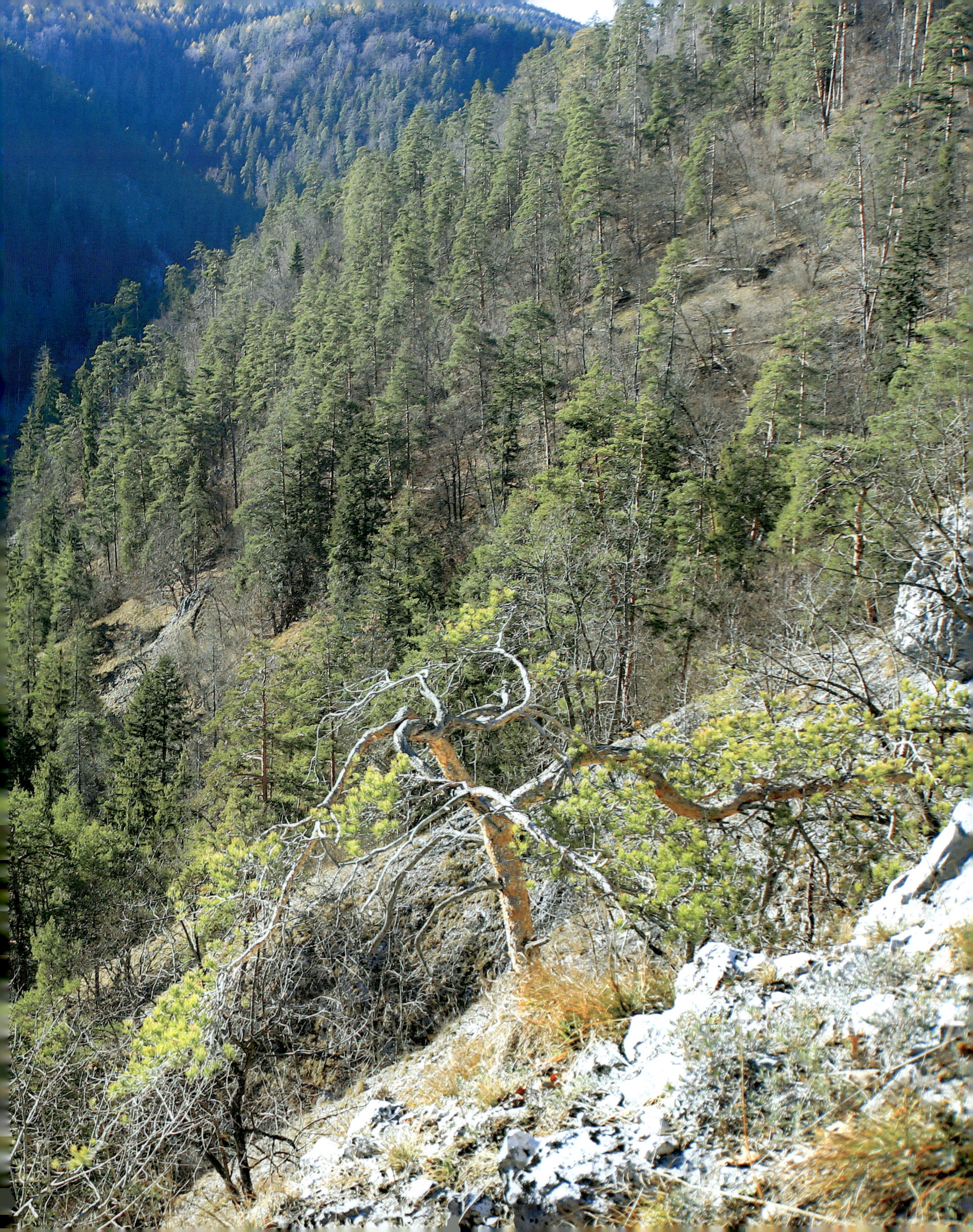

«

Rieka Hornád vytvorila v severnej časti Slovenského raja 16 km dlhý kaňon - Prielom Hornádu. Zaujímavý je svojou dĺžkou, hĺbkou a strmými bralnými svahmi

The Hornád river has created in the northern part of the national park a 16 km long canyon - Prielom Hornádu. Canyon is interesting by its length, depth and steep cliffy hills

Der Fluss Hornád bildete in dem nördlichem Teil des Slowakischen Paradies einen 16 km langen schluchtenartigen Bergpass des Hornád. Er ist wegen seiner Länge, Tiefe und den steilen Felsenhängen interessant

La rivière Hornád coupa un canyon 16 km long dans le nord du Paradis Slovaque - Gorge de Hornád. Il est intéressant par sa longueur, profondeur mais aussi pour les flancs escarpés

Tomášovský výhľad (680 m), skalná galéria nad Prielomom Hornádu s prekrásnym výhľadom do doliny Bieleho potoka, na Čertovu sihoť a Vysoké Tatry
V blízkosti sa nachádza ďalší zaujímavý skalný útvar Ihla - vľavo

Tomášovský výhľad (680 m), rocky gallery with a wonderful view into the valley of the Biely potok, at Čertova sihoť and the High Tatras
Interesting rocky formation Ihla on the lef

Tomášovský výhľad (680 m), Felsengalerie über dem Bergpass des Hornád mit wunderschöner Aussicht in das Tal des Flusses Biely Potok, auf die Čertova sihoť und die Hohe Tatra
In der Nähe befindet sich ein weiterer Felsenkomplex Ihla - links

Le belvedère de Tomášovský výhľad (680 m) - un balcon de pierre au dessus de gorge de Hornád avec une vue magnifique jusqu´à la vallée de Biely potok, Čertova sihoť et les Hautes Tatras
A sa proximité il y une autre formation rocheuse, l´Aiguille (Ihla) - à gauche

Z náhorných planín stekajúce rieky a potoky sa zarezali do vápencového podkladu a vytvorili kaňonové doliny a rokliny s množstvom vodopádov a kaskád. Veľký vodopád v najmohutnejšej rokline Veľký Sokol

Rivers and creeks flowing down from the uphill plateaus have carved the canyon valleys and gorges with numerous waterfalls and cascades into the limestone footing
Veľký vodopád in the largest gorge Veľký Sokol

Aus den Plateaus herabfließende Flüsse und Bäche haben sich in die kalksteinartigen Auflagen eingeschnitten und bildeten so Täler und Schluchten mit einer Menge von Wasserfällen und Kaskaden. Der Wasserfall Veľký in der größten Schlucht Veľký Sokol

Les torrents et ruisseaux ruisselants des plateaux taillèrent eux aussi leur lit dans les plateaux calcaires et créèrent les canyons et vallées avec beaucoup de chutes d´eau et cascades
La Grande chute d´eau dans la gorge la plus immense, Veľký Sokol

Aj Biely potok vytvoril na svojom toku krátke kaňonové úseky

Biely potok formed short canyon sections within the its flow

Auch der Bach Biely potok bildete auf seinem Lauf entlang kurze schluchtenartige Abschnitte

Biely potok découpa les petits canyons aussi en son parcours

Okienkový vodopád so skalným oknom v rokline Suchá Belá, ktorá je azda najkrajšou ale určite najnavštevovanejšou roklinou Slovenského raja

Okienkový vodopád with rocky window in the gorge Suchá Belá, probably the most beautiful and certainly the most visited gorge of Slovenský raj

Der Wasserfall Okienkový mit einem Felsenfenster in der Schlucht Suchá Belá, der wahrscheinlich schönsten und meistbesuchten Schlucht im Slowakischen Paradies

La chute d´eau de Petite fenêtre (Okienkový vodopád) a un trou en pierre dans la gorge Suchá Belá, étant la gorge la plus belle et la plus fréquentée de Paradis Slovaque

Najznámejšie v tejto rokline sú Misové vodopády so sústavou prírodných výtvorov, tzv. obrích hrncov

The most famous of this gorge are waterfalls Misové vodopády with a system of natural creations, so called giant pots

Die bekanntesten Wasserfälle in dieser Schlucht sind die jenigen von Misové, die ein Teil des Systems von Naturwerken, den sog. Riesentöpfen, sind

Les chutes d´eau les plus connues dans cette gorge sont celles de Misové vodopády avec le complexe des oeuvres naturelles soidisants „marmites géantes"

Malý vodopád patrí medzi najkrajšie vodopády v rokline Vyšný Kyseľ

Malý vodopád belongs to the most beautiful waterfalls in the gorge Vyšný Kyseľ

Der Wasserfall Malý gehört zu den schönsten Wasserfällen in der Schlucht Vyšný Kyseľ

Petite chute d´eau appartient aux chutes d´eau les plus belles dans la gorge de Vyšný Kyseľ

Nádherný Machový vodopád, ktorý je pomenovaný podľa výnimočnej machovej výzdoby

Marvelous Machový vodopád which name comes out from the extraordinary moss decorations

Der Wunderschöne Wasserfall Machový, der nach einzigartigen Moosausschmückungen benannt ist

La chute d´eau de Mousse, vraiment magnifique, doit son nom à sa décoration moussue extraordinaire

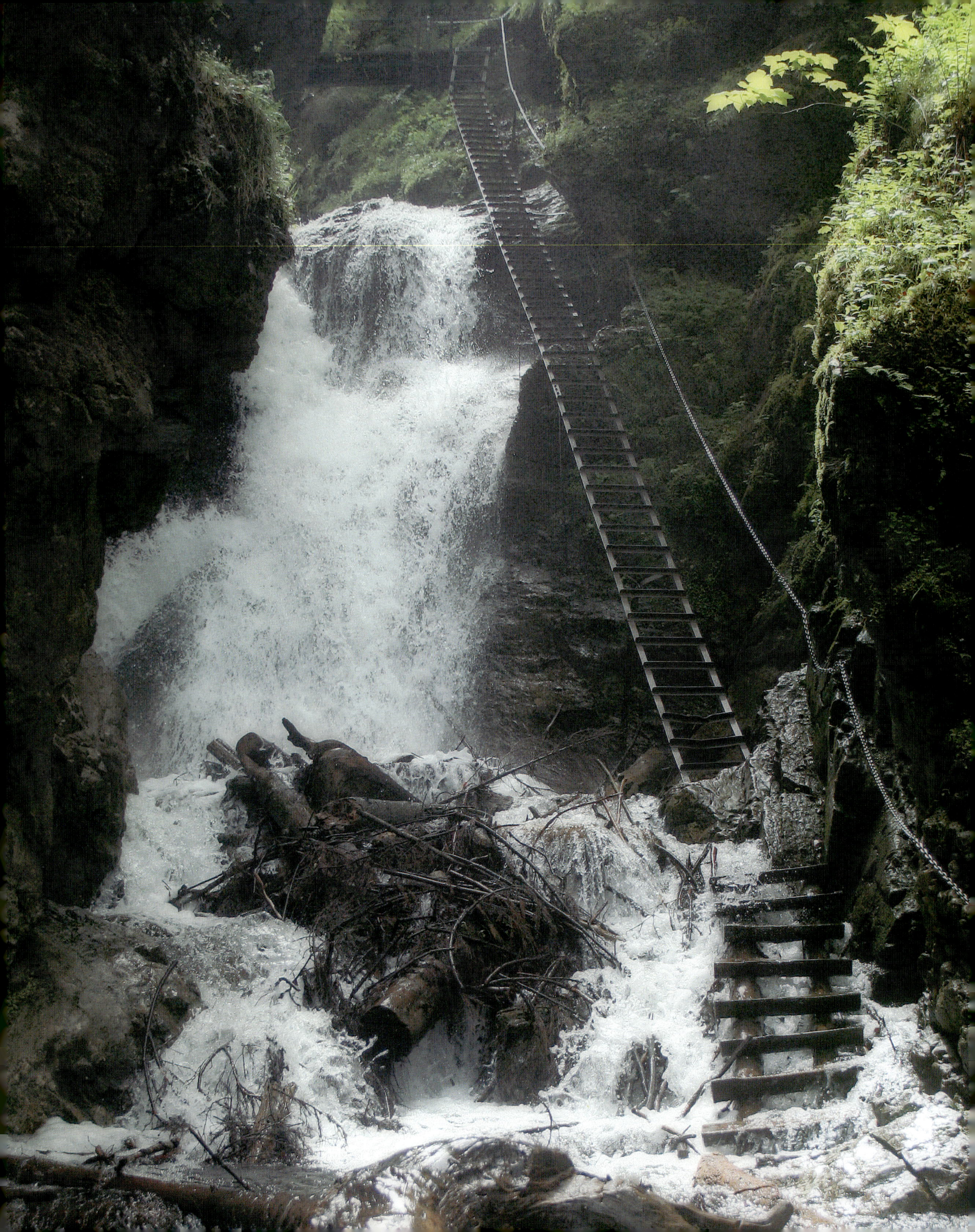

Malý vodopád vo Veľkom Sokole s mimoriadne veľkou, dravou a nebezpečnou vodou po dlhších výdatných dažďoch
Náhradná trasa nad Obrovský vodopád v rokline Kyseľ - vpravo

Malý vodopád at Veľký sokol with extremely raging and dangerous water after hearthy rains
Substitute route above Obrovský vodopád in Kyseľ gorge - on the right

Der Wasserfall Malý in Veľký Sokol mit einzigartig starkem, reißendem und gefährlichem Wasser nach langem und starkem Regen
Der Ersatzweg über den Wasserfall Obrovský in die Schlucht Kyseľ - rechts

Petite chute d´eau à Veľký Sokol présente ses eaux torrentueuses et dangereuses après les longues averses abondantes
La route suppléante au dessus de la Chute d´eau géante dans la gorge de Kyseľ - à droite

Prechod Prielomom Hornádu by nebol možný bez technických pomôcok a zariadení ako mostíky, reťaze, stúpačky

Pass of Prielom Hornádu would not be possible without technical equipment such as bridges, chains, steep boards

Der Übergang über den Bergpass von Hornád wäre nicht möglich ohne technische Hilfsmittel und Geräte wie Brücken, Ketten und Steigeisen

Le passage par la gorge de Hornád serait impossible sans l´équipement technique et les aides comme des ponts en bois, les chaînes ou des échelles

Rastlinstvo Slovenského raja je veľmi bohaté a pestré. Z rôznych vstavačovitých rastlín (Orchidaceae) najkrajší a prísne chránený je črievičník papučkový (Cypripedium calceolus)

Vegetation of Slovenský raj is very rich and diverse. The most beautiful and strictly protected of orchidaceae kind is Cypripedium calceolus

Die Pflanzenwelt des Slowakischen Paradieses ist sehr reich und bunt. Aus verschiedensten Pflanzen (Orchidaceae) ist die schönste und geschützte der Gelbe Frauenschuh (Cypripedium Calceolus)

La flore du Paradis Slovaque est très riche et variée. De la famille d´Orchidacées (Orchidaceae) le plus beau et fort protégé est le sabot-de-Vénus (Cypripedium calceolus)

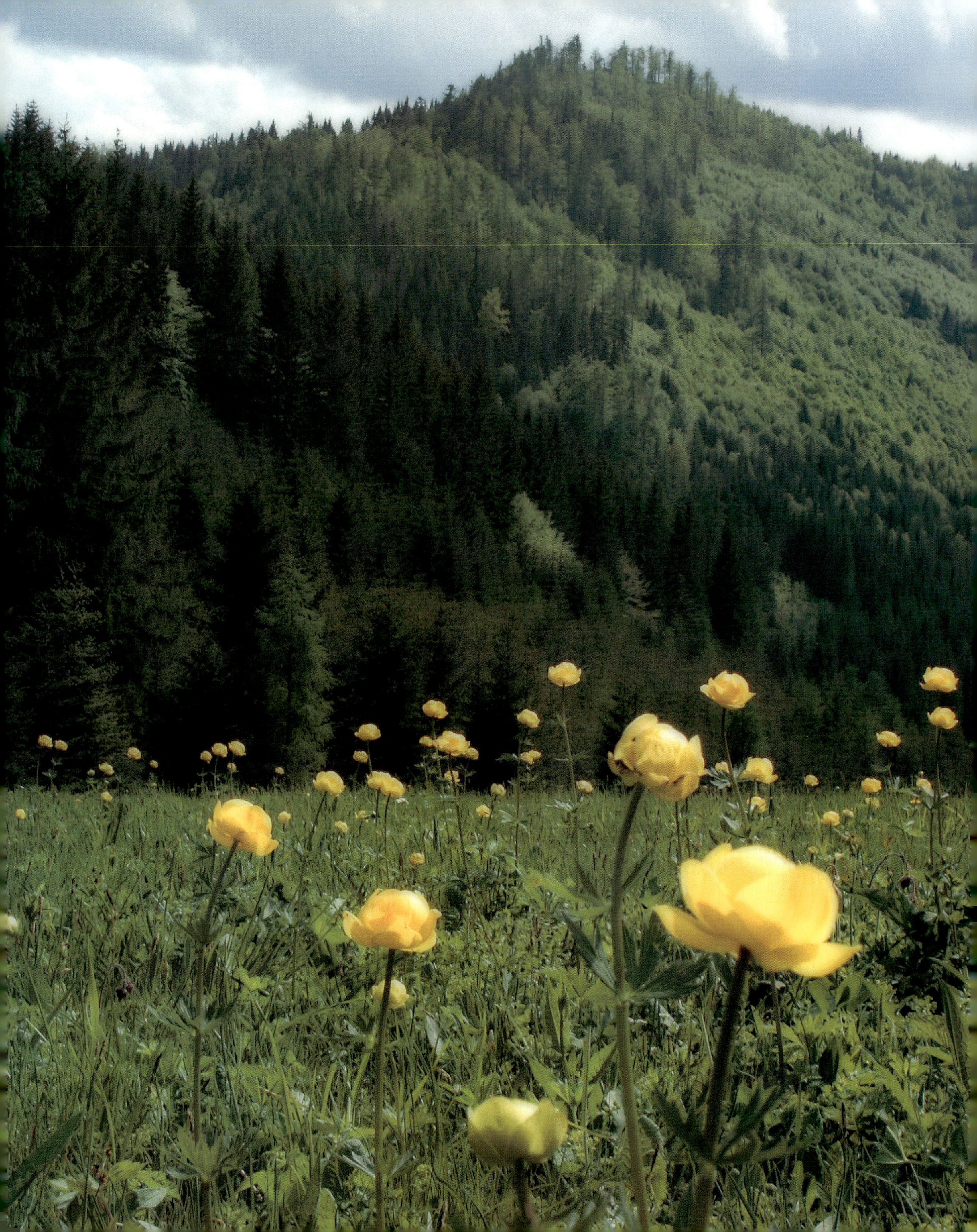

Okrasné kvety žltohlava európskeho (Trollius europaeus) akoby sa vznášali nad lúkami sedla Kopanec - vľavo
Vzácny a chránený jazyčník sibírsky (Ligularia sibirica) rastie na mokrých a tienistých miestach v okolí prameniísk, v krovinách a jelšinách pozdĺž potokov

Decorative flowers of Trollius europaeus almost gliding above the meadows of Kopanec saddle - on the left
Precious and protected Ligularia sibirica grows on wet and shady localities around springs and bushes alongside the creeks

Die schönen Blumen der Glatzer Rose (Trollius europaeus), als ob sie über die Wiesen des Joch Kopanec schwebten
Der kostbare und geschützter Sibirien - Goldkolben (Ligularia sibirica) wächst an den feuchten und schattigen Plätzen der Quellgebiete, im Gebüsch entlang der Bäche

Toutes les trolles d´Europe/Boules d´or (Trollius europaeus) en fleur semblent de planer au-dessus des prés de col de Kopanec - à gauche
Le ligulaire de Sibérie (Ligularia sibirica) très rare et protégé, pousse en situation ombrée et humide, en tombière à la proximité des arbustes et marais verniers le long des rivières

Plamienok alpínsky (Clematis alpina) - vzácny popínavý ker
V strednej časti doliny Bieleho potoka, hlboko v horách nájdeme romantický kút s vodnou nádržou Klauzy, odkiaľ v minulosti splavovali drevo

Clematis alpina - precious climbing bush
In deep forests of the central part of Biely potok valley we can find romantic spot with water dam Klauzy. The wood was transported from there in the history

Alpenwaldrebe (Clematis alpina) ein kostbares rankenartiges Staudengewächs
Im mittleren Teil des Tales des Flusses Biely potok, tief in den Bergen, finden wir eine romantische Ecke mit dem Stausee Klauzy, wo in der Vergangenheit das Holz über den Wasserweg transportiert wurde

Clématite alpine (Clematis alpina) - liane très rare
Dans la partie centrale de la vallée Biely Potok, loin dans les montagne nous découvrerons un lieu romantique avec le barrage de Klauzy, d´où on flottèrent du bois au passé

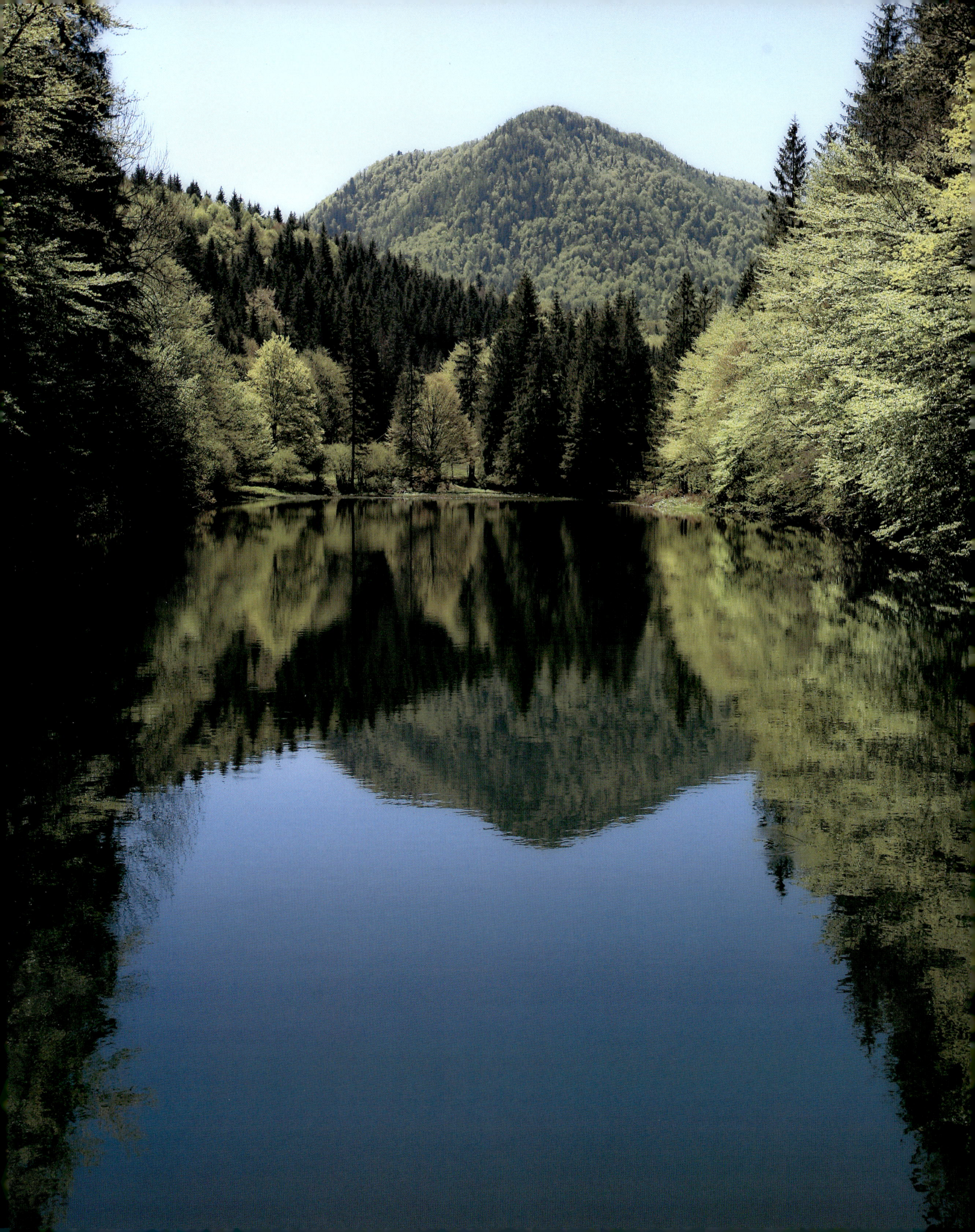

Rys ostrovid (Lynx lynx) je ozdobou spišskej fauny, ale vidieť ho v jeho prirodzenom prostredí je takmer nemožné

Lynx lynx as embellishment of the Spiš fauna, although the meeting with him in his natural environment is almost impossible

Der eurasische Lux (Lynx lynx) ist die Perle der zipser Fauna, aber ihn in seiner natürlichen Umgebung zu besichtigen ist fast unmöglich

Lynx d´Eurasie (Lynx lynx) est un bijou de la faune de Spiš, mais il est à peine impossible de l´appercevoir dans la nature

Pri potokoch a bystrinách môžeme občas zazrieť prekrásne sfarbeného samotára rybárika obyčajného (Alcedo atthis)

From time to time an iridescent kingfisher (Alcedo atthis) can be met around the creeks and torrents

Bei den Flüssen und Bächen können wir manchmal den einsamen, wunderschön gefärbten Eisvogel (Alcedo atthis) erblicken

En se promenant au long des torrents et ruisseaux on peut voir un reclus Martin-pêcheur (Alcédo atthis) aux couleurs magnifiques

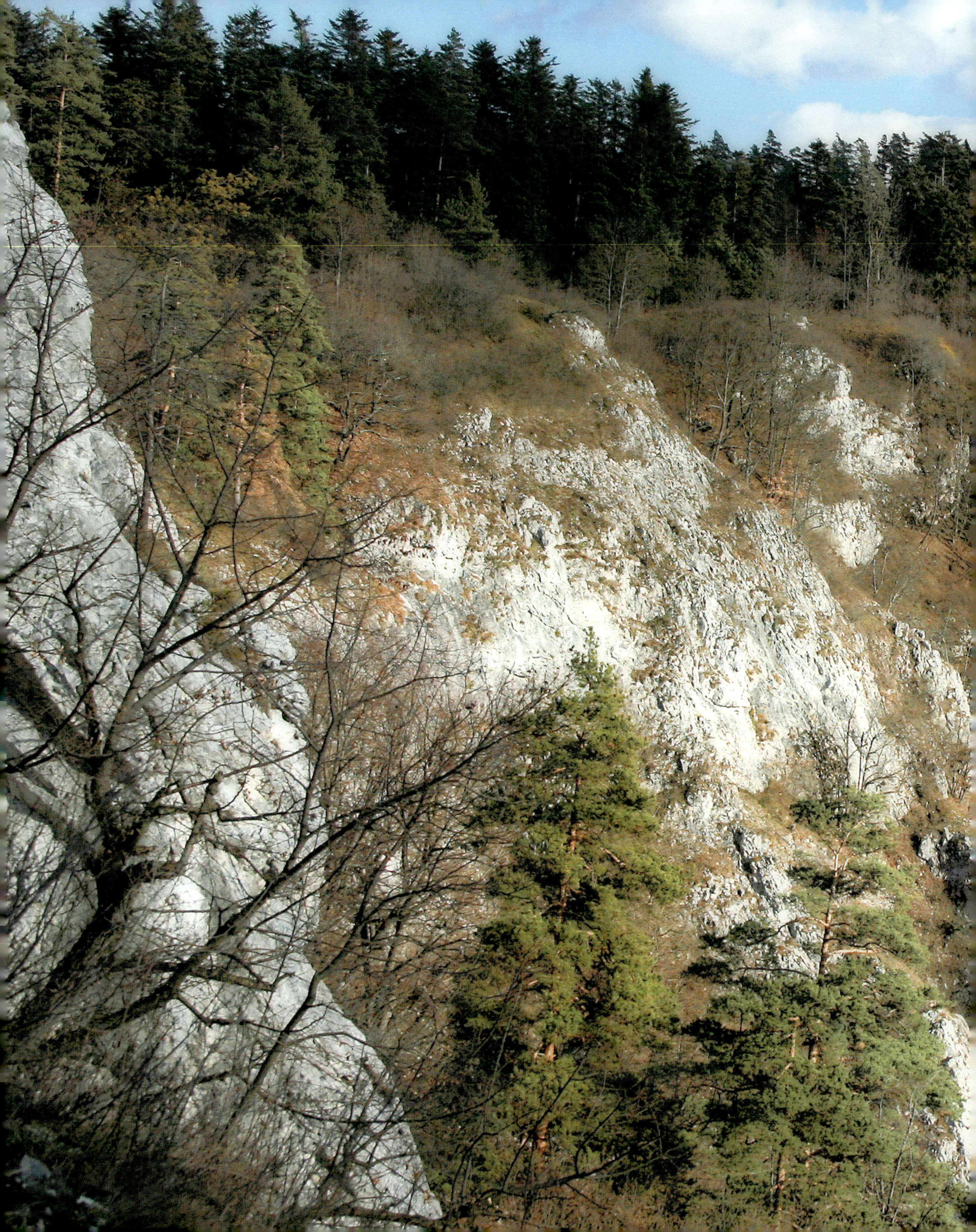

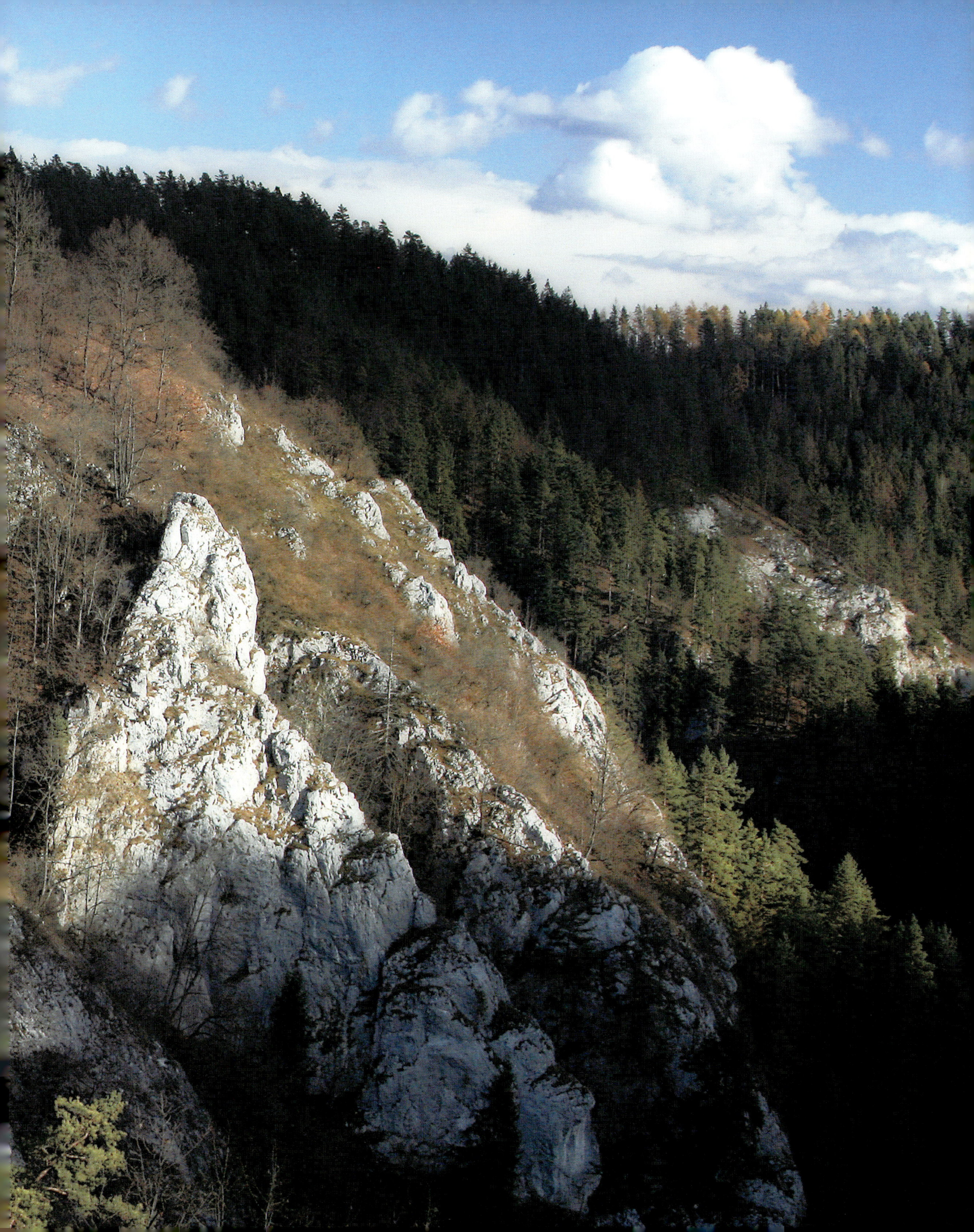

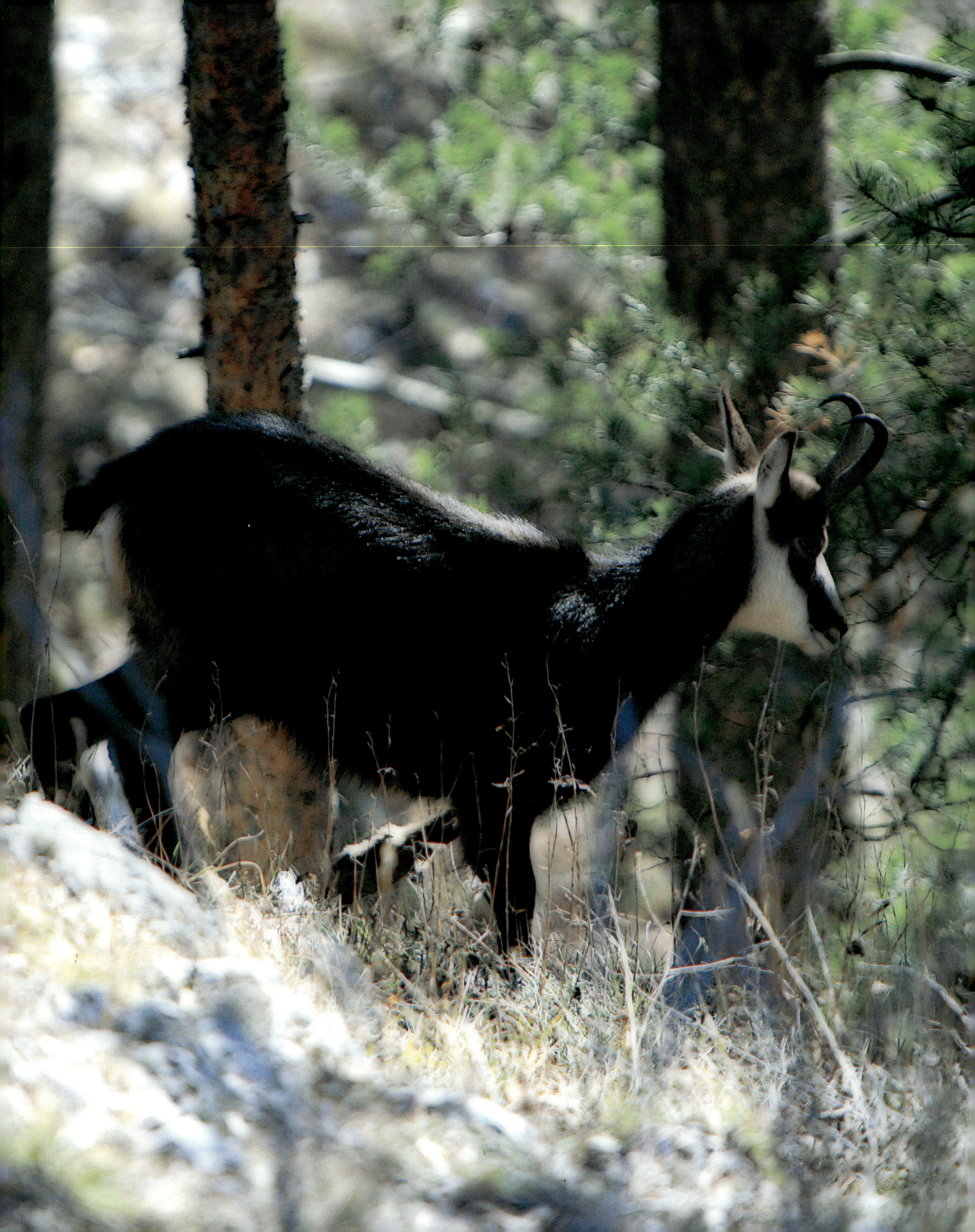

Strmé skalné svahy Ihríka sú obľúbeným miestom pastvy kamzíka alpského (Rupicapra rupicapra), ktorý nie je pôvodným druhom Slovenského raja

Steep rocky escarpments of Ihrík are popular spot of pasture for chamois (Rupicapra rupicapra), originally not living in Slovenský raj

Die steilen Felshänge des Ihrík Berges sind ein beliebter Weideplatz des Gamsbocks (Rupicapra Rupicapra), der keine ursprüngliche Art des slowakischen Paradies ist

Les escarpins rocheurs de Ihrík sont pâturages préferés des chamois (Rupicapra rupicapra), qui n´est pas un espèce originaire du Paradis Slovaque

Zejmarská roklina - jediná na južnej strane Slovenského raja

Zejmarská roklina - the only gorge at the southern side of Slovenský raj

Die Schlucht Zejmarská, die einzige an der südlichen Seite des Slowakischen Paradies

La gorge de Zejmarská roklina - une seule gorge dans le sud du Paradis Slovaque

287

Zimná Sokolia dolina. Závojový vodopád padajúci z výšky 80 m je najvyšším vodopádom Slovenského raja

Valley Sokolia dolina in winter. Závojový vodopád falling down from the height of 80 m is the highest waterfall of Slovenský raj

Das winterliche Tal Sokolia. Der Wasserfall Závojový, der aus einer Höhe von 80 Metern hinabfällt, ist der höchste im Slowakischen Paradies

La vallée de Sokolia dolina hivernale. La chute d´eau de Voile (Závojový vodopád) tombe de l´ hauteur de 80m et elle est la chute d´eau la plus haute du Paradis Slovaque

Kaskády nad Veľkým vodopádom v rokline Piecky s nádhernou ľadovou výzdobou

Cascades above Veľký vodopád in gorge Piecky with outstanding icy decorations

Die Kaskaden über dem Wasserfall Veľký in der Schlucht Piecky mit der wunderschönen Eissauschmückung

Les cascades au dessus de Grande chute d´eau (Veľký vodopád) dans le canyon Piecky au décor splendide glacial

>>

Jedinou sprístupnenou jaskyňou v Slovenskom raji je Dobšinská ľadová jaskyňa. Národná prírodná pamiatka zapísaná do Zoznamu svetového prírodného dedičstva UNESCO

The only open for public cave of Slovenský raj is Dobšinská Ice Cave, the national nature monument inscribed in the U.N.E.S.C.O World Heritage List

Die einzige Höhle zu der der Zutritt möglich ist, ist die Höhle Dobšinská Ľadová. Das Nationalkulturerbe ist in die Liste der Weltnaturerbe der UNESCO eingetragen

Une seule grotte accessible au Paradis Slovaque, est la Grotte glaciale de Dobšiná, site naturel inscrit dans la Liste du patrimoine mondiale d´ UNESCO

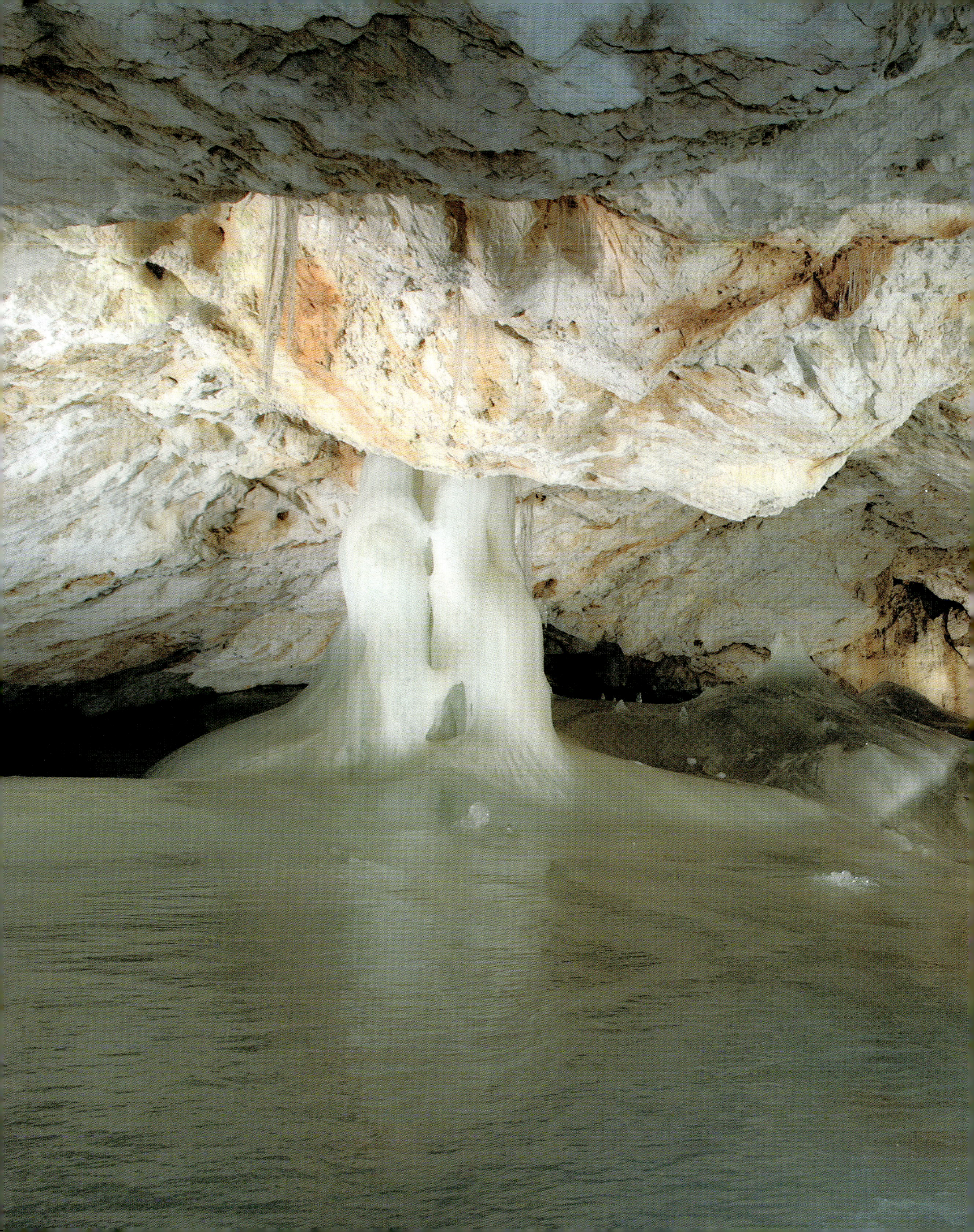

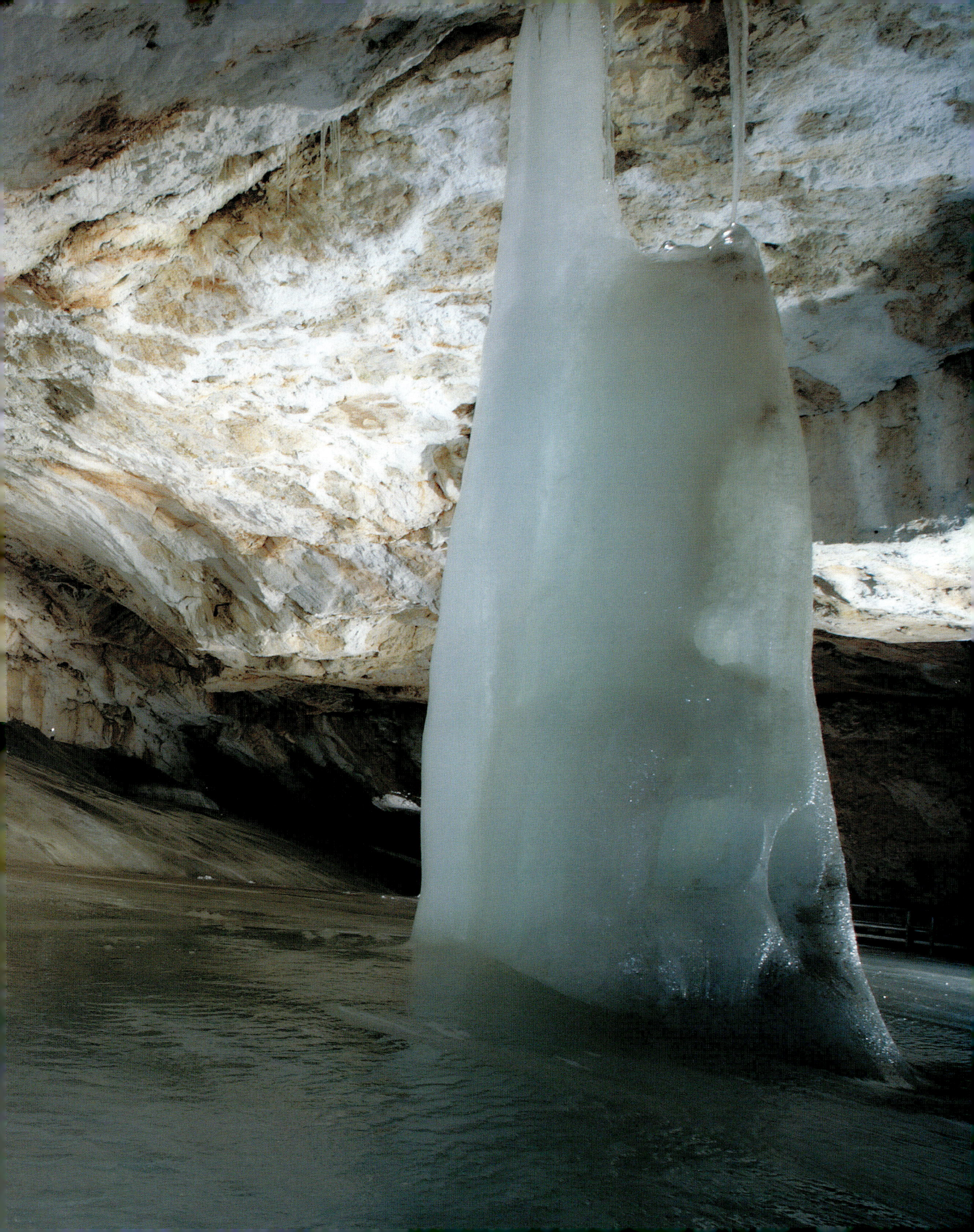

Zvyšky opevnenia hradu na Zelenej hore (13. stor.), ktorý strážil bezpečnosť cesty vedúcej zo Spiša na Gemer cez planinu Glac

Remains of castle fortification on Zelená hora (13th century), watching the security of the road leading from the Spiš to the Gemer region via Glac plateau

Die Reste der Burgmauer auf dem Berg Zelená Hora (13. Jahrhundert), der den Weg zwischen Zips und Gemer über die Ebene Glac schützte

Les vestiges des remparts du château sur Zelená hora (XIIIe siècle), qui gardait la sécurité de la route menante de Spiš vers Gemer à travers le plateau Glac

Ruiny Kláštora kartuziánov na Skale útočišťa, ktorý založil spišský prepošt Jakub v roku 1299 na mieste, kde našlo obyvateľstvo Spiša ochranu pred plienením Tatárov. Časť múrov kláštorného kostola sv. Jána Krstiteľa, budovaného v rokoch 1305 - 1307, obnovená počas archeologického výskumu, ktorý sa tu robí od roku 1983

Ruins of the Carthusian monastery at Skala útočišťa (Rock of shelter), founded by the Spiš provost James in 1299 on the place where the Spiš people had been looking for shelter from the Tartars. Part of the walls of St. John the Baptist monastery church, constructed in 1305 - 1307, renovated during the preservation works and research, being executed here since 1983

Die Ruinen des Kartäuserklosters auf dem Zufluchtfelsen, den der Zipser Propst Jacobus im Jahr 1299 gründete, in dem die Zipser Bevölkerung Schutz vor den Tatareneinfällen suchte. Teil der klösterlichen Kirchenmauer der Kirche von Johannes dem Täufer, die in den Jahren 1305 - 1307 gebaut wurde. Sie wurde in der Zeit der archäologischen Forschung, die seit 1983 getätigt wird, rekonstruiert

Les vestiges du monastère chartreux sur le rocher de Refuge, érigé par le prévôt Jacques de Spiš en 1299 à un endroit où la population de Spiš pouvait trouver un abri contre des Tartares. Une partie des murs de l´église Saint Jean-Baptiste du monastère édifié en 1305 - 1307, reconstruite pendant la recherche archéologique qui est en train d´être faite dès 1983

KEŽMAROK A JEHO OKOLIE

Mesto s bohatou históriou a ožívajúcimi tradíciami

...niekdajšie druhé najvýznamnejšie mesto na Spiši, spolu s okolím ozajstná klenotnica pamiatok. Medzi svedkami bohatej stredovekej histórie tu vyniká unikátny drevený artikulárny evanjelický kostol, obdivuhodný je i komplex okolo katolíckeho kostola s renesančnou zvonicou či radnica na námestí. Ako jediné zo spišských miest má Kežmarok hrad, ktorého impozantné múry a okolie sa každoročne napĺňajú množstvom remeselníkov, návštevníkov a neopakovateľnou atmosférou najvýznamnejšieho trhu remesiel na Spiši...

KEŽMAROK AND ITS SURROUNDINGS

Town with rich history and reviving traditions

....former second most important Spiš town; together with surroundings a real jewelry of monuments. From among the witnesses of ample medieval culture, the unique wooden articular Evangelic church is first to be mentioned. Complex around the Catholic church with the Renaissance belfry or town hall at the square are also admirable. As the only of Spiš town, Kežmarok has a castle. Between its imposing walls, every year numerous craftsmen and visitors create a fantastic atmosphere of the most important craft market at Spiš...

KEŽMAROK UND UMGEBUNG

Die Stadt mit einer vielfältigen Geschichte und wiederauflebenden Traditionen

... die ehemals zweitwichtigste Stadt der Zips, ist zusammen mit der Umgebung eine wirkliche Schatzkammer von Denkmälern. Unter den Zeugen der reichen mittelalterlichen Geschichte ragt die hölzerne evangelische Artikularkirche heraus. Bewundernswert ist auch der Komplex um die katholische Kirche mit dem Renaissanceturm, oder das Rathaus am Hauptplatz. Als einzige Stadt der Zips hat Kežmarok eine Burg, deren Mauern sich jedes Jahr mit Handwerkern, Besuchern und einer unvergesslichen Atmosphäre des bedeutendsten handwerklichen Marktes füllen...

KEŽMAROK ET SON ENVIRONS

Une ville avec riche histoire et traditions ravivantes

...la ville du Moyen-Âge, deuxième la plus importante en Spiš, avec tout son alentours est un vrai trésor des bijoux historiques. Parmi les témoins de la riche histoire médiévale, l´église articulaire en bois unique attire les visiteurs, le complexe autour de l´église catholique romaine est aussi admirable, avec le clocher Renaissance ou l´hotel de ville au coeur de la ville. C´est une seule ville en Spiš ayant le château, dont les remparts imposants et les rues urbaines accueillissent chaque année les artisans et visiteurs de la foire d´artisanat qui les remplit par son ambiance chaleureuse...

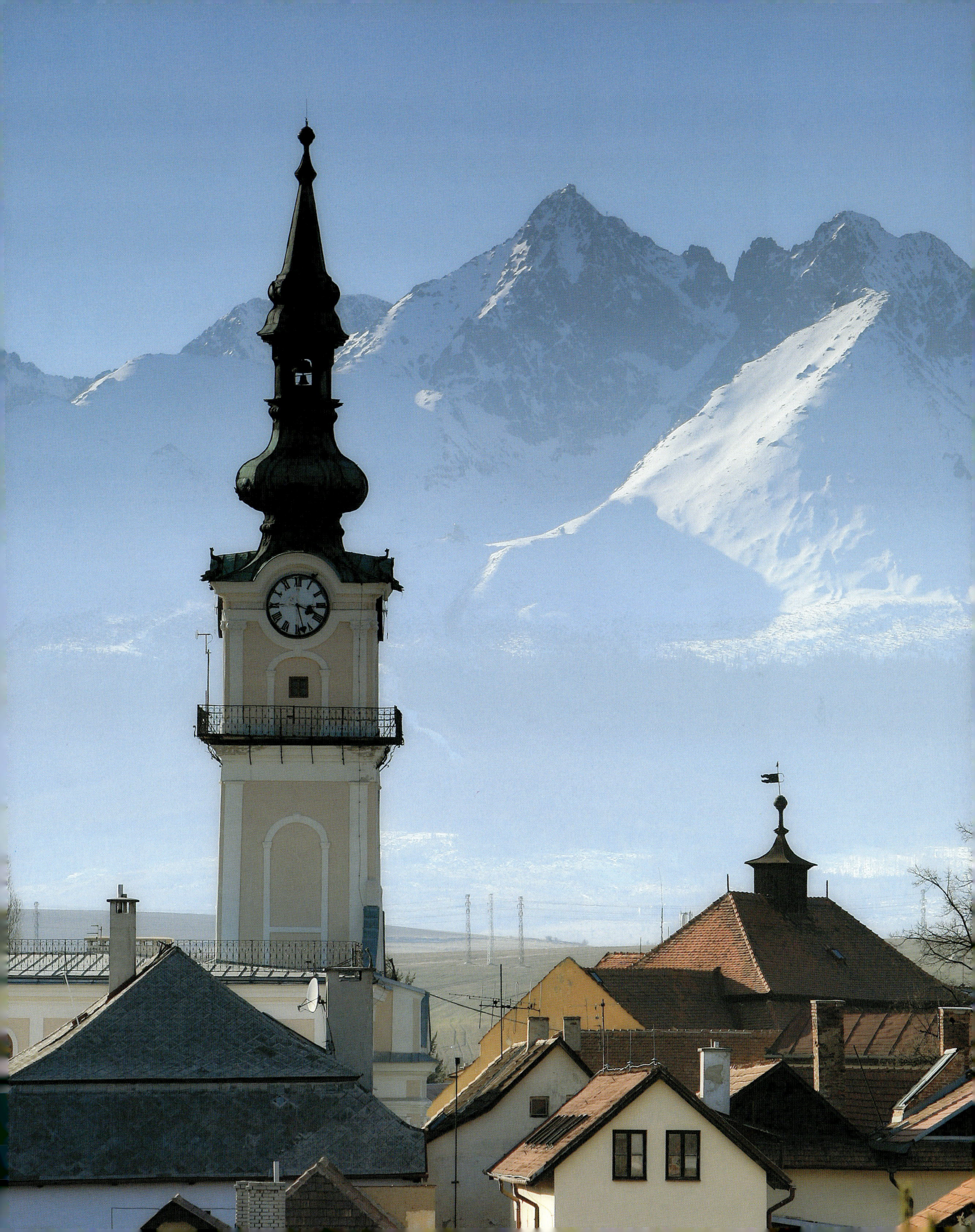

«

Kežmarok a Tatry patria odjakživa spolu - časť tatranského chotára patrila Kežmarku od r. 1269 a Kežmarčania boli oficiálne prví, ktorí prenikli do týchto vrchov a skúmali ich tajomstvá...

Kežmarok and the Tatras always belong together - part of the Tatras territory belonged to Kežmarok since 1269 and people from Kežmarok were the first explorers of the mountains

Kežmarok und die Tatra gehören seit jeher zusammen - der Teil der Tatraflur gehört der Stadt Kežmarok seit 1269 und die Bewohner der Stadt waren die ersten die in diese Berge durchdrangen und ihre Geheimnisse erforschten

Kežmarok et les Tatras ensemble depuis toujours, une partie du finage des Tatras appartenait à Kežmarok dès 1269 et les habitants de Kežmarok furent officiellement les premiers qui pénétrèrent dans ces montagnes et recherchèrent leurs secrets

Časť historického centra mesta

Part of historical town centre

Teil des historischen Zentrums der Stadt

Une partie du centre historique de la ville

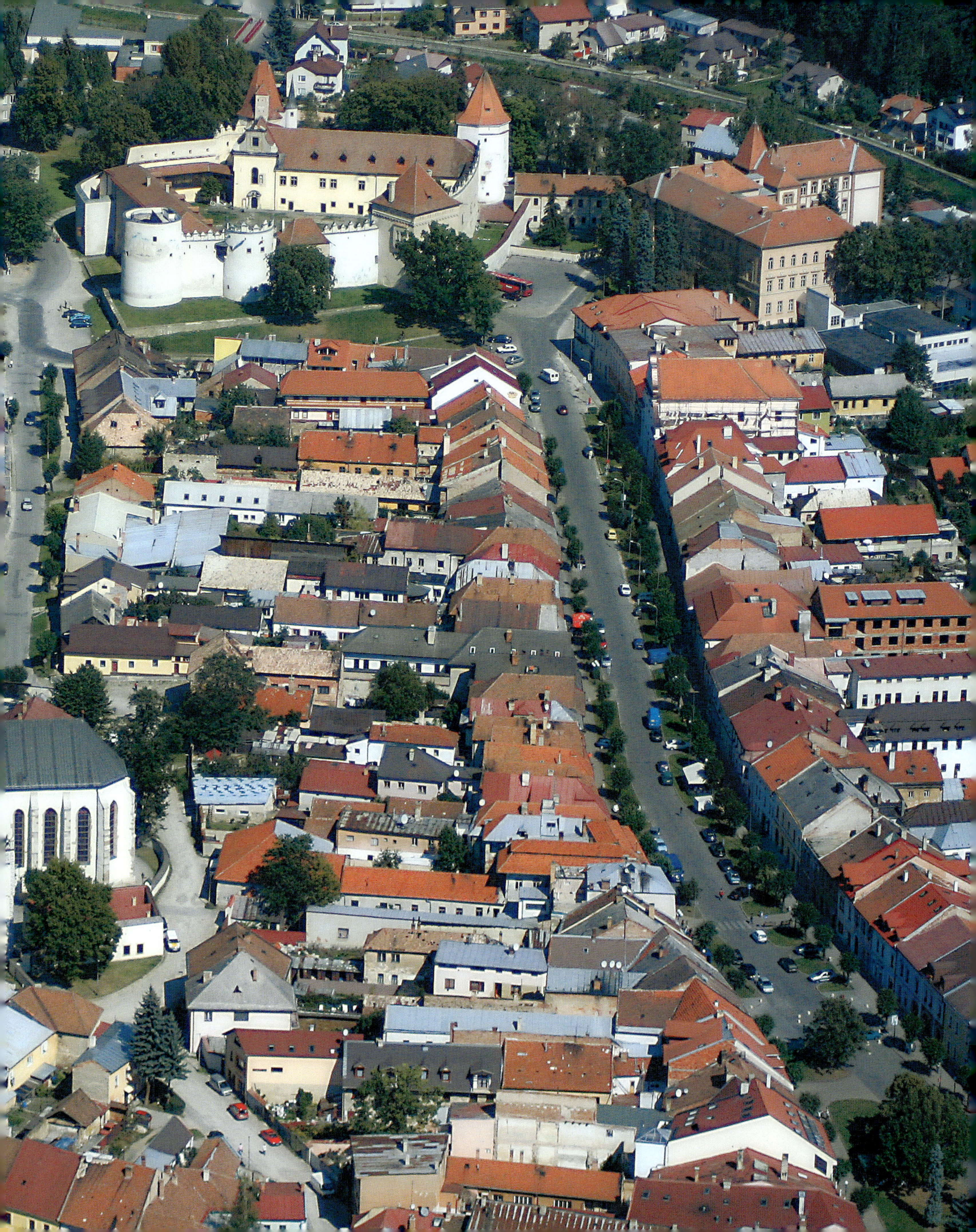

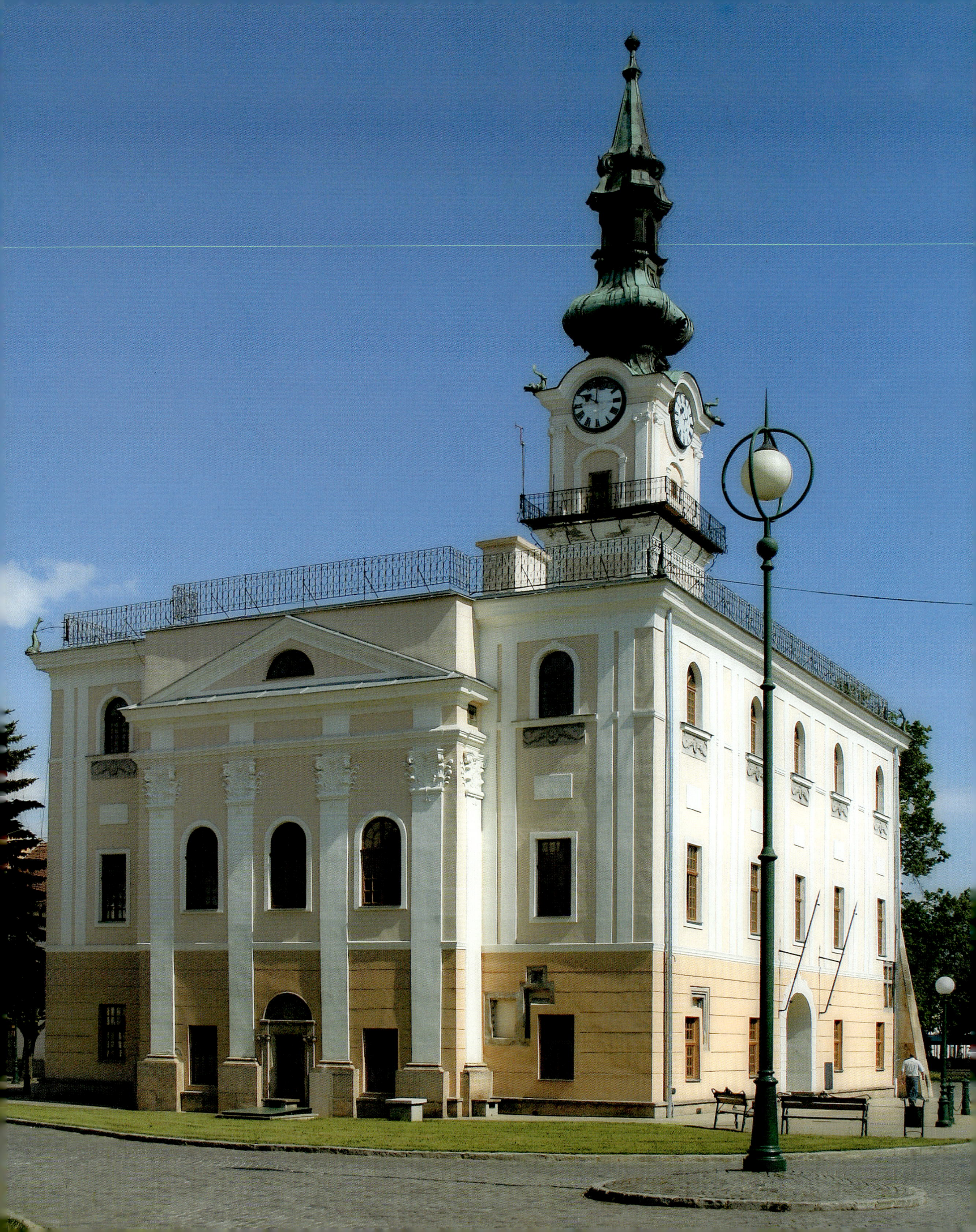

Radnica v Kežmarku bola postavená pôvodne v gotickom slohu r. 1461
Na radnici je niekoľko mestských erbov. Anjel drží štít s prekríženými mečmi (symbol práva meča), korunou (slobodné kráľovské mesto), ružou a pásmi z uhorského erbu

Town hall in Kežmarok was originally built in the Gothic style in 1461. There are few municipal coat-of-arms in the town hall. Angel holds a shield with the crossed swords (symbol of the sword right), a crown (free royal town), a rose and strips from the Hungarian coat-of-arm

Das Rathaus in Kežmarok wurde ursprünglich im gotischen Stil im Jahr 1461 gebaut. Auf dem Rathaus sind mehrere Stadtwappen. Der Engel hält den Schild mit überkreuzten Schwertern (Symbol des Schwertrechtes), der Krone (freie Königstadt), mit der Rose und den Strichen des ungarischen Wappens

L´hôtel de ville de Kežmarok fut édifié originellement dans le style gothique en 1461
Il y a quelques blasons de ville sur l´hôtel de ville. L´ange tenant l´écu aux épées croisées (symbole de droit de l´épée), la couronne (ville royale libre), la rose et les bandes du blason hongrois comme les signes héraldiques

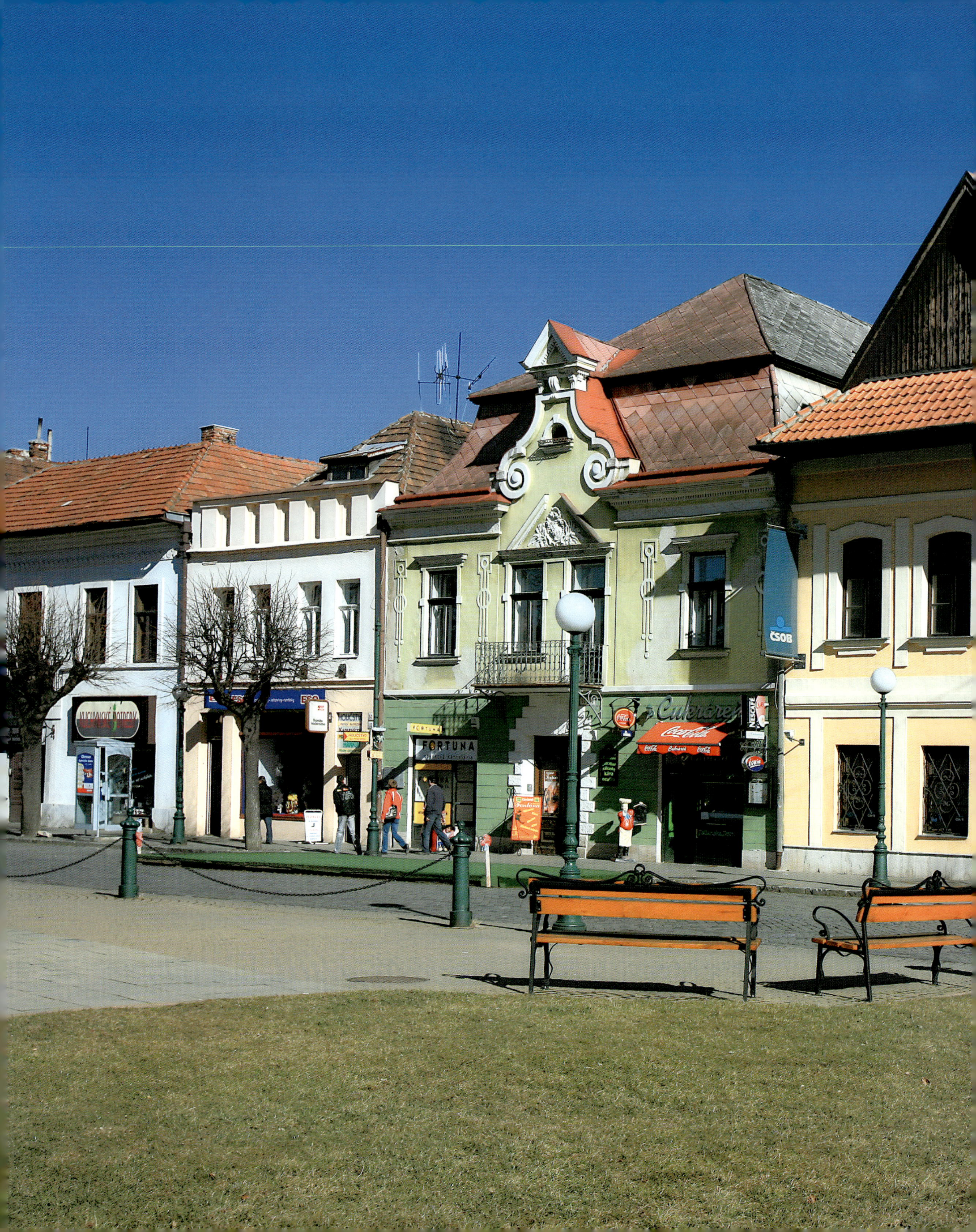
FORTUNA
ČSOB
Coca-Cola

Meštianske domy na námestí

Burger's houses at the square

Die Bürgerlichen Häuser auf dem Hauptplatz

Les maisons bourgeoises sur la place

»

Kežmarský hrad sa spomína už v roku 1463. Bol stavaný priamo na území mesta, aby ho bránil. Majitelia hradu však proti mestu bojovali takmer 250 rokov - čo bola zrejme najdlhšia vojna v histórii Európy

Castle of Kežmarok was for the first time mentioned in 1463 and was constructed directly in the area of the town to protect it. But the owners of the castle had been fighting against the town for almost 250 year. It was probably the longest war in the history of Europe

Die Burg von Kežmarok wird schon 1463 erwähnt und wurde direkt am Gebiet der Stadt gebaut, um Sie zu beschützen. Die Burgbesitzer kämpften aber gegen die Stadt fast 250 Jahre lang - was wahrscheinlich der längste Krieg in der Geschichte Europas war

Le château fort de Kežmarok mentionné en 1463, il a été construit directement sur le terrain de la ville pour la protéger des ennemis possibles. Les propriétaires du château cependant luttèrent contre la ville pendant à peine 250 ans, ce qui paraît être la guerre la plus longue en histoire d´Europe

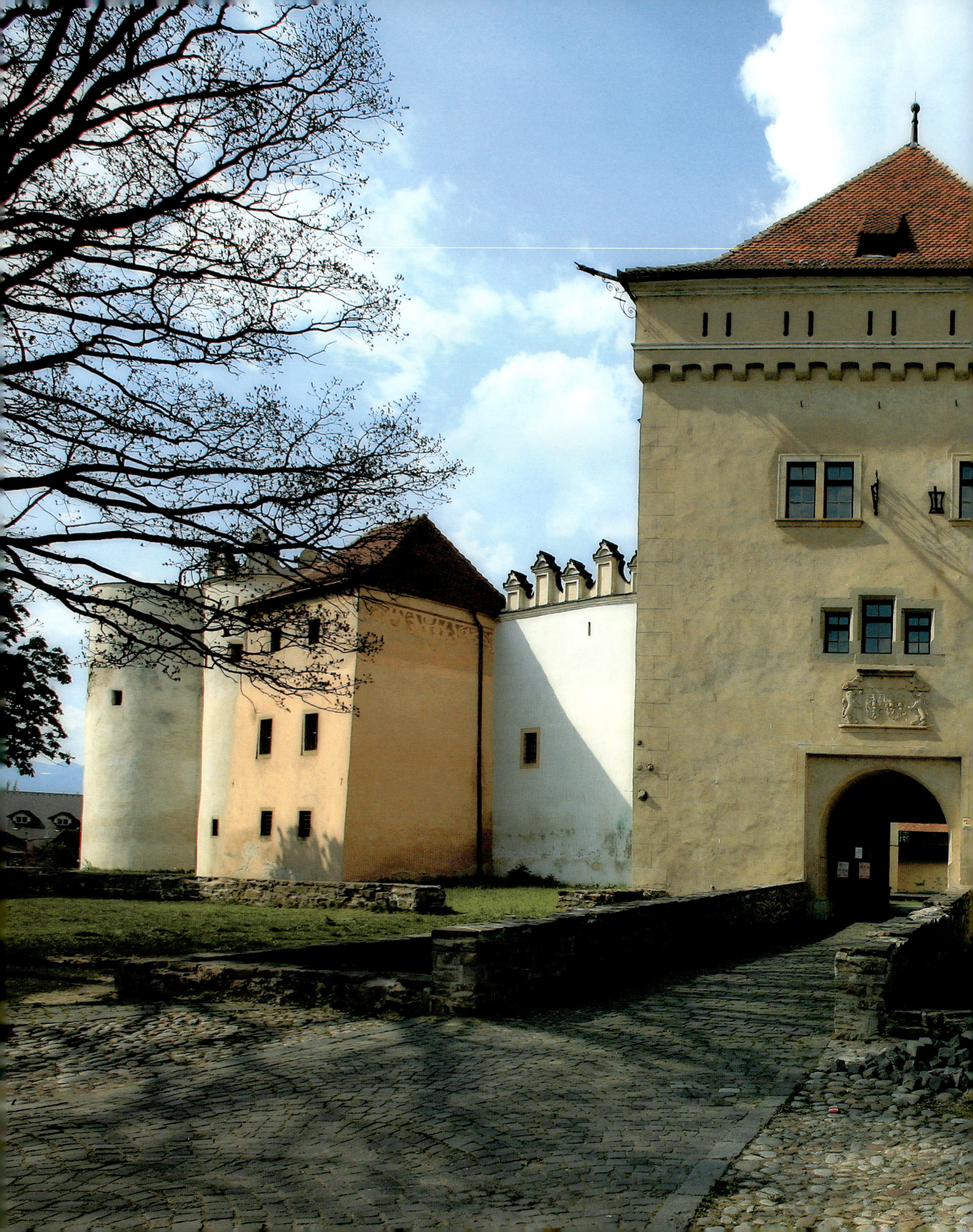

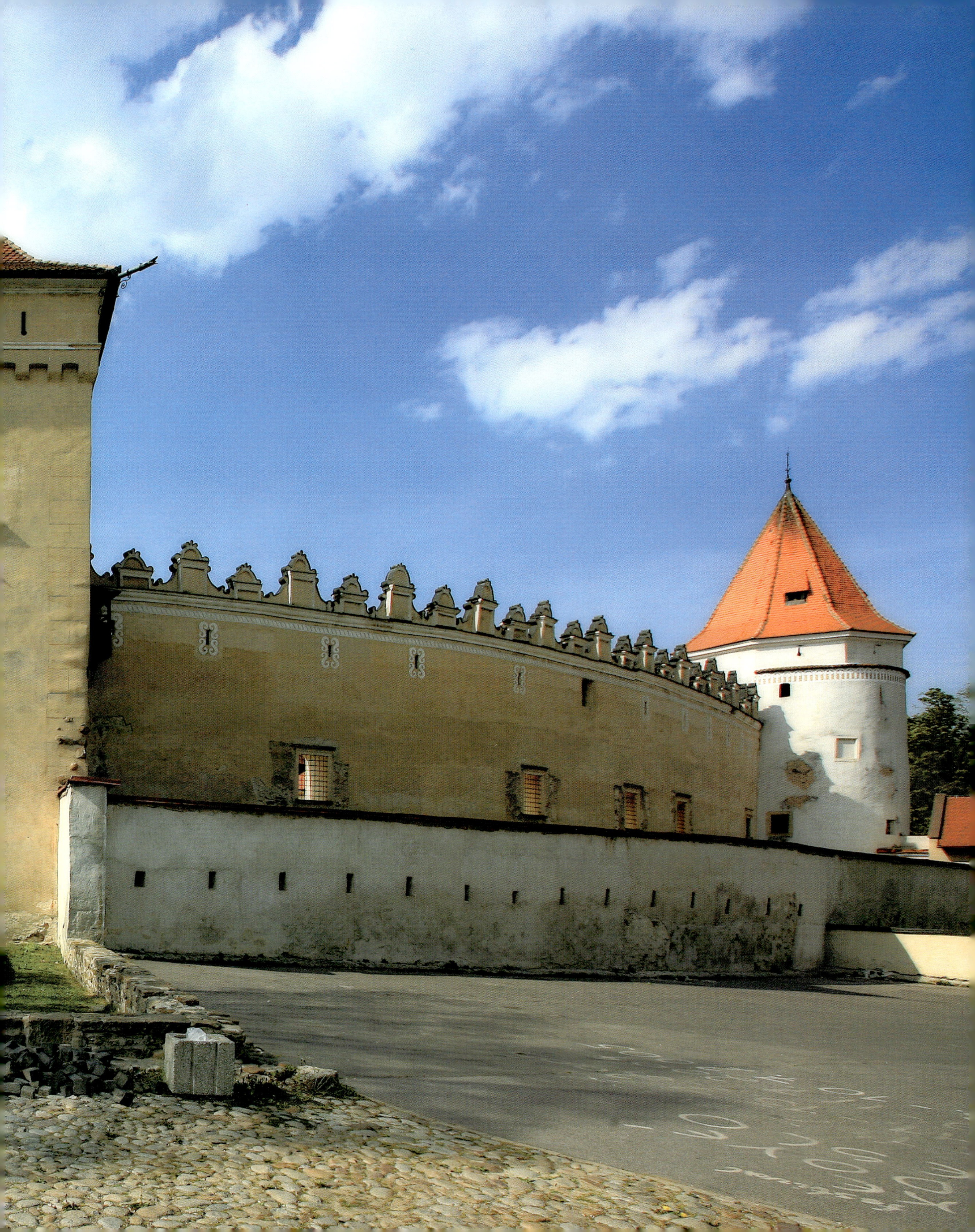

Z čias rodiny Thököly, ktorej štyri generácie sídlili na hrade a prestavali ho v renesančnom slohu, sa zachovala jedáleň s pôvodnými maľbami z roku 1639 - tu je v súčasnosti expozícia kežmarského múzea dokumentujúca život týchto zemepánov

Dining room with original paintings from 1639, where nowadays is a museum, documents the life of the squire. It has been preserved from the times when belonged to the family Thököly. Four generations of the family had been living there and they had rebuilt it into the Renaissance style

Aus der Zeit der Thököly Familie, deren vier Generationen auf der Burg siedelten und sie im Renaissancestil umbauten, hatte sich das Esszimmer mit den ursprünglichen Gemälden aus dem Jahr 1639 erhalten - hier ist zur Zeit die Ausstellung des Museums in Kežmarok, die das Leben der Adelsfamilie darstellt

La salle à manger de l´époque de la famille Thököly, de laquelle 4 générations siegèrent dans le château et l´ont transformé en une résidence renaissance. On a préservé les peintures originelles de 1639. Aujourd´hui l´exposition du musée de Kežmarok montre la vie de ces seigneurs

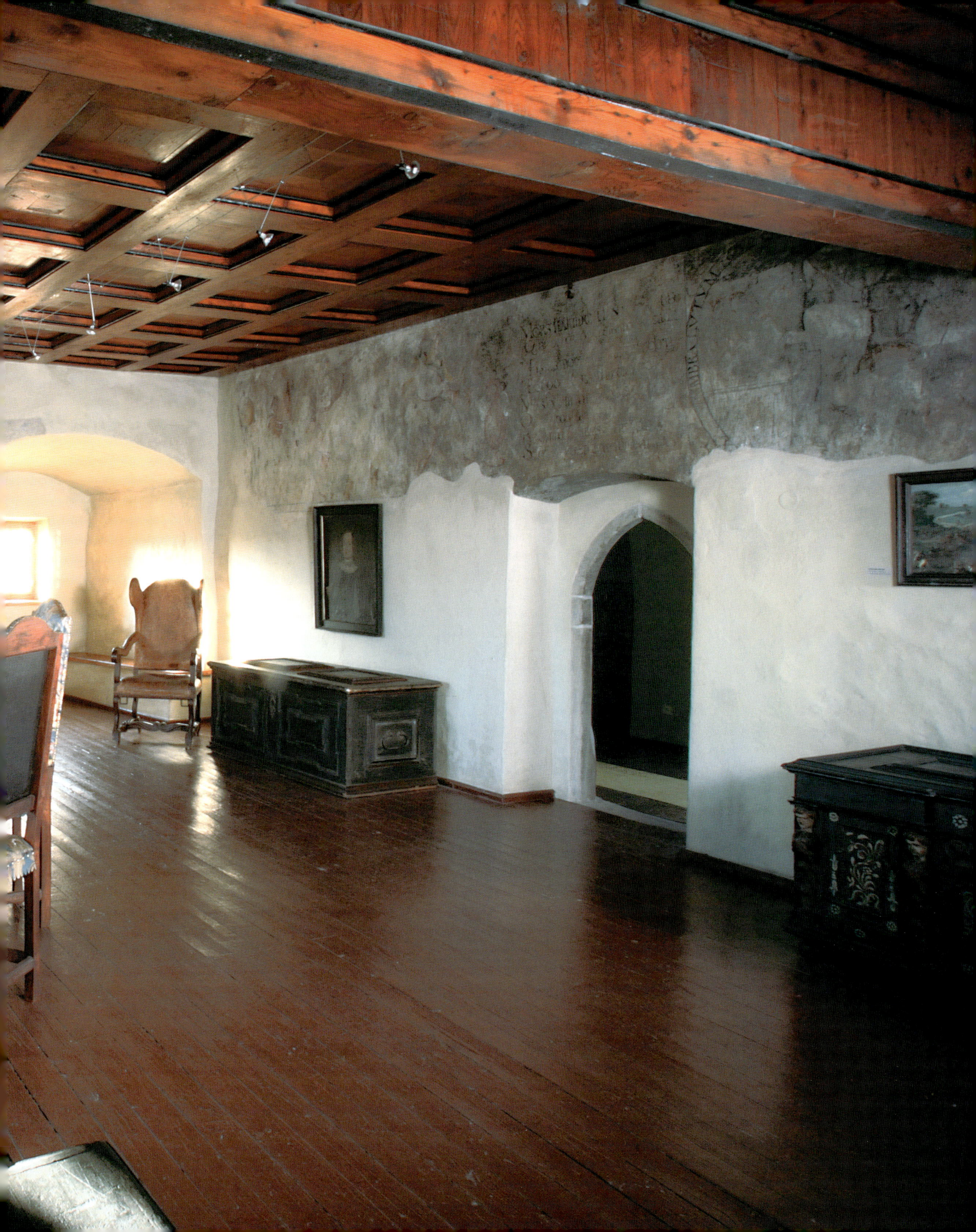

Baroková kaplnka z roku 1658 je najcennejšou časťou hradu vďaka bohatej štukovej výzdobe klenby a vnútornému vybaveniu. V kaplnke je hrobka matky Imricha Thökölyho

Baroque chapel from 1658 represents the most precious stucco vault decoration. Tomb of Imrich Thököly´s mother

Die Barocke Kapelle aus dem Jahr 1658 ist der kostbarste Teil der Burg, dank der reichen Stuckausschmückung des Gewölbes und der Inneneinrichtung. In der Kapelle liegt das Grab der Mutter von Imrich Thököly

La chapelle baroque de 1658 est la partie la plus précieuse du château grâce à la décoration de stuc de la voûte et son aménagement intérieur. La chapelle abrite le tombeau de la mère d´Imrich Thököly

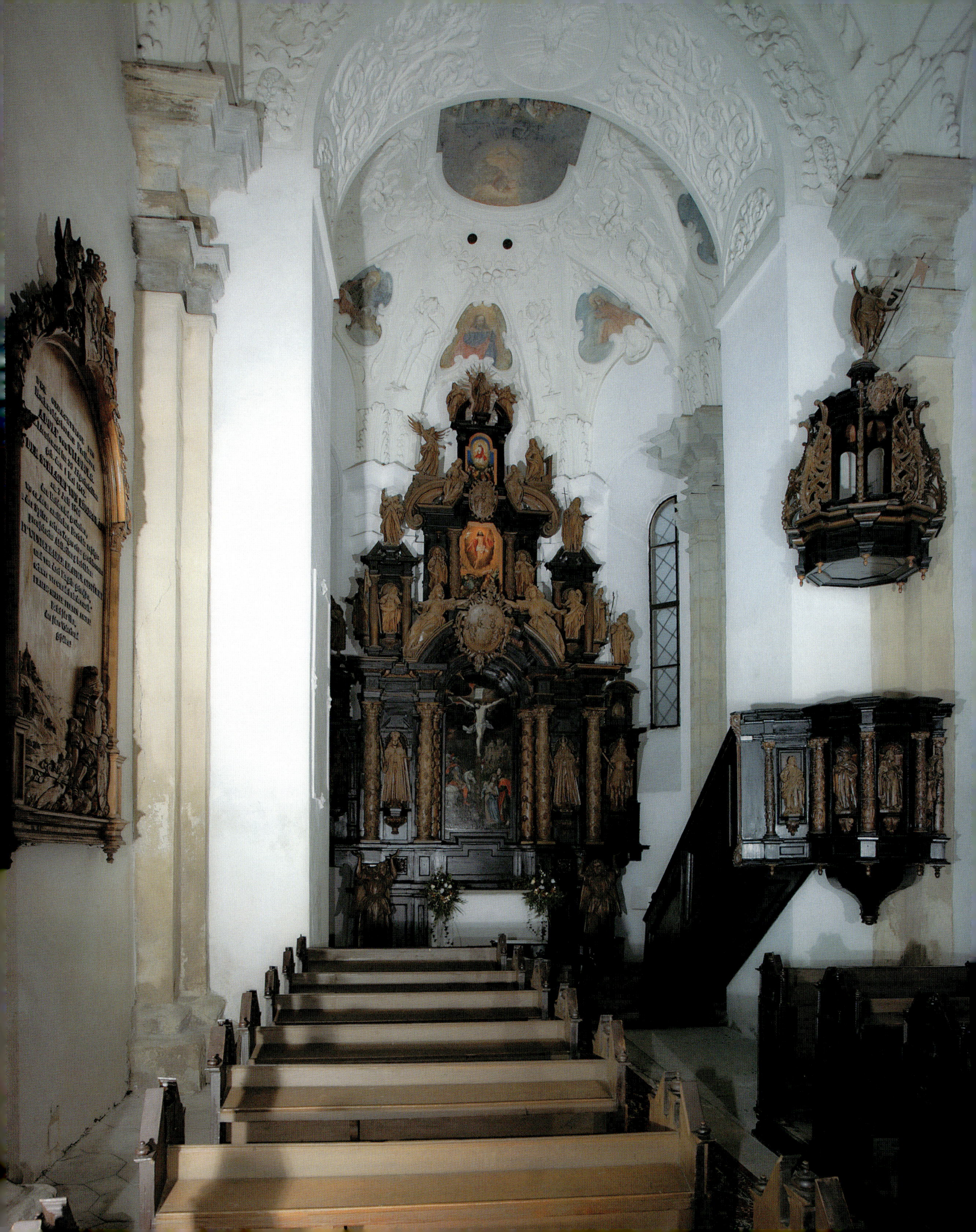

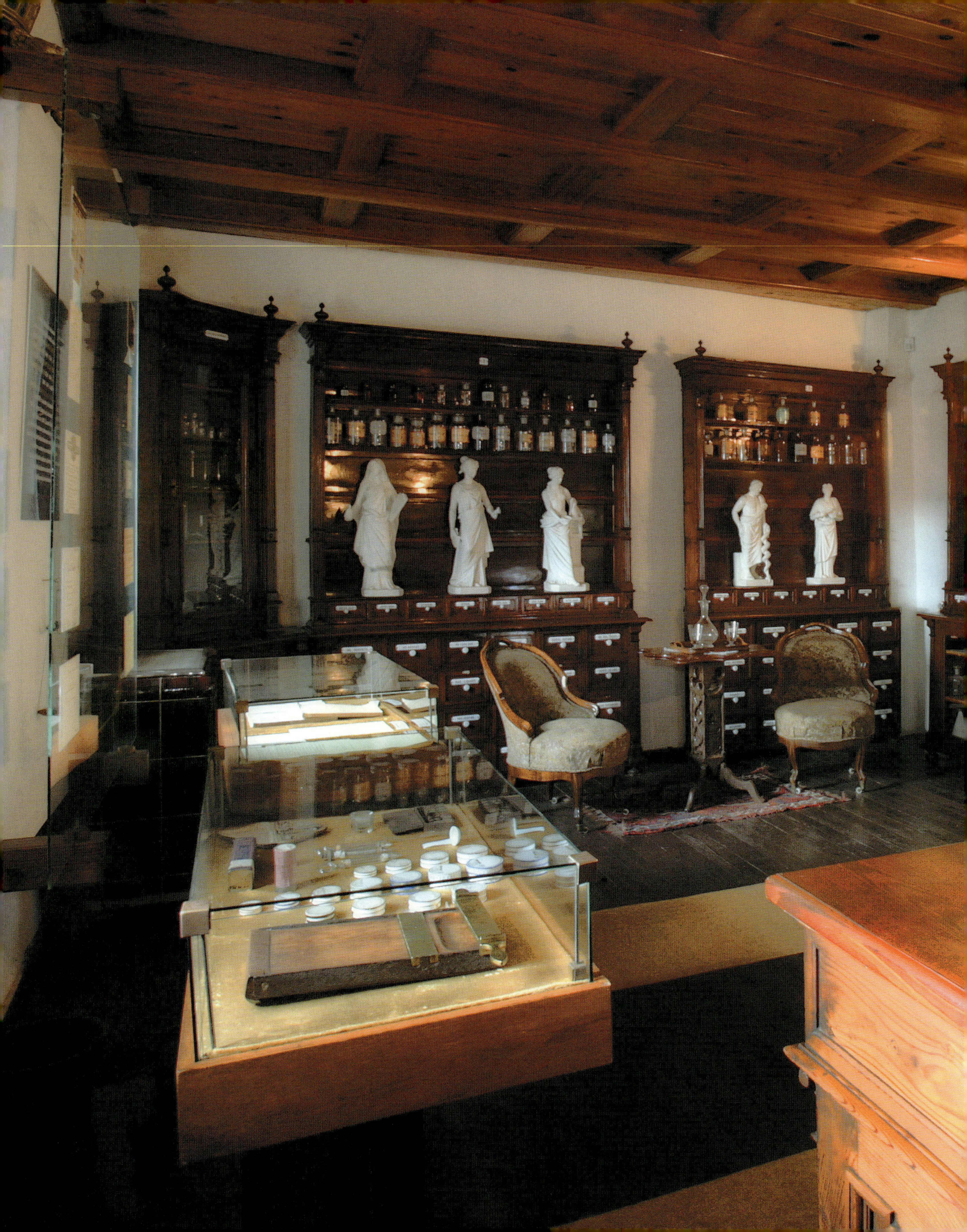

K expozíciám múzea na hrade patrí aj originálne zariadenie lekárne z prelomu 19. a 20. storočia

Original furnish of pharmacy from the break of the 19th and 20th centuries in the castle museum

Zu den Ausstellungen des Museums in dem Schloss gehört auch die originelle Apothekeneinrichtung aus dem Ende des 19. bzw. Anfang des 20. Jahrhunderts

Le musée possède aussi l´aménagement originel de la pharmacie, à cheval sur les XIXe et XXe siècles

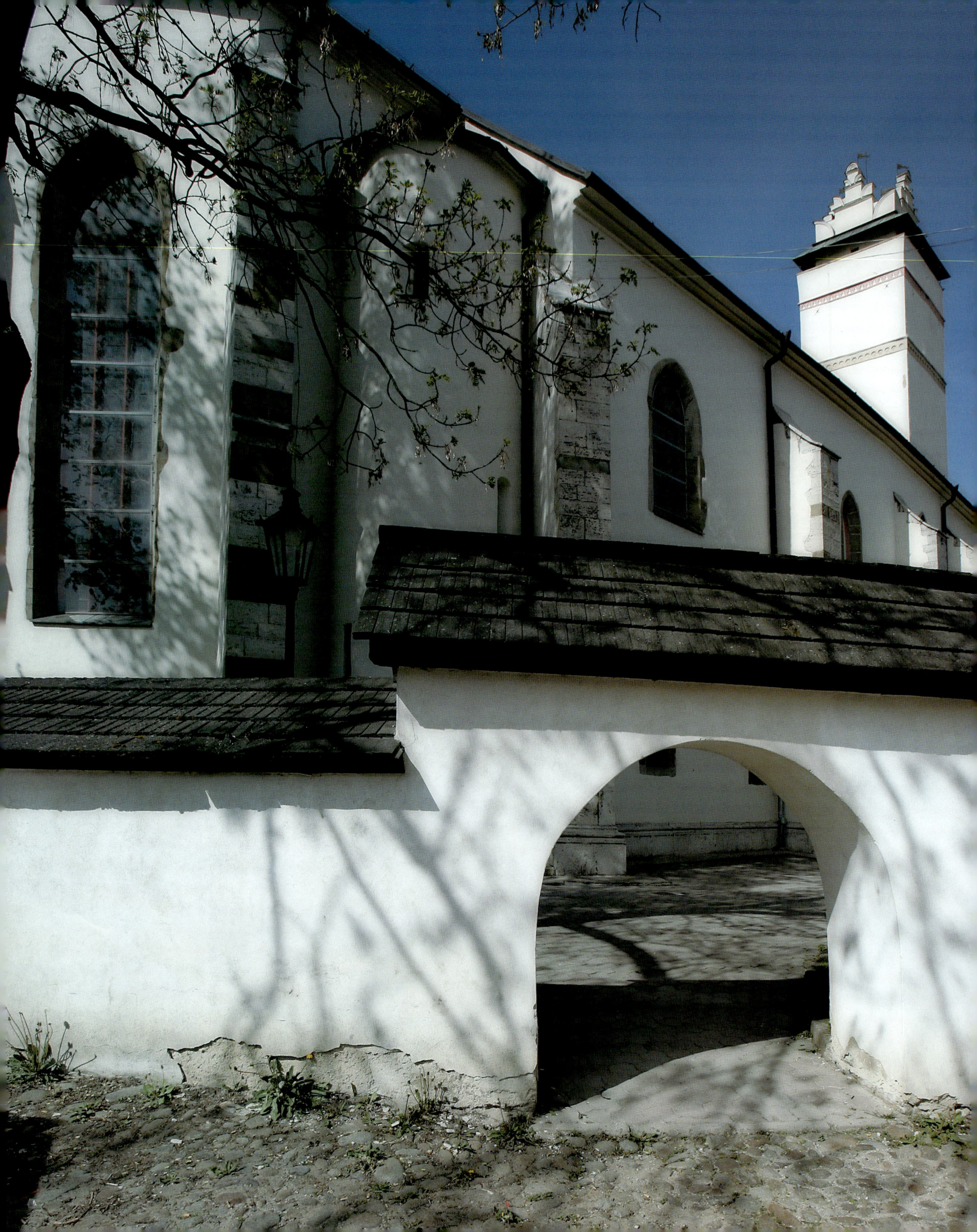

Bazilika sv. Kríža patrí k najstarším pamiatkam Kežmarku, jej základy pochádzajú z 13. stor., v rokoch 1444 - 1498 bola prestavaná v gotickom slohu
Zvonica bola ukončená r. 1591. Patrí k najkrajším kampanilám v strednej Európe

Basilica of St. Cross belongs to the oldest monuments in Kežmarok - its basements come from the 13th century, in 1444 - 1498 rebuilt in the Gothic style
Belfry finished in 1591 - one of the most beautiful campaniles in Central Europe

Die Basilika des Hl. Kreuzes gehört zu den ältesten Denkmälern von Kežmarok - ihr Fundament ist aus dem 13. Jahrhundert, in den Jahren 1444 – 1498 wurde sie im gotischen Stil umgebaut
Der Glockenturm wurde 1591 gebaut - er gehört zu den schönsten Campanilen in Mitteleuropa

Basilique Sainte-Croix appartient aux monuments les plus anciens de Kežmarok, ses origines remontent au XIIIe siècle, reconstruite entre 1444 – 1498 en style gothique
Le clocher d´en face fut achevé en 1591 et il est considéré comme l´une de plus belles campaniles en Europe centrale

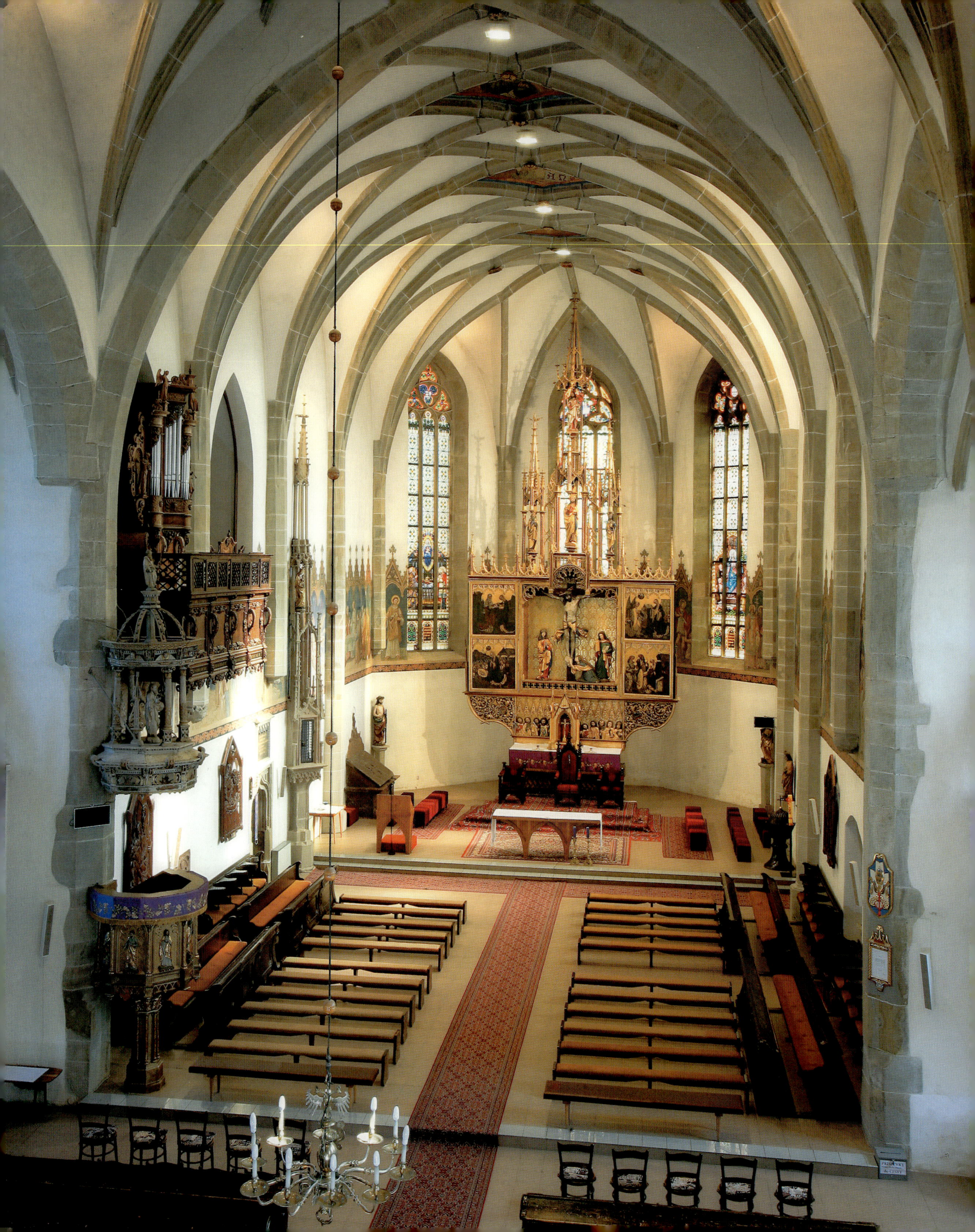

Bazilika upúta trojakou klenbou a mnohými gotickými oltármi. Predpokladá sa, že Kristus na hlavnom oltári pochádza z dielne norimberského majstra Wita Stwosza, ktorý koncom 15. storočia pôsobil v Krakove
Na malom chóre nad renesančnou kazateľnicou sa nachádza doteraz funkčný organ z roku 1651

Basilica attract by triad vault and many Gothic altar. The Christ at main altar is most probably from the workshop of Nuernberg master Wit Stwosz who had been working in Krakow in the 15th century
Still functioning organ from 1651 at small loft above the Renaissance pulpit

Die Basilika begeistert mit ihrem dreifachen Gewölbe und vielen gotischen Altären. Man geht davon aus, dass die Statue von Christus am Hauptaltar aus der Werksatt des Nürnbergischen Meisters Wit Stwosza stammt, der zum Ende des 15. Jh. in Krakau wirkte
Auf dem kleinen Chor über der Renaissancekanzel steht die bis heute funktionierende Orgel aus dem Jahr 1651

La basilique attire le regard par ses trois types de voûtes différentes et par ses plusieurs autels gothiques. On suppose que le retable de Jésus de l´autel principal provient de l´atelier du Maître Wit Stwosz de Nuremberg qui travailla à Cracovie à la fin du XVe siècle
Sur la petite tribune au-dessus de chaire à prêcher renaissance il y a un orgue de 1651 encore en fonction

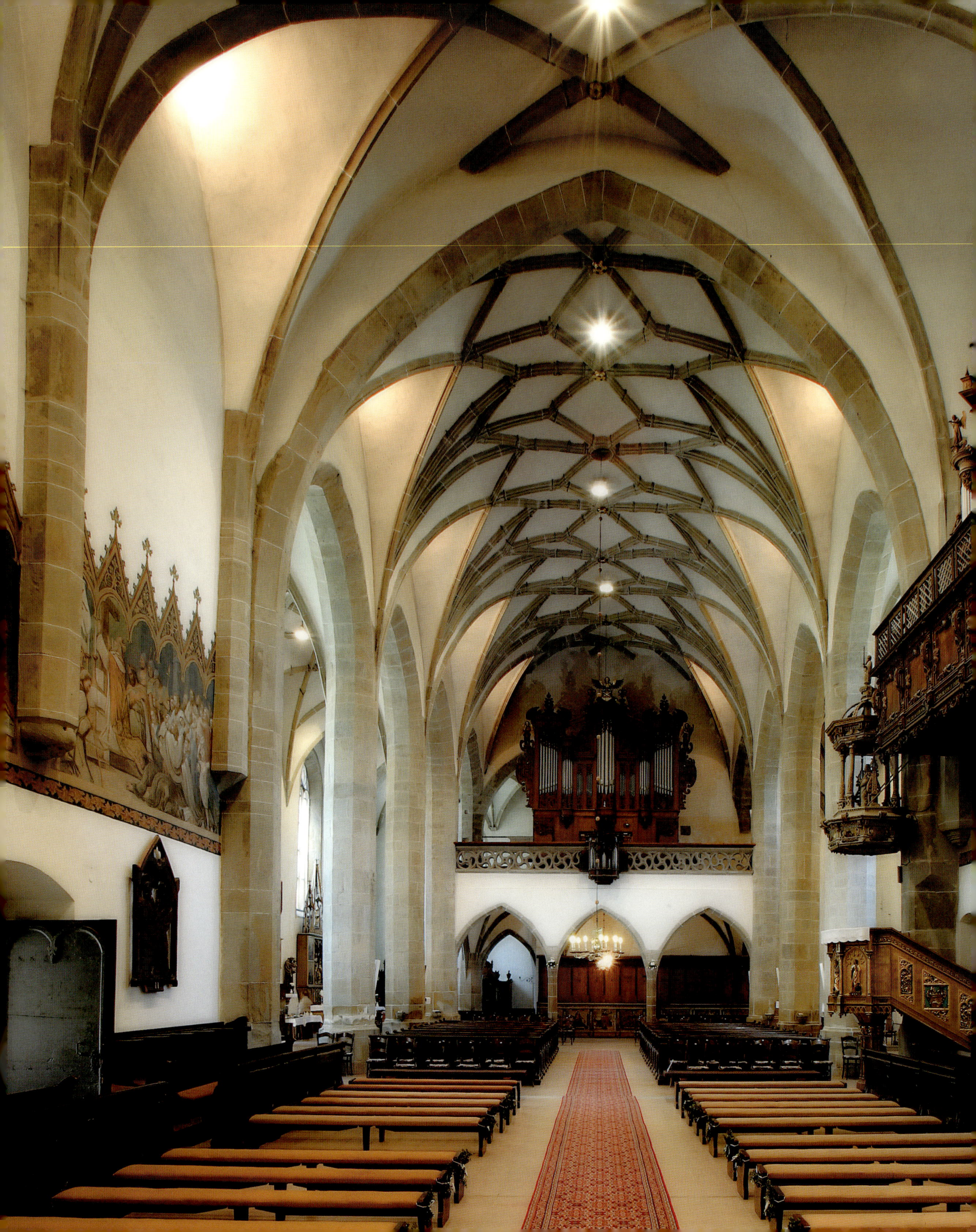

Veľký organ je umiestnený na zadnom chóre baziliky, pod chórom je tzv. senátorská lavica z roku 1518 určená pre richtára a radných pánov - senátorov
Oltár Korunovania Panny Márie z konca 15. storočia

Big organ placed at the back loft of basilica. Senator's pew under loft is from 1518
Altar of Virgin Mary Coronation from the end of the 15th century

Die große Orgel steht im hinteren Chor der Basilika, unter dem Chor liegt die sog. Bank der Senatoren aus dem Jahr 1518, die für den Richter und die Ratsmänner - Senatoren bestimmt war.
Der Altar Jungfrau Marias Krönung aus dem Ende des 15. Jahrhunderts

Le grand orgue se trouvant sur la grande tribune arrière de la basilique, au dessous duquel se trouve le banc sénatorial de 1518 pour le maire et le conceil municipal
L´autel de Consécration de Vierge Marie de la fin du XVe siècle

Evanjelické lýceum z roku 1775 so vzácnou knižnicou so 150 000 zväzkami a drevený artikulárny kostol z roku 1717
sú národné kultúrne pamiatky ašpirujúce na zapísanie do Zoznamu pamiatok UNESCO
Nový evanjelický kostol z roku 1894 zaujme svojou orientálnou architektúrou. Vo vnútri sa nachádza mauzóleum Thökölyho

Evangelic lyceum from 1775 with valuable library with 150 000 books and wooden articular church from 1717
are both the national cultural monuments aspiring for inscription in the U.N.E.S.C.O World Heritage List
New Evangelic church from 1894 is interesting due to its oriental architecture. Thököly´s mausoleum inside

Das evangelische Lyzeum aus dem Jahr 1775 mit der kostbaren Bibliothek mit 150.000 Büchern und die hölzerne Artikularkirche von 1717
sind nationale Kulturdenkmäler, die bemüht sind, in die Liste der UNESCO eingetragen zu werden
Die neue evangelische Kirche aus dem Jahr 1894 beeindruckt dank ihrer Orientalen Architektur. Im Inneren befindet sich das Thököly Mausoleum

Le Lycée protestant de 1775 abritant la bibliothèque de grande valeur qui contient 150,000 volumes, et l´église articulaire en bois de 1717,
patrimoine culturel aspirant à être inscrit au Liste de Patrimoine d´UNESCO
La nouvelle église protestante de 1894 attire le regard par son architecture orientale. A l´intérieur est le mausolée d´Imrich Thököly

Drevený kostol je jedným z piatich zachovaných kostolov svojho druhu v strednej Európe. Pre svoj krásny barokový interiér sa považuje aj za najvzácnejší. Do kostola sa len na sedenie pomestí až 1500 ľudí

Wooden church is one of the five preserved churches of this type in the Central Europe and thanks to wonderful Baroque interior it is considered to be the most valuable. Inside of the church were seats for about 1500 people

Die hölzerne Kirche ist eine der insgesamt nur fünf erhaltenen Kirchen dieser Art in ganz Europa - dank ihres schönen Barockinterieurs wird sie als die kostbarste gewertet. In der Kirche nehmen 1.500 Sitzende Platz

L´église en bois est l´une de 5 églises préservées de ce genre en Europe centrale. Elle est considérée comme la plus précieuse pour son bel intérieur baroque. Elle dispose de 1,500 places assises

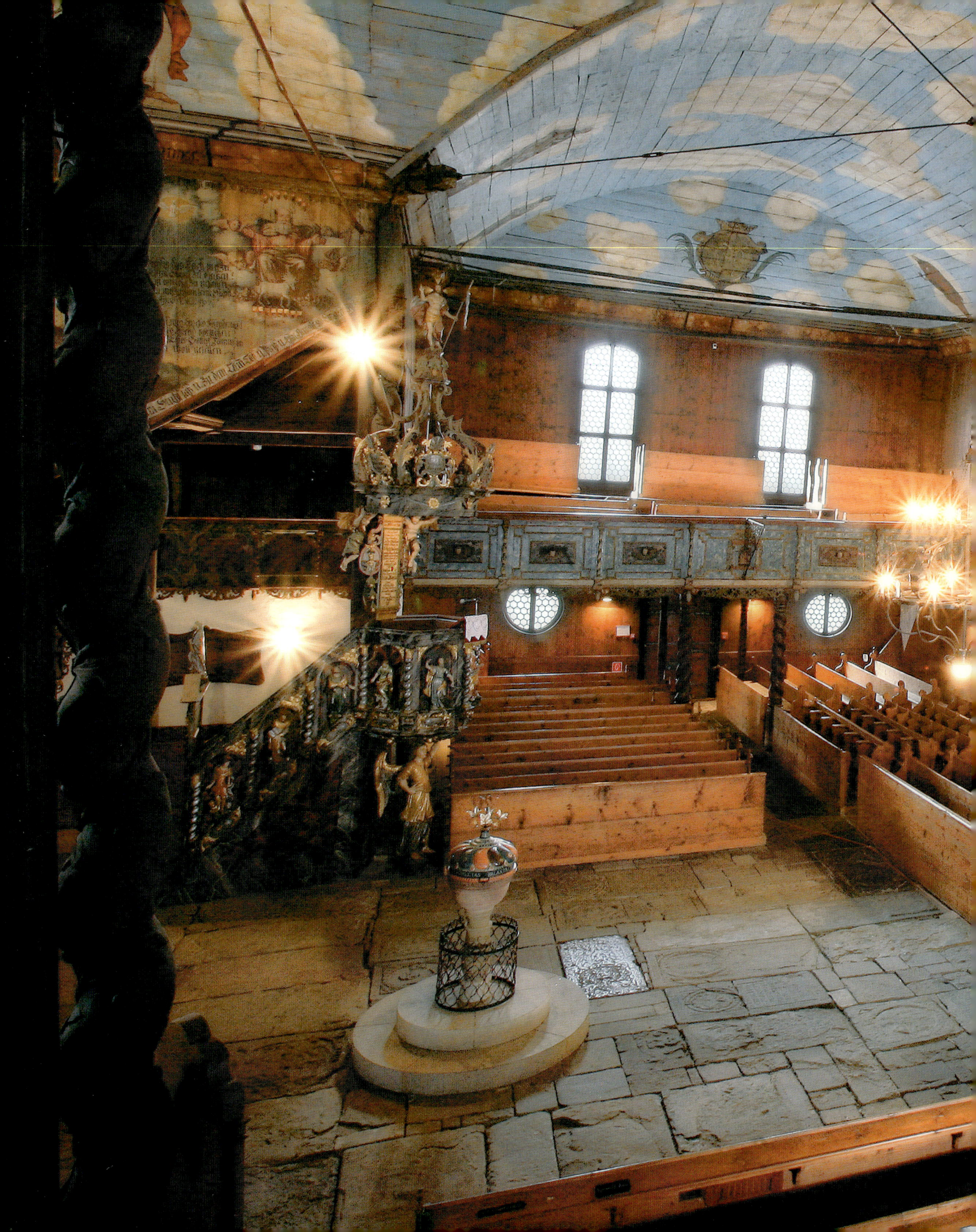

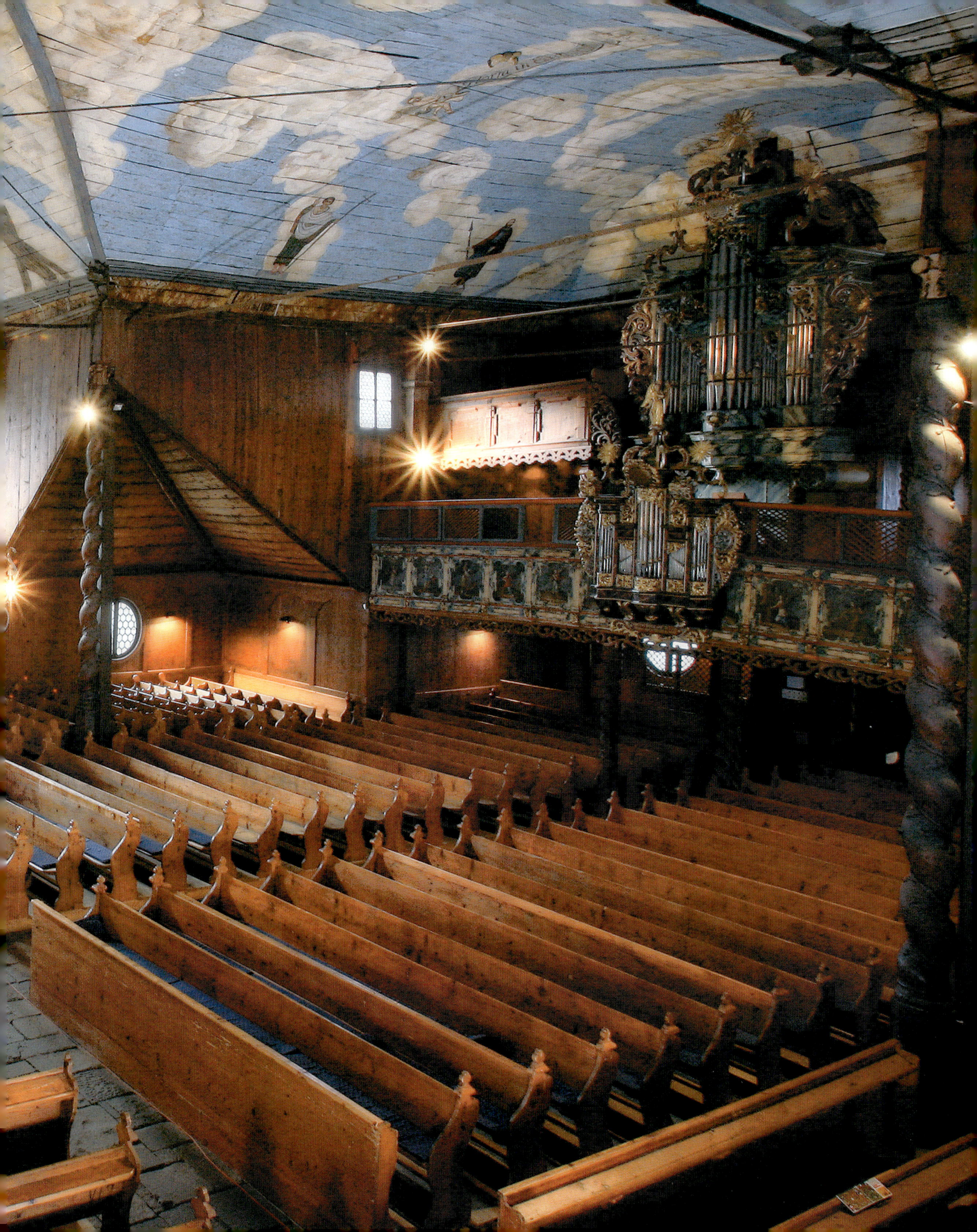

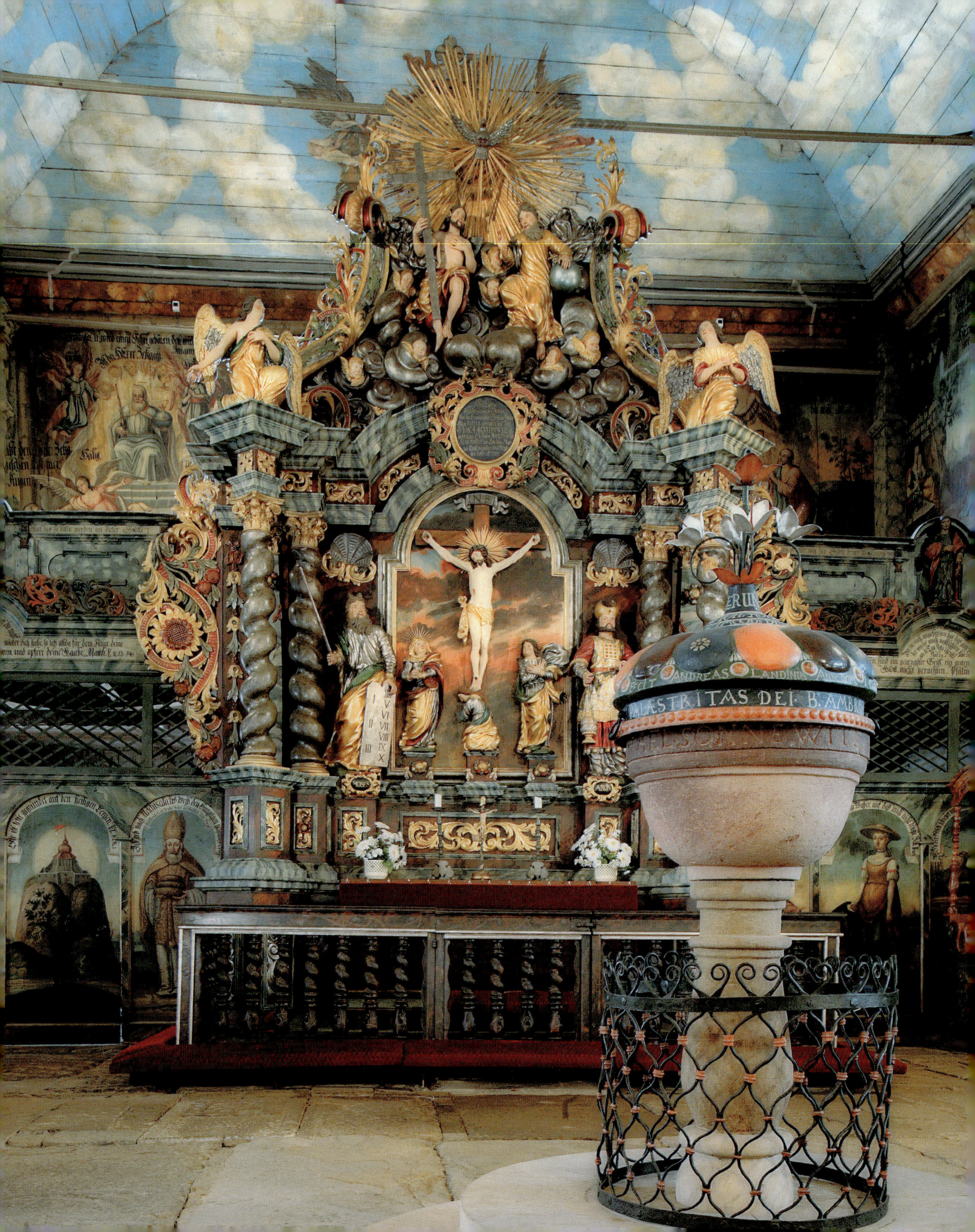

Oltár i drevený kostol je zasvätený Najsvätejšej Trojici
Na chóre je barokový dvojmanuálový doteraz funkčný organ z rokov 1717 - 1720

Altar and wooden church of the Most Holy Trinity
Baroque double-manual still functioning organ from 1717 - 1720 on organ loft

Der Altar und die Kirche wurden der Heiligen Dreifaltigkeit geweiht
Auf der Empore steht die doppelmanuale, bis heute funktionstüchtige Orgel aus den Jahren 1717 - 1720

L'autel et l'église en bois sont dédiés à la Sainte Trinité
Sur la tribune est l'orgue baroque à deux claviers encore en fonction, datant des années 1717 - 1720

V gotickom kostole z druhej polovice 14. storočia v Ľubici je v barokovej architektúre hlavného oltára z rokov 1760 - 1770 pôvodná gotická oltárna skriňa so sochou Madony a štyroch menších sôch svätíc, ktoré sú dielom Majstra Pavla z Levoče z obdobia okolo roku 1510

In the Baroque architecture of main altar from 1760 - 1770, an original Gothic altar cabinet with statue of Madonna and four smaller statues of saints, made by Master Paul of Levoča in about 1510, can be found at the Gothic church from the second half of the 14th century in Ľubica

In der gotischen Kirche aus der zweiten Hälfte des 14. Jahrhunderts in Ľubica steht in der barocken Architektur des Hauptaltars aus den Jahren 1760 - 1770 der ursprüngliche gotische Altarschrank mit der Statue der Madonna und vier kleineren Statuen der Heiligen, die das Werk von Meister Paul aus Levoča um 1510 sind

L´église gothique à Ľubica de la seconde moitié du XIVe siècle possède la boîte d´autel originelle avec la statue de Sainte Vierge et 4 statuettes des saintes qui sont oeuvres du Maître Paul de Levoča, vers 1510. La boîte fait partie de l´architecture baroque de l´autel principal des années 1760 - 1770

Veľká Lomnica - Ladislavská legenda, súboj sv. Ladislava s Kumánom,
nástenná maľba z rokov 1310 - 1320 v sakristii farského kostola sv. Kataríny

Veľká Lomnica - Ladislav´s legend, a duel of St. Ladislav with Kumans,
mural painting from 1310 - 1320 in sacristy of the St. Catherine´ parish church

Veľká Lomnica - Die Legende von Ladislav, der Kampf zwischen Hl. Ladislav und dem Kumanen,
das Wandgemälde aus den Jahren 1310 - 1320 in der Sakristei der Pfarrkirche der Hl. Katharina

Veľká Lomnica - Légende de Saint Ladislas, le duel de St.Ladislas avec Kuman,
peinture murale des années 1310 - 1320 dans la sacristie de l´église paroissiale de Sainte Catherine

Spišská Belá - letecký pohľad na historické centrum mesta so zvonicou, kostolom a rodným domom - dnes Múzeum J. M. Petzvala, vynikajúceho matematika, fyzika a vynálezcu moderného fotoobjektívu

Spišská Belá - air view of historical centre with belfry, church and a house where J. M. Petzval, an outstanding mathematician, physicist and inventor of modern photo-objective, was born. Nowadays a museum

Spišská Belá - Die Ansicht aus der Vogelperspektive auf das historische Zentrum mit dem Glockenturm, der Kirche und dem Geburthaus von J. M. Petzval - der ein hervorragender Mathematiker, Physiker und der Erfinder des modernen Photoobjektivs war. Dies ist heute ein Museum

Spišská Belá - la vue aérienne sur le centre historique avec le clocher, l´église et la maison natale de J. M. Petzval le mathématicien excellent, physicien et l´inventeur d´objectif photographique contemporain. Aujourd´hui son musée

Barokový organ z prvej polovice 18. storočia vo farskom Kostole sv. Antona Pustovníka v Spišskej Belej. Maľby na organovej empore znázorňujú sv. Marka (s levom) a sv. Ambroza (s včelím úľom)

Baroque organ from the first half of the 18th century in the parish church of St. Antonius, the Hermit in Spišská Belá. Paintings on organ empora depict St. Mark and St. Ambrosius (with bee hive)

Die barocke Orgel aus der ersten Hälfte des 18. Jahrhunderts in der Pfarrkirche des Hl. Antonius des Einsiedlers in Spišská Belá. Die Gemälde auf der Empore der Orgel stellen den Hl. Marcus (mit dem Löwen) und den Hl. Ambrosius (mit dem Bienenbau) dar

L´orgue baroque de la première moitié du XVIIIe siècle dans l´église St. Antoine l´Ermite à Spišská Belá, les peintures sur la tribune d´orgue présentent St. Marc (avec le lion) et St. Ambrose (avec l´abeiller)

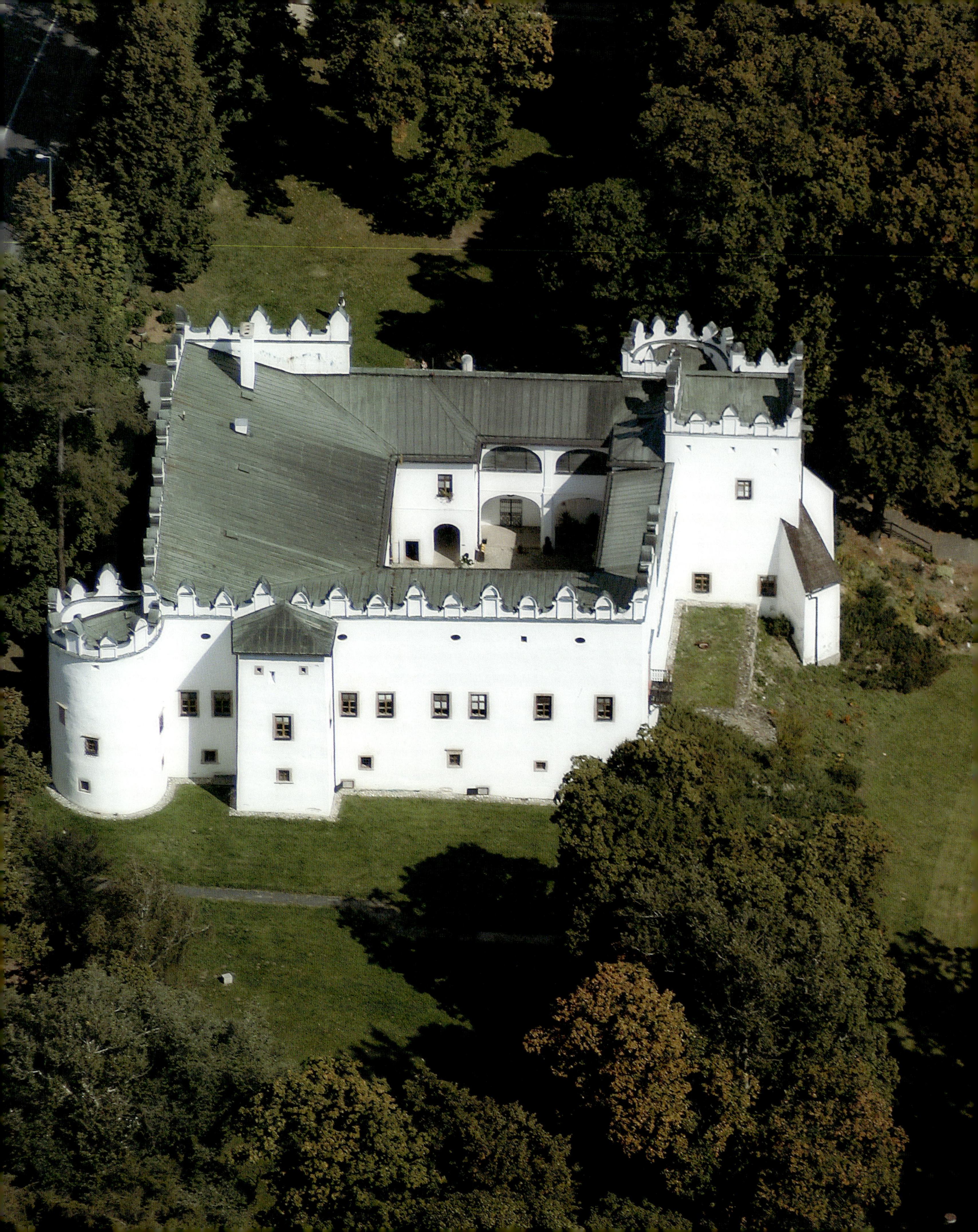

Renesančný kaštieľ v Strážkach. Dnes expozícia Slovenskej národnej galérie. Oproti stojí gotický kostol sv. Anny z konca 15. storočia a renesančná zvonica z roku 1629 s pestrou sgrafitovou výzdobou. V interiéri kostola sú neskorogotické oltáre zo začiatku 16. storočia. Na severnej stene pri oltári sv. Petra a Pavla je neskorogotická nástenná maľba s výjavom Posledného súdu >>

Renaissance manor house in Strážky. Nowadays an exposition of the Slovak National Galery. Opposite the Gothic church of St. Anna from the end of the 15th century and the Renaissance belfry from 1629 with sgrafitti decorations. Late Gothic altars from the beginning of the 16th century in church interior. Late Gothic mural painting with depiction of Final Court on the northern wall at Ss. Peter and Paul' altar >>

Das Renaissanceschloss in Strážky. Heute die Exposition der Slowakischen Nationalen Galerie. Gegenüber steht die gotische Kirche der Hl. Anna vom Ende des 15. Jh. und der Renaissanceglockenturm aus dem Jahr 1629 mit der bunten Kratzputz-Ausschmückung. In dem Kircheninterieur stehen die spätgotischen Altäre aus dem Beginn des 16. Jahrhunderts. Auf der Nordseite beim Altar des Hl. Petrus und Paulus ist das spätgotische Wandgemälde mit der Abbildung des Letzten Gerichts gemalt >>

Le manoir renaissance à Strážky, aujourd´hui l´exposition de la Gallerie nationale slovaque. En face l´église St. Anne gothique de la fin du XVe siècle et le clocher renaissance de 1629 avec les ornements des grafitti. A l´intérieur de l´église il y a des autels de l´art gothique tardive du début du XVIe siècle. Sur le mur nord près de l´autel St. Pierre et Paul il y a une peinture murale gothique tardive avec la scène du Jugement dernier à voir >>

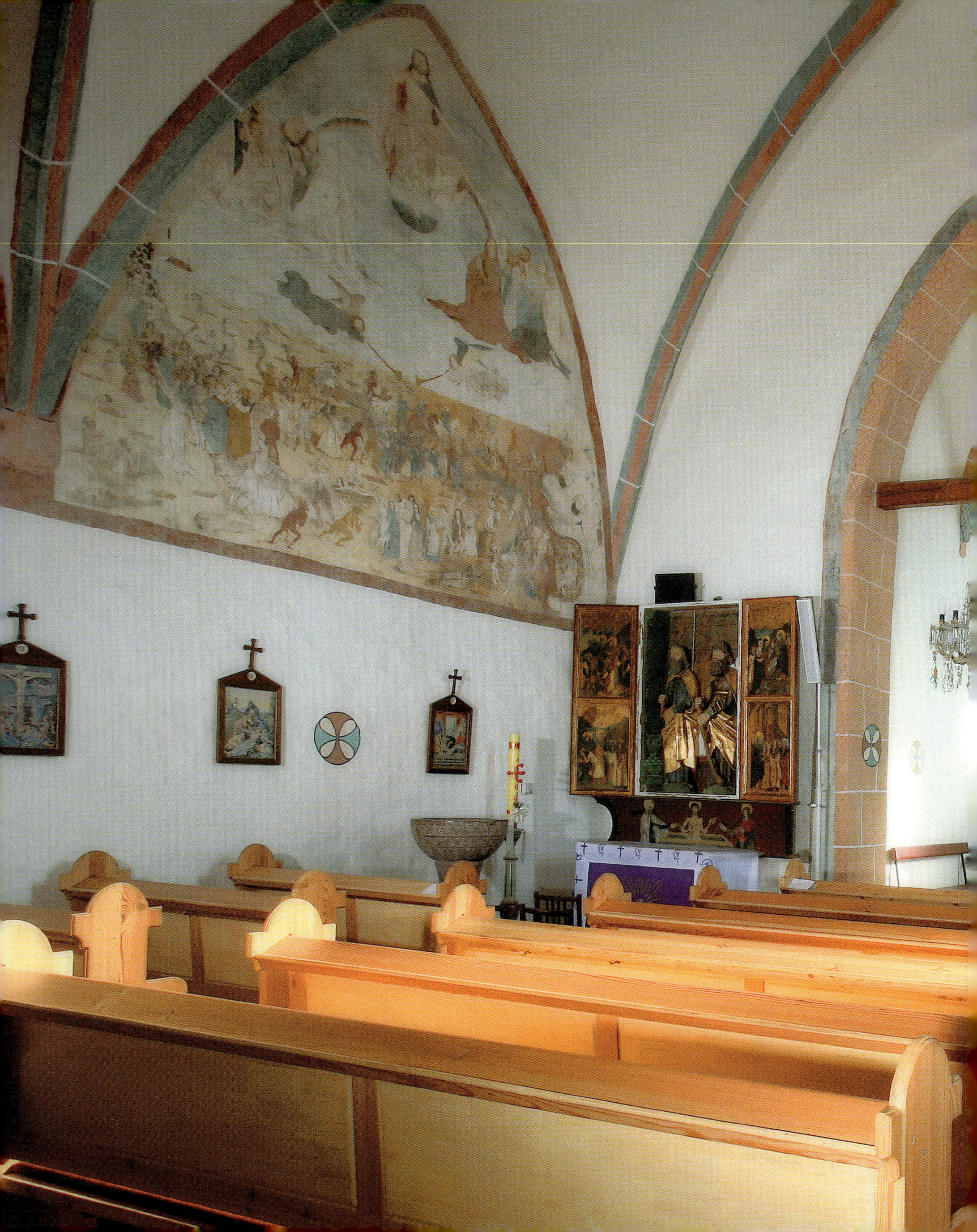

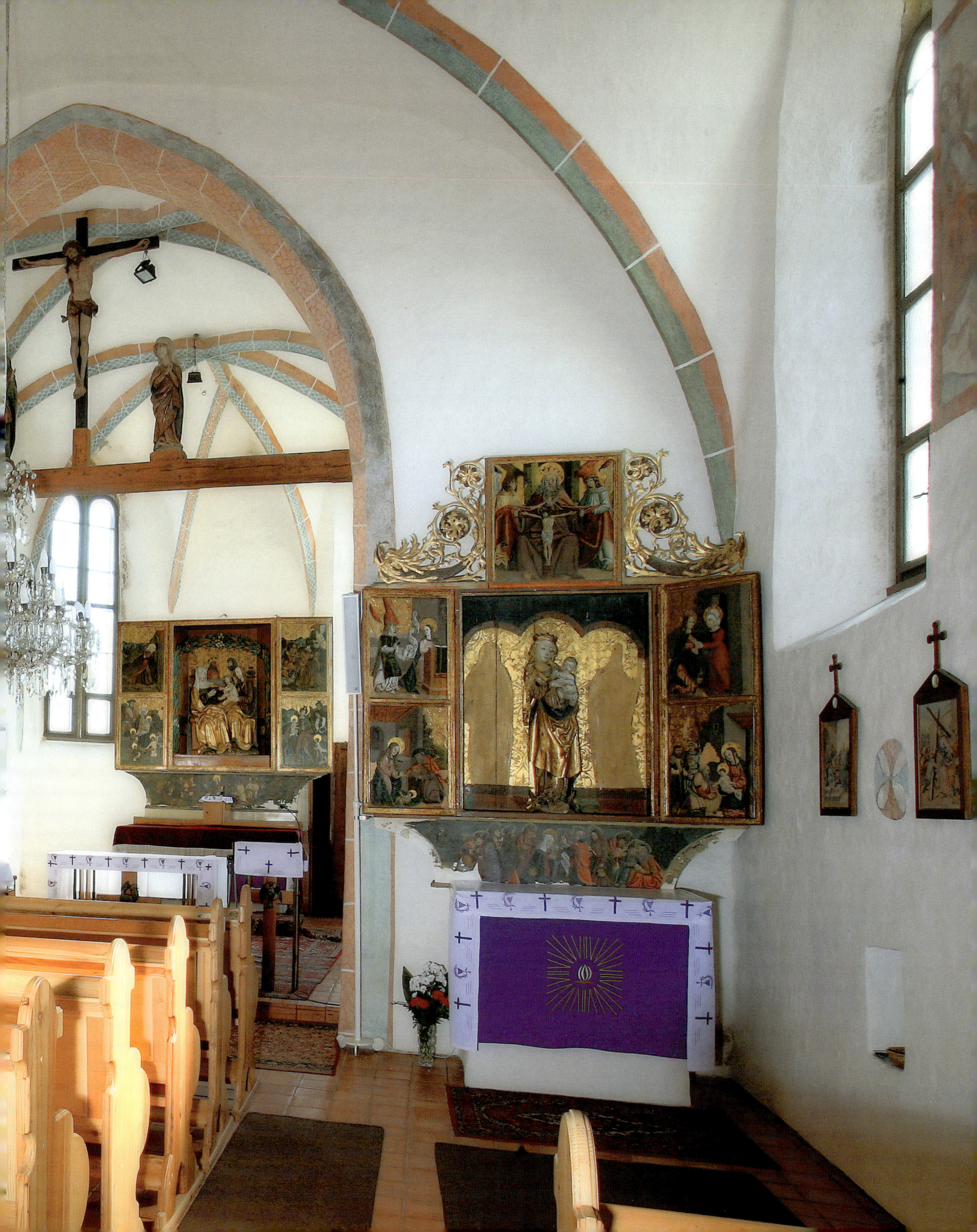

Slovenská Ves - hlavný oltár farského kostola s gotickou sochou Madony, ktorá je dielom Majstra Pavla z Levoče z obdobia okolo roku 1510

Slovenská Ves - main altar with the Gothic statue of Madonna by Master Paul of Levoča from about 1510

Slovenská Ves – Der Hauptaltar der Pfarrkirche mit der gotischen Statue der Madonna, die das Werk von Meister Paul aus Levoča um 1510 ist

Slovenská Ves – l´autel principal de l´église paroissiale avec la statue de Sainte Vierge gothique taillée par Maître Paul de Levoča vers 1510

Lendak - hlavný oltár kostola sv. Mikuláša biskupa. Krídlový neskorogotický oltár z obdobia okolo roku 1500 má v predele reliéf znázorňujúci Krista s dvanástimi apoštolmi. V oltárnej skrini sú tri sochy - Madona uprostred, sv. Mikuláš vľavo a sv. Ján Krstiteľ vpravo

Lendak - main altar of St. Nicolaus the Bishop' church. Winged late Gothic altar from period about 1500 has a relief in predella which depicts the Christ with twelve apostles. Three statues are in the altar cabinet - Madonna in the middle, St. Nicolaus on the left and St. John, the Baptist on the right

Lendak - der Hauptaltar der Kirche des Hl. Nicolaus des Bischofs. Der spätgotische Flügelaltar um 1500 hat in der Predella ein Relief, das Christus mit den zwölf Aposteln darstellt. In dem Altarschrank sind drei Statuen - die Madonna in der Mitte, der Hl. Nicolaus links und Johannes der Täufer rechts

Lendak - l´autel principal de l´église Saint Nicolas l´évêque. L´autel gothique tardive aux ailes de l´époque vers 1500, ayant le relief présentant Jésus Christ avec ses 12 apôtres. Dans la boîte de l´autel il y a trois statues, Sainte Vierge au centre, St. Nicolas à gauche et St. Jean-Baptiste à droite

Výborná - gotický kostol sv. Uršuly zo 14. stor. Interiér kostola s barokovými oltármi zo začiatku 18. storočia. Vzácny je kazetový maľovaný strop z 2. polovice 16. storočia

Výborná - the Gothic church of St. Ursula from the 14th century
Church interior with the Baroque altars from the beginning of the 18th century. Valuable painted ceiling from the second half of the 16th century

Výborná (Bierbrunn) - die gotische Kirche der Hl. Ursula aus dem 14. Jahrhundert
Das Kircheninterieur mit den barocken Altären vom Beginn des 18. Jahrhunderts. Kostbar ist auch die geschmückte Decke aus der 2. Hälfte des 16. Jahrhunderts

Výborná - l´église St. Ursule gothique du XIVe siècle
L´intérieur de l´église avec les autels baroque du début du XVIIIe siècle. Le plafond à caissons peintus de la seconde moitié du XVIe siècle est de grande valeur

»

Podvečerná nálada pri rybníkoch neďaleko Vrbova, ktorý je známy historickými pamiatkami v centre a termálnym kúpaliskom

Early evening mood at ponds close to Vrbov, known by its historical monuments in the centre and by thermal swimming pool

Dämmerungsstimmung bei Fischteichen in der Nähe von Vrbov, der dank seiner historischen Denkmäler im Zentrum und dem Thermalbad bekannt ist

Le crépuscule tombant sur les étangs près de Vrbov, connu par ses sites historiques au centre et la piscine à l´eau thermale

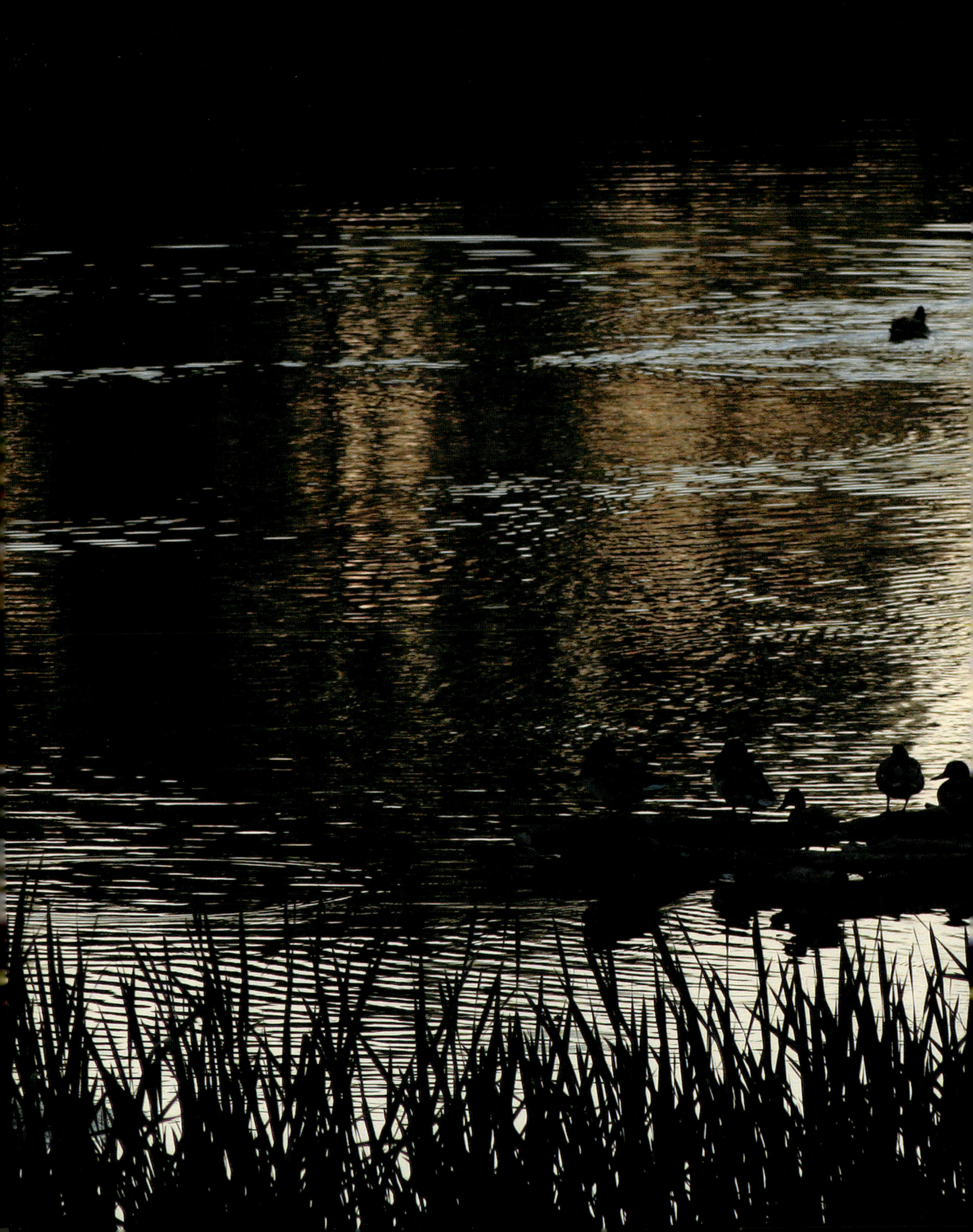

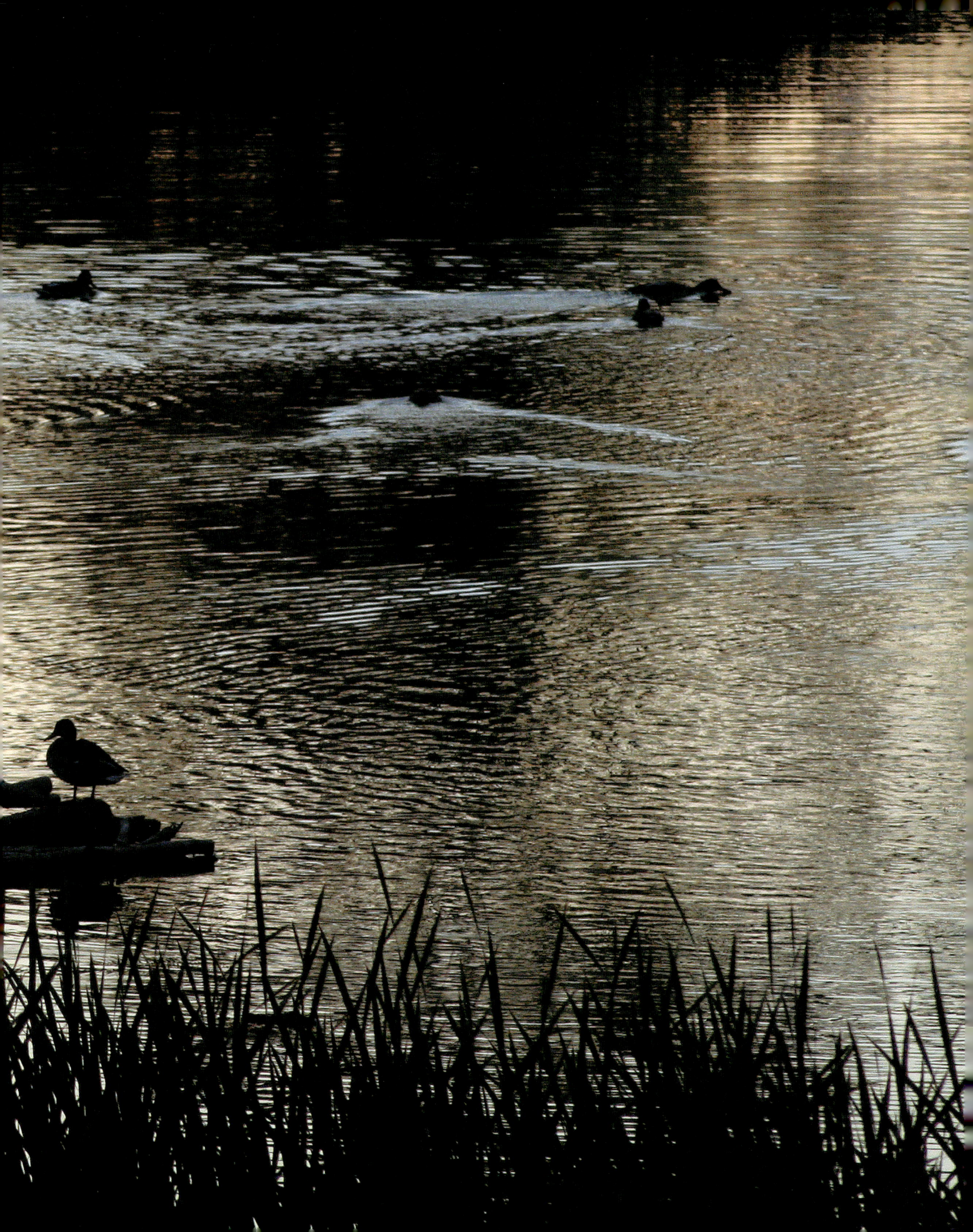

ĽUDOVÉ TRADÍCIE NA SPIŠI
Jedinečné dedičstvo generácií húževnatých predkov

...vďaka pestrému zloženiu obyvateľstva bola tradičná ľudová kultúra na Spiši rôznorodá a bohatá. Dnes ľudová architektúra, remeslá, zvyky, tance a piesne nenávratne ustupujú modernému životnému štýlu. Miestami, v obciach ako Lendak, Jakubany, Torysky či Kojšov, sa dávne tradície dosiaľ zachovávajú, staršie ženy tu ešte nosia kroje... Ľudová architektúra sa dá obdivovať najmä v skanzenoch, ručné výrobky možno nájsť na trhoch starých remesiel, hudobný folklór prežíva vo vystúpeniach ľudových umeleckých súborov...

FOLK TRADITIONS IN AT SPIŠ
Unique heritage from generations of our arduous forefathers

... traditional folk culture has always been variegated, and this due to the composition of nationalities of inhabitants. Folk architecture, crafts, customs, dances and songs are irreversible remitting and are being replaced by modern life style, but there are still some locations - such as Lendak, Jakubany, Torysky or Kojšov, where the old customs are still living and old women still wear the folk costumes. Folk architecture can be admired especially at the open air museums, hand made products are available at old craft markets, music folklore revives thanks to the activities of folk groups...

VOLKSTRADITIONEN AN DER ZIPS
Einzigartiges Erbe der zähen Vorfahrengenerationen

... die traditionelle Volkskultur war in der Zips dank der bunten Bevölkerungszusammensetzung vielseitig und reich. Volksarchitektur, Handwerk, Bräuche, Tänze und Gesang weichen dem modernen Lebensstil - in den Dörfern wie Lendak, Jakubany, Torysky oder Kojšov erhalten sich die alten Bräuche bis heute, ältere Frauen kleiden sich hier noch in Trachten ... Volksarchitektur kann man vor allem im Freilichtmuseum sehen, Handarbeiten kann man auf den Märkten des alten Handwerks kaufen und die Folkloremusik überlebt dank den Auftritten von Volkskunst-Gruppen...

TRADITIONS POPULAIRES EN SPIŠ
L´héritage unique des générations des ancêtres tenaces

...La culture populaire traditionnelle en Spiš était toujours très variée et riche grâce à la composition de sa population. L´architecture populaire, l´artisanat, les coutumes, danses et chants folkloriques, tout ça laisse sa place au style de vie contemporaine, même si il y a encore des villages comme Lendak, Jakubany, Torysky ou Kojšov où on garde les traditions anciennes, les femmes y portent encore des costumes traditionnels. L´architecture populaire est à admirer dans les skansens (musées en plein air), les produits faits à la main sont offerts aux marchés d´artisanat et la musique populaire subsiste à l´intermédiaire des ensembles folkloriques...

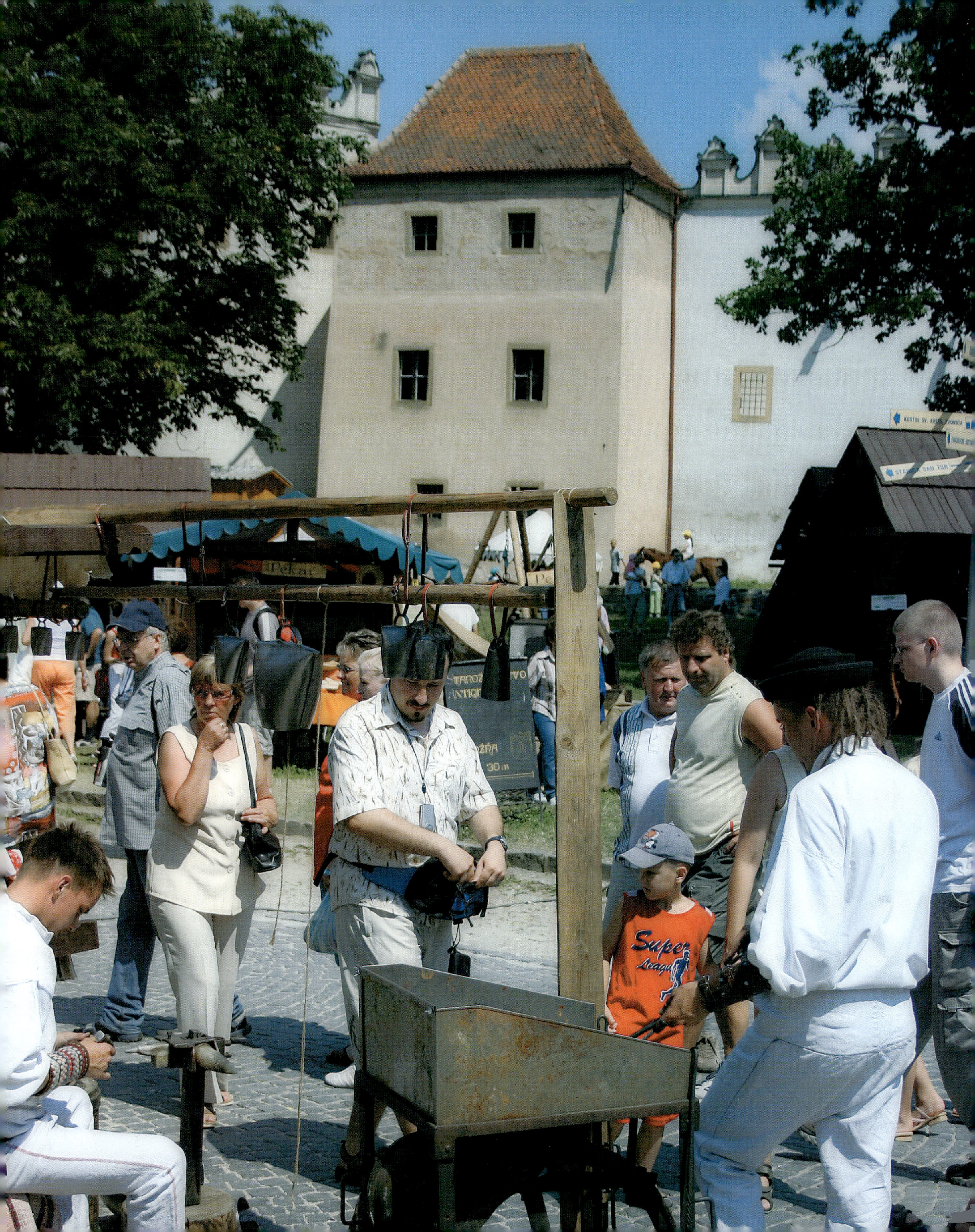
Super League
30 m

Na kežmarskom námestí sa v minulosti konali veľkolepé výročné trhy, na ktoré prišli remeselníci a kupci z celej Európy. V súčasnosti sa tu od roku 1991 koná podujatie Európske ľudové remeslo, ktoré nadväzuje na tradície prác starých remeselníkov

Square in Kežmarok was a place of spectacular annual markets with participation of craftsmen and traders from entire Europe. Nowadays, there has been an event, called The European Folk Crafts, organized since 1991

Auf dem Hauptplatz von Kežmarok wurden großartige Jahrmärkte abgehalten, an denen Handwerker und Kaufmänner aus ganz Europa teilnahmen. Heute wird hier seit 1991 die Veranstaltung Europäisches Volkshandwerk veranstaltet, das an die Traditionen der alten Handwerker anknüpft

La place de Kežmarok était animée par les grands foires annuelles où les artisans et marchands sont venus de toute l´Europe. Aujourd´hui on y organise la foire de l´Artisanat populaire Européen dès 1991 par laquelle on reprend les traditions des anciens artisans

Remeselná výroba je počas festivalu predvádzaná priamo pred očami navštevníkov - hrnčiar za hrnčiarskym kruhom, košíkárka

During a festival craftsmen are producing directly in front of the visitors - a potter and a basket maker

Die handwerkliche Produktion wird während der Veranstaltung vor den Augen der Besucher gezeigt - der Töpfer hinter der Töpferscheibe, Korbflechterin

On peut regarder directement les artisans travaillant, le potier avec son tour à potier, la vannière

Na trhoch ožívajú aj staré kroje
Časti ľudových odevov bývali šité z ľanového plátna farbeného starou technológiou modrotlače, ktorú dokumentuje expozícia v Popradskom múzeu

Comeback to life of the old folk costumes
Some parts of the folk costumes had been made from line dyed by old technology of blueprint, as documented in exposition of museum in Poprad

Auf den Märkten leben auch alte Trachten auf Teile der Volkstrachten wurden aus dem Leinentuch, das mit der alten Technik des Blaudrucks gefärbt wurde, genäht. Dies stellt die Exposition im Museum in Poprad vor

Les anciens costumes folkloriques reprennent leur vie pendant les marchés. Les parties des vêtements populaires furent coudues en toile de lin teintue par une vieille technologie des teinturiers bleu, qui est présentée dans le Musée de Poprad

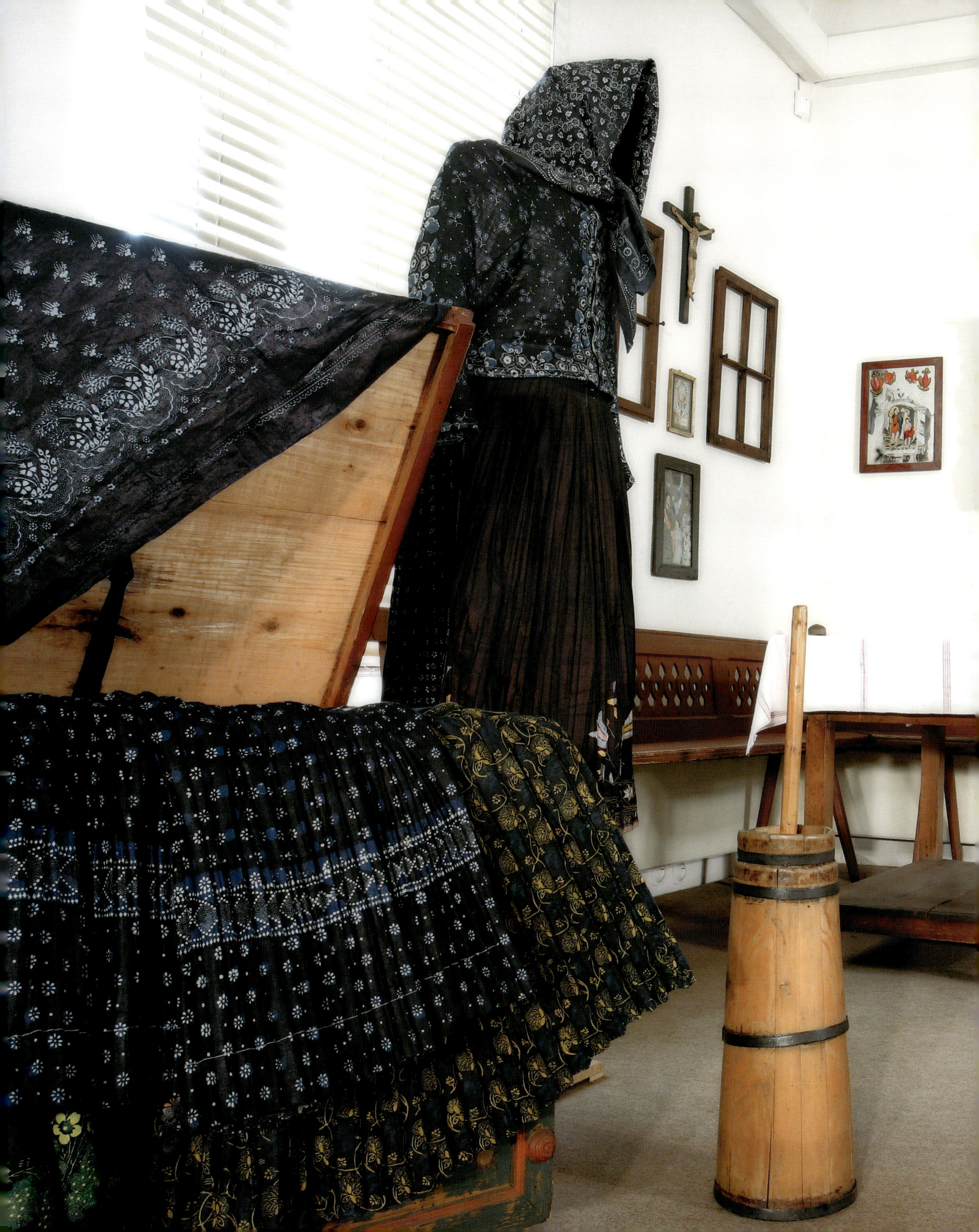

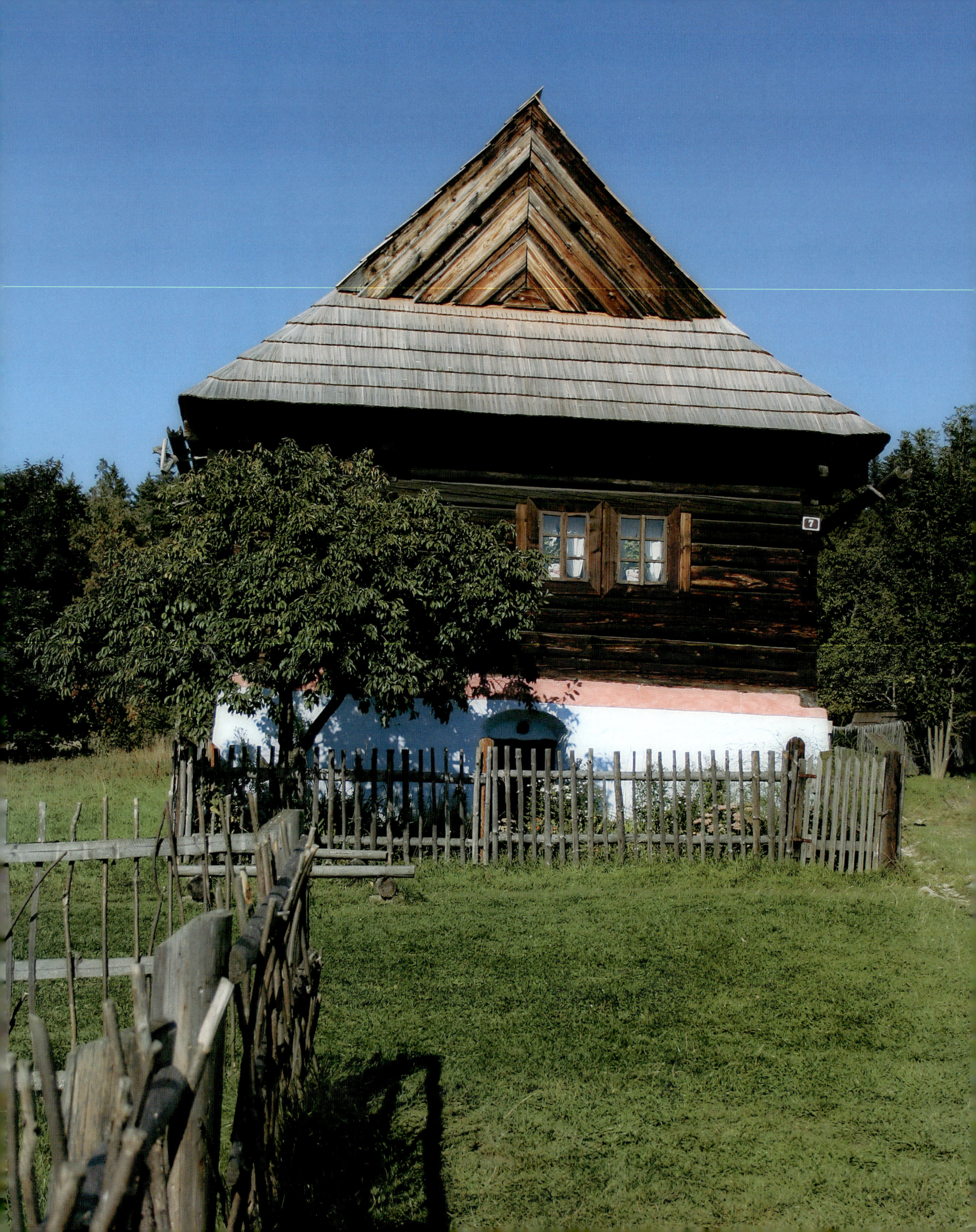
7

Tradičné bývanie je zachované v dreveniciach v skanzene pod hradom v Starej Ľubovni

Traditional dwelling is preserved in wooden houses at open air museum under the castle in Stará Ľubovňa

Traditionsleben ist in Holzhäusern im Freilichtmuseum unter der Burg in Stará Ľubovňa erhalten geblieben

L´habitat traditionnel subsisté en vieilles maisons en bois dans le skansen (musée de plein air) aux pieds du château fort de Stará Ľubovňa

Mužský goralský odev zo Ždiaru

Male Goral´s costume from Ždiar

Das männliche Kleid eines Goralen von Ždiar

Le costume folklorique d´un gorale de Ždiar

Maľovaná drevenica z podtatranskej obce Ždiar

Painted wooden house from Ždiar, a village beneath the Tatras

Gemaltes Holzhaus aus dem Dorf Ždiar

Maison en bois peintue du village Ždiar sous les Hautes Tatras

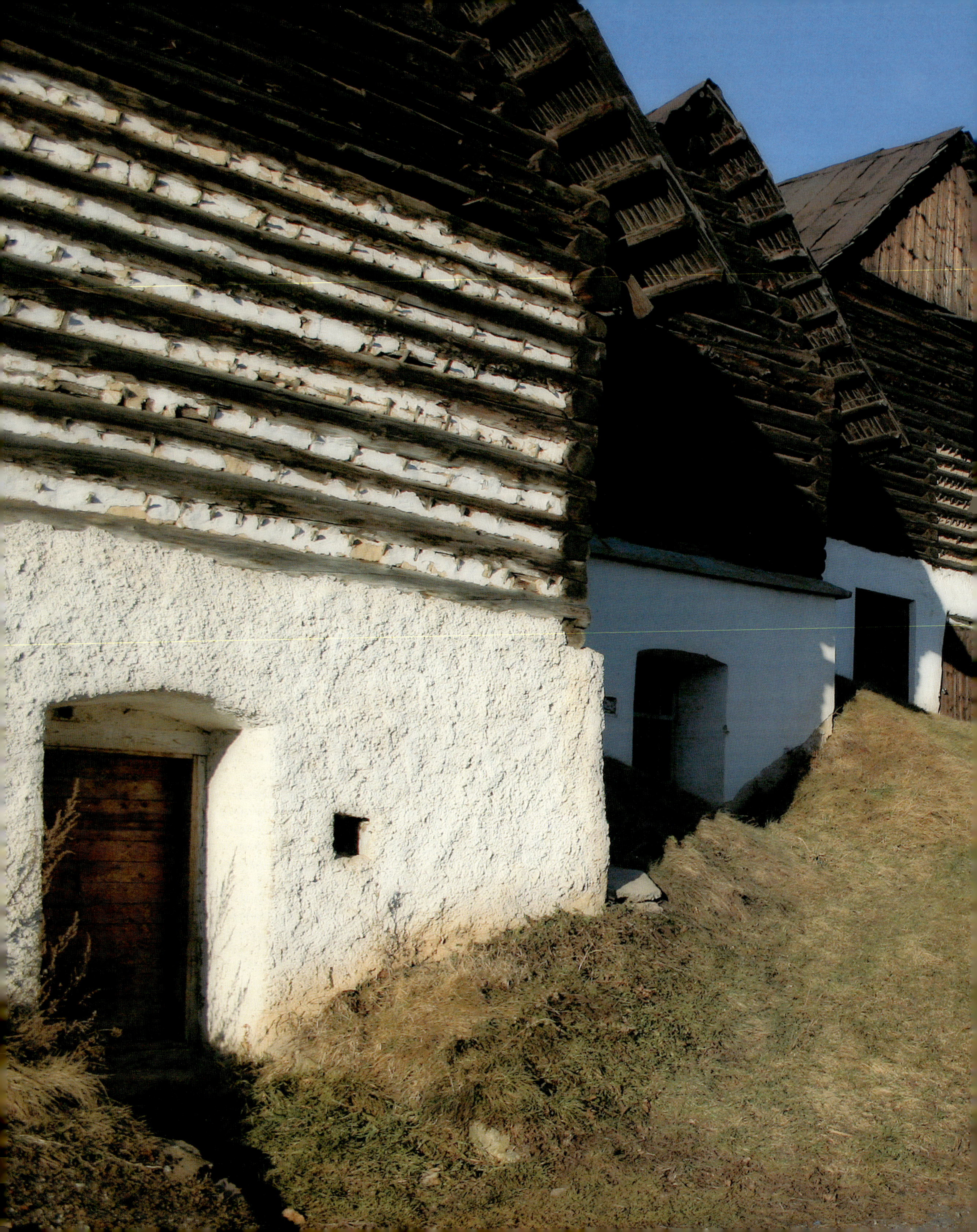

Storočné sýpky s pivnicami stojace na kraji Vikartoviec sú typické pre mnohé spišské obce

Hundred years old barns with cellers standing at the borders of Vikartovce are typical for many Spiš villages

Jahrhundertealte Getreidekammern mit Keller, die am Rande vom Vikartovce (Weigsdorf) stehen, sie sind typisch für die Dörfer in der Zips

Les greniers de cent ans avec les caves à l´extrémité de Vikartovce sont typiques pour plusieurs villages en Spiš

V pamiatkovej rezervácii ľudovej architektúry v Osturni je veľa zachovaných dreveníc

There are numerous preserved wooden houses in monument reserve of folk architecture in Osturňa

Im Denkmalschutzgebiet der Volksarchitektur in Osturňa (Althorn) gibt es viele erhaltene Holzhäuser

La réserve du patrimoine de l´architecture populaire à Osturňa où il y a beaucoup de maisons en bois préservées

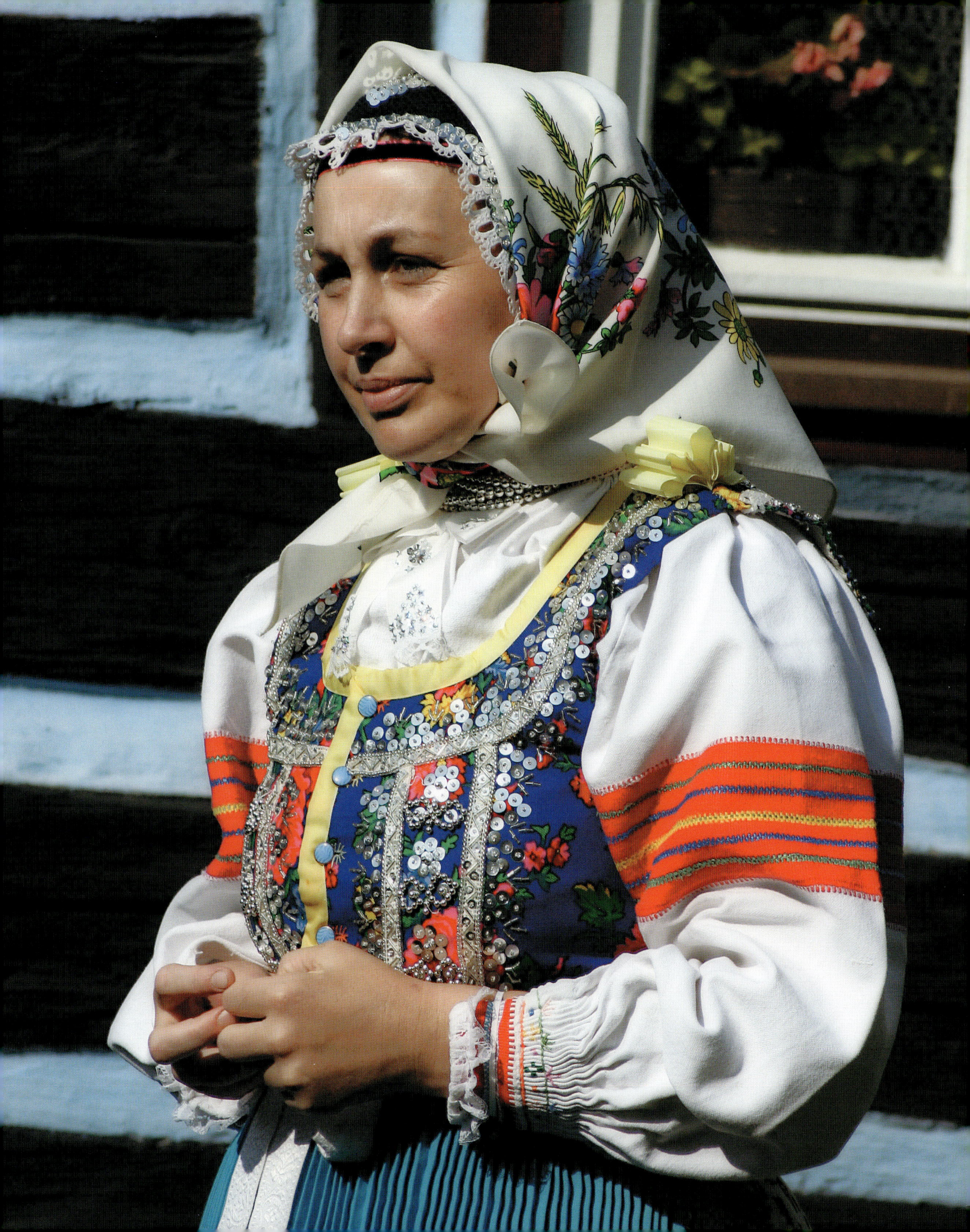

«

Slávnostný lendacký ženský kroj

Ceremonial female costume from Lendak

Die feierliche Frauentracht in Lendak

Le costume folklorique de femme de Lendak pour les fêtes

Pracovný kroj tkáčky z Lendaku

Working costume of a weaver from Lendak

Die Arbeitertracht einer Weberin aus Lendak

Le costume de travail d'une tisserande à Lendak

350

Dievčenský kroj zo Smižian

Maiden costume from Smižany

Die Mädchentracht aus Smižany (Schmögen)

Le costume populaire de jeune fille à Smižany

Pekný je aj kroj z Bijacoviec

Costume from Bijacovce is wonderful, too

Schön ist auch die Tracht aus Bijacovce

Le costume populaire de Bijacovce est joli aussi

Mladá nevesta s partou, tradičný ženský kroj z Torysiek

Young bride, traditional female costume from Torysky

Die junge Braut mit der sog. Parta (Kopfschmuck), die traditionelle Frauentracht aus Torysky

La jeune belle-fille avec la couronne aux rubans, le costume traditionnel des femmes de Torysky

Jeden z najznámejších spišských folklórnych súborov - Magura z Kežmarku, vystupuje doma i za hranicami

One of the most known folk groups - folk group Magura from Kežmarok, performing at home and abroad

Eine der bekanntesten zipser Folkloregruppen Magura aus Kežmarok, tritt zuhause und auch im Ausland auf

L´un des ensembles les plus connus en Spiš, l´ensemble Magura présente l´art populaire même à la maison et à l´étranger

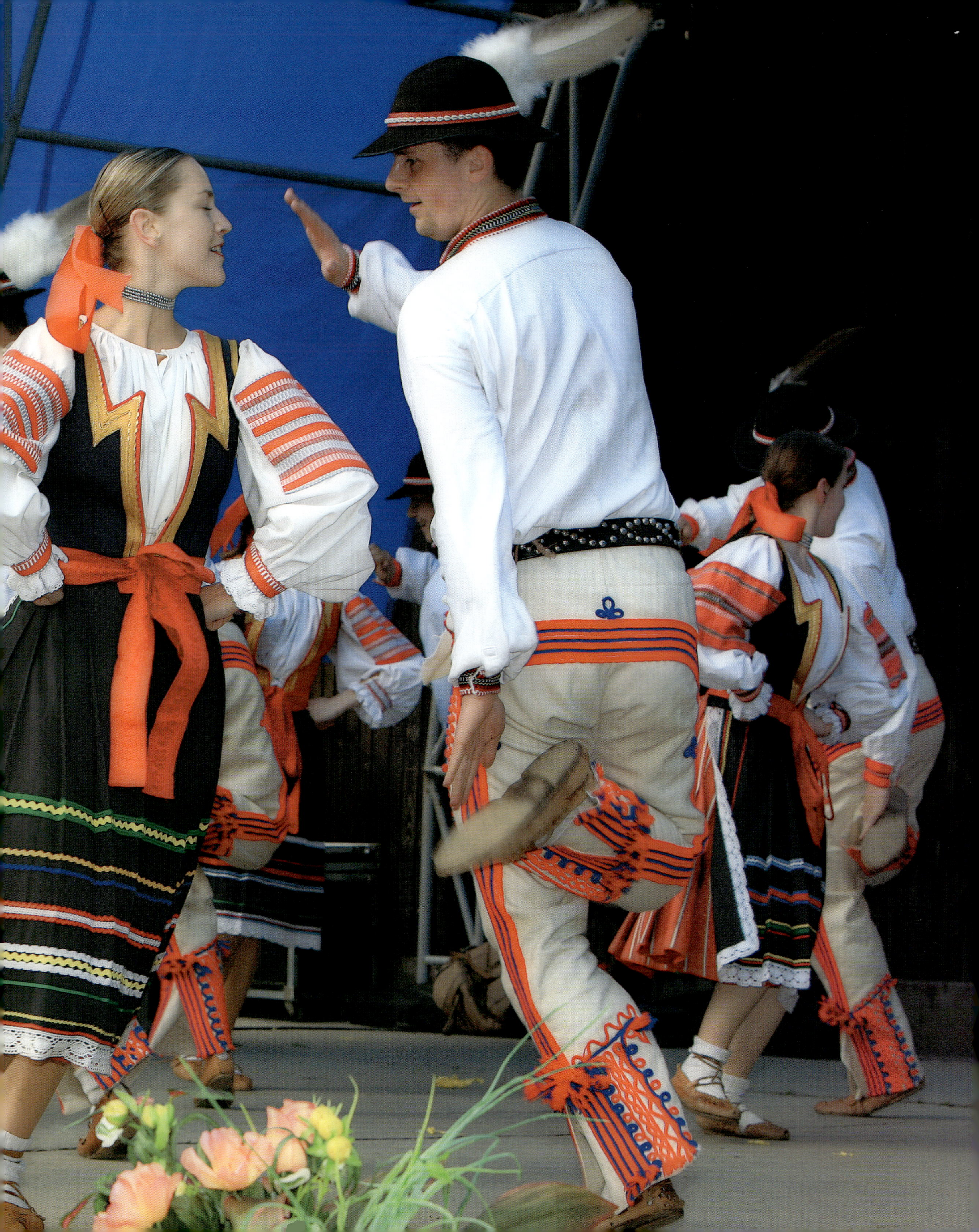

Dievčatá z detského folklórneho súboru Jadlovček z Margecian sú na svoje pekné kroje hrdé a rady si ich obliekajú. Dievčenský kroj z Margecian a spišský detský kroj - tzv. viganček

Girls from children´s folk group Jadlovček from Margecany are proud of their costumes which they like to wear. Maiden costume from Margecany and Spiš children´s costume

Mädchen aus der Kinder-Folkloregruppe Jadlovček aus Margecany sind auf ihre Trachten stolz und dementsprechend ziehen sie diese auch gerne an

Les filles de l´ensemble enfantin Jadlovček de Margecany sont fières à leurs beaux costumes et elles aiment les porter. Le costume traditionnel des filles à Margecany et le costume d´enfant de Spiš - „viganček"

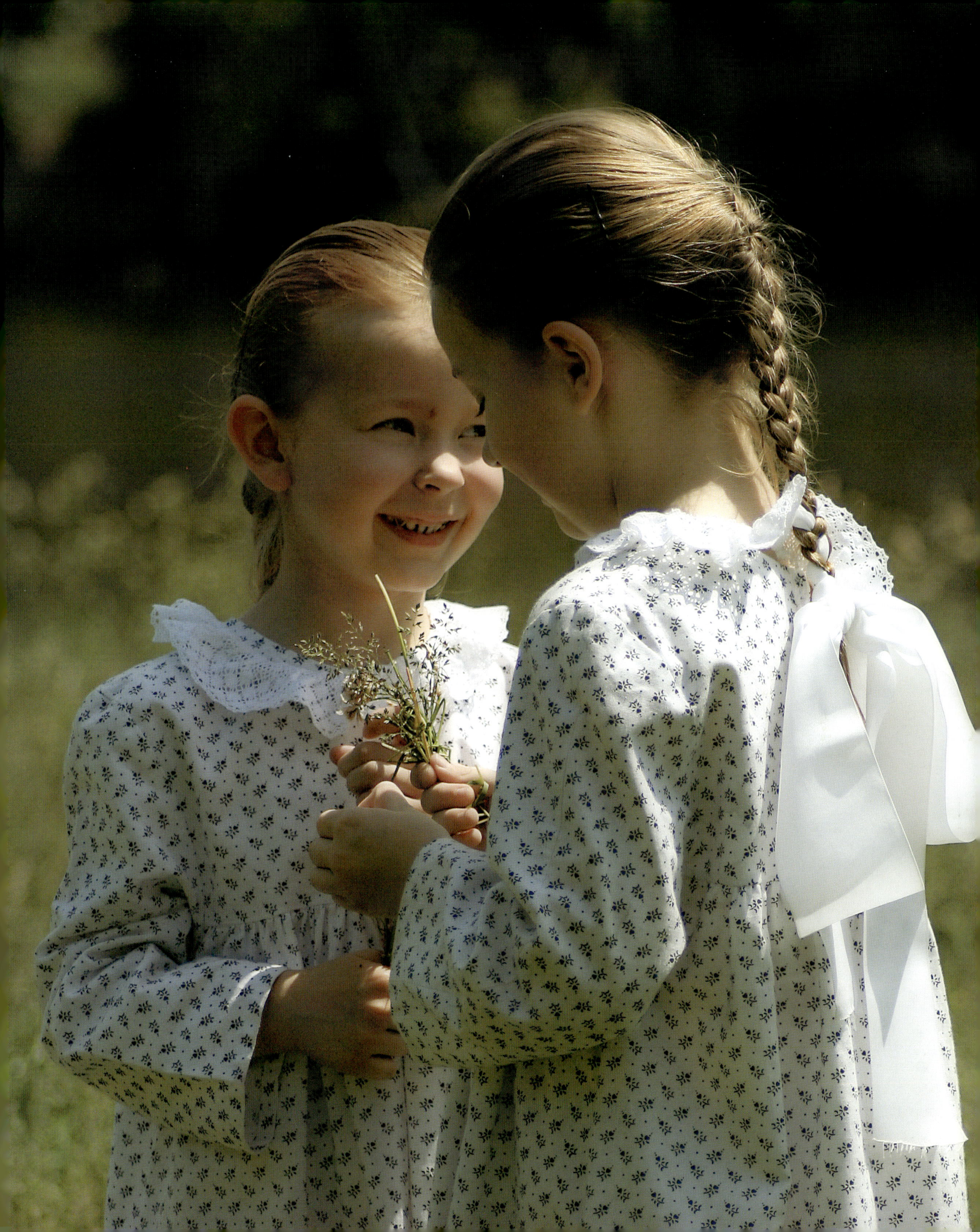

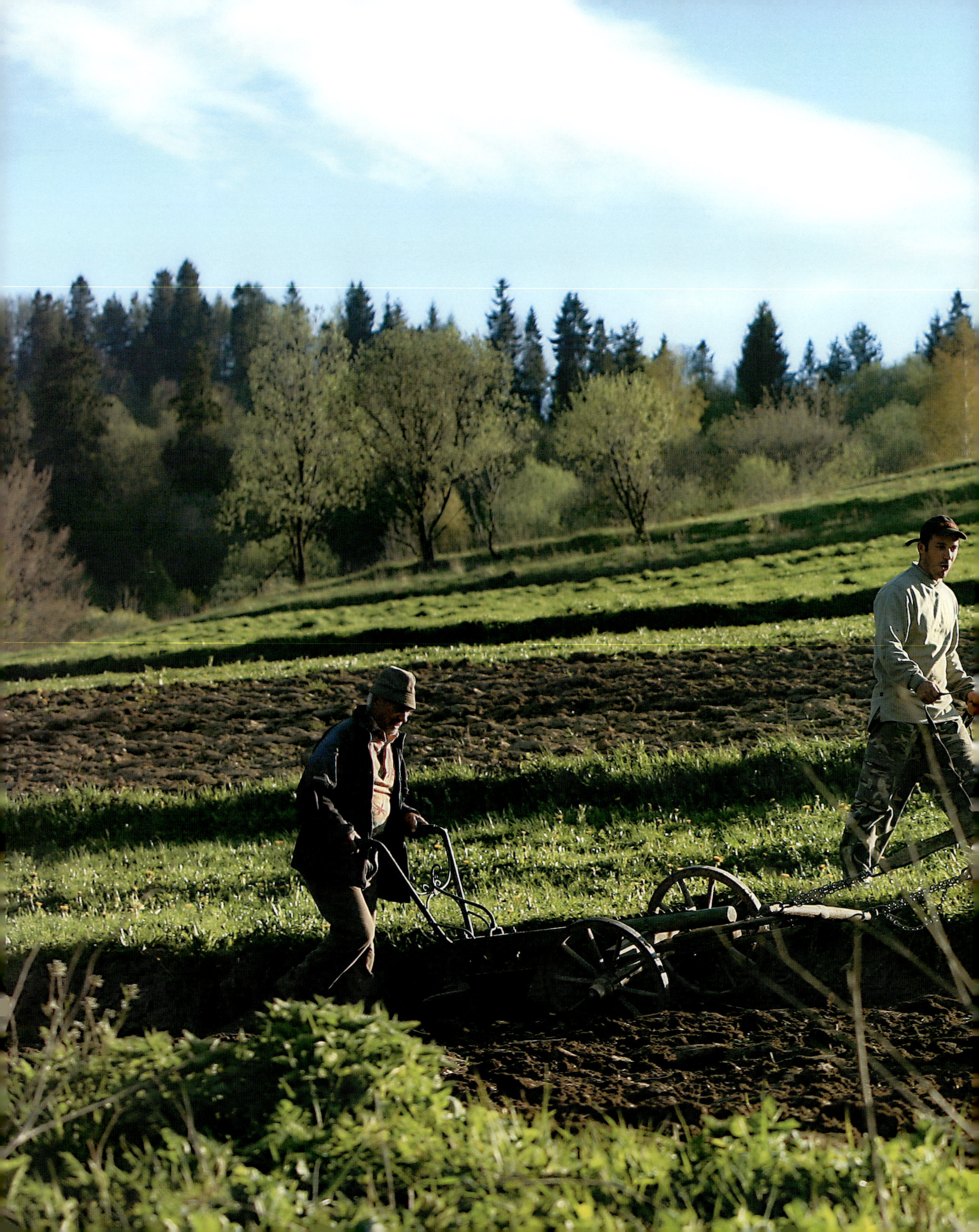

V horských oblastiach Spiša miestami pretrvalo tradičné obrábanie pôdy

Traditional farming preserved in some mountainous localities of Spiš

In den Berggebieten der Zips hat sich der traditionelle Ackerbau erhalten

Il y des champs montagnards en Spiš où on a gardé encore la culture traditionnelle

STARÁ ĽUBOVŇA A OKOLIE
Majestátny strážca stredovekých obchodných ciest

...nad prekrásnym údolím rieky Poprad na severe Spiša sa vypína hrad Ľubovňa, ktorý bol tristošesťdesiat rokov sídlom správy spišských miest zálohovaných Poľsku. Pozoruhodné múzeum na hrade, skanzen s dreveným kostolom východného obradu pod hradom a stredoveké námestie v priľahlom meste Stará Ľubovňa sú príťažlivé rovnako ako podmanivá tajomná krása okolitej krajiny Zamaguria. Neporušená príroda sa tu snúbi s historickými pamiatkami a s pretrvávajúcimi ľudovými tradíciami v architektúre, odeve i v duchovnom živote ...

STARÁ ĽUBOVŇA AND SURROUNDINGS
Majestic guard of medieval trade routes

... in the north of Spiš, there is the Castle of Ľubovňa rising up above the beautiful valley of the Poprad river; the castle which had been for 360 year an administrative seat of the Spiš towns given into Polish deposit. Remarkable museum at the castle, open air museum with wooden church of the Eastern rite and medieval square of Stará Ľubovňa have the same magic as mysterious beauty of the nature of Zamagurie. Untouched nature and historical monuments together with reviving folk traditions in architecture, dressing and spiritual life have created an exquisite atmosphere in this corner of the world ...

STARÁ ĽUBOVŇA UND UMGEBUNG
Prächtiger Beschützer der mittelalterlichen Handelsrouten

... über dem wunderschönen Tal von Poprad im Norden der Zips erhebt sich die Burg Ľubovňa, die über dreihundertsechzig Jahre lang das Verwaltungszentrum des an Polen verpfändeten Teiles der Zips war. Das besondere Museum der Burg, das unterhalb liegende Freilichtmuseum mit der hölzernen Kirche des östlichen Glaubens und der mittelalterliche Hauptplatz in der nahen gelegenen Stadt Stará Ľubovňa, sind anziehend und genauso fesselnd wie die umliegende Natur des Gebietes Zamagurie. Die unberührte Natur ist hier mit den historischen Denkmälern und Volkstraditionen in Architektur, Kleidung und geistlichem Leben vereinigt ...

STARÁ ĽUBOVŇA ET SON ENVIRONS
Le gardien majesteux des routes commerciales du Moyen-Âge

...Au dessus de la vallée splendide de la rivière Poprad dans le nord de Spiš se dresse le château Ľubovňa qui avait été pendant 360 années le siège de l´administration des villes de Spiš, mises au gage en Pologne. Le musée précieux dans le château, le skansen avec l´église en bois greco-catholique au pied de ce château et la place médiévale dans la ville adjacente de Stará Ľubovňa, ils tous attirent aussi que la beauté mystérieuse du paysage de Zamagurie. La nature vierge se marie avec les sites historiques et les traditions populaires y préservées en architecture, des costumes et la vie spirituelle...

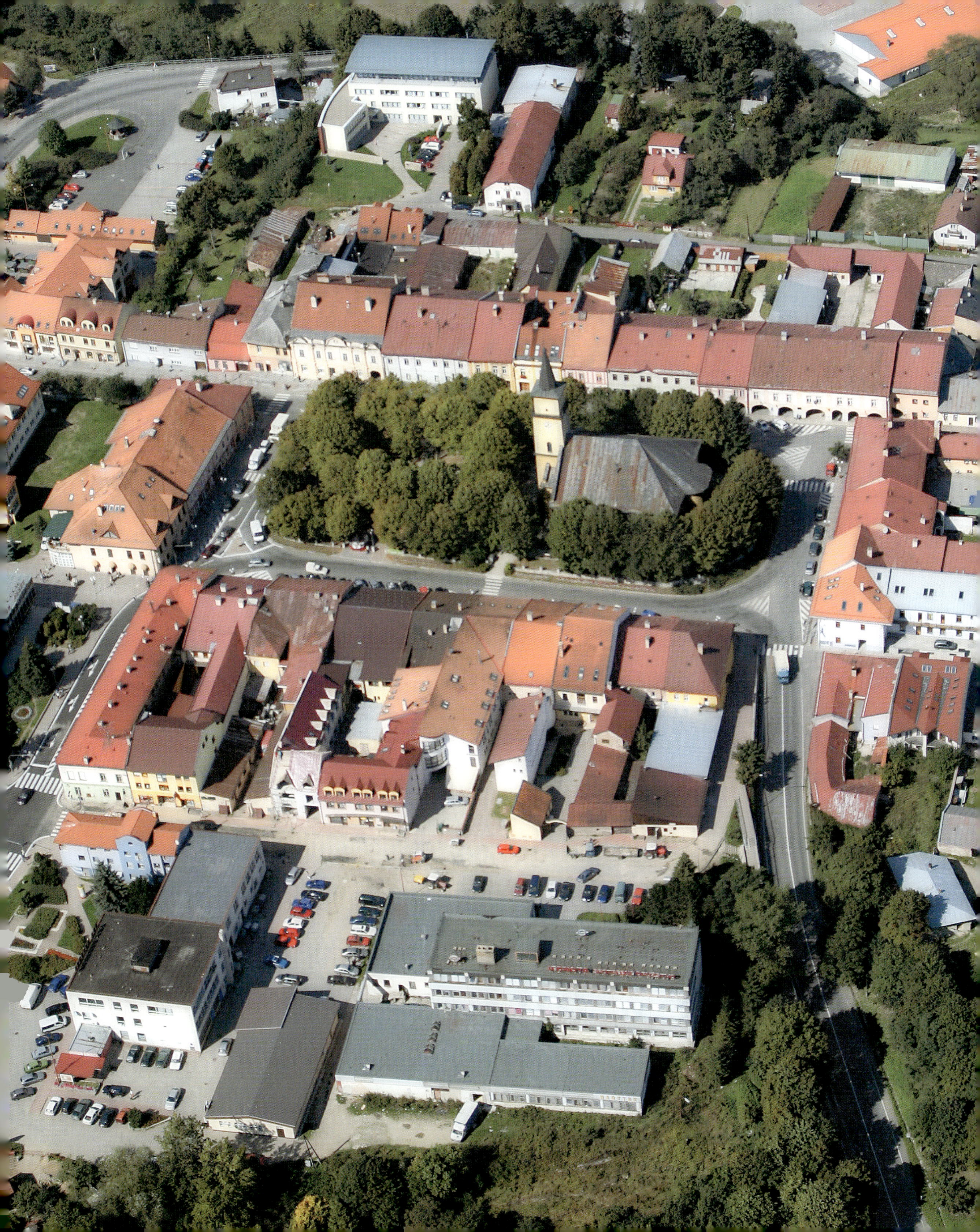

<<

Obdĺžnikový tvar námestia Starej Ľubovne s kostolom sv. Mikuláša

Rectangular shape of the square in Stará Ľubovňa with the St. Nikolaus´ Church

Die rechteckige Form des Hauptplatzes in Stará Ľubovňa mit der Kirche des Hl. Nicolaus

La place rectangulaire à Stará Ľubovňa avec l´ église Saint Nicolas

Južný pohľad na Ľubovniansky hrad, ktorý dal postaviť začiatkom 14. storočia oligarcha Omodej Aba

Southern view of Ľubovňa Castle, constructed at the beginning of the 14th century by the oligarch Omodej of Aba

Der südliche Blick auf die Lublauer Burg, die der ostslowakische Adlige Omodej Aba am Beginn des 14. Jahrhunderts erbauen ließ

Un regard sud sur le Château-fort de Ľubovňa. C´était Omodej Aba, provenant de l´oligarchie de l´est de Slovaquie actuelle qui le fit construire au début du XIVe siècle

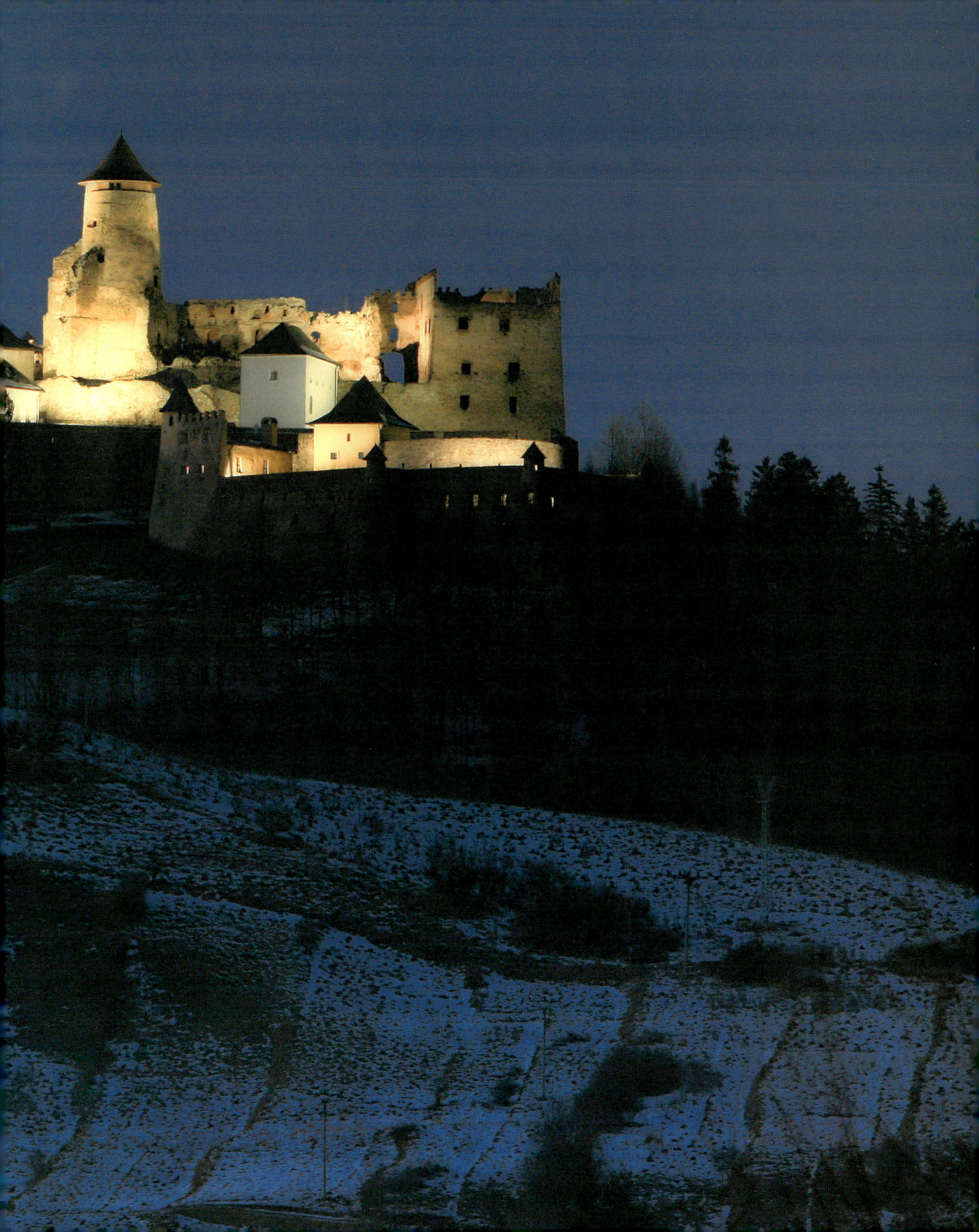

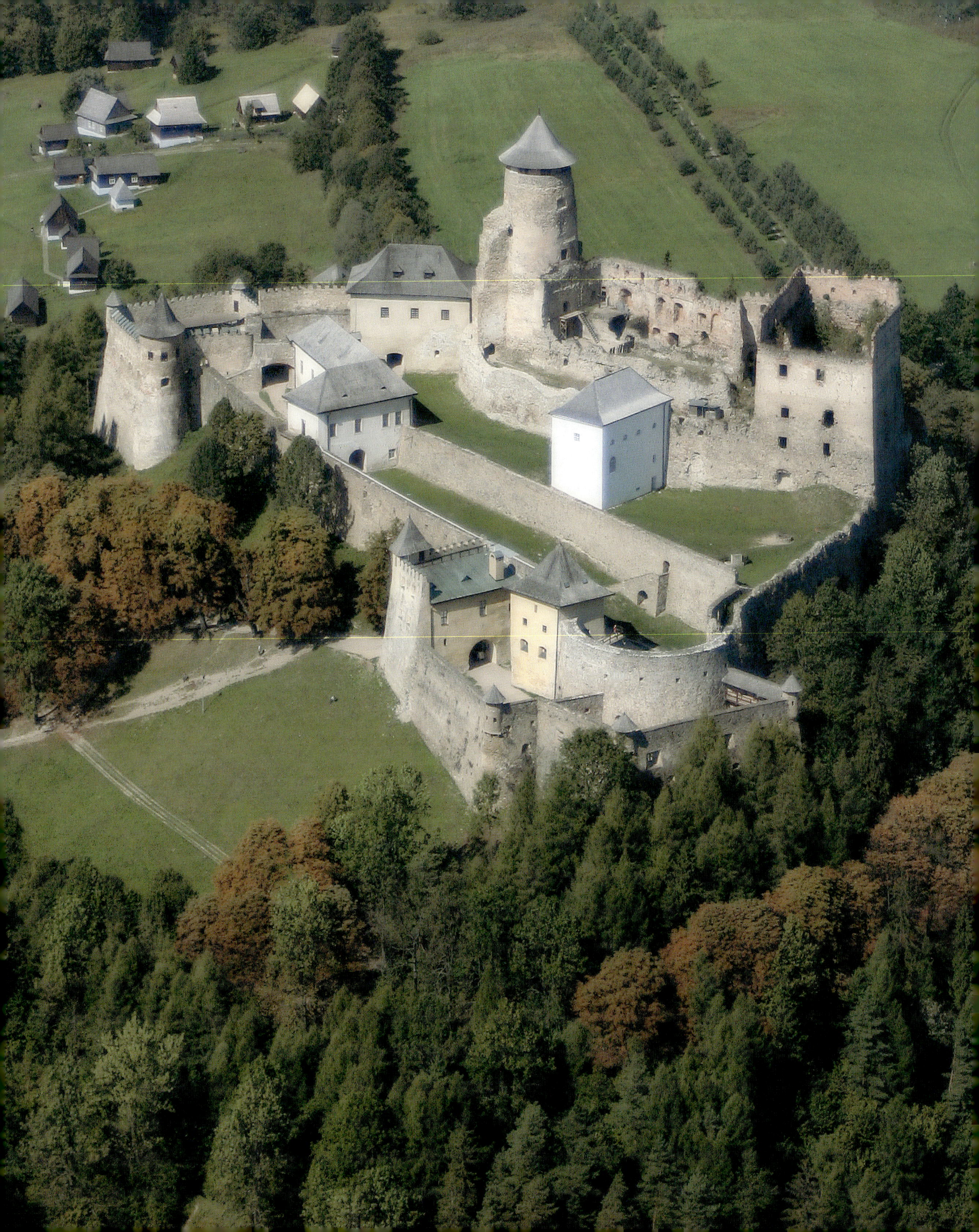

Hrad Ľubovňa - II. nádvorie. Renesančná bašta v popredí, kaplnka sv. Michala a hlavná hradná veža v pozadí. Ukážky obranných fortifikačných systémov 15. - 17. storočia

Ľubovňa Castle - the second courtyard. The Renaissance bastion in front, St. Michael' Chapel and castle tower at the back. Presentations of defence fortification systems of the 15th – 17th centuries

Die Burg von Ľubovňa II. Burghof. Die Renaissancebastei im Vordergrund, die Kapelle des Hl. Michael und der Hauptburgturm im Hintergrund. Muster der schützenden Fortifikationssysteme vom 15.- 17. Jahrhundert

Château-fort de Ľubovňa - seconde cour, bastion renaissance au premier plan, chapelle Saint Nicolas et le donjon principal à l´arrière-plan, les remparts fortifiés à protéger le château du XVe-XVIIe siècles

Gotická veža - bergfried, postavená na začiatku 14. storočia. Na najvyššom - šiestom poschodí, izba trubača

Gothic tower, constructed at the beginning of the 14th century. The room of bugler on the sixth, the highest floor

Der gotische Turm - Bergfried, gebaut am Beginn des 14. Jahrhunderts. Im höchsten Stockwerk – das Zimmer des Trompeters

Le „bergfried", le donjon gothique érigé au début du XIVe siècle. Au 6ème étage, le plus haut, la chambre de trompette

Expozície v barokovom paláci - pseudorenesančná pec z 19. storočia

Exhibition in the Baroque palace: Pseudo-Renaissance oven from the 19th century

Die Ausstellung im Barockenpalast: Pseudorenaissanceofen aus dem 19. Jahrhundert

Les expositions dans le palais baroque, la cheminée pseudo-renaissance du XIXe siècle

>>

Nábytok v štýle geometrického artdeco 19. - 20. storočie. Čalúnené stoličky v anglicko-holandskom štýle z prvej tretiny 18. storočia. Dobové historické zbrane

Furniture in the style of geometric art deco style (19th - 20th century). Chairs in the English - Dutch style (the first third of the 18th century). Historical arms

Möbelstück im Stil des geometrischen Artdeco (19. - 20. Jahrhundert). Stühle im englischniederländischen Stil (erstes Drittel des 18. Jahrhundert). Die zeitgenössischen historischen Waffen

Le mobilier en style art déco géométrique (XIXe et XXe siècles). Les chaises matelassées en style anglais et hollandais (premier tiers du XVIIIe siècle). Les armes historiques de l´époque

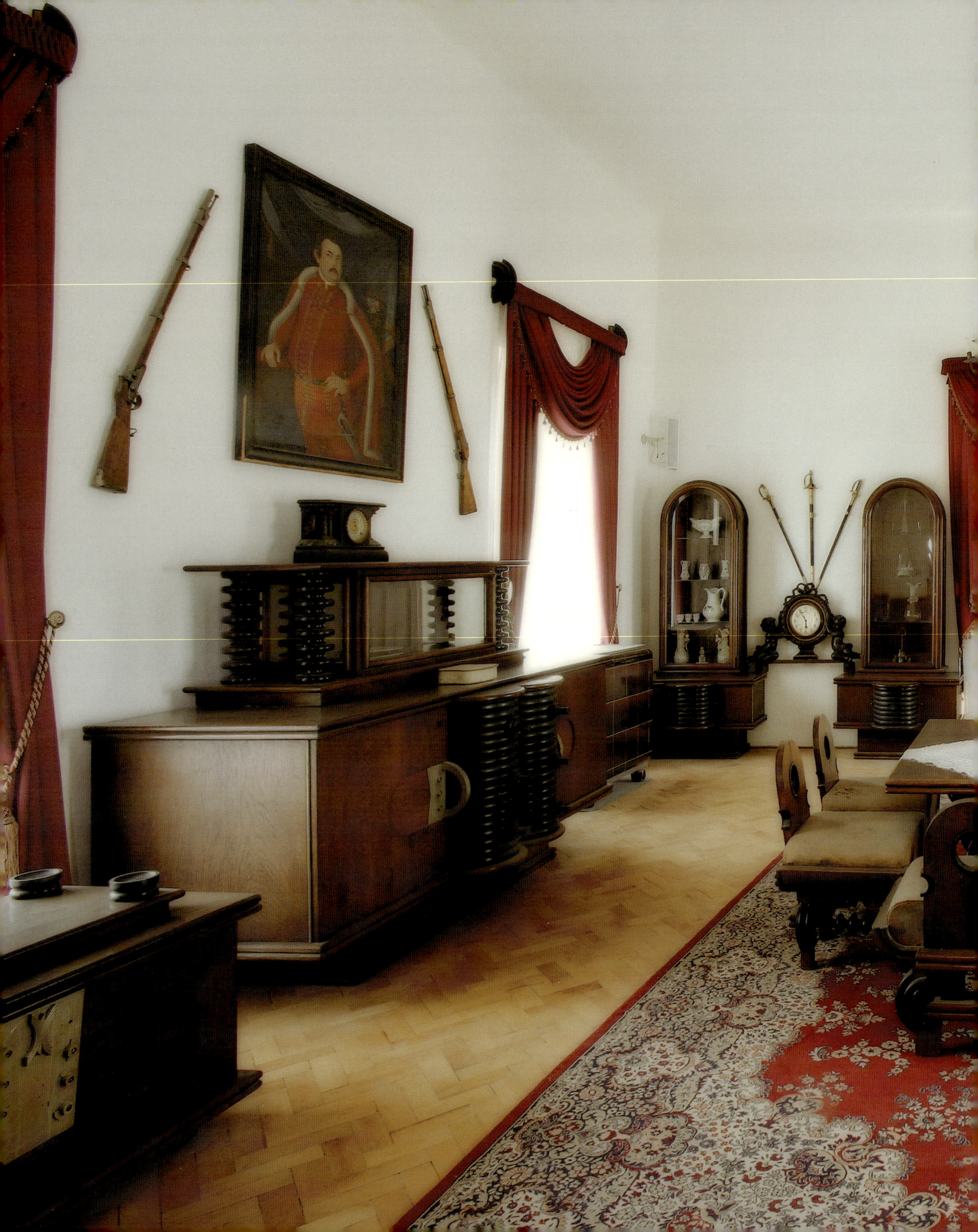

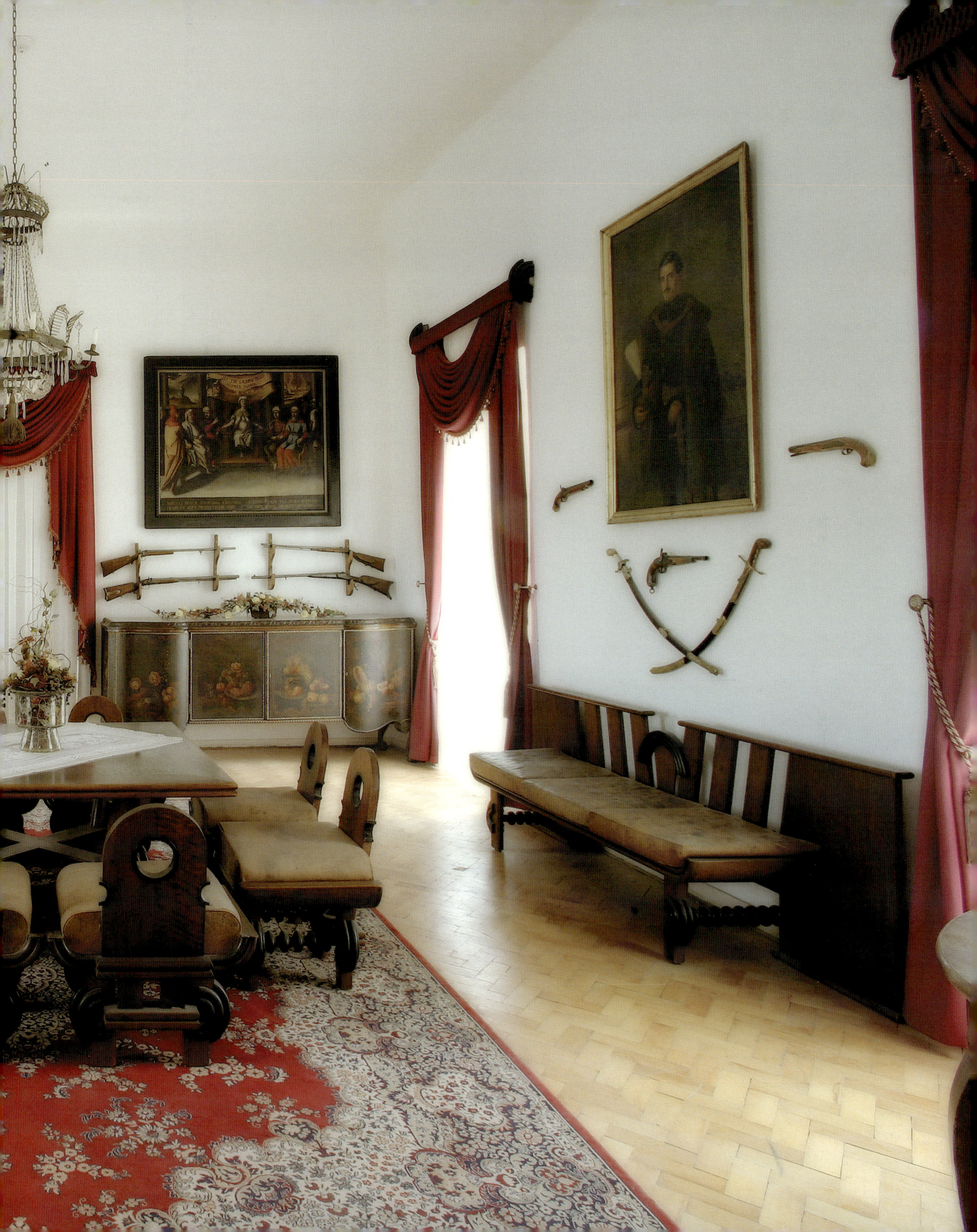

Sokoliarstvo na hrade Ľubovňa. Umenie lovu pomocou dravcov v podaní sokoliarskej skupiny sv. Bavonna
Západný bastión hradu z polovice 16. storočia. V jeho hornej časti sa nachádzalo 8 delových strieľní, v podzemných katakombách ďalších 8

Falconry at Ľubovňa Castle. Presentation of falconry group St. Bavonna
Western castle bastion from the middle of the 16th century. There were 8 embrasures in its upper part, in the underground catacombs were another 8

Die Falkenkunst auf der Lublauer Burg. Die Kunst des Jagens mit diesen Raubtieren von der Falkengruppe des Hl. Bavonna
Die westliche Bastion der Burg aus der Mitte des 16. Jahrhunderts. In seinem oberen Teil gab es acht Schiessscharten. In den unterirdischen Katakomben weitere acht

Fauconnerie dans le château-fort de Ľubovňa, l´art de chasse aux oiseaux de proie présenté par la troupe des fauconniers de Saint Bavonne
Le bastion ouest du château de moitié du XVIe siècle. Dans la partie supérieure il y avait 8 crénaux de canon, dans les catacombes souterraines il y en avait encore 8

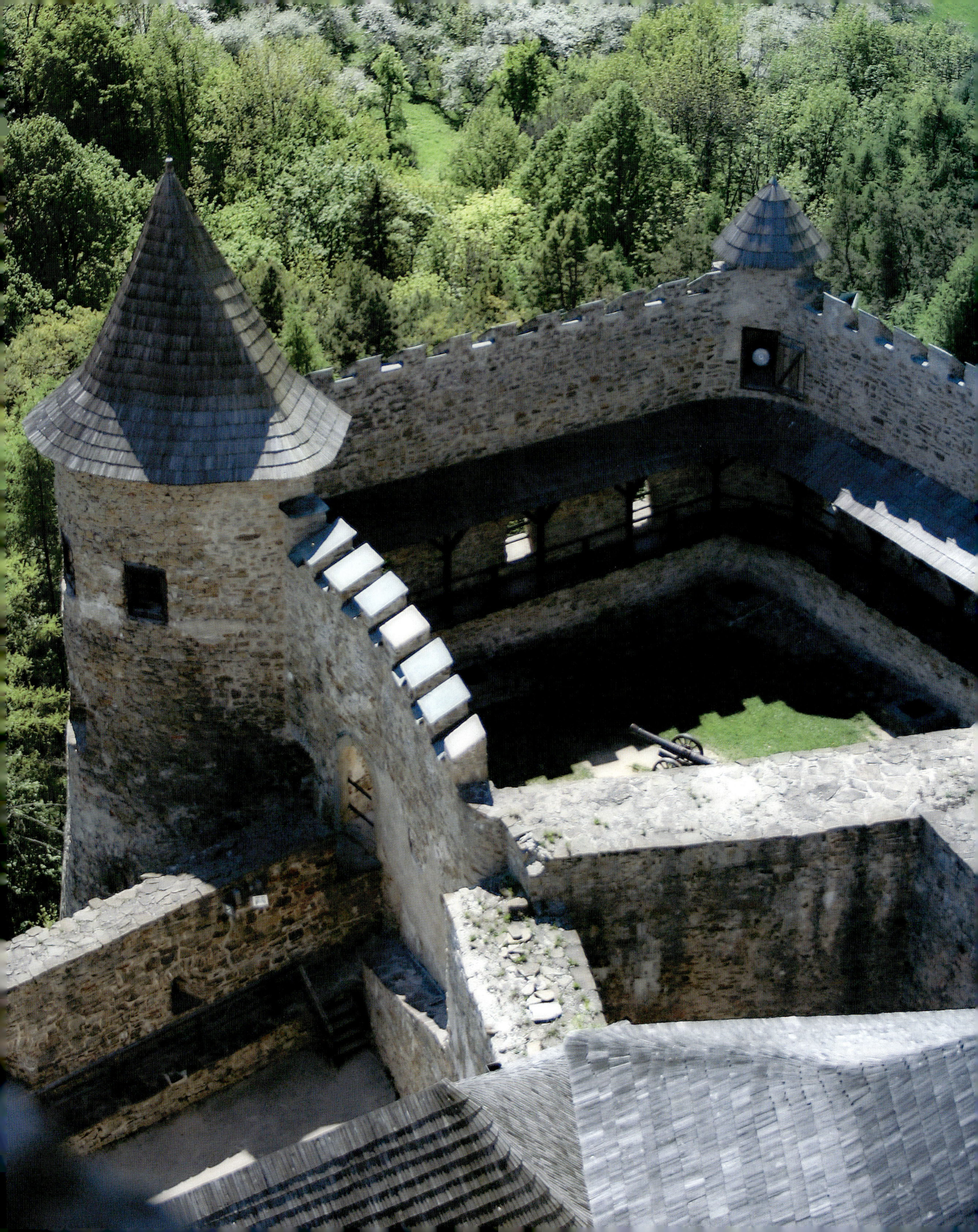

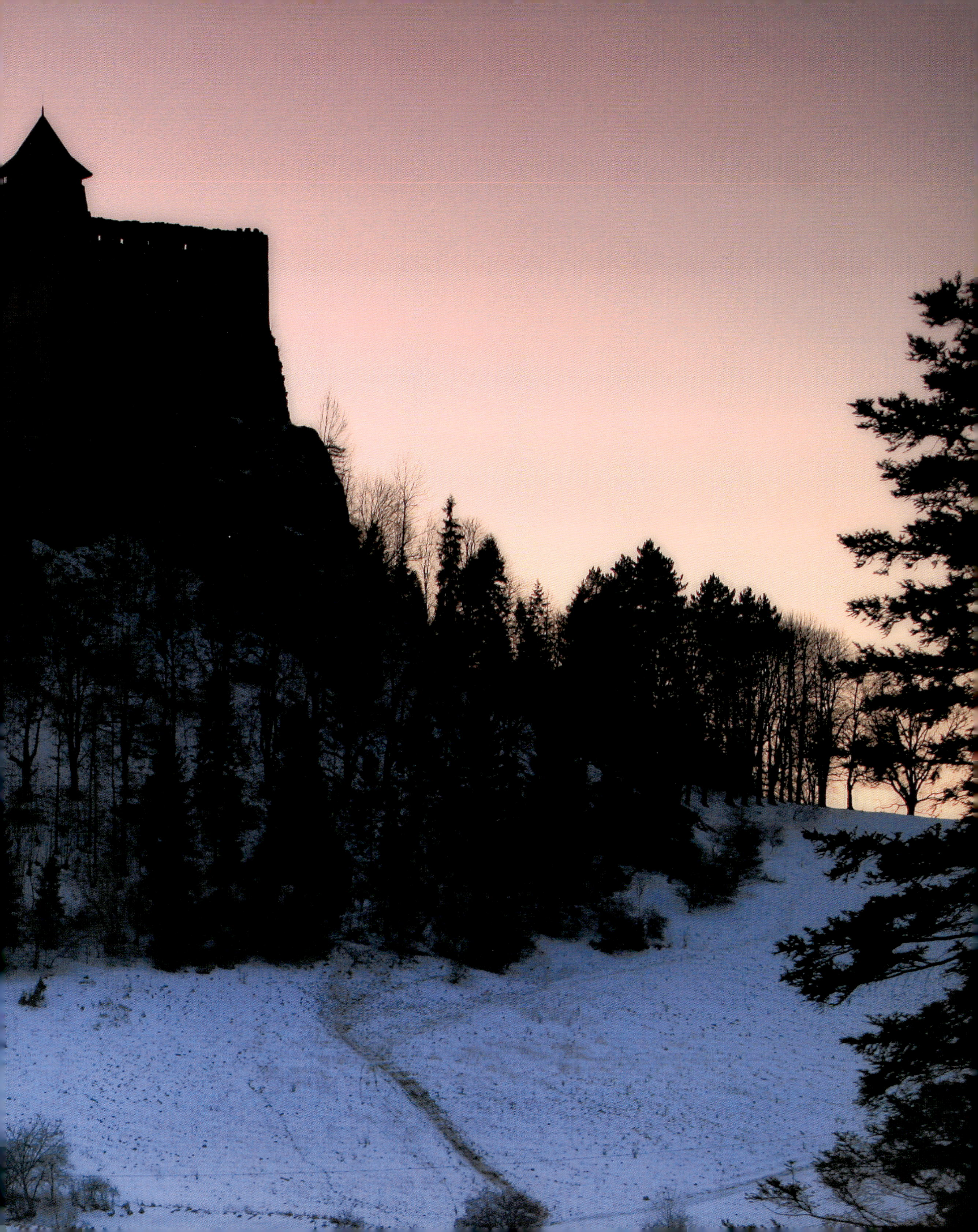

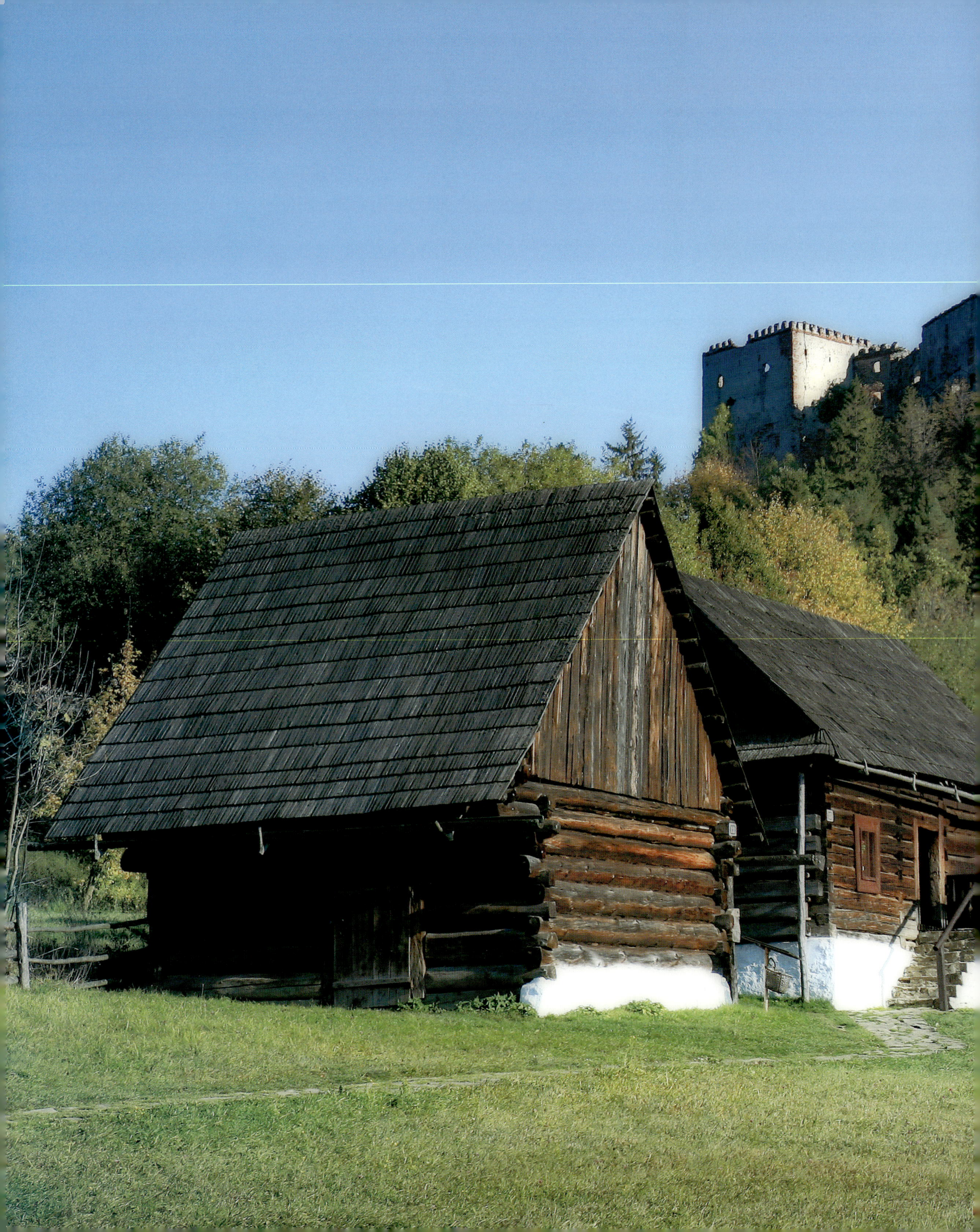

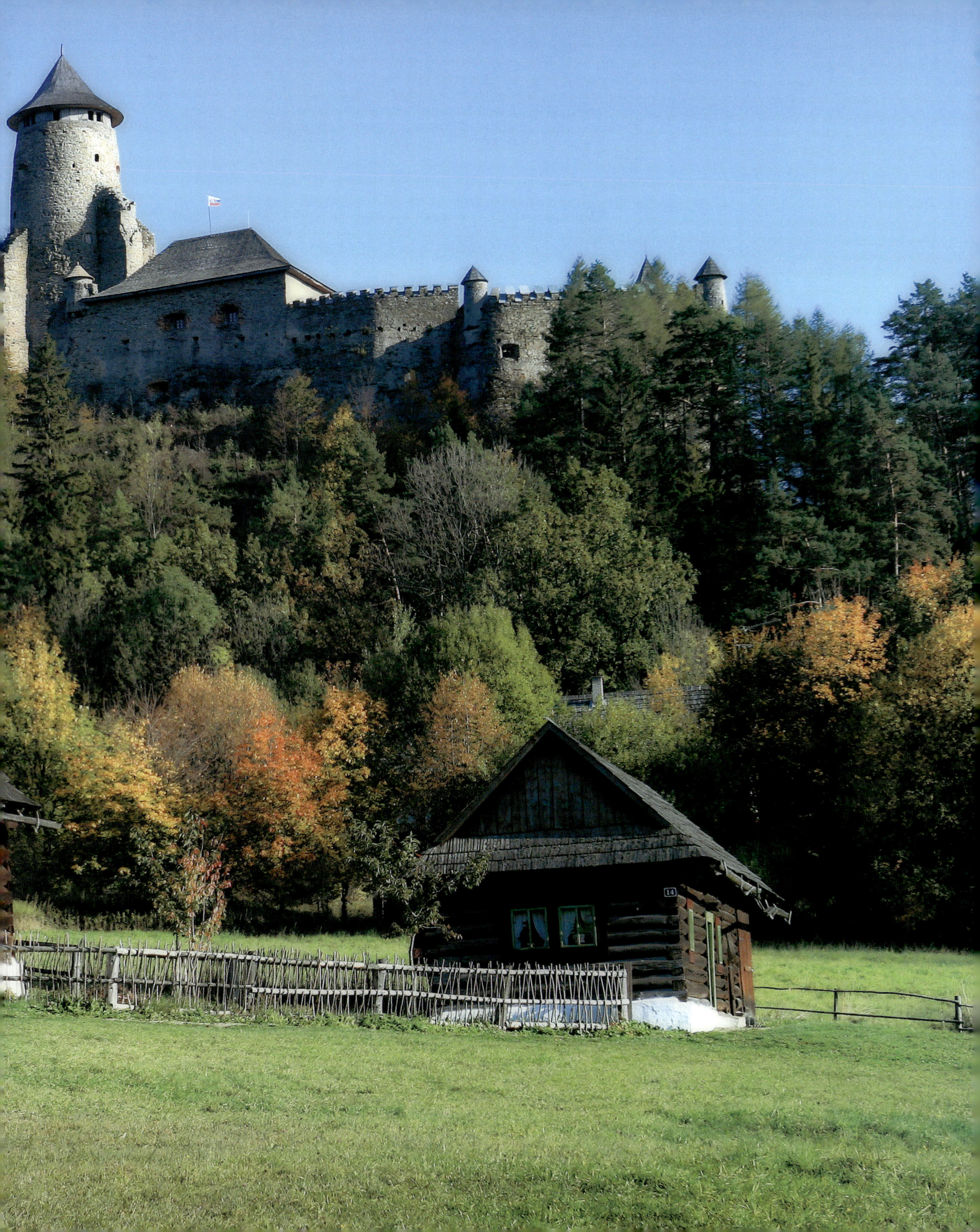

Skanzen a hrad v Starej Ľubovni. Jedinečnosť symbiózy drevenej dediny a stredovekej pevnosti

Open air-museum and castle in Stará Ľubovňa. Symbiosis of wooden village and medieval fortress

Das Freilichtmuseum und die Burg in Stará Ľubovňa. Die Einzigartigkeit der Symbiose eines hölzernen Dorfes und einer mittelalterlichen Festung

Le musée de plein air et le château-fort à Stará Ľubovňa, la symbiose singulière entre le village en bois et une forteresse médiévale

Drevený kostolík východného obradu z roku 1833 z Matysovej. Premiestnený do národopisnej expozície v prírode pod hradom Ľubovňa v roku 1978. Interiér kostolíka s barokovým ikonostasom z prelomu 17. - 18. storočia. Ikony sú zoradené do plasticky rozvinutej a bohato rezbami zdobenej architektúry, členenej podľa požiadaviek ikonografie. Patrónom kostolíka je sv. Michal archanjel

Wooden church of the eastern rite from 1833 from Matysová. Placed in the natural museum under the Ľubovňa Castle in 1978. Church interior with the Baroque iconostas from the break of the 17th and 18th centuries. Icons are richly carved and their architecture follows the rules of iconography. Patron of the church is St. Michael, the Archangel

Die hölzerne Kirche des östlichen Glaubens aus dem Jahr 1833 aus dem Dorf Matysová. In die ethnographische Exposition unter der Lublauer Burg wurde sie 1978 übertragen. Das Kircheninterieur mit dem barocken Ikonostaß vom Ende des 17. bzw. des 18. Jahrhunderts. Die Ikonen sind in eine plastisch entwickelte und reich an Schnitzereien geschmückte Architektur gereiht, nach den Bedürfnissen der Ikonographie geordnet. Patron der Kirche ist der Erzengel Michael

L´église en bois de l´église gréco-catholique du 1833 de Matysová, déplacée au Musée de l´architecture populaire en plein air au pieds du château Ľubovňa en 1978. L´intérieur de l´église avec l´iconostase baroque du cheval sur les XVIIe et XVIIIe siècles. Les icones font une architecture plastique et richement sculptée en bois, d´après les règles d´iconographie. Le patron saint de l´église est l´Archange Saint Michel

Renesančná zvonica z roku 1659 v Podolínci. V pozadí gotický farský kostol Nanebovzatia P. Márie z konca 13. storočia a barokové dvojvežové priečelie piaristického kláštorného kostola

Renaissance belfry from 1659 from Podolínec. At the back the Gothic parish church of the Assumption of Virgin Mary from the end of the 13th century and the Baroque façade with two towers of the Piarist monastery church

Der Renaissance-Glockenturm aus dem Jahr 1659 in Podolínec. Im Hintergrund die Gotische Pfarrkirche Maria-Himmelfahrt vom Ende des 13. Jahrhunderts und die barocke, zweitürmige Frontfassade der Piaristen-Klosterkirche

Le clocher renaissance de 1659 à Podolínec. A l´arrière-plan l´église paroissiale l´Assomption de Vierge Marie de la fin du XIIIe siècle et la frontispice baroque à deux tours

Interiér farského kostola so vzácnymi stredovekými maľbami z rokov 1360 - 1430 a barokovým hlavným oltárom Panny Márie z roku 1723

Interior of parish church with valuable medieval paintings from the years 1360 - 1430 and the Baroque main altar of Virgin Mary from 1723

Das Innere der Pfarrkirche mit den kostbaren mittelalterlichen Gemälden aus den Jahren 1360 - 1430 und dem barocken Hauptaltar der Jungfrau Maria aus dem Jahr 1723

L´intérieur de l´église paroissiale avec les peintures murales médiévales de grande valeur des années 1360 – 1430 avec l´autel principal Vierge Marie de l´art baroque de 1723

Najväčšie travertínové jazierko na Slovensku - Kráter v areáli kúpeľov vo Vyšných Ružbachoch má priemer 20 m a hĺbku 3 m

The largest travertine lake Kráter in Slovakia in the spa in Vyšné Ružbachy has and diameter of 20 m and is 3 m deep

Der größte Travertinsee Kráter in der Slowakei im Areal des Bades in Vyšné Ružbachy hat einen Durchmesser von 20 m und eine Tiefe von 3m

Le laquet Kráter de travertin, le plus grand en Slovaquie se trouvant à l´aire de la ville thermale de Vyšné Ružbachy, ayant le diamètre de 20m et profondeur de 3m

Jarabinský prielom sa rozkladá na ploche 5,5 ha, predstavuje kaňonové údolie vyerodované potokom Malý Lipník. Tvorí ho sústava perejí, vodopádov a obrích hrncov

Jarabinský pass on surface of 5,5 ha is a canyon valley created by the Malý Lipník creek. It is a complex of waterfalls, ripples and giant pots

Der Bergpass Jarabinsky erstreckt sich auf 5,5 ha und er stellt das schluchtenartiges Tal dar, erodiert vom Bach Maly Lipník. Es bildet einen Komplex von Wasserfällen und sog. Riesentöpfen

Le canyon de Jarabinský prielom, étendu sur la surface 5,5 ha, présente une vallée des canyons découpés par le torrent Malý Lipník. Il est créé par le complexe des cascades, chutes d´eau et des „marmites géantes"

Kostol Nepoškvrneného počatia Panny Márie z roku 1785 v Hraničnom. Zrubová stavba karpatského typu je prikrytá šindľovou strechou. Veža v pôvodnom stave

Church of Immaculate Conception of Virgin Mary from 1785 in Hraničné. Rustic construction of the Carpathian type covered with shingle roof. Tower in original shape

Die Kirche der Unbefleckten Empfängnis der Jungfrau Maria aus dem Jahr 1785 in Hraničné. Der Blockhausbau des Karpaten-Typus ist mit einem Schindeldach bedeckt. Der Turm ist ursprünglich

L´Église Assomption de Vierge Marie de 1785 à Hraničné. L´édifice de charpente du type Carpathian couverte par un toit de bardeaux. La tour subsiste à l´état originel

Súčasný mobiliár kostola je zo zvyškov starých renesančných a barokových oltárov z farského r. kat. Kostola sv. Mikuláša v Starej Ľubovni. Vpravo hlavný oltár P. Márie s ústrednou barokovou plastikou Immakulaty. Vľavo oltár sv. Mikuláša - ranobaroková oltárna architektúra s neskororenesančnými stĺpmi z roku 1600. Socha sv. Mikuláša z roku 1360

Actual furnish of the church created by the remains of old Renaissance and Baroque altars from the Romano-Catholic church of St. Nicolaus in Stará Ľubovňa. Main altar of Madonna with central Baroque statue Immaculata. Altar of St. Nicolaus - the early Baroque altar architecture with the late Renaissance columns from 1600 on the left. Statue of St. Nicolaus from 1360

Das heutige Mobiliar der Kirche ist aus den Resten der alten Renaissance- und Barockaltäre der römisch-katholischen Pfarrkirche des Hl. Nicolaus aus Stará Ľubovňa. Rechts ist der Hauptaltar der Jungfrau Maria mit der barocken Leitstatue der Immaculata. Links ist der Altar des Hl. Nicolaus - die frühbarocke Altararchitektur mit einem Pfeiler aus der Spätrenaissance aus dem Jahr 1600. Die Staue des Hl. Nicolaus aus dem Jahr 1360

Le mobilier actuel de l´église contient les vestiges des anciens autels renaissance et baroque de l´Église paroissiale Saint Nicolas à Stará Ľubovňa A droite l´autel principal Vierge Marie avec la plastique centrale de l´art baroque, Immaculata. A gauche l´autel Saint Nicolas, l´architecture de l´autel composée de styles baroque précoce et renaissance tardive de 1600. La statue Saint Nicolas de 1360

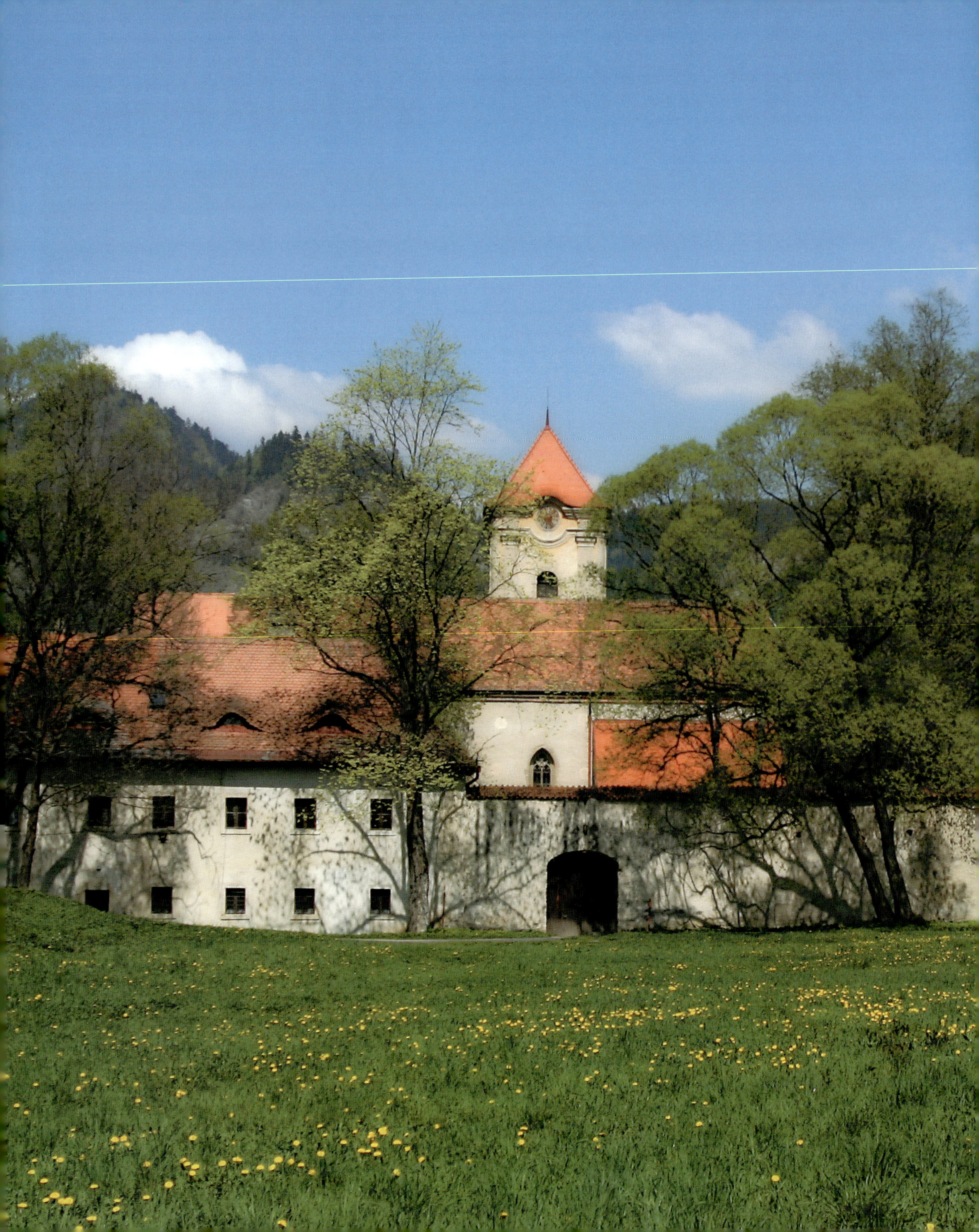

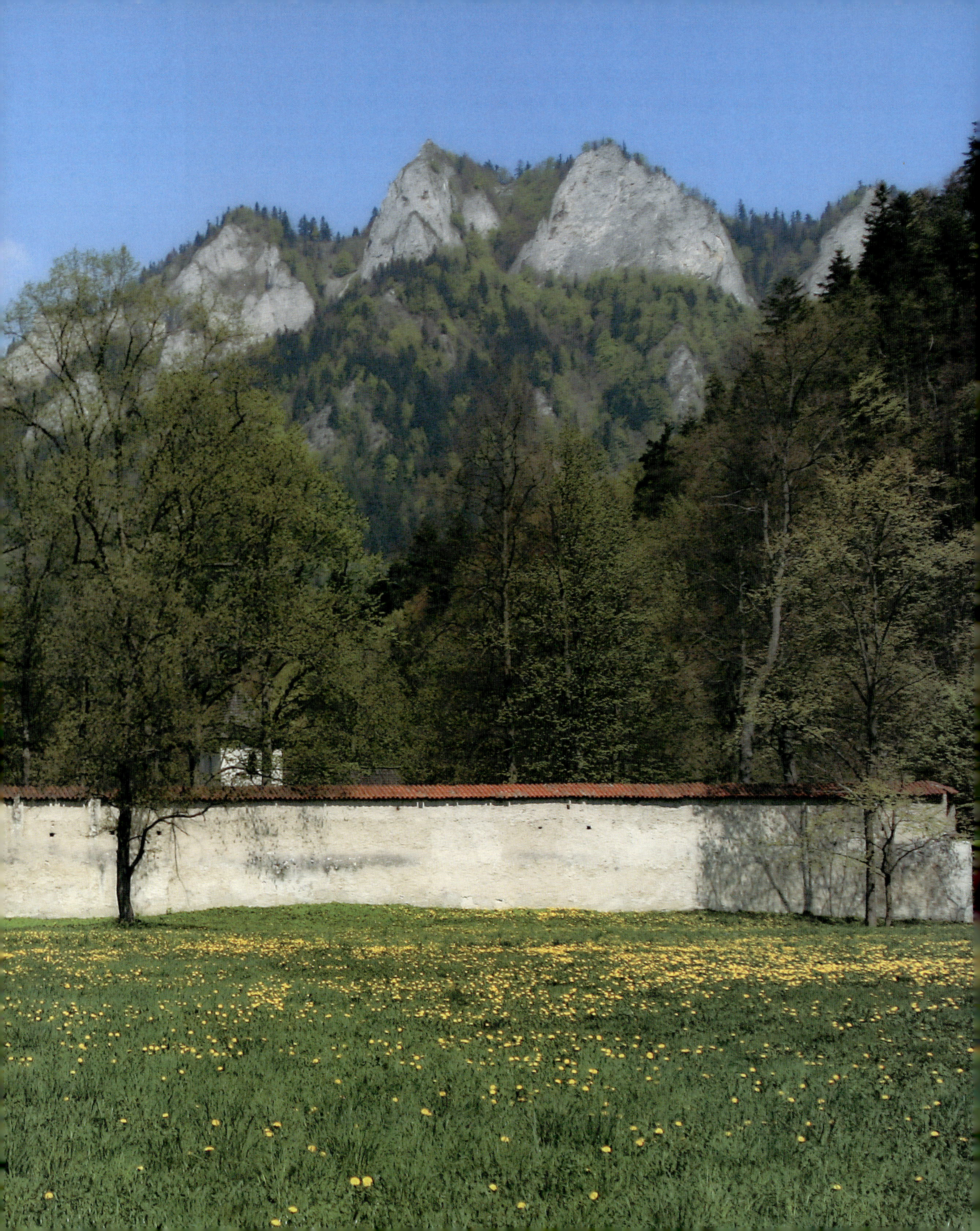

«

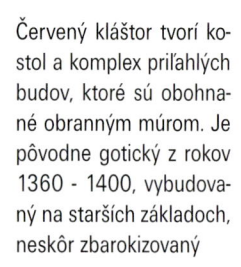

Červený kláštor tvorí kostol a komplex priľahlých budov, ktoré sú obohnané obranným múrom. Je pôvodne gotický z rokov 1360 - 1400, vybudovaný na starších základoch, neskôr zbarokizovaný

Červený kláštor consists of a church and complex of building protected by fortification wall. Originally the Gothic one from 1360 – 1400, constructed on older bases, later on transformed into the Baroque style

Das Rote Kloster bildet die Kirche und den Komplex der anliegenden Gebäude, die mit einer Mauer geschützt sind. Ursprünglich ist es gotisch, aus den Jahren 1360 - 1400, wobei es an älteren Fundamenten steht, später wurde es barock umgebaut

Červený kláštor (Monastère Rouge) est créé de l´église et complexe des édifices adjacentes qui sont remparés par les enceintes. D´origine gothique des années 1360-1400, édifié sur les anciens fondements, après baroquisé

Na prvom nádvorí stojí dom priora so zvonicou z 18. storočia a zvyšky domčekov (cely) mníchov so záhradkami po jeho obvode
Studňa na druhom hospodárskom nádvorí kláštora

House „priora" on the first yard with the belfry from the 18th century and ruins of houses (cells) of monks with gardens in surroundings
Well on the second yard of the monastery

Auf dem ersten Hof steht das Haus des Priors mit einem Glocketurm vom Ende des 18. Jhs. und an seiner Grenze liegen die Reste der Mönchshäuser (Zellen) mit Garten
Der Brunnen auf dem zweiten Wirtschaftshof des Klosters

A la première cour est la maison du prieur avec le clocher du XVIIIe siècle et les vestiges des petits bâtiments, cellules, avec les petites jardins au circuit
Le puits à la deuxième cour fermière du monastère

Kláštorný kostol sv. Antona Pustovníka zo 14. storočia je najcennejšou stavbou komplexu
Gotická západná empora kostola s barokovou iluzívnou výzdobou

Monastery church of St. Antonius the Hermit from the 14th century is the most precious construction of the complex
Gothic western empora with the Baroque illusive decorations

Die Klosterkirche des Hl. Anton des Einsiedlers aus dem 14. Jh. ist der kostbarste Bau des Klosters
Die gotische Westempore der Kirche mit der barocken illusionistischen Ausschmückung

L´église du monastère Saint Antoine l´Eremite du XIVe siècle est la partie la plus présieuse du complexe
La tribune ouest gothique de l´ église avec les trompes d´oeil baroques

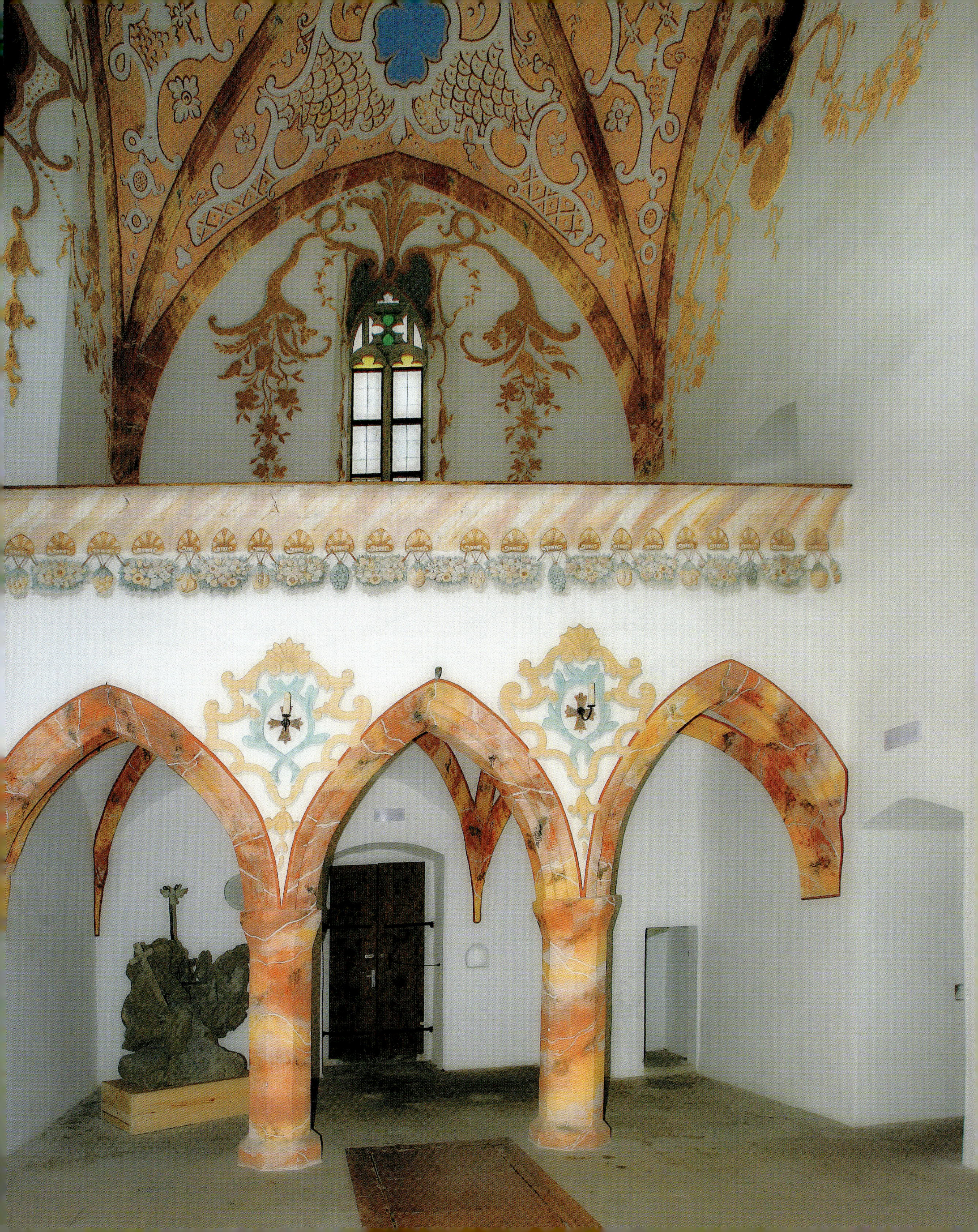

PIENINSKÝ NÁRODNÝ PARK

Príroda a ľudia – klenoty v krajine Zamaguria

...malebnou krajinou Zamaguria, zveľaďovanou pokoleniami pracovitých horalov, sa medzi vápencovými bralami na slovensko-poľskom pohraničí prediera Dunajec, životodarná rieka jedinečného prírodného parku. Prvý náučný turistický chodník na Slovensku sprevádza návštevníka pestrofarebným svetom vzácnych rastlín a živočíchov. Stredoveký kartuziánsky „červený" kláštor v odľahlom kúte drsnej prírody zahaľuje pokorné ticho. Dávne pltníctvo a ľudové tradície ožívajú, aby potešili hostí túžiacich po nevšedných zážitkoch...

NATIONAL PARK PIENINY

Nature and people – jewels of the country of Zamagurie

...picturesque country of Zamagurie, being developed during the centuries by the generations of mountaineers. On the Slovak - Polish borders, between the limestone cliffs, there is the Dunajec river piercing the way ahead and providing vital conditions for an unique natural park. First learning tourist path in Slovakia accompanies the visitor through versicolour world of precious fauna and flora. Medieval Carthusian "red" monastery in hidden corner of wild nature is like covered by humble calmness. Historical rafting and folk traditions revive to enjoy the guests hankering for exciting experiences...

NATIONALPARK DER PIENINEN

Natur und Menschen – die Schmuckstücke des Gebietes von Zamagurie

... die malerische Natur, die seit Generationen von den einheimischen Horalen veredelt wurde, wird zwischen den kalksteinartigen Felsen an der polnisch-slowakischen Grenze von dem Fluss Dunajec durchflossen, dem belebenden Fluss des einzigartigen Naturparks. Der erste lehrende Touristenweg in der Slowakei begleitet den Besucher durch die bunte Welt der kostbaren Pflanzen und Tierarten. Das mittelalterliche Kartäuserkloster in einer versteckten Ecke der harten Natur wird von einer beruhigenden Stille umgeben. Die vergange Floßfahrt und Volkstraditionen erwachen wieder, um die Gäste die Abenteuer suchen, erfreuen zu können...

PARC NATUREL DE PIENINY

La nature et les gens – les bijoux du pays de Zamagurie

...au pays splendide de Zamagurie, agrandi par les générations des montagnards laborieux, entre les roches calcaires à la frontière slovaque et polonaise coule Dunajec, le torrent qui donne la vie à ce parc naturel singulier. Le sentier touristique, premier en Slovaquie, montre la route au visiteur à travers du monde des plantes et animaux précieux. Le monastère cartusien du Moyen-Âge „Monastère Rouge" en solitude de la nature âpre, est couvert par son humble silence. La flotterie du passé et les traditions populaires y reprennent la vie pour faire plaisir aux visiteurs qui rêvent d´expériences inoubliables...

Najznámejšou a najkrajšou časťou Pieninského národného parku je romantická tiesňava - Prielom Dunajca
Začína sa pri obci Červený Kláštor, nad ktorým sa týči masív skalných veží Tri koruny (982 m) a končí pod Sokolicou (747 m) pri obci Lesnica

The most known and beautiful part of the park - the gorge Prielom Dunajca. It begins at the village Červený Kláštor with the massif of the rocky towers Tri koruny (982 m) and ends under Sokolica (747 m) at village Lesnica

Der bekannteste und schönste Teil des Nationalparks der Pieninen ist die romantische Schlucht - Engpaß von Dunajec
Es beginnt beim Dorf Červený Kláštor (Rot Kloster), über dem sich das Massiv der Felsentürme Tri Koruny (982m) erhebt und es endet unter Sokolica (747m) bei dem Dorf Lesnica

La gorge de Dunajec - partie romantique la plus fréquentée et la plus belle du Parc naturel de Pieniny, commence à l´éxtrémité du village Červený Kláštor, dominé par le massif de trois tours rocheuses Tri koruny (Trois Couronnes) (982m) et termine au-dessous de Sokolica (747m) près du village Lesnica

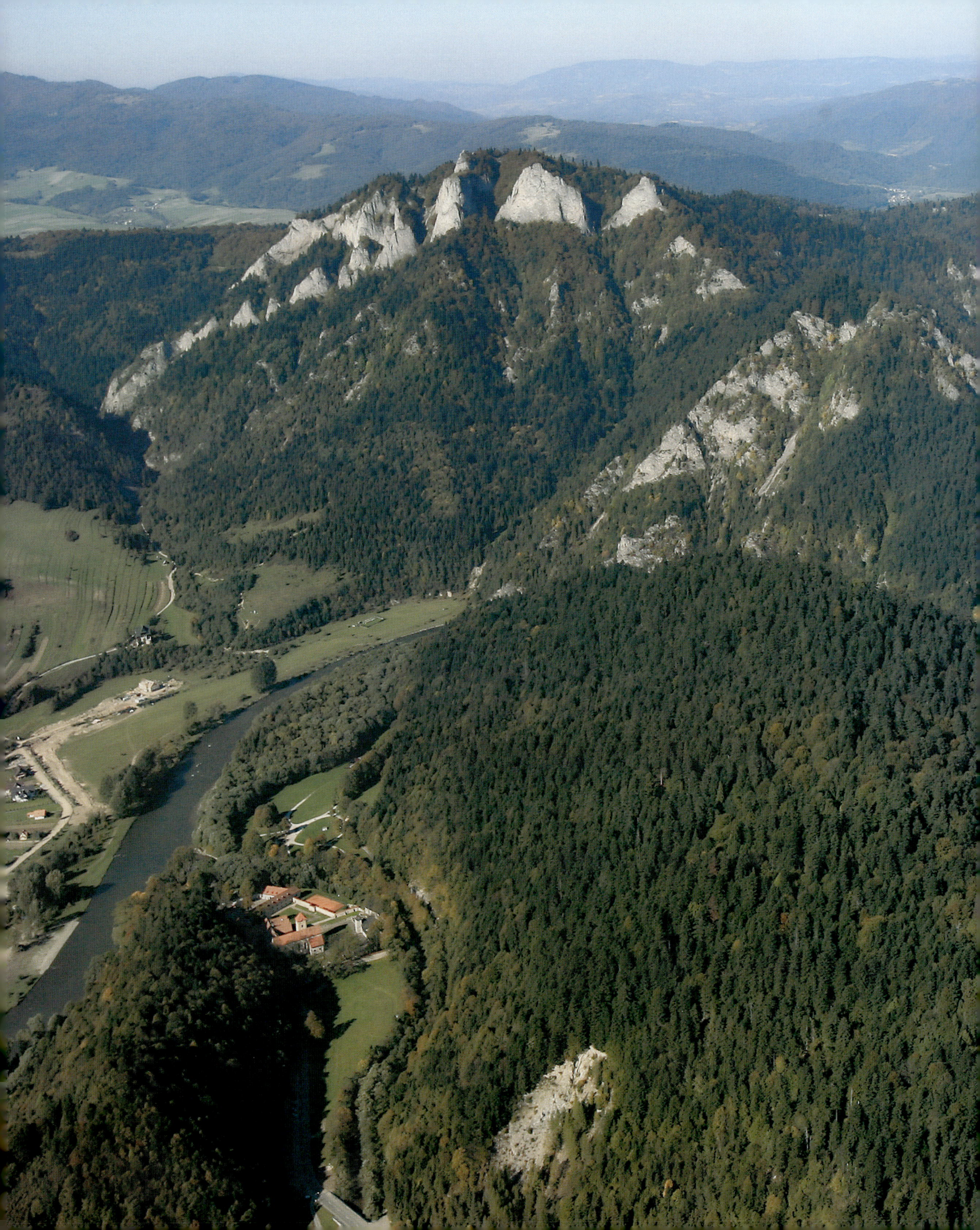

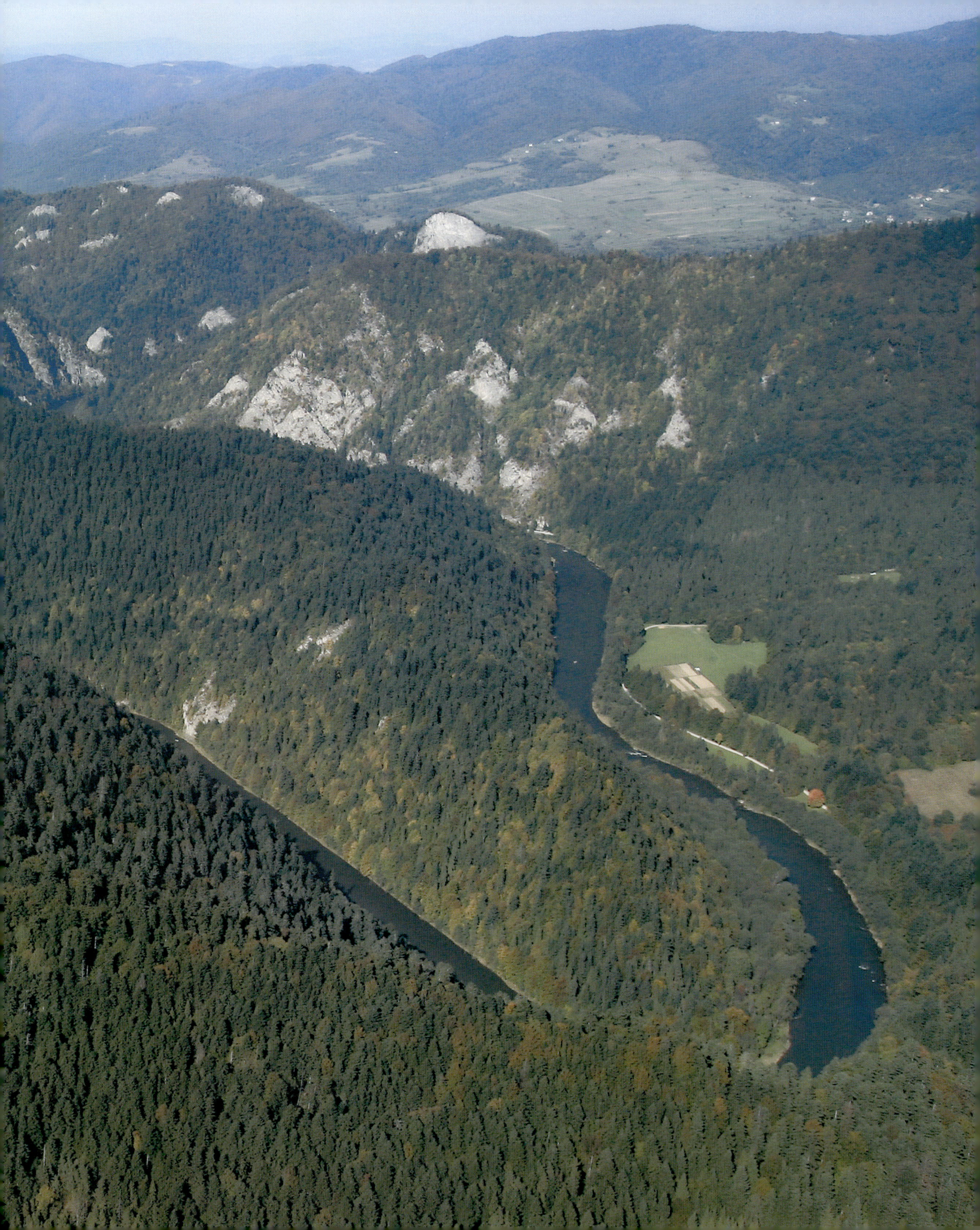

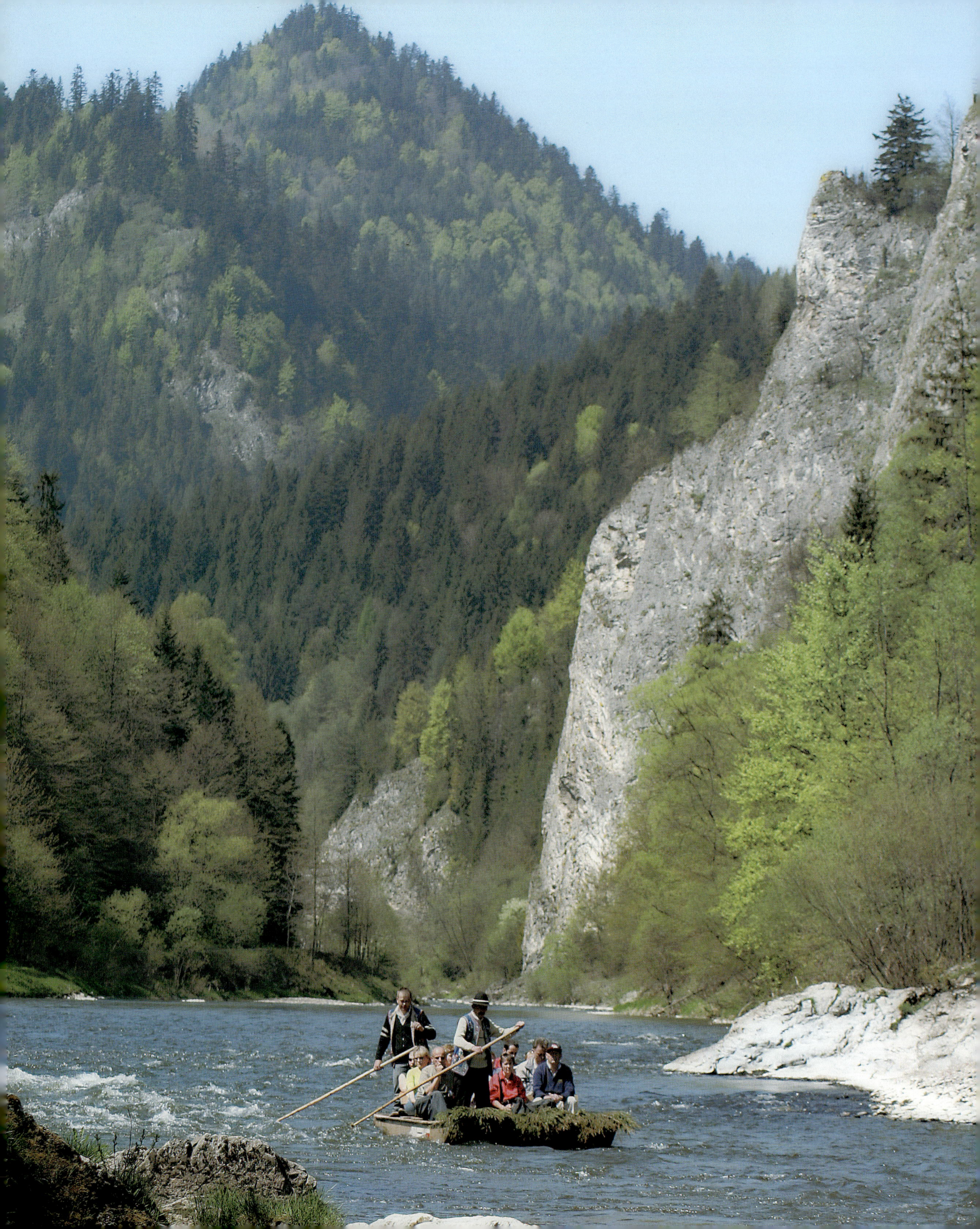

V minulosti pltníctvo - splavovanie dreva až k moru, živilo obyvateľov tohto kraja. Dnes sa z neho stala obľúbená turistická atrakcia na asi 10 km dlhom úseku, kde strmé útesy vytvárajú divokú scenériu

Historically, the rafting – wood floating till the sea was the main source of living for the people in the region. Nowadays a popular attraction on 10 km long section where steep rocks alongside create a wild scenery

Die Floßfahrt in der Vergangenheit - die Holzflößerei bis zum Meer ernährte die Bevölkerung dieses Landes. Heute entwickelte sich daraus eine touristische Attraktion auf einer ca. 10 km langen Strecke, wo die steilen Hänge die wilde Szenerie bilden

Autrefois le métier du flotteur, flottage du bois jusqu´à la mer entretenait les habitants de cette région, aujourd´hui il devient une attraction populaire, où on descend 10km de la rivière en radeau, en admirant la scénerie sauvage créée des rochers escarpins

K tradičnému odevu goralských pltníkov dodnes patrí vyšívaná vesta a klobúk, na ktorom, podľa legendy, po každom splave k moru pribudla jedna mušľa
Prekonanie Prielomu Dunajca, či už na drevených pltiach alebo vlastných plavidlách, zanechá nezabudnuteľné dojmy

Embroiled vest and hat, which as legend says was enriched by a new mussels after each raft, belongs to traditional dress of the Goral rafters until nowadays
Rafting of Prielom Dunajca either on wooden rafts or own means always creates unforgettable impressions

Zu der traditionellen Kleidung der Goralen-Floßführer gehört bis heute die gestickte Weste und ein Hut, auf dem, entsprechend der Legende, nach jeder Floßfahrt zum Meer eine weitere Perle erscheint
Die Durchquerung des Engpaßes von Dunajec, entweder an hölzernen oder an eigenen Wasserfahrzeugen, hinterlässt unvergessliche Erinnerungen

Le costume traditionnel d´un flotteur gorale possède jusqa´à maintenant une veste brodée et un chapeau où d´après des légendes on ajouta une petite coquille après chaque descente achevée
Le passage par la gorge du Dunajec, soit en radeaux ou en votre propre bateau, laissera à vous des impressions inoubliables

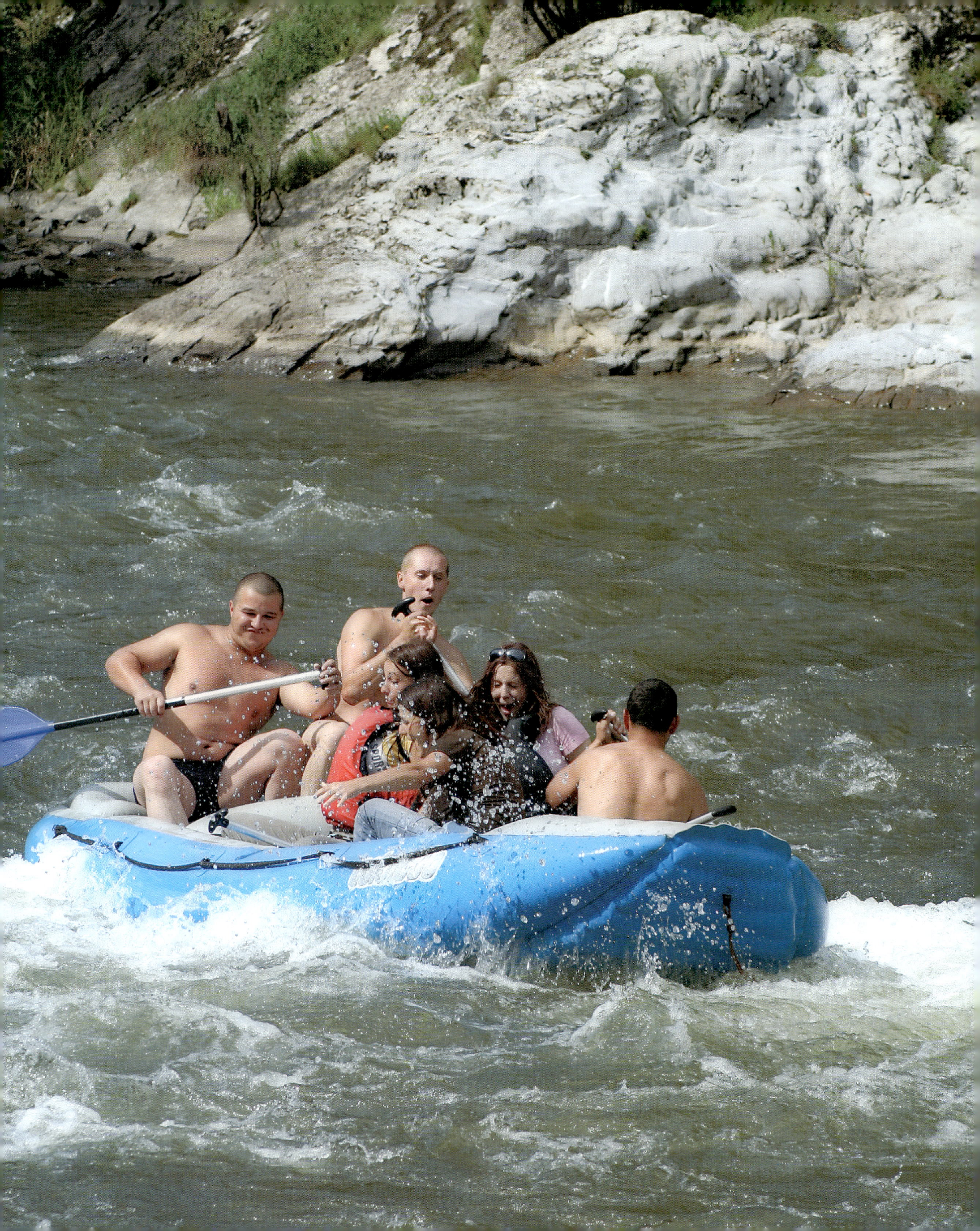

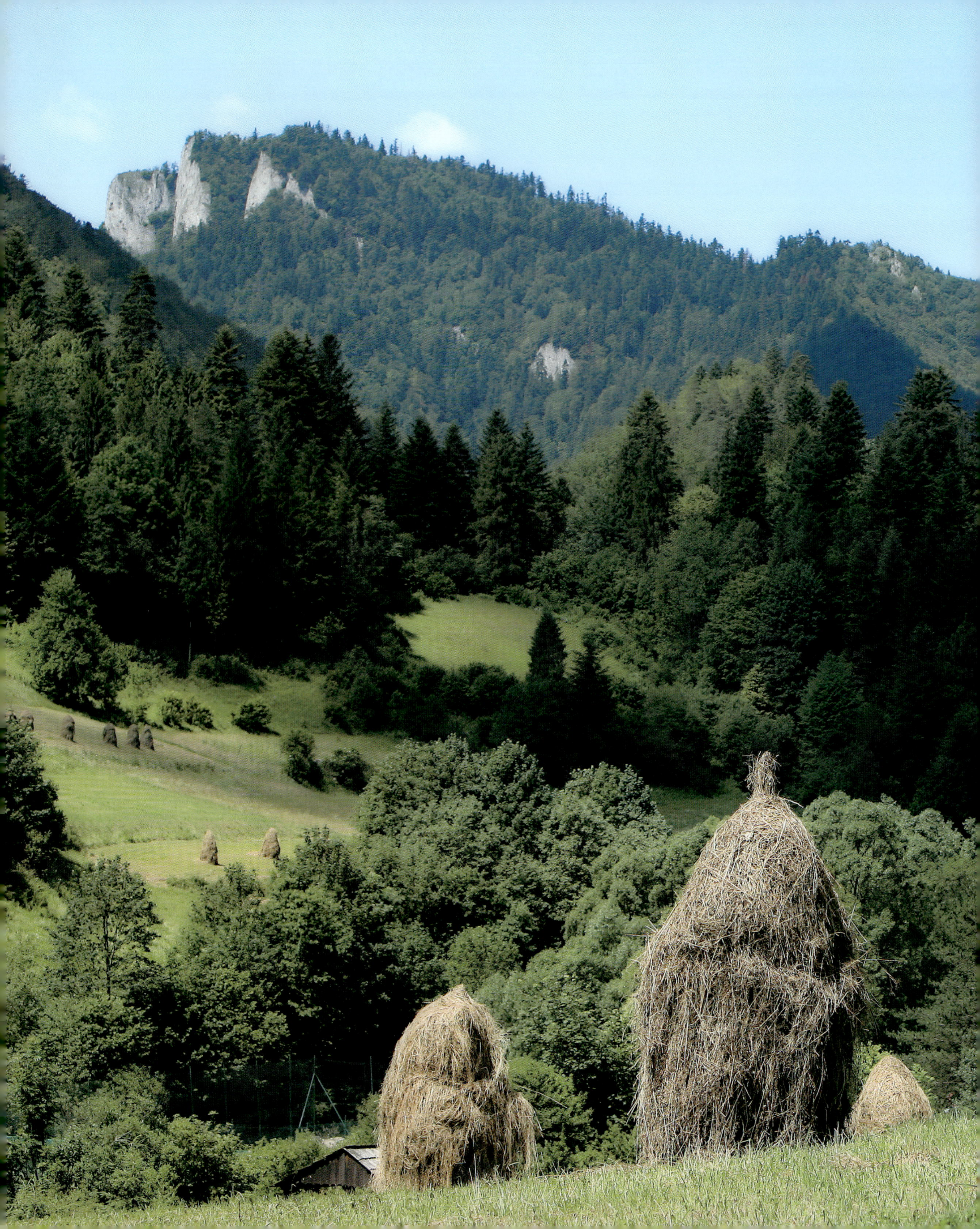

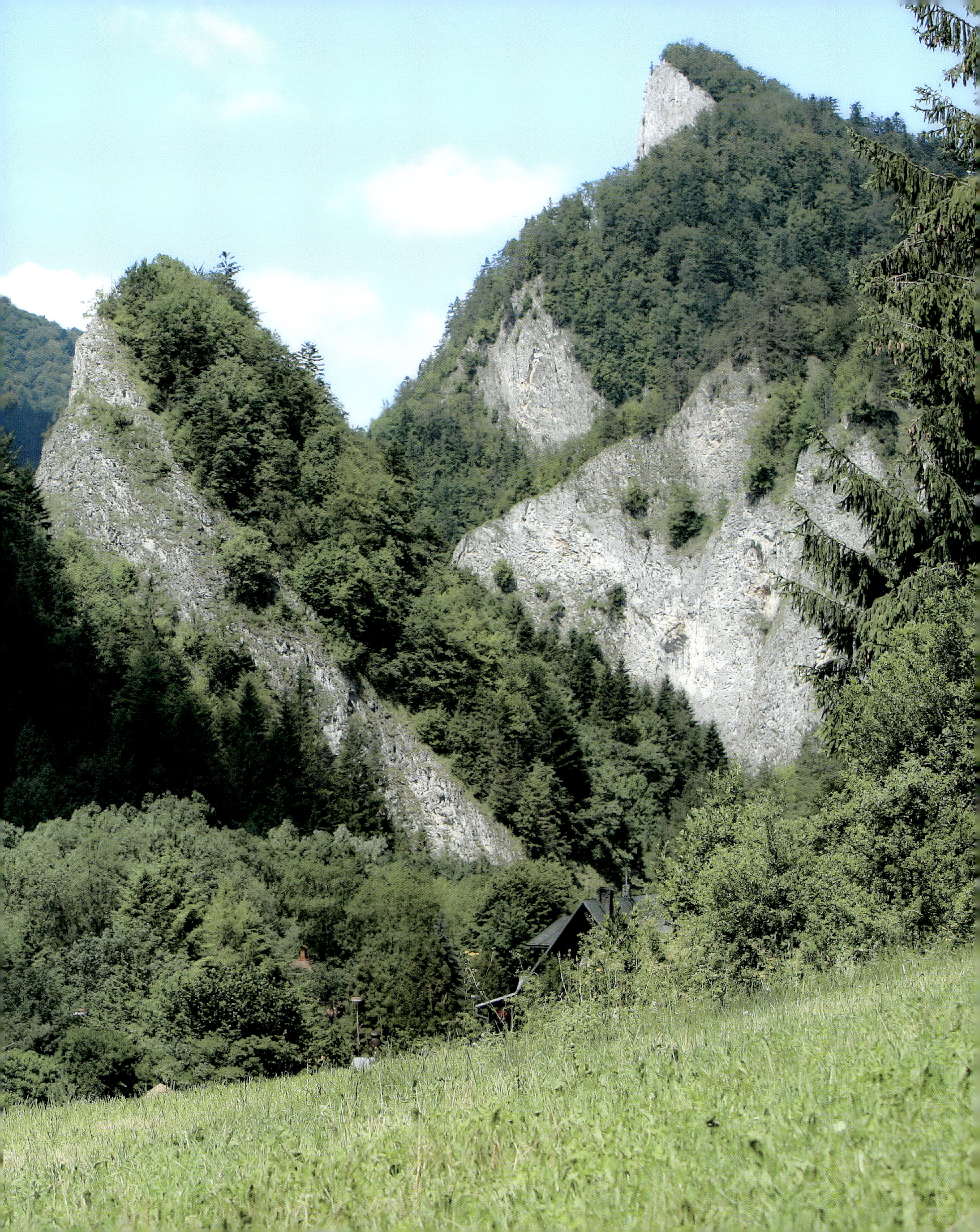

«

Uzáver Pienin v údolí Lesnice. Vľavo Tri koruny, uprostred štíhla Osobitá (536 m), vpravo Sokolica

Closing of Pieniny in the valley of the Lesnica. Tri koruny on the left, slim Osobitá (536 m) in the middle, Sokolica on the right

Abschluss der Pieninen im Tal von Lesnica. Links die Drei Kronen, in der Mitte die schlanke Osobitá (536m), rechts Sokolica

La clôture de Pieniny au bassin de Lesnica. A gauche Trois couronnes, au milieu Osobitá (536 m) le rocher très mince, à gauche Sokolica

Pieninská príroda je rôznorodá, pestrá a vzácna. Medzi najpozoruhodnejšie kvety patrí pieninský endemit, ružovkastý strapatý králik Zawadského (Chrysanthemum zawadskii). Najvzácnejší motýľ Spiša jasoň červenooký (Parnassius apollo) je reliktom ľadovej doby

Nature of Pieniny is manifold, mani-coloured and precious. Pink Chrysanthemum zawadskii as the most remarkable endemit of Pieniny (Chrysanthemum zawadskii). The most precious butterfly of the Spiš region Parnassius apollo represents the relict of the Ice Era

Die Natur der Pieninen ist vielfältig, bunt und kostbar. Zu den bemerkenswerten Blumen gehört der Endemit, rosige Chrysanthemum zawadskii. Der kostbarste Schmetterling der Zips Apollofalter (Parnassius apollo) ist ein Relikt der Eiszeit

La nature de Pieniny est très variée, bigarrée et rare. Parmi les fleurs les plus singuliers appartient l´endémite de Pieniny, chrysantème de Zawadski, marguerite rosée et ébouriffée. (Chrysanthemum zawadskii). Le papillon le plus rare en Spiš, l´apollon, (Parnassius apollo) est une épave de la période glacière

Skalné zrázy vyhriate jarným slnkom sú pokryté žltokvitnúcou taricou skalnou (Aurinia saxatilis)

Rocky hills in the spring sun are covered by Aurinia saxatilis

Die von der Frühlingssonne erhitzten Felskanten sind von dem gelbblühenden Felsensteinkraut (Aurinia saxatilis) bedeckt

Les éscarpements rocheurs, échaufés du soleil printanier sont couverts par les fleurs jaunes de corbeille d´or (Aurinia saxatilis)

Vodný tok Dunajca a väčších spišských riek poskytuje vhodné životné podmienky pre veľmi vzácnu vydru riečnu (Lutra lutra)

Waters of the Dunajec river as well and of the other Spiš rivers create appropriate living conditions for the otter (Lutra lutra)

Der Wasserlauf des Flusses Dunajec und größeren zipser Flüsse gewährt dem wertvollen Fischotter (Lutra lutra) sehr gute Lebensbedingungen

Les loutres (très rares) trouvent les conditions favorables à vivre dans les cours d´eau de Dunajec, mais aussi d´autres rivières en Spiš

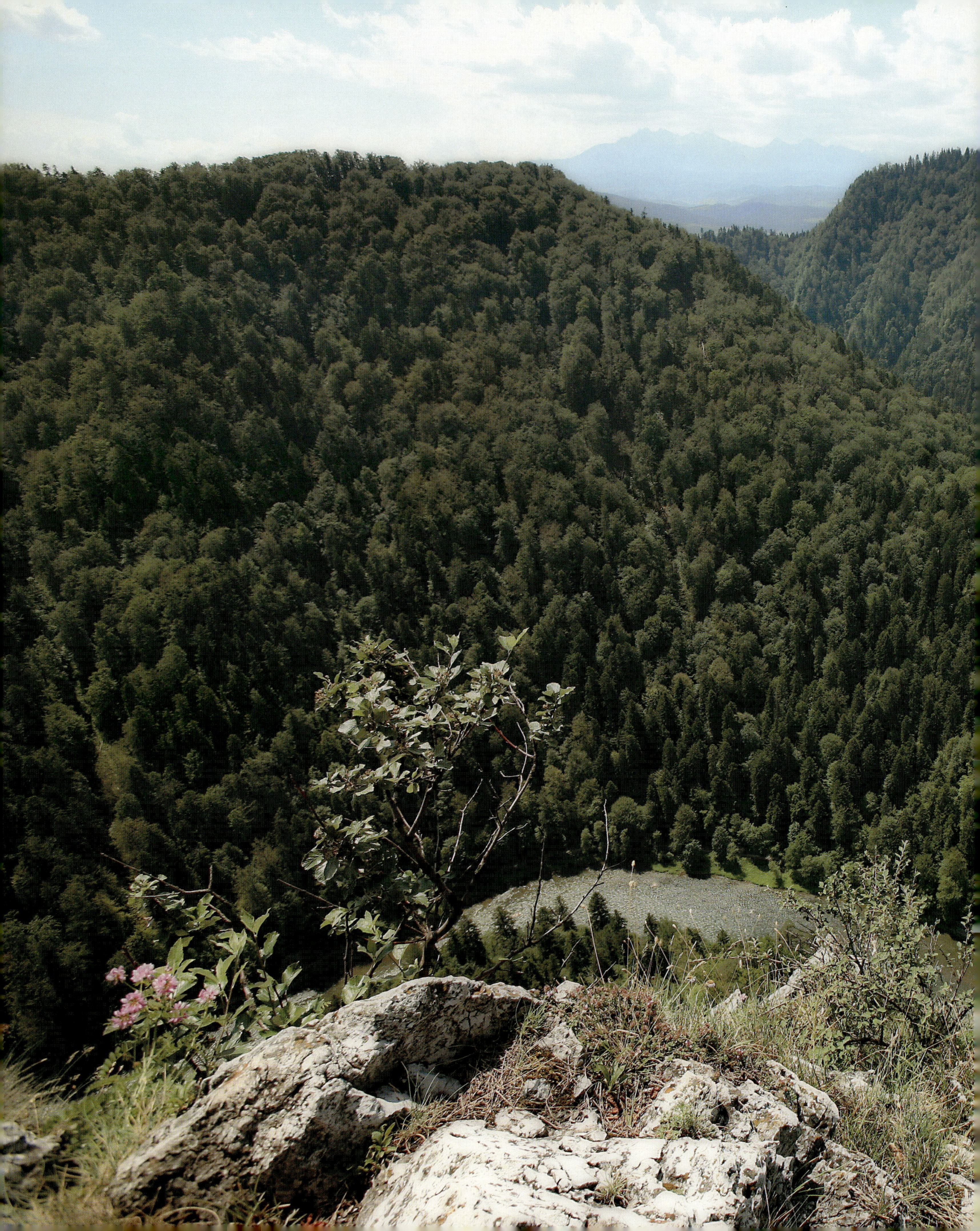

Tri nádherné výhľady:
zo Sokolice do Prielomu Dunajca

Three outstanding views: from Sokolica to Prielom of Dunajec

Drei wunderschöne Aussichten:
aus der Sokolica auf den Engpaß von Dunajec

Trois belles vues
de Sokolica vers la gorge de Dunajec

>>

z Troch korún na slovenskú časť Pienin

from Tri koruny (Three crowns) to the Slovak section of the Pieniny

aus dem Drei Kronen-Berg auf den slowakischen Teil der Pieninen

de Trois couronnes vers la partie slovaque des Pieniny

>> >>

a z Haligovských skál na zasnežené Vysoké Tatry

and from Haligovské skaly (rocks) on covered with a snow the High Tatras

und von den Felsen Haligovské auf die beschneite Hohe Tatra

et des roches de Haligovské skaly vers les Hautes Tatras enneigées

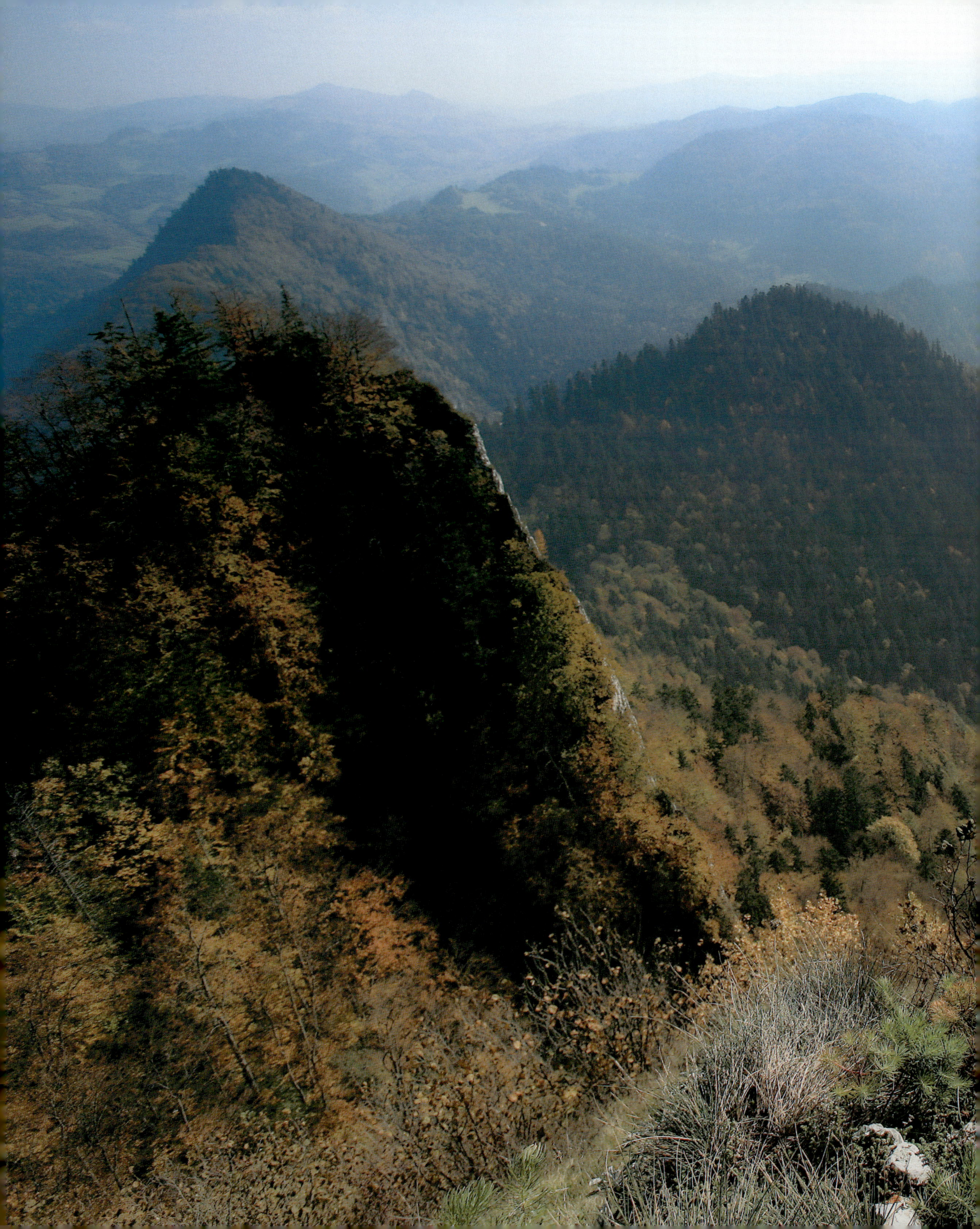

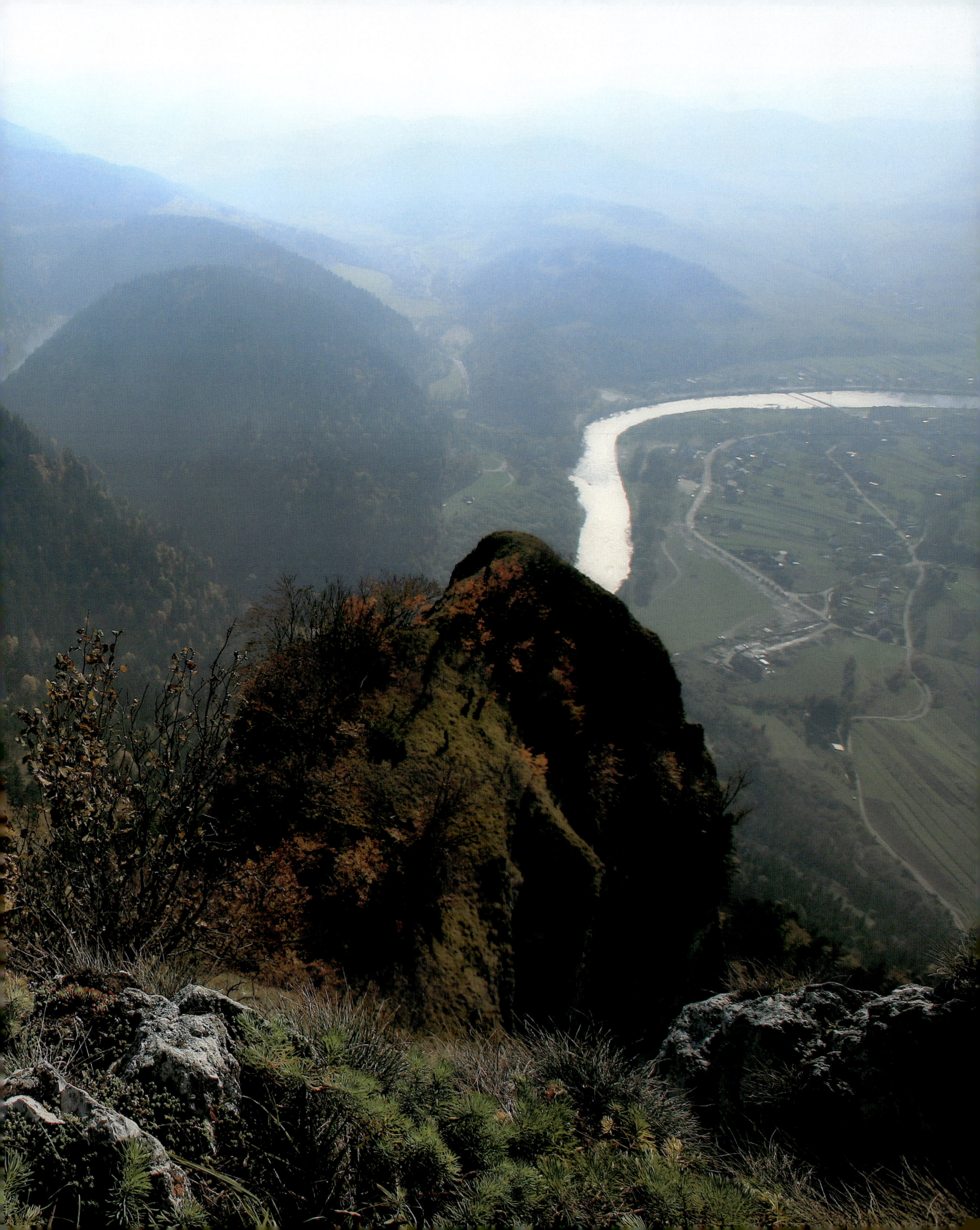

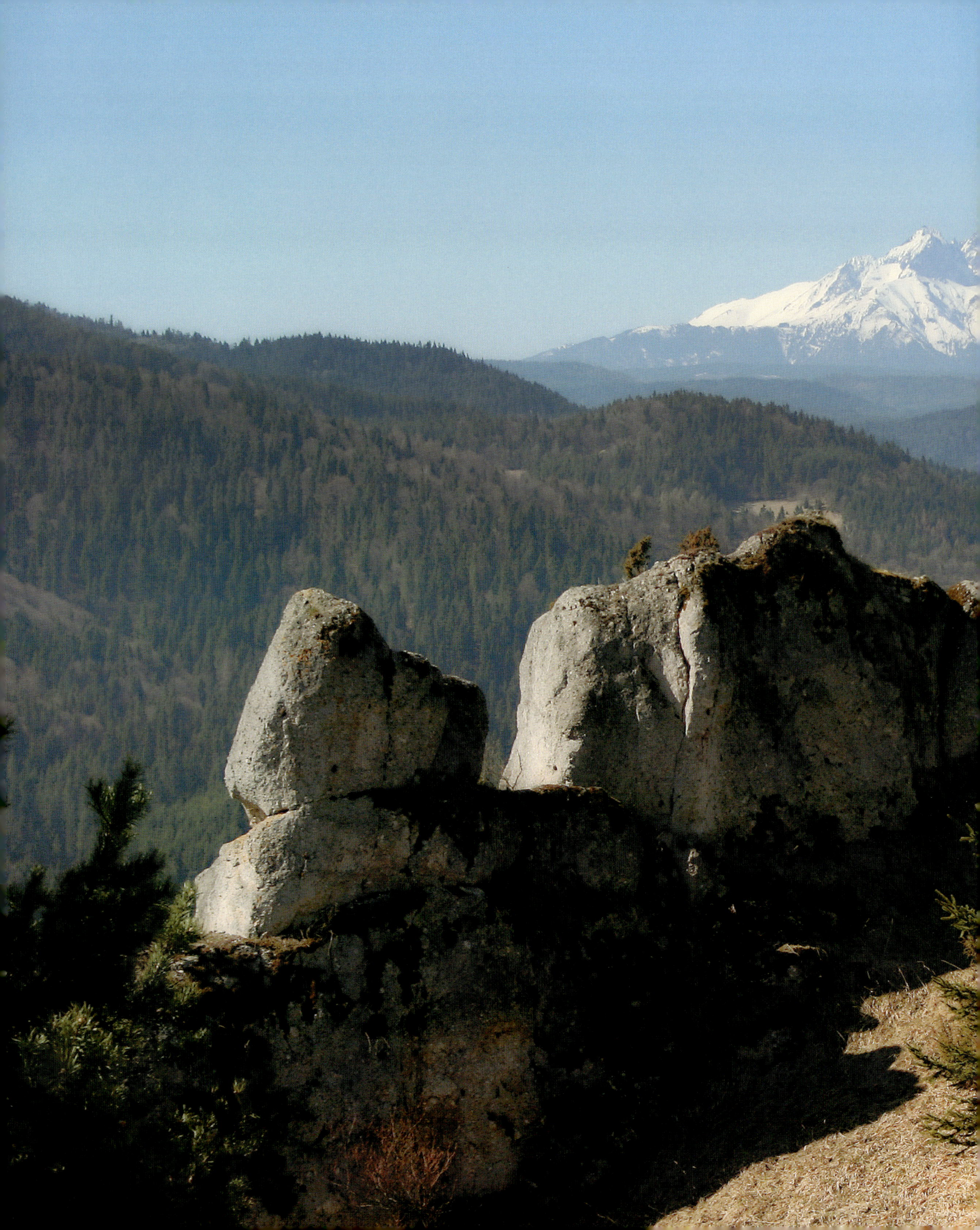

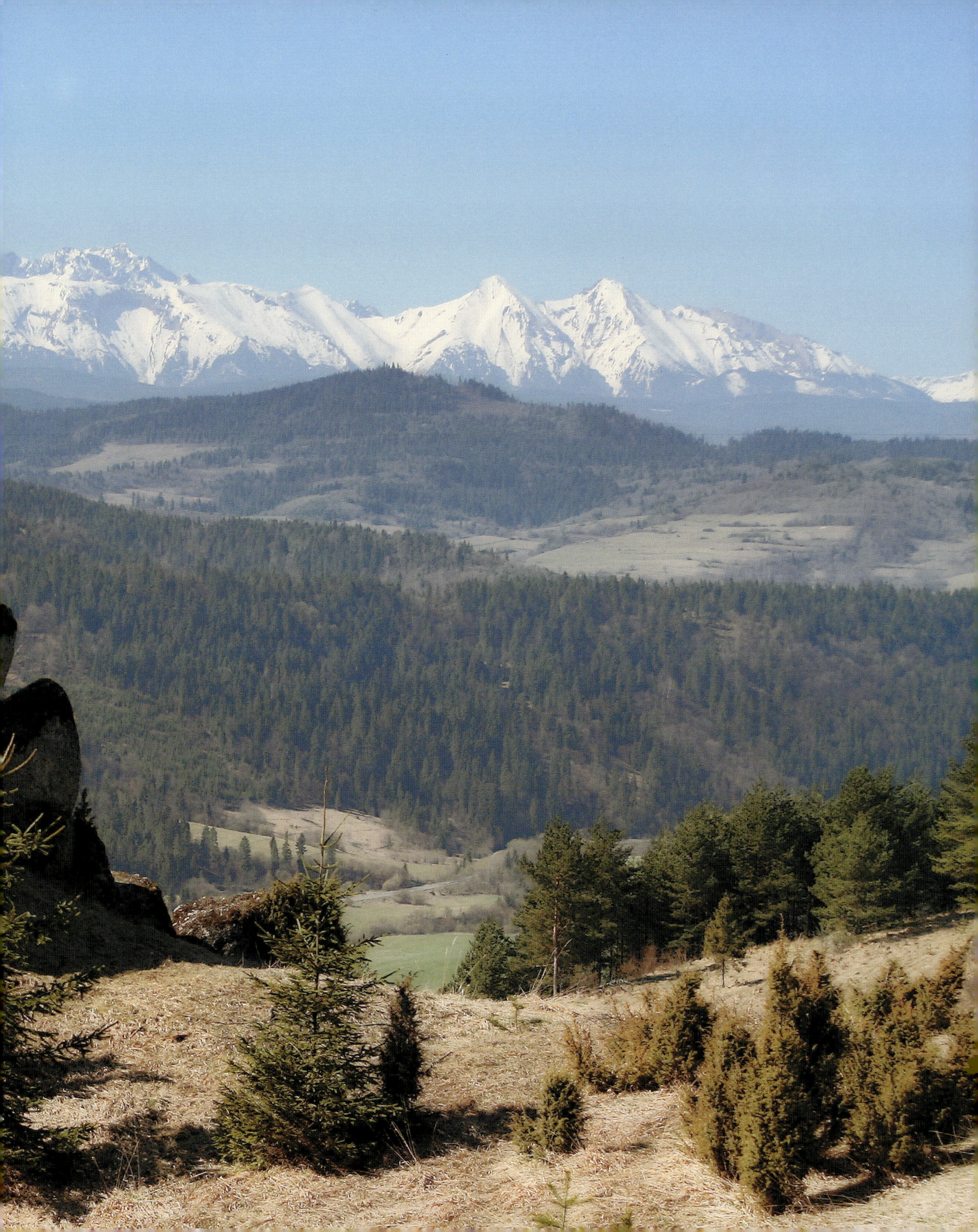

GELNICA A OKOLIE

Svedok slávnej baníckej histórie Spiša

...na severnej strane Spišsko-gemerského rudohoria sa po stáročia ťažili medené, strieborné a železné rudy. V dolinách juhovýchodného Spiša vznikli viaceré banícke mestečká ako Smolník s mincovňou a banským súdom, Vondrišel (dnešné Nálepkovo), Švedlár, Mníšek nad Hnilcom či obec Žakarovce. Najvýznamnejšie stredisko spišského baníctva, niekdajšie slobodné kráľovské mesto Gelnica, malo aj zvláštne banské právo...

GELNICA AND SURROUNDINGS

Witness of famous mining history of Spiš

... on the northern part of the Spiš-Gemer Ore Mountains, there have been during centuries the cupper, silver and iron ore mined. In the valleys of the south-eastern Spiš the numerous minings towns such as Smolník with a mint and a mining court, Vondrišel (today Nálepkovo), Švedlár, Mníšek nad Hnilcom or Žakarovce. The most important centre of mining at Spiš, former royal town Gelnica had been given the special mining right...

GELNICA UND UMGEBUNG

Der Zeuge der berühmten Bergwerksgeschichte der Zips

... auf der nördlichen Seite des Erzgebirges Spišsko-gemerské wurde jahrhundertelang Kupfer-, Silber- und Eisenerz abgebaut. In den Tälern der südöstlichen Zips entstanden mehrere Bergstädte wie Smolník, mit einer Münzanstalt und einem Bergbaugericht, weiter Vondrišel (das heutige Nálepkovo), Švedlár, Mníšek nad Hnilcom oder das Dorf Žakarovce. Das bedeutendste Zentrum des Bergbaus in der Zips, die ehemalige freie Königsstadt Gelnica, hatte auch besondere Bergbaurechte...

GELNICA ET SON ENVIRONS

Témoin de l´histoire fameuse de l´industrie minière en Spiš

... dans le nord de Slovenské rudohorie (montagne métallifère) située en Spiš et Gemer on rabattait les minerais de cuivre, or et fer depuis des siècles. Dans les vallées au sud-est de Spiš se sont nées plusieurs bourgs miniers comme Smolník avec son hôtel des monnaies et tribunal minier, Vondrišel (Nálepkovo actuel), Švedlár, Mníšek nad Hnilcom ou le village de Žakarovce. Le centre minier le plus important en Spiš, ayant le status de ville royale libre à cette époque, posséda aussi un privilège minier spécifique.

Pôvodná radnica so sochou modliaceho sa baníka v popredí, dnes Banícke múzeum v Gelnici

Original town hall with the statue of praying miner in the front, today the Mining Museum in Gelnica

Das ursprüngliche Rathaus mit der Statue des betenden Berghauer im Vordergrund, heute das Bergbau Museum von Gelnica

Le hôtel de ville originel avec la statue du minier faisant sa prière au premier plan, aujourd´hui le Musée minier à Gelnica

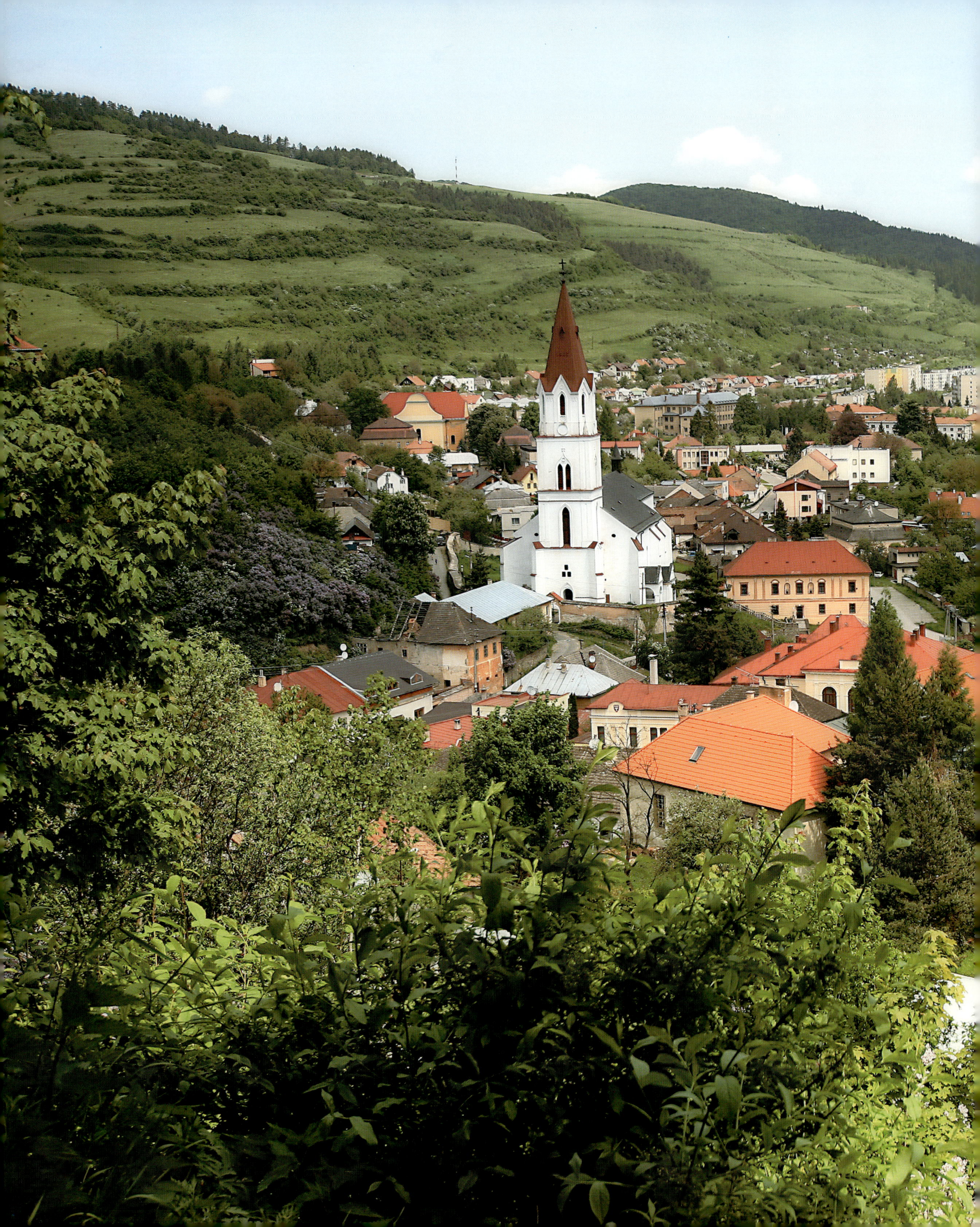

Historické centrum starého baníckeho mesta z kopca, na ktorom sú ešte zvyšky ruín Gelnického hradu založeného v roku 1234

Historical centre of old mining town as seen from the hill, where the ruins of the Gelnica Castle built in 1234 can be found

Das historische Zentrum der alten Bergstadt auf dem Hügel, auf dem bis heute die Ruinen der Burg von Gelnica erhalten sind, die 1234 erbaut wurde

Le centre historique de l´ancienne ville minière pris de la coline où sont encore les vestiges du château de Gelnica, érigé en 1234

Gotický farský kostol s kamenným pastofóriom vežovitého tvaru s figurálnou ozdobou z prvej polovice 15. storočia

The Gothic parish church with the tower-like pastoforium of stone with figural decoration from the first half of the 15th century

Die gotische Pfarrkirche mit dem steinernen, turmartigen Pastoforium und einer figuralen Verzierung aus der ersten Hälfte des 15. Jahrhunderts

L´église paroissiale gothique avec le pastoforium en pierre en forme d´une tour avec une décoration figurative de la première moitié du XVe siècle

Madona z Gelnice - gotická socha z obdobia okolo roku 1420, dnes v zbierkach Baníckeho múzea v Gelnici

Madonna of Gelnica - the Gothic statue from about 1420, nowadays in collection of the Mining Museum in Gelnica

Die Madonna aus Gelnica - gotische Statue um 1420, heute in den Sammlungen des Bergbau Museums in Gelnica

Vierge Marie de Gelnica - la statue gothique de l´époque vers 1420, aujourd´hui dans les collections du Musée minier à Gelnica

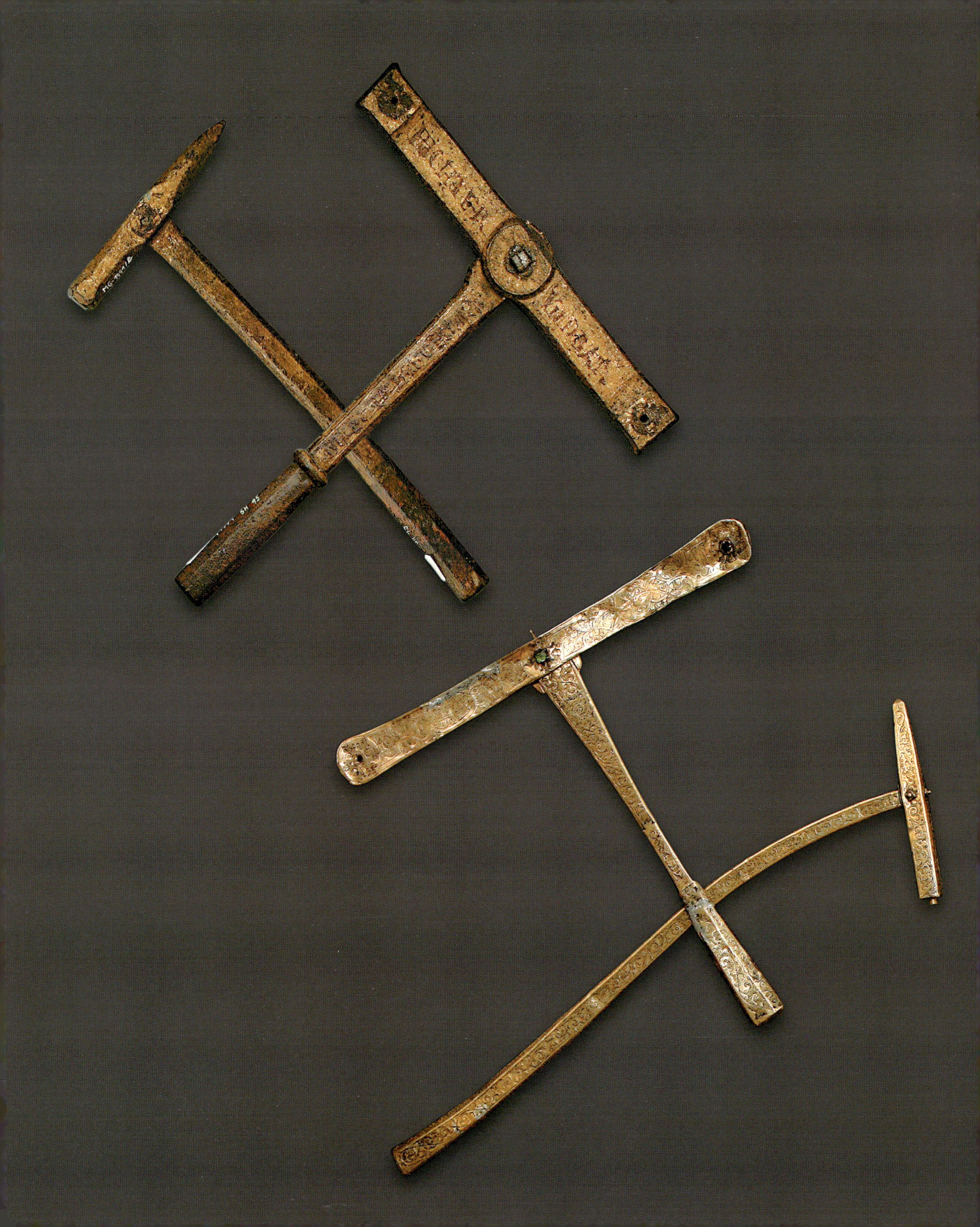

Exponáty Baníckeho múzea dokumentujú slávnu banícku históriu Spiša. Výsostné znaky bratskej pokladnice z Mníška nad Hnilcom z roku 1534 a z Gelnice z roku 1565. Nádvorie múzea

Artefacts of the Mining Museum prove the famous mining history of the Spiš. Sovereign signs of the brother´s treasury from Mníšek nad Hnilcom from 1534 and from Gelnica (1565). Museum courtyard

Die Exponate des Bergbaumuseums in Gelncia dokumentieren die ruhmvolle Montangeschichte der Zips. Die Hoheitszeichen der Bruderkasse aus Mníšek nad Hnilcom aus dem Jahr 1534 und aus Gelnica aus dem Jahr 1565. Der Museumshof

L´histoire fameuse de minerie en Spiš est prouvée par les objets exposés dans le Musée minier. Les hauts blasons de la caisse de la fraternité de Mníšek nad Hnilcom de 1534 et de Gelnica de 1565. La cour du musée

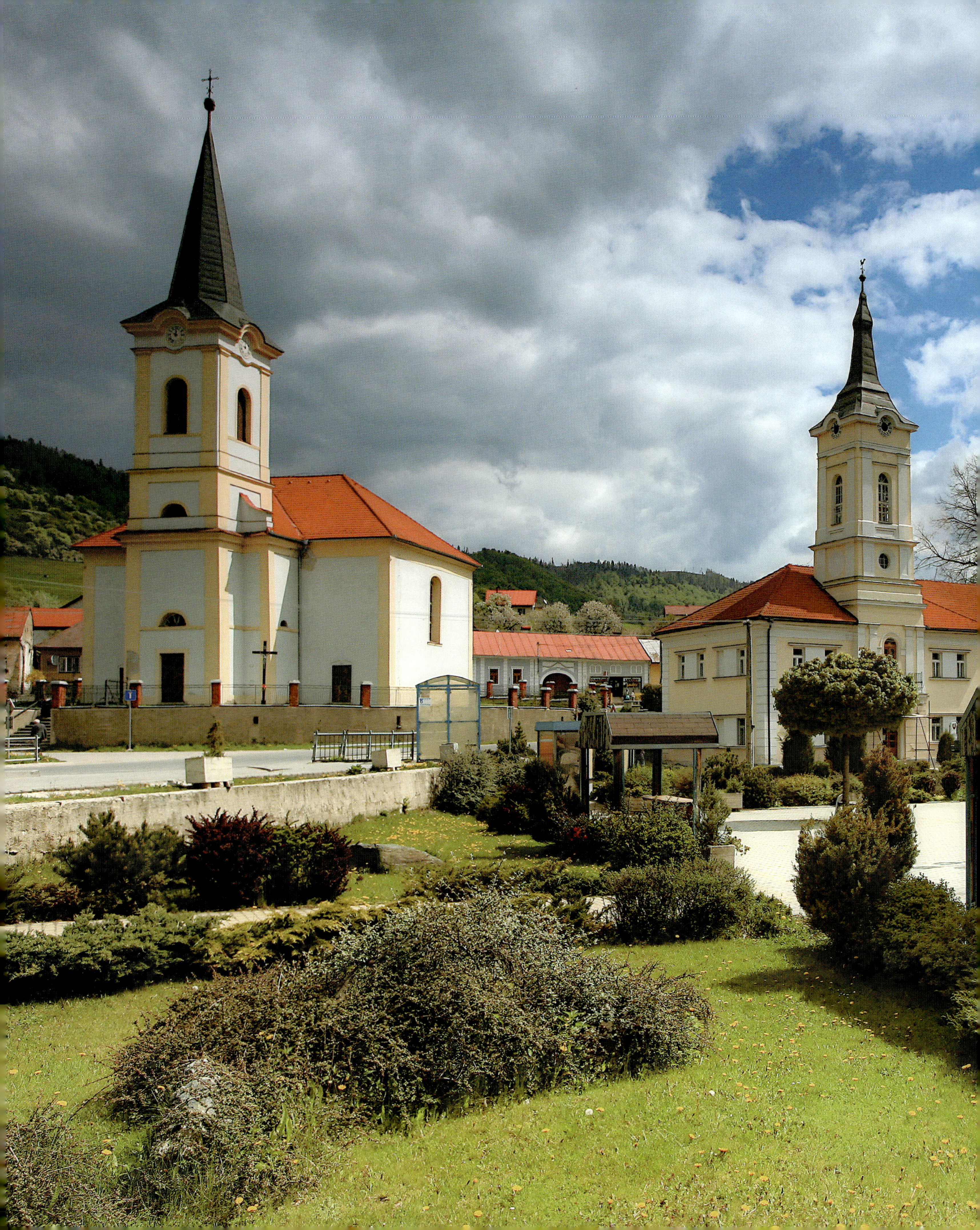

Námestie v Nálepkove s kostolom, neskorobarokovou radnicou z konca 18. storočia a zvonicou

Square in Nálepkovo with church, the late Baroque town hall from the end of the 18th century and belfry

Der Hauptplatz in Nálepkovo mit der Kirche, dem spätgotischen Rathaus aus dem Ende des 18. Jahrhunderts und dem Glockenturm

La place à Nálepkovo avec l´église, l´hôtel de ville de style baroque tardive de la fin du XVIIIe siècle et le clocher

Trojičný stĺp s plastikou v Smolníku pred radnicou z roku 1721

Trinity Column with a plaster in front of the town hall in Smolník from 1721

Pfeil der heiligen Dreifaltigkeit mit der Statue vor dem Rathaus aus dem Jahr 1721 in Smolník

La colonne de Trinité avec une plastique devant la mairie de 1721 à Smolník

V 14. - 18. storočí bol Smolník významným baníckym mestom vďaka baniam bohatým na zlaté, strieborné a medené rudy.
Bol sídlom kráľovskej banskej komory a vyššieho banského súdu

In the 14th - 18th centuries Smolník belonged to well known mining towns thanks to the mines rich in the golden, silver and cupper ore.
It was a seat of the Royal Mining Chamber and Higher Mining Court

Im 14. - 18. Jahrhundert war Smolník eine bedeutende Bergstadt dank den Bergwerken, die reich an Gold -, Silber - und Kupfererz waren

Depuis le XIVe jusqu´au XVIIIe siècles Smolník était un centre minier très important grâce aux mines riches en minerai d´or, d´argent et de cuivre.
Il était le siège de la chambre royale et du tribunal minier supérieur

Bývalá banícka kolónia v obci Žakarovce, v ktorej chotári boli už v 16. storočí bane na železnú a medenú rudu

Former mining colony in Žakarovce, where had been mines for metal and cupper ore already in the 16th century

Die ehemalige Bergbaukolonie im Dorf Žakarovce (Sodelsdorf), in dessen Gebiet schon im 16. Jahrhundert Bergwerke für Stahl- und Kupfererz waren

La colonie minière ancienne à Žakarovce au finage delaquelle se trouvaient les mines du fer et de cuivre dans le XVIe siècle

K tradičnému stavaniu májov v obci Švedlár (v minulosti tiež banícke mestečko) patrí dobrá muzika a dobrá nálada

Traditional "erecting of may" (decorated trees given to the young ladies from their boyfriends and erected in front of their houses at the beginning of May) in Švedlár (historically also a mining town) is accompanied by good music and mood

Zu der traditionellen Maibaumaufstellung im Dorf Švedlár (Schwedler) (in der Vergangenheit auch eine Bergstadt) gehört Musik und gute Laune

L´installation traditionnelle des arbres du mai dans le village de Švedlár (un autre village minier ancien) est toujours accompagnée de la bonne musique et de bonne humeur

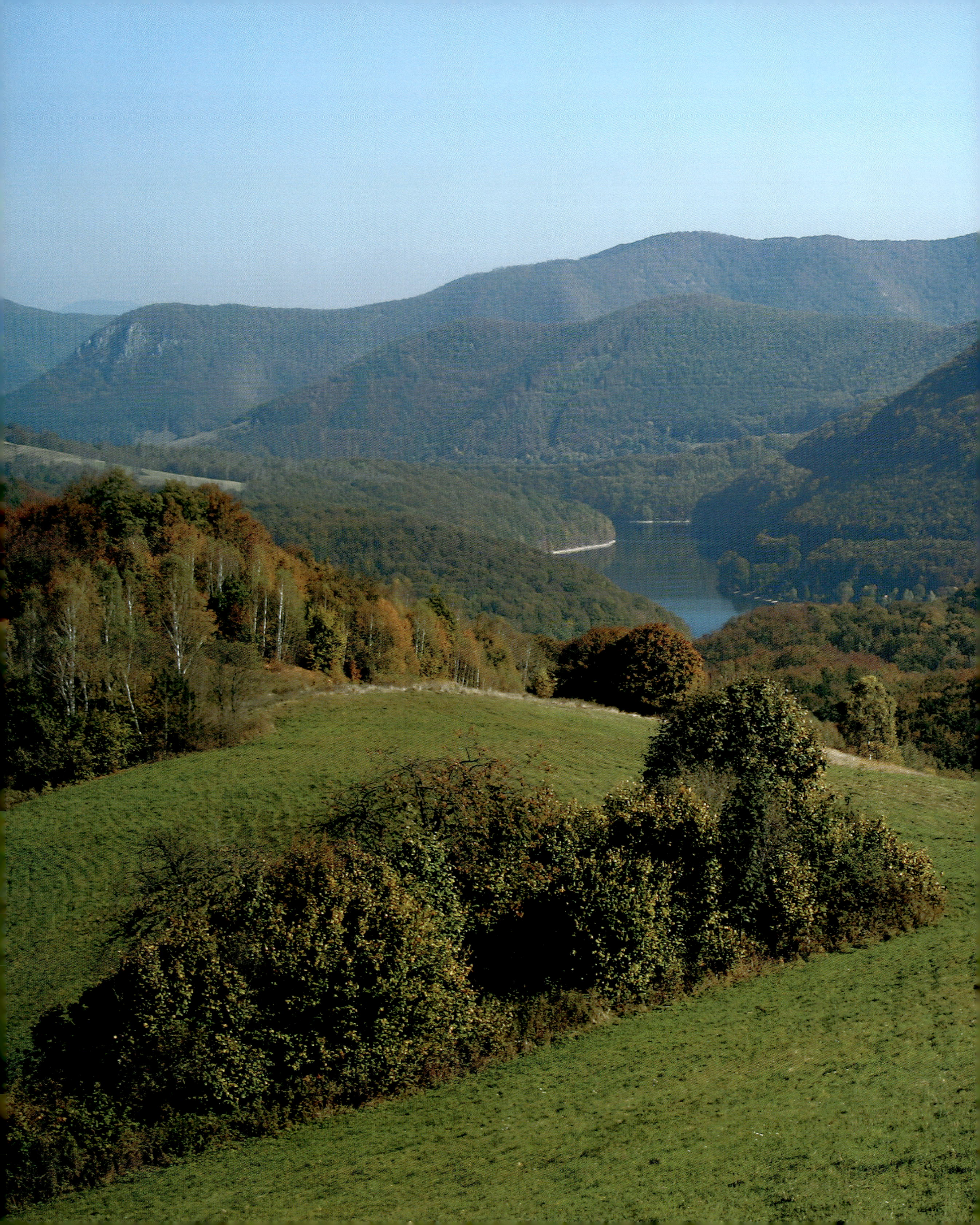

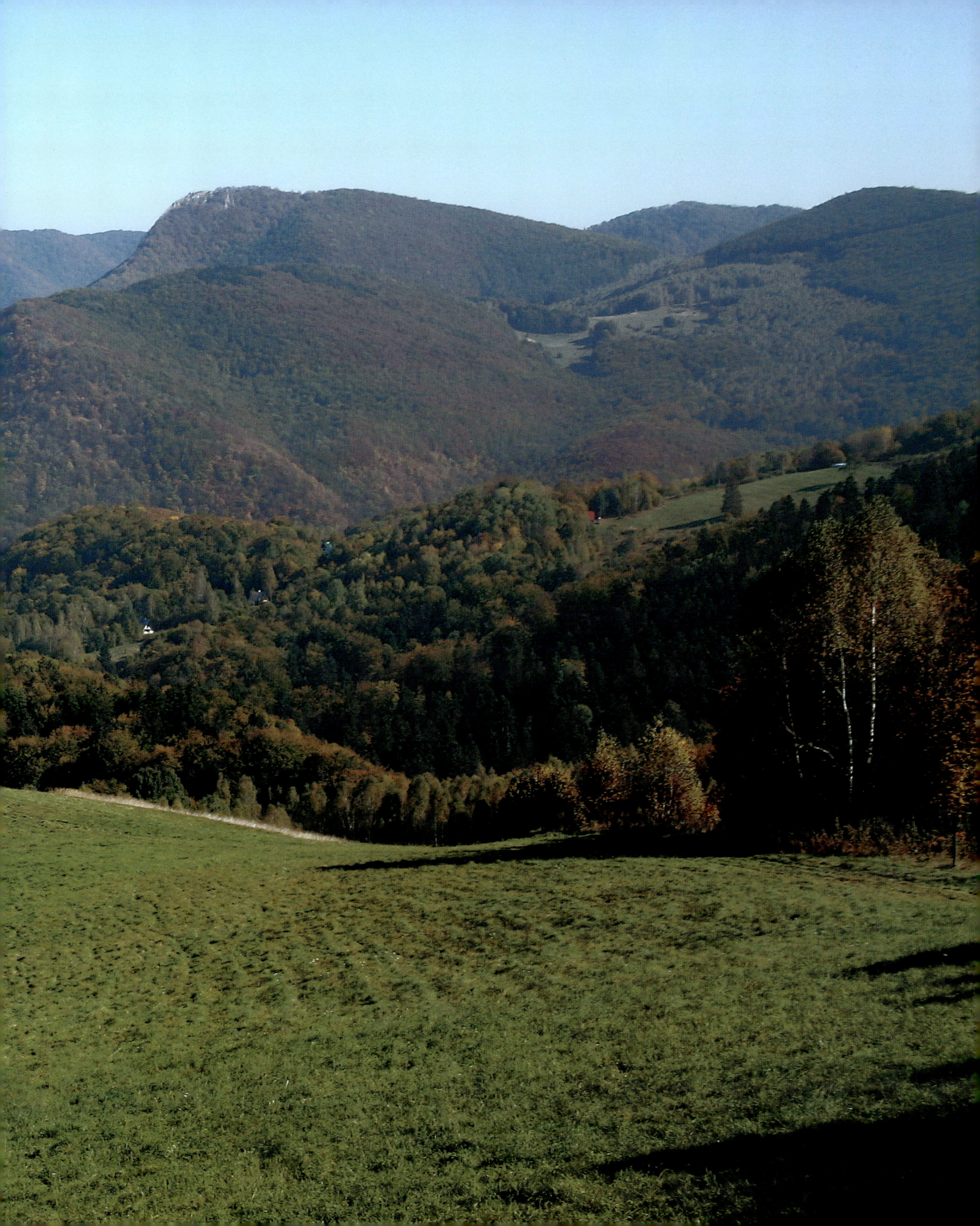

«

Spiš na východe oddeľuje od regiónu Šariš Ružínska priehrada na rieke Hornád

Ružínska dam on the Hornád river separates east-wide the Spiš region from the Šariš one

Im Osten trennt der Stausee Ružínska am Fluss Hornád die Zips vom Šariš (Scharosch)

Dans l´est Spiš est séparée de Šariš par le barrage de Ružín sur la rivière Hornád

Dva mosty - dve technické pamiatky. Klasicistický kamenný most v Gelnici a drevený krytý most vedúci do Štefanskej Huty

Two bridges - two technical monuments. Stone bridge in the Classicism style in Gelnica and wooden roofed bridge leading to Štefanská Huta

Zwei Brücken - zwei technische Denkmäler, die klassizistische, steinerne Brücke in Gelnica und die bedeckte hölzerne Brücke, die in die Štefanská Huta führt

Deux ponts - deux sites technologiques. Le pont en pierre du classicisme à Gelnica et le pont couvert en bois menant à Štefanská Huta

Z vysokej pece z prvej polovice 19. storočia v Krompachoch ostali len ruiny, ako aj z niekedy známej Štefanskej huty, ktorá patrila k najmodernejším železiarskym závodom na Slovensku

Only ruins remained from the blast furnace from the 19th century in Krompachy, same as from known Štefanská huta (ironworks), which belonged to the most modern ironwork plants in Slovakia

Von dem hohen Ofen aus der ersten Hälfte des 19. Jahrhunderts in Krompachy sind nur noch Ruinen übergeblieben. Ähnlich auch aus der Štefanská huta, die damals zu den bekanntesten Eisenindustrien der Slowakei gehörte

Ils ne restent que des vestiges de la fournaise de la première moitié du XIXe siècle à Krompachy, même que de Štefanská huta (usine métallurgique) qui appartenait aux usines les plus modernes en Slovaquie

\>\>

Zimný večer pri Jaklovciach, v mieste, kde rieka Hnilec priteká do Ružínskej priehrady

Evening in winter at village Jaklovce, where the Hnilec river flows in the Ružín dam

Der winterliche Abend im Dorf Jaklovce, wo der Fluss Hnilec in den Stausee Ružínska mündet

Le soir hivernal près du village Jaklovce où la rivière Hnilec se jette dans le barrage de Ružín

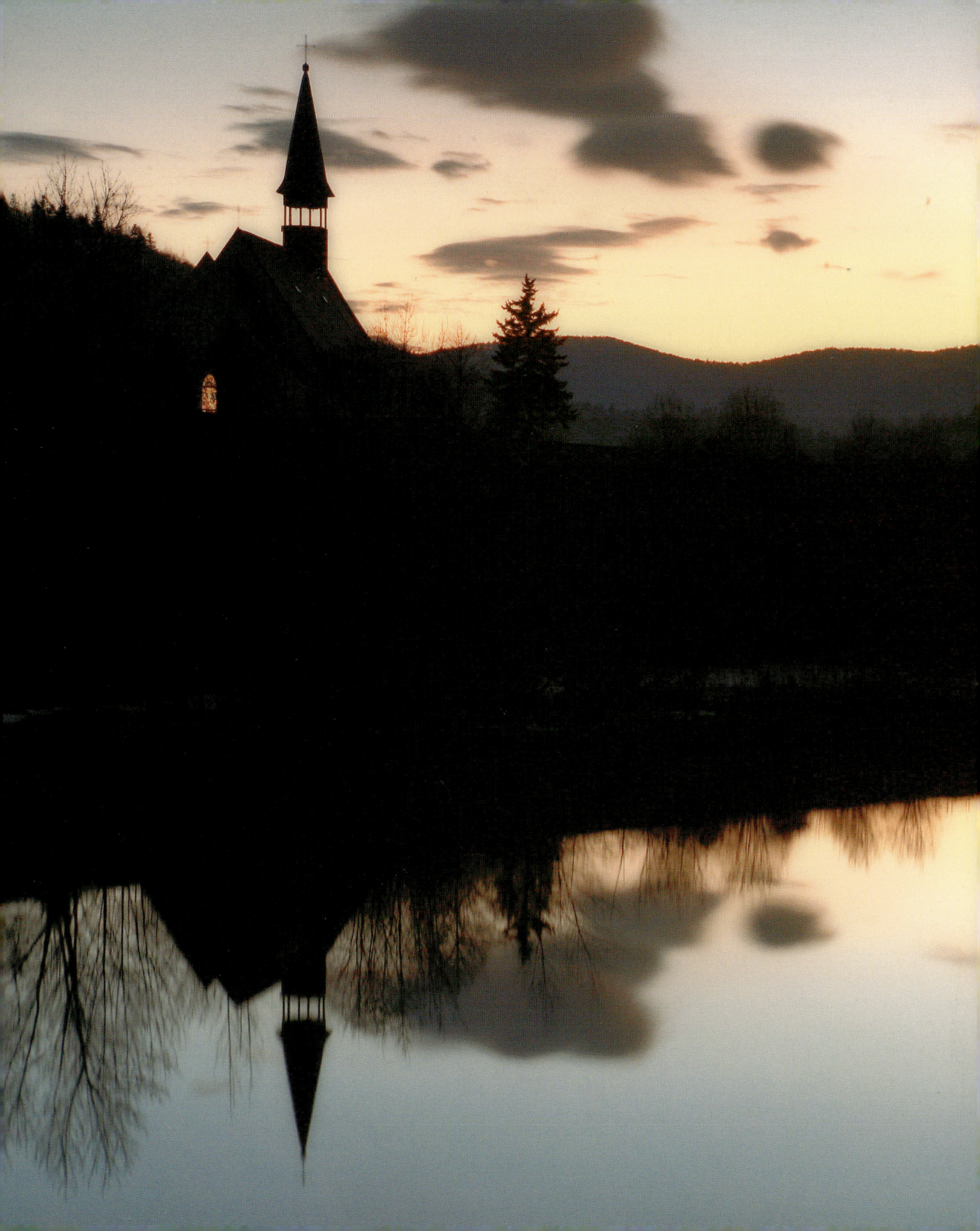

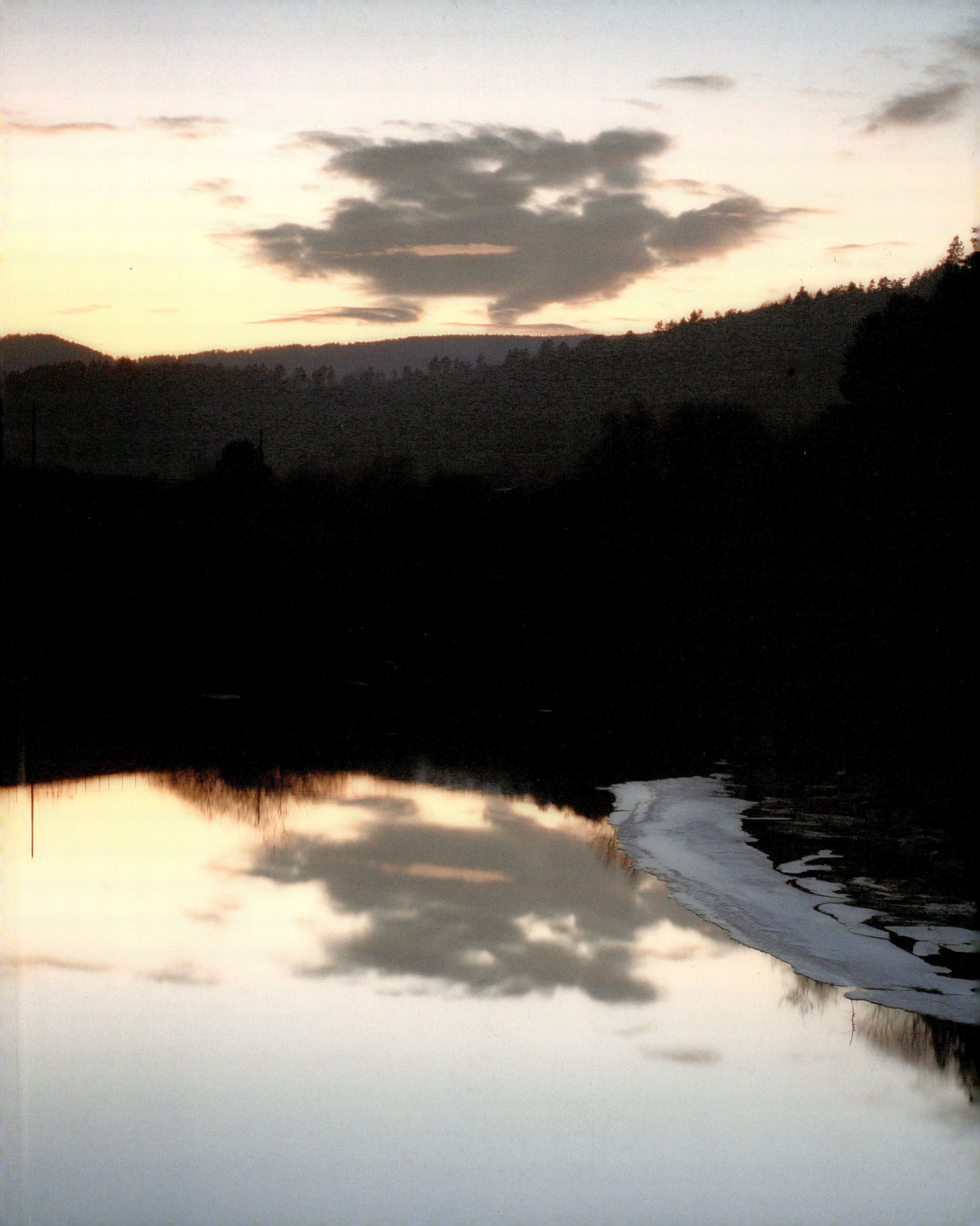

SPISZ - DZIEDZICTWO HISTORYCZNE, KULTUROWE I PRZYRODNICZE

Spisz jest jedną z żup - oryginalnych, istniejących przez setki lat regionów administracyjnych Słowacji i dawnych Węgier, które były najbardziej obdarzone pięknem przyrody, wykształconym ludem i kulturą. Regiony te mają zarazem rzadki zespół zabytków artystycznych i historycznych, zwłaszcza z okresu Gotyku. Dzisiejszy Spisz tworzą w całości albo częściowo powiaty Levoča, Poprad, Spišská Nová Ves, Kežmarok, Stará Ľubovňa i Gelnica, które są częścią dwóch wyższych jednostek terytorialnych Kraju Prešovskiego i Košickiego.

Spisz to przede wszystkim przepiękna przyroda. Tworzą ją nie tylko doliny rzek, ale też góry i pasma górskie, zaczynając od jeszcze mało znanego Levočskiego pohoria z historycznym przesmykiem Branisko, a kończąc szczytami Tatr Wysokich i Pienin, które otaczają Spisz ze strony północnej, oraz górami Tatr Niskich i Słowackiego Rudohoria, które z kolei wyznaczają jego południową granicę. Wiele z nich tworzy parki narodowe: Tatry Wysokie pełne tajemniczych szczytów, wodospadów i jezior, Pieniński Park Narodowy z rzeką Dunajec oraz fantastyczne turnie i wyjątkowe rozpadliny Parku Narodowego Słowacki Raj. Oprócz tego na terenie Spiszu zostało wyznaczonych ponad sto obszarów chronionych o mniejszej powierzchni. Przez Spisz płyną trzy rzeki. Na północ i do pobrzeża bałtyckiego wpływa rzeka Poprad, a na wschód i do Morza Czarnego Hornád i Hnilec.

Jednakże Spisz odznacza się także wyjątkowym zbiorem artystycznych i historycznych zabytków. Wyjątkowe są nie tylko ze względu na swoją ilość i koncentrację na danym terenie, ale także ze względu na niezwykłą jakość. Cenne zabytki znaleźć można praktycznie w każdej wsi. Na Spiszu znajdują się także zabytki wpisane na Listę Światowego Dziedzictwa Kulturowego i Przyrodniczego UNESCO (Spišský hrad, Spišská Kapituła, Žehra i okolice), są tu także pamiątki rejestrowane jako narodowe pamiątki kultury: Dzieło Mistrza Pawła z Lewoczy (Majstra Pavla z Levoče) oraz Kościół Św. Jakuba w Lewoczy (Chrám sv. Jakuba), Zamek Spiski (Spišský hrad), kieżmarskie liceum ewangelickie oraz kościół artykularny, kościółek w Strážkach, Hraničnym, Výbornej... Na Spiszu znajdują się także całe, stosunkowo dobrze zachowane średniowieczne miasta, zapisane jako miejskie rezerwaty zabytków: Lewocza (Levoča), Kieżmark (Kežmarok), Podoliniec (Podolínec), Spiska Kapituła (Spišská Kapitula - dzielnica Spišskiego Podhradia) oraz Spišská Sobota (dzielnica Popradu).

Oprócz nich znajduje się tu 10 zabytkowych stref (Gelnica, Hniezdne, Markuszowce (Markušovce), Smolník, Spiska Nowa Wieś (Spišská Nová Ves), Spiskie Podgrodzie (Spišské Podhradie), Spišské Vlachy, Stara Lubowla (Stará Ľubovňa), Tatrzańska Łomnica (Tatranská Lomnica), Vrbov), dwa rezerwaty zabytków architektury ludowej (Osturňa, Ždiar) oraz trzy strefy zabytków architektury ludowej (Jezersko, Nižné Repaše, Torysky). O ilości innych zabytków, zwłaszcza architektury gotyckiej i renesansowej, rzeźbiarstwa, malowideł naściennych i tablicowych, ale także złotnictwa i innych rzemiosł artystycznych nawet nie wspominamy.

Region Spiszu jest tak bogaty w zabytki przyrody i kultury, że zasługiwałby na ochronę w całości.

Zdjęcie na okładce:
Widok z Haligovských skál przez Zbojnícką bránę
2 Nad środkowym Spiszem góruje Spišský hrad na tle panoramy Tatr Wysokich
4 Szafran Heuffela (Crocus discolor)
8 Korzenie owczarstwa na Spiszu sięgają do dawnej przeszłości
9 Gliniane naczynie znalezione w Poráču z młodszej epoki kamiennej, neolitu
10 Poráč: kamienny młot o niezwykłym okrągłym kształcie z młodszej epoki kamienia łupanego
11 Veľká Lomnica: łupane ostrza reprezentują ko-niec epoki kamienia - eneolit
Veľká Lomnica: do unikatowych znalezisk z końca epoki kamienia łupanego należą też miniaturowe figurki zwierzęce
12 Ľubovniansky hrad z panoramą Tatr Wysokich. Zamek strzegł pas pogranicza węgiersko - polskiego, kontrolował też zbieranie myta oraz szlaki handlowe.
14 Pieczęć woskowa Prowincji Sasów Spiskich, koniec XIII wieku
15 Gánovce: rękojeść żelaznego sztyletu albo żelazny sierp z kultowej studni to najstarsze znalezisko żelaza w Europie Środkowej
16 Spisz, różne miejscowości: siekierki odlane z brązu z tulejką pochodzą z epoki brązu
Švábovce: brązowe kolczyki z grobu żarowego świadczą o kontaktach Spiszu z Morzem Śródziemnym
17 Nová Lesná: biżuteria w kształcie rozety z depotu z epoki brązu
Poprad-Veľká: brązowe miecze z odlaną rękojeścią z młodszej epoki brązu
18 Dokument herbowy miasta Levoča z 1550 roku
20 Pieczęć z herbem z 1774 roku udzielona Prowincji XVI miast spiskich przez Marię Teresę
21 Veľký Slavkov: do cennych znalezisk w Europie Środkowej należy srebrna moneta celtyckiego plemienia Bojów z młodszej epoki żelaza - lateńskiej
22 Batizovce: gliniane naczynie pochodzi z jedynego na Spiszu grobu pochodzącego z okresu lateńskiego
Jaskinia Čertova diera koło Letanoviec: brązowe spinki z epoki rzymskiej świadczą o kontaktach Spiszu z prowincjami rzymskimi
23 Naczynie charakterystyczne dla kultury otomańskiej reprezentuje jedną z najważniejszych kultur epoki brązu na Spiszu
24 Do 1920 roku słowacki, dziś polski, ale ciągle spiski - zamek Niedzica
26 historyczna mapa Spiszu z 1880 roku
27 Veľká Lomnica: żelazna grzywna przedstawia środek płatniczy starych Słowian zanim pojawiły się monety
28 Nová Lesná: kolczyki w kształcie litery S przedstawiają biżuterię okresu słowiańskiego
Lendak: gliniany średniowieczny dzban z wytłaczaną ozdobą
29 Letanovce-Kláštorisko: gliniana płytka zdobiona motywem zwierzęcym i roślinnym
30 Kraina Zamagurza

SPIŠSKÝ HRAD, SPIŠSKÁ KAPITULA, ŽEHRA
33 Widok z lotu ptaka na Spišský hrad odkrywa jego monumentalne rozmiary i wyjątkowy kształt trzech dziedzińców zamkowych
34 Górny dziedziniec Spišskiego hradu z architekturą pałaców gotyckich, postawionych przez rodzinę Zapolskich w drugiej połowie XV wieku oraz romańska okrągła wieża
36 widok z dolnego dziedzińca zamku
38 Obronna okrągła wieża jest jedną z najstarszych części architektury zamku
39 Brama romańska z pierwszej tercji XIII wieku, przez którą wchodzono na dziedziniec górny
40 Chodnik prowadzący z romańskiego przedzamcza, które postawiono po najeździe Tatarów w celu wzmocnienia obrony zamku
41 Gotycka kapliczka na Spišskim hradzie poświęcona św. Elżbiecie Węgierskiej, została postawiona w drugiej połowie XV wieku. Wnętrza uratowane z ruin dziś ponownie wykorzystywane są do swoich pierwotnych celów
42 Muzealna ekspozycja starej gastronomii w pomieszczeniu jednej z kuchni zamkowych
44 Ruiny wschodnich tzw. Csákyowskich pałaców oraz okrągła romańska cysterna - podstawa pierwotnego stołpu
45 Romańskie okno, jedno z zachowanych okien pałacu romańskiego. Pałac postawił węgierski królewicz Koloman w pierwszej tercji XIII wieku, a dziś należy do rzadkich przykładów zachowanej pałacowej romańskiej architektury Europy
46 Panorama najstarszych przykładów architektury Spiszu - Spišskiego hradu i Katedrali św. Marcina w Spišskiej Kapitule
47 Najstarsza zachowana część katedrali z romańską dwuwieżową fasadą stawiana była równocześnie z pałacem romańskim Spišskiego hradu w pierwszej tercji XIII wieku
49 Koronowanie króla węgierskiego Karola Roberta z Anjou - malowidło naścienne z 1317 roku we wnętrzach katedrali
50 Wnętrze katedrali św. Marcina - widok na najstarszą zachodnią część z emporą organową
52 oraz widok na trzy gotyckie nawy oraz świątynię, które powstały przy przebudowie w latach 1462 -1478
55 Świątynia katedrali z gotyckim ołtarzem głównym oraz krzesłem biskupim po lewej stronie
54 oraz detal późnogotyckiego sklepienia sieciowego, które zdobi neogotyckie malowidło z 1888 r.
56 Barokowa monstrancja z katedrali, którą wykonał znany złotnik z Levoče Ján Siláši (1707-1782) około 1730 roku
57 Detal berła biskupa z motywem rzeźby św. Marcina z żebrakiem
58 Ołtarz Koronowania Marii Panny, około 1490 roku, z Kapliczki Zapolskich w katedrali
59 Północna nawa katedrali z ołtarzem ze sceną Pokłonu Trzech Króli z okresu około 1470 roku

60 Rzeźba Koronowania Marii Panny. Detal na skrzydle otarza w Kapliczce Zapolskich
61 Rzeźba Śmierci Marii Panny. Detal ze skrzydła bocznego ołtarza w południowej nawie katedrali, z okresu około 1490 roku
62 Kościół Ducha Świętego w Żehrze z XIII wieku
64 Wnętrze kościoła zdobią malowidła naścienne z XIV i początku XV wieku. W drugiej połowie XVII wieku do średniowiecznego wnętrza dodano barokowe ołtarze i ambonę

TRAWERTYNOWE WZGÓRZA NA SPISZU
67 Niezwykły widok z Dreveníka na Spišský hrad, który stoi na sąsiednim trawertynowym wzgórzu i który został postawiony z trawertynu
68 Sivá Brada jest jednym z trawertynowych wzgórz, na którym znajdują się jeszcze aktywne źródła mineralne
Na szczycie stoi barokowa kapliczka św. Krzyża, do której od 1696 roku przychodziły procesje pielgrzymów
69 Na bagiennych torfowiskach będących pod wpływem wód wapiennych rośnie pierwiosnek omączony (Primula farinosa)
70 Wieże skalne służą jako ćwiczebne skały wspinaczkowe, nagrodą za wejście są przcpiękne widoki na okolicę
71 Dumą przyrody spiskiej jest cenna sasanka słowacka (Pulsatilla slavica), zachodniokarpacki endemit kwitnący wczesną wiosną na nasłonecznionych turniach wapiennych
72 Trawertynowe skały zostały ukształtowane przez przyrodę w osobliwe kształty
73 Ruchliwy paź królowej (Papilio machaon) w cennym ujęciu w czasie odpoczynku na kwiacie
74 Skalne miasta Kamenný raj i Peklo na Dreveníku opłaca się odwiedzić o każdej porze roku

LEVOČA I OKOLICE
79 Panorama miasta Levoča od strony zachodniej
80 Widok z lotu ptaka na historyczne centrum miasta, z trzema obiektami dominującymi w środku - kościołem św. Jakuba, ratuszem oraz kościołem ewangelickim
82 Stare centrum miasta - historyczny ratusz, kościół św. Jakuba oraz stary dom handlowy z 1569 roku, dziś siedziba Urzędu Miasta, otoczone parkiem
83 Dom Thurza, którego fasada zdobiona jest sgraffitową ozdobą z 1904 roku
84 Ratusz miejski w Levoču, siedziba samorządu miejskiego. Budynek średniowieczny przebudowano w stylu renesansowym w drugiej połowie XVI wieku, odnowiony w latach 1893-1895
85 Wnętrze ratusza - sala ratuszowa
86 oraz sala posiedzeń z ekspozycją muzealną
88 Dom Haina na rynku - średniowieczny dom, przebudowany w połowie XVI wieku posiada wewnątrz renesansowe malowidła naścienne. Niegdyś liceum ewangelickie, dziś siedziba Muzeum Spiskiego w Levoču
89 Renesansowy portal w dużej sali domu, opatrzony rokiem 1530
90 Widok na ratusz i kościół św. Jakuba od wschodniej strony rynku
92 Rzeźby na neogotyckim portalu zachodnim kościoła św. Jakuba z drugiej połowy XIX wieku
94 Kamienne pastoforium z połowy XV wieku oraz malowidła naścienne w prezbiterium kościoła
95 Moralności - unikalny cykl malowideł naściennych z początku XV wieku w północnej nawie bocznej, nad wejściem do zachrystii
96 Widok na ołtarz główny oraz ołtarze boczne przy filarach południowej nawy bocznej
98 Ołtarz boczny św. Piotra i św. Pawła z lat 90-tych XV wieku
99 Ołtarz boczny św. Jana z 1520 roku, dzieło Mistrza Pawła z Levoču
100 Rzeźba św. Katarzyny z ołtarza bocznego z 1470 roku
101 Rzeźba Madonny z ołtarza Marii Panny Śnieżnej z 1496 roku w północnej nawie bocznej
102 Południowa nawa boczna kościoła z ołtarzem Mateja Korvína na ścianie czołowej
103 Widok na oratorium Korvína nad południowym przedsionkiem kościoła z rzeźbą Kalwarii
104 Zachodnia część wnętrza kościoła, w którym przeważają dzieła pochodzące z wczesnego baroku - organy (1624) i ambona (1625)
106 Stary kościół minorytów albo kościół gimnazjalny z początku XIV wieku,
107 z barokowym wnętrzem z końca XVII wieku
108 Krzyżowy korytarz starego klasztoru minorytów z początku XIV wieku
110 Brama Koszycka
111 Barokowy kościół Ducha Świętego oraz klasztor zakonu franciszkanów-minorytów z drugiej połowy XVIII wieku
114 Miejsce pielgrzymek na Górze Maryjnej w Levoču - Neogotycka bazylika Nawiedzenia Najświętszej Marii Panny z końca XIX wieku
115 Rzeźba lewockiej Marii Panny z końca XV wieku, w głównym ołtarzu bazyliki
118 Spišská Kapitula oraz Spišské Podhradie ze wzgórza zamkowego
120 Gotyckie wnętrze kościoła św. Antoniego Pustelnika w Dravcach
121 Rzeźba św. Antoniego Pustelnika z XV wieku
122 Spišský Štvrtok - kapliczka pogrzebowa dobudowana do kościoła św. Ladislava w połowie XV wieku
123 We wnętrzu kapliczki zachowało się malowidło tabulowe z pierwotnego ołtarza gotyckiego przedstawiające Śmierć Marii Panny, którą namalował malarz norymberski - Mistrz ołtarza Tuchera około połowy XV wieku
124 Fasada późnobarokowego kasztelu w Bijacovcach, który postawił węgierski kanclerz hrabia Ján Csáky w latach 1780-1785
125 Gotycka kapliczka karnerowa św. Kozma i św. Damiana przy kościele farnym w Bijacovcach
126 Neobarokowy kasztel w Spišskim Hrhovie, który postawił hrabia Hilár Csáky po 1893 roku

DZIEŁO MISTRZA PAWŁA Z LEVOČY NA SPISZU
129 Główny ołtarz kościoła św. Jakuba w Levoču, który powstawał w latach 1507 - 1517, jest najcenniejszym dziełem Mistrza Pawła
130 Wnętrze kościoła farnego z innymi dziełami Mistrza Pawła, które stopniowo wytwarzał tu w latach 1507 - 1520
132 Skrzydło z ołtarza głównego z trzema rzeźbami nadnaturalnej wielkości. Madonna w środku ma po lewej stronie św. Jakuba, patrona kościoła i miasta oraz św. Jana Ewangelistę
133 Relief z wizerunkiem św. Jana Ewangelisty na wyspie Pathmos w górnej części prawego skrzydła ołtarza głównego kościoła w Levoču
134 Rzeźba św. Jakuba
135 oraz Madonna z dzieciątkiem z ołtarza głównego kościoła w Levoču
136 Rzeźba Ostatniej Wieczerzy na ołtarzu głównym kościoła w Levoču
138 Grupa rzeźb z ołtarza Narodzenia z okresu około roku 1507
140 Rzeźba św. Jana Jałmużnika z ołtarza św. Mikołaja z 1507 roku
141 oraz św. Anna Samotrzecia z ołtarza bocznego św. Anny z 1516 roku w lewockim kościele św. Jakuba
142 Rzeźba Ostatniej Wieczerzy z ołtarza głównego kościoła farnego w Spiśskiej Sobocie z 1516 roku
145 Do zachowanych prac mistrza należą dwie rzeźby jeździeckie św. Jerzego. Jedna z 1515 roku, postawiona na wysokiej konsoli w kapliczce lewockiego kościoła o tym samym imieniu.
144 Druga z 1516 roku znajduje się w ołtarzu głównym kościoła w Spiśskiej Sobocie
146 Ukrzyżowany w ołtarzu bocznym kościoła w Lomničce powstał po roku 1520
147 Kalwaria ze Spiśskiej Nowej Vsi powstała po 1520 roku
148 Rzeźba Madonny z okresu około 1510 roku, w ołtarzu głównym kościoła farnego w Slovenskiej Vsi
149 Skrzydło ołtarza głównego św. Wawrzyńca, w kościele farnym w Hrabušicach z lat 1510-1515
150 Detal Madonny ze Strážek, którą wykonał Mistrz Paweł około 1520 roku
151 Rzeźba Kalwarii z bazyliki w Kežmarku. Z rzeźby tej często bywa zaliczana do dzieł Pawła rzeźba Ukrzyżowanego

POPRAD I OKOLICA
154 Panorama miasta na tle Tatr Wysokich
156 Jednym z dominujących elementów historycznego centrum jest klasycystyczny kościół ewangelicki, wybudowany w latach 1829-1834
158 Drugim i najstarszym elementem dominującym na rynku w Popradzie jest gotycki kościół św. Idziego (sv. Egída) z XIII wieku
160 Obok kościoła stoi renesansowa dzwonnica z 1598 roku
161 Gotyckie malowidło naścienne ze sceną Rzezi niewiniątek i Ucieczki do Egiptu z pierwszej połowy XIV wieku
162 oraz całe wnętrze średniowiecznego kościoła sv. Egída
164 Zimowy wieczór na popradzkim rynku
166 Park wypoczynkowy Aqua City jest nowoczesnym i popularnym centrum rekreacyjnym
168 Dzielnice Popradu: Poprad - Veľká
169 i Poprad - Stráže
170 Ołtarz główny kościoła rzymskokatolickiego w Popradzie - Matejovcach z okresu około 1460 roku. Na malowidłach tablicowych znajdują się unikatowe sceny z życia królów węgierskich
171 Gotycka chrzcielnica jest dziełem znanej odlewni dzwonów Konráda Gaala, która działała w XIV wieku w Spiśskiej Novej Vsi
172 Stare domy rzemieślnicze na rynku w Spiśskiej Sobocie
174 Kościół św. Jerzego (sv. Juraja) w Spiśskiej Sobocie oraz dzwonnica należą do najcenniejszych zabytków na Spiszu
175 We wnętrzach kościoła znajduje się zachowany zespół ołtarzy gotyckich. Cenne są także barokowe części wnętrza - ambona, organy, epitafia. Wiele z nich wykonała rodzina miejscowych rzeźbiarzy Grossów w drugiej połowie XVII wieku
176 Ołtarz główny kościoła sv. Juraja wykonał znany

rzeźbiarz z okresu późnego gotyku Majster Pavol z Levočy oraz jego pracownia w 1516 roku. Malowidła tablicowe na ołtarzu namalował nieznany mistrz, który po prawej stronie zostawił po sobie monogram CS

178 Organy kościoła postawił w 1663 roku Tomáš Dobkovitz. Skrzynię organową wykonał w owym czasie chyba najznakomitszy artysta miejscowy - rzeźbiarz Pavol Gross st.

179 Malowidło tablicowe z zamkniętego ołtarza św. Antoniego Pustelnika

180 Skrzynia ołtarza Marii Panny z 1470 roku

181 Skrzynia ołtarza św. Mikołaja, który powstał w latach 1505-1510

182 W kamienicy na rynku znajduje się ekspozycja Muzeum Podtatrzańskiego w Popradzie. Części wyposażenia pochodzą z nieistniejącego już dziś drewnianego kościoła ewangelickiego w Spišskiej Novej Vsi z połowy XVIII wieku

183 Madonna z dzieciątkiem - drewniana rzeźba ludowa z pracowni nieznanego rzeźbiarza, pierwotnie umieszczona w jakiejś kapliczce na Spiszu (około połowy XVIII wieku)

184 Trawertynowa skała Hrádok w Gánovcach, obszar cenny pod względem archeologicznym - znany dzięki unikatowym odkryciom w 1926 roku odlewu czaszki neandertalczyka (sprzed 105 000 lat). Chroniony zabytek przyrody

185 Unikatowe naczynia z kory brzozy pochodzące z epoki brązu zostały zachowane dzięki wodzie mineralnej w studni w Gánovcach (3 500 lat)

186 Ołtarz św. Stanisława biskupa z Gánoviec, około 1500 roku

187 Rzeźba św. Margity z ołtarza głównego w Mlynicy, który powstał około 1515 roku w pracowni Majstra Pavla z Levočy

TATRZAŃSKI PARK NARODOWY

189 Skrzyżowanie szlaków turystycznych na Poľskim hrebeniu, w tle najwyższy szczyt w Tatrach - Gerlach (2654 m)

190 Štrbské pleso leży już na Liptowie. Po prawej stronie spiska część Tatr Wysokich

192 Przepiękne kolory jesieni na Magistrali Tatrzańskiej między Štrbskim a Popradskim plesem

193 Limby przy Popradskim plese

194 W piętrze subalpejskim powyżej granicy lasu rośnie kosodrzewina (Pinus montana), która miejscami przerywana jest morenami skalnymi. Lomnický štít (2632) z obserwatorium i końcową stacją kolejki linowej - po lewej stronie, po prawej Kežmarský štít (2558 m)

196 Otwarte przez cały rok schronisko - Téryho chata w Dolinie Pięciu Stawów Spiskich (Kotlina Piatich Spišských plies), która tworzy górną część Doliny Zimnej Wody (Malá Studená dolina)

198 Niewidoczna Zbojnícka chata (na dole po lewej stronie) tworzy centrum Veľkej Studenej doliny - jednej z najpiękniejszych i największych dolin południowej strony Tatr, ze wszystkich dolin tatrzańskich posiada najwięcej stawów (22)

199 Największą ozdobą piętra alpejskiego jest Kozica tatrzańska (Rupicapra rupicapra tatrica)

200 Zima przychodzi w Tatry niespodziewanie, a jej śnieżnobiałe piękno oczaruje każdego

204 Ze szczytów Tatr rozpościerają się przepiękne widoki

205 Przez cały rok nie ma miesiąca, w którym nie mogłby w Tatrach spaść śnieg. Tym razem sierpniowy śnieg wybielił szczyty nad Veľką i Malą Zmrzlá doliną

208 Przepięknie rozkwitnięte letnie łąki w dolinie Zadné Meďodoly oddzielają młodsze, przeważnie wapieńcowe Tatry Bielskie (Belianske Tatry) od centralnego grzebienia Tatr Wysokich, które są tworzone przez krystaliczne skały, głównie granit. Po lewej stronie Ždiarska vidla (2142 m), po prawej Jahňací štít (2230 m)

210 Potoki, które płyną dolinami Tatr często tworzą na stromych odcinkach i progach skalnych szumiące i spienione wodospady. Do najpiękniejszych należą Skok (po lewej stronie) oraz Wodospady Zimnej Wody (Studenovodské vodopády). Po prawej stronie Veľký Studenovodský Vodopád

212 Zamarznięte nawet latem Okrúhle pleso (2105 m) oraz Capie pleso (2072 m) w Mlynickej dolinie, w środku Hlinská veža (2330 m)

214 Przejścia między dolinami po szlakach turystycznych prowadzonych przez przełęcze górskie na eksponowanych miejscach są zabezpieczone łańcuchami. Bystré sedlo (2 314m)

215 Jeden z endemitów przyrody tatrzańskiej, który posiada Tatry w swojej nazwie to ostróżka tatrzańska (Delphinium oxysepalum)

216 W wyżej położonych terenach na halach i łąkach przyciąga wzrok goryczka kropkowana (Gentiana Punctata)

217 Siedzący na skale świstak alpejski (Marmota marmota) nieruchomo obserwuje okolicę i pilnuje swoje młode, aby w razie niebezpieczeństwa mógł je ostrzec głośnym piskiem

218 Panorama szczytów Tatr od strony północnej z polany pod nazwą Biela voda. Po lewej stronie: Mlynár (2170 m), Vysoká (2547 m), Český štít (2500 m), Rysy (2499 m), Malý Žabí (2098 m) oraz Východný Mengusovský štít (2410 m)

220 Do godnych uwagi i ciągle cenniejszych mieszkańców pasma lasu należy Głuszec (Tatrao urogallus)

221 Bielovodská dolina o długości 7 km jest jedną z najpiękniejszych dolin tatrzańskich. Jest to jedyna dolina typu alpejskiego

222 Gnieżdżący Orzeł przedni (Aquila chrysaetos) ze swoim młodym

223 Niedźwiedź brunatny (Ursus arctos) jest największym i najbardziej niebezpiecznym przedstawicielem fauny tatrzańskiej

224 Ze skał w Kačacej dolinie spływa w dół Hviezdoslavov vodopád o wysokości około 15 m

225 Niezwykle piękne kolory Litvorového plesa w słoneczny letni dzień. W tle stoki Rumanovego štítu (2428 m) i Gánku (2459 m)

226 W mało sprzyjającym środowisku granitowych szczelin skalnych na wysokości 2200 m ucieszy turystów widok drobnego, około 10 cm, kwitnącego jaskra lodnikowego (Ranunculus glacialis)

227 Z wielu cennych kwiatów przyrody tatrzańskiej odznacza się swoim subtelnym pięknem Zawilec narcyzowy (Anemone narcissiflora)

228 Jaskinia Bielska (Belianska jaskyňa) jest największą i jedyną udostępnioną do zwiedzania jaskinią z naciekami w Tatrzańskim Parku Narodowym, w najbardziej wysuniętej na wschód części Tatr Bielskich (Belianskych Tatier)

229 W jaskini można zobaczyć kolorowe nacieki o różnych kształtach i wielkości, podziemne jeziorka, przepiękne sienie udekorowane wodospadami naciekowymi

SPIŠSKÁ NOVÁ VES I OKOLICA

231 Widok z lotu ptaka na soczewkowy rynek historycznego centrum miasta

232 Prowincjonalny dom posiada fasadę zdobioną figuralną stiukową ozdobą z końca XVIII wieku. Dziś siedziba Muzeum Spisza

234 W centrum miasta dominują budynki ratusza miejskiego z 1779 roku oraz kościoła ewangelickiego z 1796 roku

236 Wieża gotyckiego kościoła farnego Wniebowstąpienia Najświętszej Marii Panny z wysokością 87 m jest najwyższą wieżą kościelną na Słowacji

237 We wnętrzu kościoła interesujące jest bogato zdobione sklepienie gwiaździste presbiterium

238 Detal środkowej części wieży z neogotycką ozdobą rzeźbiarską w postaci czterech ewangelistów. Na obrazku św. Łukasz (głowa byka) oraz św. Marek (głowa lwa przy nogach)

239 Południowy portal kościoła z kamiennymi rzeźbami z XIV wieku. W tympanonie relief Trójcy Najświętszej oraz dwa anioły

240 Budynek Reduty z początku XX wieku łączy w sobie teatr miejski, salę koncertową oraz restaurację i kawiarnią

241 Widok sali koncertowej jest naprawdę imponujący

242 Renesansowy kasztel rodu Máriássy w Markušovcach, w latach 1770 - 1775 przebudowany na wygodną siedzibę barokową

243 We wnętrzu znajduje się muzealna ekspozycja mebli, której częścią są historyczne meble rodu Csáky z kasztelu w Hodkovcach

244 Empirowy salon jako ekspozycja muzealna. Meble z początku XIX wieku znajdowały się początkowo w kasztelu w Hodkovcach

246 Letnią rezydencję Dardalnely w parku przy kasztelu postawił Wolfgang Máriássy pod koniec XVIII wieku

247 Do pierwszych instrumentów w ekspozycji muzealnej w letniej rezydencji należy pozytyw z rzymskokatolickiego kościoła z Gánoviec koło Popradu z 1767 roku

248 Sala towarzyska na piętrze rezydencji letniej z iluzjonistycznym malowidłem naściennym. Na suficie znajduje się sześć scen z mitologii greckiej

250 Gotycki kościół św. Michała w Markušovcach z XIII wieku, postawiony na wzgórzu nad miastem, w pobliżu Markušovskiego hradu

251 Kościół Ducha Świętego w Chraste nad Hornádem z XIII wieku z zachowaną romańską podstawą

252 Były ratusz gotycki z wieżą oraz kościół Wniebowstąpienia Najświętszej Marii Panny w Spišskich Vlachach

253 Kościół farny św. Jana Chrzciciela w Spišskich Vlachach, budowla romańska, przebudowana po 1434 roku. Widok wnętrza z barokowymi ołtarzami z połowy XVIII wieku

254 Kasztel rodu Csáky w Hodkovcach. Budynek barokowy z końca XVIII wieku, przebudowany w drugiej połowie XIX wieku

255 Wnętrze byłego salonu dla palaczy, nazywanego także „piekło", z pierwotnym kominkiem i wycinanym sufitem z drugiej połowy XIX wieku

256 Kościół Wniebowstąpienia Najświętszej Marii Panny w Slatvinej - wnętrze z niedawno odkrytymi malowidłami naściennymi z XIV wieku

257 Detal malowidła naściennego we wnętrzu kościoła ze sceną przybijania Chrystusa na krzyż.

258 Kościół farny św. Wawrzyńca w Hrabušicach

259 Ołtarz główny kościoła z malowidłami tablicowymi, które przedstawiają sceny z Pasji. Ołtarz powstał w pracowni Majstra Pavla z Levočy w latach 1510-1515

SLOVENSKÝ RAJ – PARK NARODOWY

261 Promienie słoneczne niskiego jesiennego słońca przebijają się przez korony drzew na dno głębokich rozpadlin wytwarzając niepowtarzalną atmosferę
262 Z głębokich lasów na północno-wschodnim brzegu płaskowyżu Geravy występują turnie skalne Červenej skalki i Holégo kameňa
264 Rzeka Hornád utworzyła w północnej części Słowackiego Raju kanion o długości 16 km - Przełom Hornadu (Prielom Hornádu). Interesujący jest za względu na swoją długość, głębokość oraz strome turnie
267 Tomášovský výhľad (680 m) - galeria skalna nad Prielomem Hornádu z przepięknym widokiem na dolinę Bielego potoku, na Čertovú sihoť oraz Vysoké Tatry
266 W pobliżu znajduje się kolejny ciekawy wytwór skalny Ihla
268 Ściekające z płaskowyżu rzeki i potoki wdarły się do wapiennego podłoża i utworzyły kanionowate doliny i rozpadliny z mnóstwem wodospadów i kaskad
Wielki wodospad w najpotężniejszej rozpadlinie Veľký Sokol
269 Także Biely potok utworzył w swoim toku krótkie kanionowate odcinki
270 Wodospad Okienkowy z oknem skalnym w rozpadlinie Suchá Belá, która jest chyba najkrótszą i z pewnością najczęściej odwiedzaną rozpadliną Slovenskiego raju
271 Najbardzoej znanymi w tej rozpadlinie są Misové vodopády z układem naturalnych wytworów tzw. olbrzymich garnków
272 Mały Wodospad należy do najpiękniejszych wodospadów w rozpadlinie Vyšný Kyseľ
273 Przepiękny Machový vodopád został nazwany zgodnie z wyjątkową ozdobą z mchu
274 Mały Wodospad w Veľkim Sokole z wyjątkowo dużą, wzburzoną i niebezpieczną wodą po dłuższych obfitych deszczach
275 Trasa rezerwowa nad Obrovskim vodopádem w rozpadlinie Kyseľ
276 Przejście Prielomem Hornádu nie byłoby możliwe bez pomocy technicznych i urządzeń, takich jak mostki, łańcuchy, stopnie
277 Roślinność Slovenskiego raju jest bardzo bogata i kolorowa. Z różnych roślin storczykowatych (Orchidaceae) najpiękniejszą i ściśle chronioną jest Obuwik pospolity (Cypripedium calceolus)
278 Ozdobne kwiaty Pełnika europejskiego (Trollius europaeus) jakby unosiły się nad łąkami przełęczy Kopanec
279 Cenna i chroniona Języczka syberyjska (Ligularia sibirica) rośnie w mokrych i zacienionych miejscach w pobliżu źródeł, w krzakach i zaroślach wzdłuż potoków
280 Powojnik alpejski (Clematis alpina) - cenny krzew pnący
281 W środkowej części doliny Bielego potoku, głęboko w górach, znajdziemy romantyczne miejsce ze zbiornikiem wodnym Klauzy, skąd w przeszłości spławiano drewno
282 Ryś eurazjatycki (Lynx lynx) jest ozdobą spiskiej fauny, ale zobaczenie go w środowisku naturalnym jest praktycznie niemożliwe
283 Przy potokach możemy czasem dostrzec pięknie ubarwionego samotnika Zimorodka (Alcedo atthis)
284 Strome urwiska skalne Ihríka są ulubionym miejscem wypasu
286 Kozicy górskiej (Rupicapra rupicapra)
287 Zejmarská roklina - jedyna na południowej stronie Slovenskiego raju
288 Zimná Sokolia dolina. Welonowy wodospad spadający z wysokości 80 m jest najwyższym wodospadem w Slovenskim raju
289 Kaskady nad Veľkým vodopádem w rozpadlinie Piecky z przepiękną ozdobą lodową
290 Jedyną udostępnioną do zwiedzania jaskinią w Slovenskim raju jest Dobšinská ľadová jaskyňa. Przyrodnicza Pamiątka Narodowa wpisana na Listę Światowego Dziedzictwa Przyrody UNESCO
292 Pozostałości fortyfikacji zamku na Zelenej hore (XIII wiek), który strzegł bezpieczeństwa drogi prowadzącej ze Spisza na Gemer przez płaskowyż Glac
293 Ruiny Klasztora kartuzjanów na Skale útočišťa, który założył prepozyt spiski Jakub w 1299 roku w miejscu, gdzie mieszkańcy Spisza znaleźli ochronę przed łupieżami Tatarów. Część murów kościoła klasztornego św. Jana Chrzciciela, budowanego w latach 1305-1307

KEŽMAROK I OKOLICA

295 Kežmarok i Tatry były od zawsze połączone - część wsi tatrzańskiech należała do Kežmarku od 1269 r., a Kieżmarczanie byli oficjalnie pierwszymi, którzy stanęli na ich szczytach i odkrywali ich tajemnice...
296 Część historycznego centrum miasta
298 Ratusz w Kežmarku był pierwotnie postawiony w stylu gotyckim w 1461 r.
299 Na ratuszu znajduje się kilka herbów miasta. Anioł trzymający tarczę ze skrzyżowanymi mieczami (symbol prawa miecza), z koroną (wolne miasto królewskie), rużą i pasami z herbu węgierskiego
300 Kamienice na rynku
302 Zamek Kieżmarski (Kežmarský hrad) wspominany był już w 1463 r. a postawiony został bezpośrednio na terenie miasta, aby mógł go bronić. Władcy zamku walczyli jednak z miastem prawie 250 lat
304 Z czasów rodziny Thököly, której cztery generacje mieszkały na zamku i przebudowały go w stylu renesansowym, zachowała się jadalnia z pierwotnymi malowidłami z 1639 r. - obecnie jest tu ekspozycja kieżmarskiego muzeum
306 Barokowa kapliczka z 1657 - 58 r. jest najcenniejszą częścią zamku dzięki bogatej ozdobie sklepienia i wyposażeniu wnętrza
308 Do ekspozycji muzeum na zamku należy też oryginalne wyposażenie apteki z przełomu XIX i XX wieku
310 Bazylika św. Krzyża należy do najstarszych zabytków Kežmarku - jej podstawy pochodzą z XIII wieku, w latach 1444 - 1498 została przebudowana w stylu gotyckim
311 Dzwonnica była ukończona w 1591 r.
312 Bazylika przyciąga sklepieniem i wieloma gotyckimi ołtarzami. Prawdopodobnie Chrystus w ołtarzu głównym pochodzi z pracowni norymberskiego mistrza Wita Stwosza, który pod koniec XV wieku działał w Krakowie
313 Na małym chórze nad renesansową amboną znajdują się grające do dziś organy z 1651 r.
314 Wielkie organy umieszczone są na tylnim chórze bazyliki, pod chórem znajduje się tzw. ława senatorska z 1518 r.
315 Ołtarz Ukoronowania Marii Panny z końca XV wieku
316 Liceum ewangelickie z 1775 roku z cenną biblioteką z 150 000 tomami, drewniany kościół artykularny z 1717 roku są narodowymi zabytkami kultury, które mają szansę zostać wpisane na Listę Zabytków UNESCO
317 Nowy kościół ewangelicki z 1894 roku zaciekawi swoją orientalną architekturą. W środku znajduje się mauzoleum Thökölyego
318 Drewniany kościół jest jednym z pięciu zachowanych kościołów tego typu w Europie Środkowej - ze względu na swoje piękne barokowe wnętrze uważany jest za najcenniejszy. W kościele znajduje się 1500 miejsc siedzących
320 Ołtarz i drewniany kościół poświęcone są Trójcy Najświętszej
321 Na chórze znajdują się barokowe, dwuręczne, grające do dziś organy z lat 1717 – 1720
322 W kościele gotyckim z drugiej połowy XIV wieku w Ľubicy, w barokowej architekturze ołtarza głównego z lat 1760 - 1770 pierwotna skrzynia ołtarza z rzeźbą Madonny i czteroma mniejszymi rzeźbami świętych, które są dziełem Majstra Pavla z Levočy z okresu około 1510 roku
323 Veľká Lomnica - Ladislavská legenda, walka św. Ladislava z Kumánem. Malowidło naścienne z lat 1310-1320 w zachrystii kościoła farnego św. Katarzyny
324 Spišská Belá - widok z lotu ptaka na historyczne centrum miasta z dzwonnicą, kościołem i domem rodzinnym - dziś Muzeum J. M. Petzvala, doskonałego matematyka, fizyka i wynalazcy nowoczesnego obiektywu fotograficznego
325 Organy barokowe z pierwszej połowy XVIII wieku w kościele farnym św. Antoniego Pustelnika w Spišskej Belej
326 Renesansowy kasztel w Strážkach. Dziś ekspozycja Słowackiej Galerii Narodowej
327 Na przeciwko stoi gotycki kościół św. Anny z końca XV wieku oraz renesansowa dzwonnica z 1629 roku z kolorową sgraffitową ozdobą
328 We wnętrzu kościoła znajdują się późnogotyckie ołtarze z początku XVI wieku. Na północnej ścianie znajduje się późnogotyckie malowidło naścienne ze sceną Sądu Ostatecznego
330 Slovenská Ves - ołtarz główny kościoła farnego z gotycką rzeźbą Madonny, która jest dziełem Majstra Pavla z Levočy z okresu około 1510 r.
331 Lendak - ołtarz główny kościoła św. Mikołaja biskupa. Skrzydłowy późnogotycki ołtarz z okresu około 1500 roku
332 Výborná - gotycki kościół św. Urszuli z XIV wieku
333 Wnętrze kościoła z ołtarzami barokowymi z początku XVIII wieku. Cenny jest kasetowy malowany strop z drugiej połowy XVI wieku
334 Wieczorowy nastrój przy stawach rybnych niedaleko Vrbova znanego z historycznych zabytków w centrum oraz kąpielisk termalnych

TRADYCJE LUDOWE NA SPISZU

337 Na kieżmarskim rynku w przeszłości odbywały się duże doroczne jarmarki, na które przychodzili rzemieślnicy i kupcy z całej Europy. Obecnie od roku 1991 odbywa się tu festiwal pod nazwą Europejskie Rzemiosło Ludowe (Európske ľudové remeslo), który nawiązuje do tradycji prac starych rzemieślników

338 Produkcja rzemieślnicza w czasie festiwalu prezentowana jest bezpośrednio na oczach odwiedzających - garncarz z kołem garncarskim, koszykarka...
340 Na targach ożywają także stare stroje
341 Fragmenty strojów ludowych były szyte z płótna lnianego dekorowanego starą technologią niebieskodruku (modrotlač), którą dokumentuje ekspozycja w Popradzkim Muzeum
342 Tradycyjne mieszkanie zachowane jest w drewnianych chatach w skansenie pod zamkiem w Starej Ľubovni
344 Męski strój góralski ze Ždiaru
345 Malowana drewniana chałupa w podtatrzańskiej wsi Ždiar
346 Stuletnie spichlerze z piwnicami stojące na brzegu Vikartoviec są typowe dla wielu spiskich wsi
348 W rezerwacie zabytków architektury ludowej w Osturni znajduje się wiele zachowanych drewnianych chałup
349 Odświętny damski strój ludowy z Lednaku
350 Roboczy strój ludowy tkaczki z Lendaku
351 Dziewczęcy strój ludowy ze Smižian
352 Piękny jest także strój z Bijacoviec
353 Panna młoda z wiankiem, tradycyjny damski strój ludowy z Torysek
354 Jeden z najbardziej znanych - spiski zespół folklorystyczny Magura z Kežmarku występuje w kraju i za granicą
356 Dziewczęta z dziecięcego zespołu ludowego Jadlovček z Margecan są dumne ze swoim pięknych strojów i chętnie się w nie ubierają Dziewczęcy strój ludowy z Margecan
357 oraz spiski strój dziecięcy - tzw. viganček
358 W terenach górskich na Spiszu przetrwała gdzieniegdzie tradycyjna uprawa gleby

STARÁ ĽUBOVŇA I OKOLICA

361 Prostokątny kształt placu w Starej Ľubovni z kościołem św. Mikołaja
362 Widok od strony południowej na Ľubovniansky hrad, który na początku XIV wieku postawił oligarcha ze Słowacji wschodniej Omodej Aba
365 Hrad Ľubovňa - II dziedziniec. Renesansowa baszta na pierwszym planie, kapliczka św. Michała i główna wieża w tle. System fortyfikacji obronnych z XV - XVII wieku
366 Wieża gotycka - bergfried, postawiona na początku XIV wieku. Na najwyższym - szóstym piętrze pokój trębacza
367 Ekspozycje w pałacu barokowym: pseudorenesansowy piec z XIX wieku
368 Meble w stylu geometrycznego artdeco (XIX - XX wiek). Wyściełane krzesła w stylu angielsko - holenderskim (pierwsza tercja XVIII wieku). Historyczna broń z epoki
370 Sokolnictwo na zamku Ľubovňa. Sztuka polowania przy pomocy drapieżników w wykonaniu grupy sokolników św. Bawonna
371 Zachodni bastion zamku z połowy XVI wieku. W jego górnej części znajdowało się 8 otworów strzelniczych, w podziemnych katakumbach kolejnych 8
374 Skansen i zamek w Starej Ľubovni. Wyjątkowa symbioza drewnianej wioski i średniowiecznej twierdzy
376 Drewniany kościółek obrządku wschodniego z 1833 roku z Matysovej. Przemieszczony do ekspozycji etnograficznej pod zamkiem Ľubovňa w 1978 roku
377 Wnętrze kościółka z barokowym ikonostasem z przełomu XVII - XVIII wieku. Ikony są rozmieszczone na rozwiniętej plastycznie i bogato udekorowanej rzeźbami architekturze, podzielonej zgodnie z zasadami ikonografii. Patronem kościółka jest św. Michał archanioł
378 Renesansowa dzwonnica z 1659 roku w Podolíncu. W tle gotycki kościół farny Wniebowstąpienia Najświętszej Marii Panny z końca XIII wieku oraz barokowa dwuwieżowa fasada kościoła klasztoru Pijarów
379 Wnętrze kościoła farnego z cennymi średniowiecznymi malowidłami z lat 1360 - 1430 oraz barokowym ołtarzem głównym Marii Panny z 1723 roku
380 Największe trawertynowe jeziorko Kráter na Słowacji na terenie uzdrowiska w Vyšných Ružbachach ma średnicę 20 m i głębokość 3m
381 Jarabinský prielom, rozprzestrenia się na powierzchni 5,5 ha, prezentuje dolinę wyerodowaną przez potok Malý Lipník. Tworzy go zespół wodospadów i olbrzymich garnków
382 Kościół Niepokalanego Poczęcia Najświętszej Marii Panny z 1785 roku w Hraničnym. Budowa zrębowa typu karpackiego przykryta jest gontowym dachem. Wieża w stanie pierwotnym
383 Współczesny mobiliar kościoła powstał z pozostałości starych renesansowych i barokowych ołtarzy z kościoła farnego św. Mikołaja w Starej Ľubovni. Po prawej stronie ołtarz główny M. Panny z barokową figurką Immakulaty w środku. Po lewej stronie Ołtarz św. Mikołaja - wczesnobarokowa architektura z późnorenesansowymi słupami z 1600 roku. Rzeźba św. Mikołaja z 1360 roku
384 Červený Kláštor tworzy kościół i kompleks przyległych budynków, które otoczone są murem obronnym. Pierwotnie powstał w stylu gotyckim w latach 1360-1400, wybudowany na starszej podstawie, później zmieniony na styl barokowy
386 Na pierwszym dziedzińcu stoi dom przeora z dzwonnicą z XVIII wieku oraz pozostałości domków (cel) mnichów z ogródkami dookoła
387 Studnia na drugim gospodarczym dziedzińcu klasztoru
388 Klasztorny kościół św. Antoniego Pustelnika z XIV wieku jest najcenniejszą budową w całym kompleksie
389 Gotycka zachodnia empora kościoła z barokową iluzyjną ozdobą

PIENIŃSKI PARK NARODOWY

391 Najbardziej znaną i najpiękniejszą częścią Pienińskiego Parku Narodowego jest romantyczny wąwóz - Przełom Dunajca
392 Zaczyna się przy miejscowości Červený Kláštor, nad którą góruje masyw wieży skalnych Trzy Korony (982 m) a kończy się pod Sokolicą (747 m) przy wsi Lesnica
394 W przeszłości flisactwo - spławianie drewna aż do morza żywiło mieszkańców tego obszaru, dziś stała się z tego ulubiona atrakcja turystyczna na odcinku o dł. około 10km, gdzie strome skały wytwarzają dziką scenerię
396 Do tradycyjnego ubioru góralskich flisaków należy wyszywana kamizelka i kapelusz, na którym zgodnie z legendą po każdym spływie do morza dołączyła jedna muszla
397 Pokonanie Przełomu Dunajca, czy to na drewnianych tratwach albo własnych jednostkach pływających, pozostawia niezapomniane wrażenia
398 Koniec Pienin w dolinie Lesnicy. Po lewo Trzy Korony, w środku Osobitá (536 m), po prawej stronie Sokolica
400 Do najbardziej godnych uwagi kwiatów należy pieniński endemit, rużowawa, potargana Chryzantema Zawadzkiego (Chrysanthemum zawadskii)
401 Najcenniejszy motyl na Spiszu Niepylak apollo (Parnassius apollo)
402 Urwiska skalne wygrzane wiosennym słonkiem pokryte są kwitnącą na żółto Smagliczką skalną (Aurinia saxatilis)
403 Wody Dunajca i większych spiskich rzek oferują dobre warunki do życia dla bardzo cennej Wydry rzecznej (Lutra lutra)
404 Trzy przepiękne widoki:
z Sokolicy do Przełomu Dunajca,
406 z Trzech Koron na słowacką część Pienin
408 oraz z Haligovských skál na zaśnieżone Vysoké Tatry

MIASTO GÓRNICZE GELNICA I OKOLICA

411 Pierwotny ratusz z rzeźbą modlącego się górnika na pierwszym planie, dziś Muzeum Górnictwa w Gelnicy
412 Historyczne centrum starego górniczego miasta ze wzgórza, na którym są jeszcze pozostałości Gelnickiego hradu postawionego w 1234 roku
414 Gotycki kościół farny z kamiennym pastoforium w kształcie wieży z ozdobą figuralną z pierwszej połowy XV wieku
415 Madonna z Gelnicy - gotycka rzeźba z okresu około 1420 roku, dziś w Muzeum Górnictwa w Gelnicy
416 Eksponaty Muzeum Górnictwa dokumentują sławną górniczą historię Spisza. Znaki skarbca z Mníška nad Hnilcem z 1534 roku i z Gelnicy z 1565 roku
417 Dziedziniec muzeum
418 Rynek w Nálepkovie z kościołem, późnobarokowym ratuszem z końca XVIII wieku i dzwonnicą
420 Trójkątna kolumna z figurką przed ratuszem z 1721 roku w Smolníku
421 W XIV - XVIII wieku Smolník był ważnym miastem górniczym dzięki kopalniom bogatym w rudy złota, srebra i miedzi. Był siedzibą królewskiej izby górniczej oraz wyższego sądu górniczego
422 Była kolonia górnicza we wsi Žakarovce, w której już w XVI wieku znajdowały się kopalnie żelaza i miedzi
423 Do tradycji stawiania majów we wsi Švedlár (w przeszłości także miejscowość górnicza) należy dobra muzyka i dobry humor
424 Spisz oddziela na wschodzie od regionu Šariš Ružínska priehrada na rzece Hornád
426 Dwa mosty - dwa zabytki techniki. Klasycystyczny kamienny most w Gelnicy
427 oraz drewniany kryty most prowadzący do Štefanskiej Huty
428 Z wysokiego pieca z pierwszej połowy XIX wieku w Krompachach zostały już tylko ruiny,
429 tak samo jak z niekiedy znanej Štefanskiej huty, która należała do najnowocześniejszych hut żelaza na Słowacji
430 Zimowy wieczór we wsi Jaklovce, gdzie rzeka Hnilec wpływa do Ružínskej priehrady

SZEPESSÉG - TÖRTÉNELMI, KULTURÁLIS ÉS TERMÉSZETI ÖRÖKSÉG

Szepesség olyan sajátos, évszázadokon keresztül önálló területi egységként működő megyék közé tartozik, amely természeti szépséget, műveltséget és kultúrát bőven kapott ajándékba, ezen kívül egyedülálló művészeti – történelmi emlékeket őriz, főleg a gótika korából.

A mai Szepességet a Lőcsei, Poprádi, Iglói, Késmárki, Ólublói és a Gölnicbányai Járás alkotja egészében vagy részben, amelyek két megye, Eperjes Megye és Kassa Megye közigazgatása alá tartoznak.

Szepesség mindenekelőtt csodálatos természet. Nem csak folyók völgyei, de hegyek, hegyvonulatok is alkotják, kezdve a kevésbé ismert Lőcsei hegységgel, a történelmi Branyiszkó-szorossal, folytatva a Magas-Tátra csúcsaival és Szepességet északról határoló Pienin-hegyvonulat hegyeivel, valamint a déli határvonalat képező Szlovák Érchegységgel. Több közülük Nemzeti Park: Magas-Tátra, titokzatos csúcsok, vízesések és tavak tömkelegével, Pienini Nemzeti Park a Dunajec folyóval, továbbá a csodás kőszirtek és páratlan szakadékok a Szlovák Paradicsom nevet viselő Nemzeti Parkban látható. Ezen kívül Szepesség területén több mint száz kis kiterjedésű védett területet jelöltek ki. Szepességen keresztül három folyó folyik. Északon a Balti tengerbe torkolló Poprád, keleten a Fekete tengerbe folyó Hernád és Gölnic folyók.

Szepesség még egyedülálló művészeti – történelmi emlékek gyűjteményével is kitűnik. Ritkaságnak nevezhető nem csak mennyiség és területi koncentráció tekintetében, de rendkívüli minősége miatt is. Értékes emlék illetve műemlék található csaknem minden faluban. Szepességi emlékek az UNESCO Világörökségi Listájáról sem hiányoznak (Szepesi vár, Szepeskáptalan, Zsigra és környéke).

Szép számban találhatók műemlékek is; Lőcsei Pál mester alkotásai, lőcsei Szent Jakab templom, Szepesi vár, késmárki evangélikus líceum és templom, kis templom Nagyőrön, Határhelyen, Sörkúton ... Szepességen viszonylag jó állapotban megőrzött középkori városokat is láthatunk, ezek műemlék városokként vannak nyilvántartva; Lőcse, Késmárk, Podolin, Szepeskáptalan (Szepesváralja része), Szepesszombat (Poprád része). Ezen kívül 10 emlékövezetet jegyeznek (Gölnicbánya, Gnézda, Márkusfalu, Újszomolnok, Igló, Szepesváralja, Szepesolaszi, Ólubló, Tátralomnicz, Ménhárd), 2 népi építészeti műemlék települést (Osztornya, Zár) és 3 népi építészeti emlékövezetet (Tavas, Alsórépás, Tárcafő). Más rengeteg értékről, műemlékről nem is beszélve, leginkább számottevő a gótikus és reneszánsz műépítészet, szobrászat, falfestészet, táblafestészet, de jelentős az aranyművesek és egyéb iparművészek által hátrahagyott alkotás is.

A Szepesi régió természeti és művészeti emlékekben olyan gazdag, hogy önálló egységként érdemelne védelmet.

    Borítófotó: Látkép a Helivágási-sziklákról a betyárkapun keresztül
2 Közép-szepességi tájat a Magas-Tátra hátterében a Szepesi vár uralja
4 Kárpáti sáfrány (Crocus discolor)
8 Szepességi juhtenyésztés gyökerei a távoli múltba nyúlnak
9 A Várhegyen talált agyagedény a kései kőkorszakból - neolitból származik
10 Várhegy: korai kőkorszakból származó szokatlan korongszerű kalapács vagy pöröly
11 Kakaslomnic: kőkorszak-eneolit végét idéző hasított pengék
    Kakaslomnic: kőkorszak végéről származó ritka leletnek számítanak a miniatűr állatplasztikák
12 Lublói vár a Magas-Tátra panorámájában.
14 Szepesi Száz Tartomány viaszpecsétje a 13. századból származik
15 Gánóc: vasból készült tőrmarkolat vagy a vassarló Közép-Európában a legrégebbi vasleletnek számítanak
16 Szepesség különböző helyszínei: bronz fejszék a bronzkorszakból származnak
    Svábfalva: sírhelyen talált bronz fülbevaló Szepesség és a Földközi tenger kapcsolatát támasztja alá
17 Alsóerdőfalva: bronzkori rózsaszerű ékszer
    Poprád-Felka: korai bronzkorból származó bronz kard öntött markolattal
18 Lőcse város 1550-ben adományozott címerlevele
20 XVI Szepesi Város Tartományának Mária Terézia 1774-ben adományozott címerpecsétet
21 Nagyszalók: Közép-Európában ritka leletek közé tartozik a kelta boi törzs korai vaskorból - laténból származó ezüst pénzérméje
22 Batizfalu: egy szepességi laténkori kivételes sírból származó agyagedény
    Létánfalva közelében Ördöglyuk - barlang: római kori bronz kengyelek Szepesség és a római tartományok kapcsolatáról árulkodnak
23 Otomán kultúrából származó edény a bronzkorszak egyik legjelentősebb kultúrájáról tesz tanúvallomást Szepesség területén
24 Nedec vára (Niedzica) ma Lengyelország területén, 1920-ig Magyarországon állt, de mindenkor szepességi vár
26 Szepsség történelmi térképe 1880-ból származik
27 Kakaslomnic: vas hrivna a monetarizmus előtti időkben ószláv fizetőeszköz
28 Alsóerdőfalva: S-alakú fülbevaló a szláv korszak ékszereinek egyike
    Lándok: középkori agyagkorsó bepecsételt díszítéssel
29 Létánfalva-Menedékkő: állat- és növény-motívumokkal díszített agyagcsempe
30 Magurai táj

SZEPESI VÁR, SZEPESKÁPTALAN, ZSIGRA
33 Szepesi vár légi felvétele monumentális kiterjedését és a három várudvar egyedülálló képét tárja elénk
34 A Szepesi vár felső udvarának gótikus palotáit a 15. század második felében a Szapolyai család építette, a várudvar része még a románkori körtorony
36 Az alsó várudvarból nézve
38 A vár egyik legrégibb része a körtorony, a felső várudvarba vezető románkori kapu a 13. század első harmadában épült
40 Tatárjárás után, a vár védelmének megerősítésére épült románkori elővárból vezető járda
41 A Szepesi vár gótikus kápolnáját a 15. század második felében építették és Árpádházi Szent Erzsébet tiszteletére szentelték fel. A romokból megmentett belsőtér ma újra eredeti rendeltetését tölti be
42 A vár egyik konyhájában a gasztronómiai kiállítás a középkori vár életének egyik fontos mindennapi részletét idézi
44 Keleti un. Csáky paloták romjai és románkori körtorony - az eredeti donjon (öregtoron, lakótorony) alapjai
45 A románkori palota egyik fennmaradt románkori ablaka. A palotát a 13. század első harmadában Kálmán, magyar királyfi építette, ma pedig Európában a fennmaradt románkori palotaépítészet egyedülálló példája
46 Szepesség legrégibb építészetének két példája - Szepesi vár és Szepeskáptalanban a Szent Márton katedrális
48 A székesegyház legrégibb fennmaradt része - románkori kettőstorony, a 13. százas első harmadában, egy időben a Szepesi vár román palotájával épült
49 Anjou-házból származó Károly Róbert magyar király koronázása - falfestmény 1317-ben készült, a székesegyháza dísze
50 Szent Márton székesegyház belsőtere - legrégibb nyugati része és az orgona-empórium,
52 valamint 1462-1478 években az átépítés során keletkezett gótikus stílusú három hajó és szentély
55 Katedrális szentélye és benne a gótikus főoltár, baloldalon a püspöki szék, késő gótikus hálóboltozat részlet 1888-ból származó neogótikus festéssel díszítve
56 Barokk szentségtartó, közismert lőcsei aranyműves, Szilassy János (1710-1782) 1730 körüli időből származó munkája
57 Püspöki bot részlete – Szent Márton koldussal szoborcsoport motívumot ábrázolja
58 Szűz Mária koronázása oltár, 1490 körüli évekből származik és a katedrális Szapolyai-féle kápolnájában látható
59 Székesegyház északi hajója és 1470 körüli évekből származó Három királyok imádása oltár
60 Szűz Mária halála szoborcsoport. Szapolyai kápolna oltárának oltárszekrény részlete
61 Szűz Mária koronázása szoborcsoport. Déli hajó 1470 körüli évekből származó oldaloltárának oltárszekrény részlete
62. A zsigrai Szentlélek templom a 13. századból származik
64 A templom belső falait a 14. században és a 15. század elején alkotott falfestmények díszítik. A 17. század második felében a középkori építménybe barokk oltár és szószék került

TRAVERTIN KÉPZŐDMÉNYEK SZEPESSÉGEN

67 Nem mindennapi látvány Drevenyik tájvédelmi területről a szomszédos travertindombon álló és travertinből épült Szepesi vár
68 Szürke Szakállnak nevezett mésztufa halom, ahol még mindig aktív ásványvízforrások vannak. A forrásoknak köszönhetően követhető a travertin kicsapódása. A halom tetején Szent Kereszt kápolna áll, már 1696-tól zarándokhely
69 Meszes víz hatása alatt álló, ingoványos tőzeglápokon nő a lisztes kankalin (Primula farinosa)
70 Hegymászók részére gyakorlóterepnek alkalmasak a sziklatornyok, leküzdésük jutalma a környék lenyűgöző látványa
71 Szepesi természet büszkesége a ritka szlovák kökörcsin (Pulsatilla slavica), nyugat-kárpáti endemit kőszirtek napos lejtőin kora tavasztól virít
72 Travertinsziklák bizarr alakzatai a természet felülmúlhatatlan alkotása
73 A fürge fecskefarkú lepke (Papilio machaon) olykor megpihen egy virágon
74 Drevenyik tájvédelmi terület Kőparadicsomnak és Pokolnak nevezett legszebb részeit minden évszakban érdemes felkeresni

LŐCSE ÉS KÖRNYÉKE

79 Lőcse városának látképe nyugati irányból
80 A történelmi városközpont légi felvételén középen jól látható a belváros három kiemelkedő építménye - Szent Jakab templom, városháza és az evangélikus templom
82 A belvárost - történelmi városháza, Szent Jakab templom és az 1569-ben épült üzletház, ma a városi hivatal székhelye - park övezi
83 Az 1904-ből származó Thurzó ház homlokzatán sgraffito díszítés látható
84 Lőcsei városháza, a város bíráinak székhelye. A középkori épületet a 16. század második felében reneszánsz stílusban átépítették, majd 1893-1895 közötti években újra átalakították
85 Városháza belsőtere - belépőterem és ülésterem, itt múzeumi tárgyak kiállítása látható
88 Hain ház a főtéren - középkori ház, a 16. század felében átépítették, belsőterét reneszánsz falfestmények díszítik. Volt evangélikus líceum, ma a lőcsei Szepesi Múzeum székhelye.
89 A ház nagytermében látható reneszánsz főbejárat építése 1530-as évre tehető
90 A főtér keleti oldaláról a városháza és a Szent Jakab templom látványa szintén magával ragadó
92 Szent Jakab templom nyugati főkapujának neogótikus szobordíszítése a 19. század második feléből származik
94 Kőből faragott pastoforium (szentségház) és a presbitérium falfestményei a 15. század termékei
95 Moralitás - a templom északi oldalhajóban, a szekrestye bejárata felett látható a 15. század elejéről származó rendkívüli falfestmény ciklus
96 Főoltár és a déli oldalhajó oszlopsora melletti mellékoltárok
98 Szent Péter és Szent Pál mellékoltárok a 15. század kilencvenes éveiből származnak
99 Lőcsei Pál mester 1520-ban a Szent Jánosok mellékoltárt Henckel János lőcsei katolikus pap megrendelése alapján készítette, aki Habsburg Mária magyar királynő gyóntatója volt
100 Szent Katalin szobra 1470-ből származik és egy mellékoltáron látható
101 Az északi oldalhajóban az 1496-ból származó Havas Boldogasszony oltár része a Madonna szobor
102 A templom déli oldalhajója, főfalán a Korvin oltár
103 Korvin oratórium dísze a Kálvária jelenetet ábrázoló szoborcsoport és a templom déli előtere felett látható
104 A templom nyugati részének belsőtere, domináló korai barokk művek - az orgona (1624) és a szószék (1625)
106 A minorita vagy gimnáziumi templom a 14. századból származik, Lengyel városkapu mellett épült, barokk belsőtere a 17. század végén készült
108 A minorita kolostor keresztfolyosója a 14. század elejéről származik
110 Kassai kapu
111 A 18. század második felében épült a Szent Lélek barokk templom és a Ferences-rendi minorita kolostor
114 Lőcse város feletti Mária hegyen lévő zarándokhely - a neogótikus Szűz Mária látogatása bazilika a 19. század végéről származik
115 A bazilika főoltárán látható lőcsei Szűz Mária szobrot a 15. század végén készítették
118 Szepeskáptalan és Szepesváralja látképe a várdombról
120 Remete Szent Antal szepesdaróci templom gótikus belsőtere
121 Remete Szent Antal szobra a 15. századból származik
122 Csütörtökhely - Szent László templomhoz a temetői kápolnát a 15. század felében, Hans Puchspaum építész tervei alapján építették, aki a bécsi Szent István székesegyház építésze is volt
123 A kápolna belsőterében fennmaradt az eredeti gótikus oltárból Szűz Mária halálát ábrázoló táblafestmény, ezt a 15. század közepe táján festette egy nürnbergi festő - Tucherov oltár mestere
124 Szepesmindszenti késő barokk kastély homlokzata, gróf Csáky János magyar kancellár 1780-1785 közötti években építette
125 Szent Kozma és Szent Demjén gótikus kápolna a szepesmindszenti plébániatemplom mellett
126 Szepesgörgőn 1893 utáni években a neobarokk kastélyt Heinrich Adam bécsi építész tervei alapján gróf Csáky Vidor építette

LŐCSEI PÁL MESTER MŰVEI SZEPESSÉGEN

129 A lőcsei Szent Jakab templom főoltára az 1507-1517 közötti években készült, Pál mester legjelentősebb műve
130 A plébániatemplomban Pál mester több műve látható, ezeket 1507 - 1520-as években alkotta
132 Főoltár oltárszekrényében három életmagasságot meghaladó magas szobor látható. Középen álló Madonna szobor bal oldalán Szent Jakab, a templom védőszentjének, jobb oldalon pedig Evangélista Szent János szobra áll
133 A lőcsei templom főoltára jobb szárnyának felső részében Evangélista Szent János Pathmos szigeti történetét ábrázoló dombormű látható
134 Szintén a lőcsei templom főoltárát díszíti Szent Jakab szobra és Madonna a kisdeddel
136 Utolsó Vacsora szoborcsoport a Szent Jakab templom főoltárának oltárpolcát díszíti
138 A Születés oltár szobrai 1507 körüli években készültek. Ma a lőcsei templom északi oldalhajójában lévő kápolna barokk stílusú oltárán láthatók
140 Kolduló Szent János szobra 1507-ből származik és a Szent Miklós oltár része, 1516-os évre tehető a Szent Anna mellékoltár Szent Anna szobrának keletkezése
142 A szepesszombati plébániatemplom főoltárának része az 1516-ból származó Utolsó Vacsora szoborcsoport
144 A másikat 1516-ban alkotta és a szepesszombati templom főoltárán látható
145 Pál mester fennmaradt munkáihoz két Szent György lovas szobor is tartozik.
Az egyik egy magas tartóoszlopon áll a lőcsei Szent Jakab templom Szent György kápolnájában és 1515-ből származik.
146 A kislomnici templom mellékoltárán a Keresztrefeszített kompozíció az 1520-as évet követően keletkezett
147 Iglón, a plébániatemplomban fennmaradt Kálvária szoborcsoport szintén az 1520-as évet követő években keletkezett, azonban hiányos, mivel Szent Mária Magdolna térdeplő szobra ma a sztracenai templomban látható
148 Szepestótfalui plébániatemplom főoltárának Madonna szobra 1510-ből származik
149 Szent Lőrinc főoltár a káposztafalui plébániatemplomban látható, oltárszekrénye 1510-1515 közötti évekből származik
150 A nagyőri Madonna szobor részlete, Pál mester a szobrot 1520 körüli években alkotta
151 A késmárki bazilikában is látható egy Kálvária szoborcsoport, ennek Keresztrefeszített szobrát Pál mester művei közé sorolják

POPRÁD ÉS KÖRNYÉKE

154 Poprádi panoráma, háttérben a Magas-Tátra
156 Történelmi városközpont egyik domináns épülete az 1829-1834 közötti években, Fabricius János vármegyei építész tervei alapján épített klasszicista evangélikus templom
158 A poprádi főtér másik kiemelkedő és legrégibb építménye a 13. századból származó gótikus Szent Egyed templom
160 A templom melletti reneszánsz haranglábat 1598-ban Matern (Mauerer) Ulrich, késmárki mester építette
161 A 14. századból származó gótikus falfestmény Újszülöttek gyilkolása és Menekülés Egyiptomba címet viseli, és a Szent Egyed középkori templom belsőtere
164 Téli alkonyat a poprádi főtéren
166 Aqua City pihenőpark modern és keresett üdülőközpont
168 Poprád város közigazgatása alá tartozik Felka és
169 Sztrázsa
170 A matheóci római katolikus templom főoltára 1460-ból származik. A táblafestmények magyar királyok életének rendkívüli eseményeit elevenítik meg.
171 Gótikus keresztelőkút a 14. században Iglón működő, Gaal Konrád hírneves harangöntő műhelyében készült
172 Szepesszombat főterén látható régi iparos házak Szepesség sajátos polgári építészetének példái
174 Szepesszombati Szent György templom és a harangláb Szepesség értékes műemlékei közé tartozik
175 A templomban több gótikus oltár látható. Értékesek a templom barokk berendezési tárgyai is, mint a szószék, orgona, epitáfium (sírfeliratos dombormű). Többet közülük a 17. század második felében a helybéli Gross szobrászcsalád készített
176 Szent György templom főoltárát Lőcsei Pál

mester, késő gótikus faszobrász és műhelye készítette 1516-ban. Az oltár táblafestményeit ismeretlen festő festette, aki az oltárpolc jobb oldalán a CS monogramot hagyott hátra
178 A templom orgonáját 1663-ban Dobkovitz Tamás építette. Az orgonaszekrényt a kor talán legismertebb helyi szobrászművésze idősebb Gross Pál alkotta
179 Remete Szent Antal zárt oltárának táblafestményei
180 Szűz Mária oltár oltárszekrénye 1470-ből származik. Középen Madonna szobor áll, oldalt pedig Szent Dorottya, Szent Margit, Alexandriai Szent Katalin és Szent Borbála kisebb méretű szobrai
181 Szent Miklós oltár oltárszekrényét 1505-1510 közötti években készítették. Középen Szent Miklós, bal oldalán Szent Ágoston, jobb oldalán Szent Hieronimos látható
182 A főtér egyik polgári házában kapott helyet a poprádi Tátrai Múzeum. Berendezésének egy része (polikrómozott faragott oltár, szószék elülső lapja, karzat korlátja, oltárképek) a 18. század feléből származott és elpusztult iglói evangélikus fatemplomból származik
183 Szűz Mária a kisdeddel – ismeretlen fafaragó népi faplasztikája, eredetileg egy szepességi kápolnában volt (eredete a 18. század felére tehető)
184 Várhegynek nevezett travertin halom Gánócon, jelentős régészeti kutatóhely – ismertté akkor vált, amikor 1926-ban neandervölgyi ember koponyára leltek (105 000 éves). Védett természeti jelenség
185 A bronzkorból származó nyírfakéregből készült ritka edények a gánóci kút ásványvizének köszönhetően maradtak fenn (3 500 éves)
186 Gánóci Szent Szaniszló püspök oltár 1500 körüli évekből származik, egyike a legjobb minőségben fennmaradt késő gótikus alkotásoknak a mai Szlovákia területén
187 Malompataki főoltár Szent Margit szobra 1515 körüli években Lőcsei Pál mester műhelyében készült

TÁTRAI NEMZETI PARK
189 Turistaösvények kereszteződése a Lengyel-nyeregben, háttérben a Magas-Tátra legmagasabb csúcsa a Gerlachfalvi-csúcs (2654 m)
190 Csorba tó már Liptó területén fekszik, egyik legismertebb turistaközpont. Jobbra a Magas-Tátra szepesi része látható
192 Csodálatos őszi színek a Magas-Tátrában, Csorba tó és a Poprádi tó között
193 Poprádi tó környékén cirbolyafenyő nő
194 Szubalpin ponton erdők feletti magasságban sűrűn nőnek törpe fenyők (Pinus montana), helyenként morénák (kőzettörmelékek) tarkítják a csaknem egybenőtt növényzetet. A Lomnici-csúcson (2632 m) csillagvizsgáló és a libegő végállomása van – balra, jobbra a Késmárki-csúcs (2558 m)
196 A Kis-Tarpataki völgy felső részét képező Öttavi katlanban a Téry-menedékház egész évben várja a látogatókat. A sziklák felületét jéghegy csiszolta le
198 Hosszútavi –menedékház (balra lent) nem feltűnő, de mégis a Nagy-Tarpataki völgy központja – a Magas-Tátra déli részének egyik legszebb és legnagyobb völgye, az összes tátrai völgy közül itt van a legtöbb tó (22). A völgyben legmagasabban fekvő tó a Vám-kő alatt van, ez a Nagy-Tarpataki Jeges tó (2057 m)
199 Magas-Tátra legmagasabban fekvő területeinek legszebb dísze a tátrai hegyi zerge (Rupicapra rupicapra tatrica)
200 A Magas-Tátrába hirtelen érkezik a tél és fehérsége mindenkit elbűvöl
204 Tátra csúcsairól lenyűgöző a látvány
205 Nincs olyan hónapja az évnek, amikor kizárható lenne a tátrai havazás. Ez alkalommal az augusztusi hó a Nagy Papiruszvölgy és a Kis Papiruszvölgy feletti csúcsokra húzott fehér sapkát
208 Hátsó Rézaknák-völgyének szépséges virágos rétjei alkotnak határvonalat a fiatalabb, túlnyomórészt mészkőhegyekből álló Bélai havasok és a Magas-Tátra fő gerince között, melyet kristályos kőzetek leginkább gránit képez. Balra Sirató (2142 m), jobbra Fehértavi-csúcs
210 A Tátra völgyeiben folyó patakok meredek szakaszokon, sziklagátakon zúgó és habzó vízeséseket hoznak létre. Legszebbek közé tartozik a Fátyol-vízesés (balra) és a Tarpataki-vízesések (Óriás-vízesés – jobbra)
212 A Magas-Tátra arculatát a jégkorszak utolsó szakaszában levonuló gleccserek formálták, hátrahagyva sok-sok tavat. Mlinicza-völgy torkolatában a nyáron is befagyott Döller-tavat (2105 m) és Szentiványi-tavat (2072 m), középen a Hlinszka-torony látható (2330 m)
214 Magashegyi turisták eljutását a hegygerinceken keresztül egyik völgyből a másikba láncokkal is biztosítják. Lorenz-hágó (2 314 m)
215 Tátrai növényvilág egyik jellegzetessége a sarkantyúfű (Delphinium oxysepalum)
216 Magasan fekvő tisztásokon és réteken a pettyes tárnics (Gentiana Punctata) hívja fel magára a figyelmet
217 Jobbra a sziklán ülő havasi mormota (Marmota marmota) mozdulatlanul figyeli környezetét és őrzi kicsinyeit, hogy veszély esetén hangon sípolással jelezzen
218 Magas-Tátra csúcsai a Fehérvízi-mező északi irányából. Balról: Molnár-csúcs (2170 m), Tátra-csúcs (2547 m), Roth Márton-csúcs (2500 m), Tengerszem-csúcs (2499 m), Kis Békás-csúcs (2098 m) és a Keleti Menguszfalvi-csúcs (2410 m)
220 Tátrai erdők figyelemreméltó és becses lakója a fajdkakas (Tatrao urogallus)
221 Podupalszki-völgy 7 km hosszú és a legszebb tátrai völgyek egyike. Egyetlen alpesi jellegű völgy
222 Magasan fekvő kőszirtek között csak nagyon ritkán lehet sast látni. Fészkelő szirti sas (Aquila chrysaetos) fiókáival
223 Tátrai állatvilág legnagyobb és legveszélyesebb tagja a barna medve (Ursus arctos)
224 Kacsa-völgyből sziklalépcsőn zúdul lefelé a 15 m magas Kacsa-völgyi-vízesés
225 Egy derült nyári napon szinte hihetetlenül csodás színekben pompázik a Litvor-tó. Háttérben a Ruman-csúcs (2428 m) és Ganek sziklafal (2462 m) lejtői
226 Kedvezőtlen környezetben, gránitszikla-hasadékban, 2200 méter magasságban a figyelmes túrázót felvidítja a 10 cm magas, virágzó boglárka (Ranunculus glacialis)
227 Tátrai védett virágok sokaságából gyöngéd szépségével kitűnik a nárciszlevelű szellőrózsa (Anemone narcissiflora)
228 Tátrai Nemzeti Park területén, Bélai havasok legkeletibb csücskében a legnagyobb és egyetlen látogatható barlang a Bélai-cseppkőbarlang
229 A barlang különböző alakzatú és nagyságú, színes cseppkődíszítést tár elénk, földalatti kis tavak, cseppkővízesések nem mindennapi látvány

IGLÓ ÉS KÖRNYÉKE
231 Légi felvétel a város orsószerű történelmi belvárosát ábrázolja
232 Helyi jellegzetességű ház homlokzatának alakokat ábrázoló stukkódíszítése a 18. század végéről származik. Ma a Szepesi Múzeum székhelye
234 A főtéren az 1779-ből származó városháza épülete és az 1796 évben épült evangélikus templom tűnik ki
236 Szűz Mária mennybevétele tiszteletére felszentelt gótikus plébániatemplom 87 m magas tornya, Szlovákia legmagasabb templomtornya
237 A presbitérium gazdag csillagboltozata felkelti a látogatók figyelmét
238 A torony középső részének részlete – neogótikus szobrok négy evangélistát ábrázolnak, a képen Szent Lukács (bikafej) és Szent Márk (lábánál oroszlánfej)
239 A templom déli kapujának kőfaragása a 14. századból származik. A timpanonban Szentháromság dombormű és két angyal látható
240 A Vigadó épületét a 20. század elején építették, városi színház, hangversenyterem, étterem és kávéház kapott benne helyet
241 A hangversenyterem belsőterének látványa valóban impozáns
242 A Máriássy reneszánsz kastélyt Márkusfalván 1770 – 1775 közötti években kényelmes barokk lakhellyé alakították át
243 A kastélyban történelmi bútorkiállítás tekinthető meg, ennek része a szepesújvári (ma Zsigrához tartozik) Csáky kastélyból származó történelmi szalon-berendezés
244 Múzeumi kiállításként látható empire stílusú szalon. Eredetileg szintén a szepesújvári kastély bútorzata volt, a 19. század elejéről származik
246 Dardanelláknak nevezett nyári lakot a márkusfalvi kastély parkjában Máriássy Farkas a 18. század utolsó harmadában építette
247 A nyári lakban kiállított múzeumi tárgyak közül legeredetibb hangszer az 1767-ben épített, a gánóci római katolikus templomból ide hozott orgona (pozitív)
248 Illuzórikus falfestmény a nyári lak emeleti társalgóját díszíti. A mennyezeten hat görög mitológia történet ábrázolása látható
250 Márkusfalvi Szent Mihály gótikus templom a 13. századból származik, a település feletti dombon, a Márkusfalvi vár közelében épült
251 A 13. századi haraszti Szent Lélek templom eredeti románkori alapokra épült
252 Volt gótikus városháza és torony, valamint Szűz Mária mennybevételének tiszteletére felszentelt templom Szepesolasziban
253 Az eredetileg román Keresztelő Szent János plébániatemplomot 1434-ben építették át. A templom barokk oltárai a 18. század feléből származnak
254 Szepesújvári Csáky kastély, 18. század végéről származó barokk épület, a 19. század második felében átépítették
255 A valamikori dohányzó-szalont „pokolnak" is nevezték, az eredeti kandalló és faragott mennyezet a 19. század második feléből származik
256 Szűz Mária mennybevétele templom Szlatvinban – a 14. századból származó falfestménye-

439

ket nem régen fedezték fel és tárták fel
257 Falfestmény-részlet – Krisztus keresztrefeszítése
258 Szent Lőrinc plébániatemplom Káposztafalun
259 A főoltár táblafestményei passiójeleneteket ábrázolnak, az oltár Lőcsei Pál mester műhelyében 1510 – 1515 közötti években készült

SZLOVÁK PARADICSOM NEMZETI PARK

261 A fák koronái között átszűrődő őszi nap sugarai mély szakadékok aljára zuhanva felejthetetlen idillikus hangulatot idéznek
262 Geravy fennsík észak-keleti szélén, erdőkből mélyéből bújik elő a Vörös szikla és a Csupaszkő
264 A Szlovák Paradicsom északi részén a Hernád folyó 16 m hosszú kanyont vájt – a Hernádáttörést. Figyelem felkeltő a hossza, mélysége és meredek sziklái
267 Hernád-áttörés feletti sziklagaléria, a Tamásfalvi kilátó káprázatos kilátást nyújt a Fehér-patak völgyére, az Ördög-szigetre és a Magas-Tátrára.
266 Közelben található a Tűnek nevezett érdekes sziklaképződmény – balra
268 Hegyvonulati fennsíkokról lefolyó folyók és patakok a mészkőtalajba kanyonvölgyeket és szakadékokat vájtak, sok-sok egyszerű és lépcsős vízeséssel. Legnagyobb a Nagy sólyom szurdokvölgyi Nagy-vízesés
269 A Fehér-patak is alkotott rövid, meredek falú szűk völgyet
270 A Szlovák Paradicsom talán legszebb és minden bizonnyal leginkább látogatott szakadéka a Száraz fehér völgyszurdok, ahol a sziklaablakos Ablakos vízesés látható
271 A szurdok legismertebb vízesése a Tálas-vízesés, amit úgynevezett óriás tálak – természeti képződmények alkotnak
272 Savanyú-patak Felső völgyében a legszebb vízesések egyike a Kis-vízesés
273 A gyönyörűséges Mohás vízesés a rendkívüli mohadíszről kapta nevét
274 A Nagy sólyom szurdokvölgyben a Kis-vízesés vize hosszabb, kiadós eső után rendkívül nagy, vad és veszélyes
275 Savanyú-patak völgyében az Óriás-vízesés felett vezető út lélegzet elállító
276 A Hernád-áttörésen műszaki segédeszközök és berendezések nélkül, mint pallók, láncok, létrák, keresztül menni képtelenség lenne
277 Szlovák Paradicsom növényzete nagyon gazdag és tarka. Papucsorchidea félék közül legszebb és szigorúan védett a boldogasszony papucsa (Cypripedium calceolus)
278 Kopanec azaz Irtvány-nyereg füves dűlői felett mintha aranyos zergeboglárok (Trollius europaeus) lebegnének
279 A ritka és védett szibériai hamuvirág (Ligularia sibirica) források környezetében vizes és árnyékos helyen, patakok mentén bozótok és égerfák alatt nő
280 Havasi iszalag (Clematis alpina) – ritka kúszócserje
281 Fehér-patak völgyének közepén, az erdő mélyén egy romantikus zugot - völgyzáró gátat találunk, innen valamikor farönköket úsztattak
282 Az euázsiai hiúz (Lynx lynx) a szepességi állatvilág dísze, de természetes környezetében szinte lehetetlen látni
283 Patakok és zúgók mellett néha megpillanthatjuk a gyönyörűen tarka jégmadarat (Alcedo atthis)
284 Az alpesi zerge (Rupicapra rupicapra), kedvelt legelőhelye az Ihríknek nevezett meredek lejtő, nem tartozik a Szlovák Paradicsom őshonos állatfajtái közé
287 Zejmar szakadék - Szlovák Paradicsom déli oldalán az egyetlen
288 Téli Sólyom völgy. A 80 méter magasból zuhanó Fátyolos vízesés a Szlovák Paradicsom legmagasabb zuhataga
289 Piecky azaz Kályha szorosban a Nagy vízesés feletti lépcsőket csodálatos jégképződmény díszíti
290 A Szlovák Paradicsomban csak egyetlen barlang látogatható – a Dobsinai jégbarlang. Védett természeti jelenségként az UNESCO Világörökségi listájára is felkerült
292 Zöld hegyen a várerődítmény (13. század) maradványai emlékeztetnek arra, hogy hajdanán Szepességről a Kopasztetőn keresztül Gömörbe vezető út védelmezője volt
293 Jakab, szepesi prépost 1299-ben azon a sziklán, ahol Szepesség lakossága a tatárdúlás idején menedéket talált, a karthauzi katolikus szerzetesrend részére kolostort építtetett. Az 1305-1307 közötti években épült Keresztelő Szent János kolostori templom falmaradványait az 1983-tól itt folyó régészeti feltárások során állították helyre

KÉSMÁRK ÉS KÖRNYÉKE

295 Késmárk és a Tátra ősidők óta összetartozott – tátrai területek egy része 1269 óta Késmárk város tulajdona volt, és a késmárkiak voltak az elsők, akik a sziklákra, lejtőkre merészkedtek és kutatták azok titkait ...
296 Történelmi belváros egy része
298 A késmárki városháza eredetileg 1461-ben gótikus stílusbna épült. A városháza épületében több városcímer található. Angyal tartja a címerpajzsot, a pajzsot két kard keresztezi (pallosjog jelképe), rajta magyar királyi korona (szabad királyi város), rózsa és sáv – ami egyben a magyar korona tartozéka is
300 Főtér polgári házai
302 Késmárki várat már 1463-ban említik, közvetlenül a város területén épült a város védelmének céljára
304 Thököly nemzettség négy nemzedékének adott otthont a vár, reneszánsz stílusban átépítették, ebből az időből napjainkra az ebédlő és eredeti, 1639-ből származó festése maradt fenn – itt kapott helyet a Thököly család életét bemutató kiállítás, a Késmárki Múzeum gondozásában
306 Az 1657-1658-ban épített barokk kápolna a vár legértékesebb része, gazdag stukkódíszítésének, boltíveinek és berendezésének köszönhetően. A kápolnában Thököly Imre édesanyjának, Gyulaffy Máriának van a sírhelye
308 Késmárki Múzeum egyik kiállítása a Thököly várban nem más, mint a 19. és 20. század fordulójáról származó gyógyszertár korhű berendezése
310 Szent Kereszt bazilika Késmárk legrégibb műemlékeinek egyike – alapozása a 13. századból származik, 1444 - 1498 közötti években építtették át gótikus stílusban
311 A harangláb építését 1591-ben fejezték be – Közép-Európa legszebb harangtornyai közé tartozik
312 A bazilika háromféle boltozata és több gótikus oltár vonzza a látogatók figyelmét. Feltételezhető, hogy a főoltár Krisztus szobra Wit Stwosz nürnbergi mester műhelyéből származik, aki a 15. század végén Krakkóban dolgozott
313 A reneszánsz szószék feletti kis karzaton az 1651-ben épített orgona ma is működik
314 A nagy orgona a bazilika hátsó karzatán található, a karzat alatt 1518-ban állított úgynevezett szenátori pad van, a város bírájának és a város szenátorainak volt a helye
315 Szűz Mária koronázása oltár a 15. század végéről származik
316 Az 1775-ben épített evangélikus líceumban 150 000 értékes és ritka kötet található, a műemlék evangélikus fatemplom 1717-ben épült, mindkettő jelölt az UNESCO Világörökség Listára
317 Az új evangélikus templom 1894-ben épült, keleti építészeti stílusa felkelti a figyelmet, benne található Thököly Imre mauzóleuma
318 A késmárki evangélikus fatemplom egyike Közép-Európában hasonló fennmarad öt templomnak – gyönyörű barokk belsőtere miatt a legértékesebbnek tekintik
A templomban valamikor 1500 ülőhely volt
320 Szent Háromság fatemplom és oltár
321 A karzaton 1717 – 1720 közötti években épített két manuálos barokk, ma is működő orgona van
322 A 14. század második feléből származó gótikus templomban Leibicen, 1760-1770 közötti években épített barokk főoltárnak eredeti gótikus oltárszekrénye van, benne Szűz Mária szobra és négy kisebb szobor, Lőcsei Pál mester alkotásai az 1510 körüli évekből
323 Kakaslomnic – Szent László legendája, Szent László harca a kun harcossal. Szent Katalin plébániatemplom sekrestyéjében 1310-1320 közötti évekből származó falfestmény
324 Szepesbéla – a város történelmi központja légi felvételen, jól látható a templom és a harangláb, valamint Petzval József Miksa szülőháza, ma róla elnevezett múzeum, aki kiváló matematikus, fizikus és az első nagy fényerejű fényképezőgép – objektív feltalálója
325 Szepesbélai Remete Szent Antal plébániatemplom barokk orgonája a 18. század első feléből származik. Az orgona-empórium (karzat) festménye Szent Márkot (oroszlánnal) és Szent Ambrust (méhkassal) ábrázolja
326 Nagyőri reneszánsz kastély. Ma a Szlovák Nemzeti Galéria kiállítóterme
327 Szemben a 15. század végéről származó Szent Anna gótikus templom és színes sgraffito díszítéssel az 1629-ben épített reneszánsz harangtorony
328 A templomban késő gótikus, 16. század első feléből származó, oltárok láthatók. Szent Péter és Pál oltár melletti északi falon az Utolsó Ítéletet ábrázoló falfestmény van
330 Szepestótfalu – plébániatemplom főoltára gótikus Szűz Mária szoborral, 1510 körüli időből Lőcsei Pál mester műve
331 Lándok – Szent Miklós püspök templom főoltára. Késő gótikus, 1500 körüli évekből származó, szárnyas oltár oltárpolc-domborműve Krisztust és a tizenkét apostolt ábrázolja. Az oltárszekrényben három szobor van – Szűz Mária a kisdeddel, balra Szent Miklós és jobbra Keresztelő Szent János
332 Sörkút – Szent Orsolya gótikus templom a 14. századból származik
333 A templomban több 18. század elejéről származó barokk oltár van. A 16. század második felére tehető a nagyon értékes kazettás, festett mennyezet

334 Alkonyati hangulat Ménhárdhoz közeli halastavaknál. A település ismerté történelmi emlékei és a termálfürdő kapcsán vált

SZEPESSÉGI NÉPHAGYOMÁNYOK

337 Késmárk főterén valamikor nagyszabású évi vásárok zajlottak, ilyenkor iparosok, kézművesek egész Európából érkeztek. Mostanság, 1991 óta Népi Kézműves Vásárt tartanak itt, szándéka a régi kézművesipar felelevenítése

338 A fesztivál ideje alatt a kézművesek a látogatók szeme láttára készítik portékájukat – fazekas a fazekaskorong mögött és a kosárfonó

340 A vásárokon életre kelnek a régi népviseletek

341 A Poprádi Múzeum kiállítása bizonyítja, hogy a népviseletek egy részét régi kékfestő eljárással festett lenvászonból varrták

342 Ólublón a vár alatti skanzen faházaiban láthatjuk a térségre jellemző hagyományos lakáskultúrát

344 Zári gorál férfi öltözék

345 Tátra alján fekvő Zár település festett faházai

346 Száz éves magtárak pincével, csűrök Hernádfő település szélén más szepesi falu jellegzetessége is

348 Védett népi építészeti településen Osztornyán sok faház jó állapotban fennmaradt

350 Lándoki szövőasszony köznapi népviselete, kevés szepesi falu egyike Lándok, ahol a hagyományos népviseletet a mai napig viselik

349 Ünnepi lándoki női népviselet

351 Szepessümegi lányok népviselete

352 A szepesmindszenti népviselet is szép

353 Fiatal menyecske fejdísszel, hagyományos tárcafői női népviselet

354 Népszokások, zene, dalok és táncok - népművészeti együtteseknek köszönhetően tovább élnek. Az egyik legismertebb – Magura, késmárki folklór-együttes- itthon és külföldön egyaránt sokszor fellép

356 Jadlovček nevű, margitfalui gyermekcsoport lányai büszkék szép viseletükre és szívesen veszik fel. Margitfalui kislány népviselete

357 és szepesi gyermek-viselet – úgynevezett viganček

358 Szepesség hegyvidékén helyenként még mindig hagyományos módon művelik a földet

ÓLUBLÓ ÉS KÖRNYÉKE

361 Ólubló téglalapalakú főtere és a Szent Miklós templom

362 Lublói vár déli irányból nézve, Aba Amadé felsőmagyarországi főúr építette a 14. század elején

365 Lublói vár – II. udvar. Előtérben a reneszánsz bástya, Szent Mihály kápolna, háttérben pedig a vár főtornya. A 15 - 17. századi erődítményrendszer példái

366 Gótikus őrtorony - bergfried, a 14. század elején épült. Legmagasabb emeletén – a hatodikon a harsonás szobája található

367 Barokk palota kiállítása: a 19. századból származó pszeudoreneszánsz kályha

368 Art-deco stílusú bútor (19 – 20. század). Angolholland stílusú kárpitozott székek (18. század első harmada). Korabeli történelmi fegyverek

370 Solymászbemutató a Lublói várban. Szent Bavon solymászcsoport a vadászás művészetét ragadozók segítségével mutatja be

371 A vár nyugati bástyája a 16. század feléből származik. Felső részében 8 ágyúlőrés található, a földalatti katakombákban pedig szintén 8

374 Falumúzeum és a Lublói vár, a faházak és a középkori erődítmény rendkívüli együtthatása

376 Máté településen a görögkeleti fatemplom 1833-ban épült. A Lublói vár alatt lévő szabadtéri néprajzi múzeumba 1978-ban helyezték át

377 A templomban lévő barokk ikonosztáz a 17. és 18. század fordulójáról származik. A plasztikusan kiképzett, fafaragásokkal gazdagon díszített belsőtérben az ikonok elhelyezése, csoportosítása az ikonográfia követelményeit követi. A kis templom védőszentje Szent Mihály arkangyal

378 A podolini reneszánsz harangtorony 1659-ből származik. Háttérben Szűz Mária menybevételének tiszteletére felszentelt gótikus plébániatemplom, a 13. század végén épült, valamint a piarista barokk kolostortemplom kettőstornyú homlokzata

379 A plébániatemplomban 1360 – 1430 közötti évekből származó értékes festmények láthatók, és az 1723-ban épített Szűz Mária barokk főoltár

380 Szlovákiában a legnagyobb travertin tó Felsőzúgó fürdőváros területén van, Kráter néven ismert, méretei: átmérője 20 méter, mélysége 3 méter

381 Berkenyédi áttörés 5,5 hektárnyi területet vesz igénybe, nem más mint a Kishárs-patak által kimosott kanyonvölgy, ahol sok zuhatag, vízesés és óriás fazék van

382 Határhelyi Szeplőtelen Szűz Mária templom 1785-ből származik. Zsindelytetős kárpáti gerendaépület, a torony eredeti állapotban látható

383 A templom jelenlegi berendezése az ólublói Szent Miklós római katolikus plébániatemplom régi reneszánsz és barokk oltárainak maradványaiból adódik. Jobbra Szűz Mária főoltár, központi része az Immaculata barokk plasztika. Balra Szent Miklós oltár – korai barokk oltár, oszlopai azonban késő reneszánsz stílusban 1600-ban készültek. Szent Miklós szobra 1360-ból származik

384 Vöröskolostort a templom és a hozzátartozó házak alkotják, mindezt védfal veszi körül. Eredetileg gótikus, 1360-1400 körüli évekből származik, régi alapokra épült, később barokkosított

386 Az első udvarban a prior háza és a harangláb áll, 18. századból származik, körbe az udvaron a szerzetesek házainak (celláinak) maradványai, a házakhoz kert is tartozott

387 Kút a kolostor másik, gazdasági udvarán

388 A 14. századból származó Remete Szent Antal kolostori templom az egész létesítmény legértékesebb épülete

389 Barokk illuzórikus díszítés a templom nyugati gótikus empóriumán (karzatán)

PIENINI NEMZETI PARK

391 Pienini Nemzeti Park legismertebb és legszebb része egy romantikus szoros – a Dunajec-áttörés

392 Alsólehnic település mellett kezdődik, ahol a Három korona sziklaszirt (982 m) emelkedik a magasba és a Sólyom-hegy (747 m) alatt, Erdős település mellett ér véget

394 Valamikor a térség lakossága tutajozásból élt, egészen a tengerig úsztatták a fát, mára idegenforgalmi érdekesség lett, körülbelül 10 km-es szakaszon, ahol meredek sziklazátonyok vadregényes tájat alkotnak és nem mindennapi élményt nyújtanak

396 A gorál tutajosok jellegzetes öltözéke a mai napig is, a hímzett mellény és a kalap, legenda szerint, miután a tutajt leúsztatták a tengerig, a tutajos kalapjára mindig egy kagyló került

397 Dunajec-áttörés legyőzése, legyen az a hagyományos tutajon, esetleg egy saját vízijármű segítségével, mindig felejthetetlen élmény

398 Pienin hegyvonulat vége Erdős völgyében. Balra a Három korona, középen a karcsú Osobitá-csúcs (536 m), jobbra a Sólyom-hegy

400 Pienini természet sokrétű, tarka és értékes. Legérdekesebb, figyelmet érdemlő virágok egyike a pienini endemit – a rózsaszínű margitvirág (Chrysanthemum zawadskii)

401 Különösen értékes és ritka az apolló-lepke (Parnassius apollo), mint a jégkorszak maradványa

402 Tavaszi napsugarak melengette meredek lejtőket a sárgán virágzó sziklai ternye (Aurinia saxatilis) borítja

403 Dunajec folyó és a nagyobb szepességi folyók a nagyon becses európai vidra (Lutra lutra) számára megfelelő életteret biztosítanak

404 Három gyönyörű kilátás:
 - Sólyom-hegyről a Dunajec-áttörésre

406 - Három korona-csúcsról a Pienin-hegység szlovákiai részére

408 - Helivágási sziklákról a hófedte Magas-Tátrára

GÖLNICBÁNYA ÉS KÖRNYÉKE

411 Eredetileg városháza, előtte az imádkozó bányász szobra, ma gölnicbányai Bányász Múzeum

412 A város feletti dombon az 1234-ben épített Gölnicbányai vár romjainak maradványai még ma is megtalálhatók, innen jól belátható a régi bányaváros történelmi központja

414 A gótikus plébániatemplomban látható a 15. század első feléből származó, figurális díszítésű, toronyszerű, kőből faragott pastoforium (szentségház)

415 Gölnicbányai Madonna – 1420 körüli évekből származó gótikus szobor, ma a gölnicbányai Bányász Múzeum gyűjteményének része

416 Bányász Múzeum kiállítási tárgyai Szepesség dicső bányászati történelmét hitelesítik. Szepesremetén látható a Bányász Testvériség Pénztár 1534-ből származó felségjele, a gölnicbányai pénztári felségjel keletkezése 1565-re tehető

417 Múzeum udvara

418 Merényi főtéren a templom, a 18. század végéről származó késő barokk városháza és a harangtorony látható

420 Szomolnokon a városháza előtt 1721-ben állították fel a Szentháromság szobrot

421 Szomolnok a 14 – 18. században gazdag arany-, ezüst- és rézlelőhelyeinek köszönhetően jelentős bányaváros volt. Királyi Bányászkamara és Felsőbb Bányahivatal székhelye is

422 Egykori bányatelep Zákárfaluban, ahol már a 16. században vas- és rézbányák voltak

423 Svedléren a hagyományos májusfa-állítás velejárója a jó muzsika és a jó kedv

424 Szepességet keleten a sárosi régiótól a Hernád folyón épült un. Ruzsín-víztározó választja el

426 Két híd – két műszaki emlék. Az egyik klasszicista kőhíd Gölnicbányán, a másik fedett fahíd Istvánkohóra vezet

428 A 19. század első felében épült korompai nagyolvasztóból, akárcsak az egykor közismert, Szlovákia legmodernebb vasgyára közé tartozott istvánkohói gyárból csupán romok maradtak

430 Téli este Jekelfalu határában, ahol a Gölnic folyó a Ruzsín-víztározóba ömlik

Спиш - Историческое, культурное и природное наследие

Спишская область является одной из своеобразных губерний, которые столетия существовали как самостоятельные регионы Словакии, бывшей Австро-венгерской империи. Спиш - богато одарен красотами природы, культурой и воспитанием, здесь находятся уникальные памятники культуры и искусства времен готики. Современный Спиш состоит из нескольких областей: Левоча, Попрад, Спишска Нова Весь, Кежмарок, Стара Любовня и Гельница. Прежде всего, Спиш - это прекрасная природа, незабываемый образ которой вытворяют реки, горы, холмы. Область начинается малоизвестными Левочскими холмами, через исторический переход Браниско, заканчивается вершинами Высоких Татр и верхами Пиенин, которые ограничивают Спиш с севера, и горами Низких Татр и Словенского Рудогория, которыми заканчивается регион с юга. Большинство из упомянутых географических объектов являются национальными природными парками: Высокие Татры полными таинственных вершин, водопадов и озер; Пенинский национальный парк, река Дунаец составляют уникальное пространство национального парка «Словацкий рай». На территории находятся более ста специально охраняемых природных объектов. Через Спиш протекают три реки. На север и до Побалтия течет река Попрад, а на восток и до Черного моря Хорнад и Хнилец. Спиш одновременно выделяется особой коллекцией культурно-исторических памятников. Они уникальны не только количеством и концентрацией, но и своей бесценностью и состоянием. Уникальные памятники можно встретиться практически в каждом населенном пункте. В спишском регионе расположены и объекты, занесенные до Списка мирового культурного наследия ЮНЕСКО (Спишский замок, Спишская Капитула, Жехра и окрестности), здесь же находятся и объекты, признанные национальным культурным достоянием: произведения Майстра Павла и храм св. Иакова в Левочи, Спишский замок, Евангелический лицей и редкостный храм в Кежмарку, храмы в Стражках, Храничном, Выборней. В спишском регионе очень хорошо сохранилась структура средневековых городов, эти города являются городскими историческими резервациями: Левоча, Кежмарок, Подолинец, Спишская Капитула (часть Спишского Подградия) и Спишская Собота (часть города Попрад). Кроме этого существуют и десять памятных зон (Гелница, Хвездне, Маркушовце, Смольник, Снишска Нова Вес, Спишске Подградие, Спишске Влахи, Стара Любовня, Татранска Ломница, Врбов), две резервации народной архитектуры (Остурня, Ждиар), три исторические зоны народной архитектуры (Езерско, Нижне Репаше, Торыски). А уж и не говоримее о множестве остальных достопримечательностей: готической и ренессансной архитектуры, скульптуры, живописи, ювелирного мастерства. Спишский регион так богат природными и культурными достопримечательностями, что заслуживал бы быть охраняем как единое наследие.

	Изображение на обложке: Вид из Халиговских скал через Збойницку брану
2	В регионе Спиша доминирует Спишский замок, позади видна панорама Высоких Татр
4	Шафран спишский (Crocus discolor)
8	Корни овцеводства на Спиши уходят корнями в глубокое прошлое
9	Глиняный сосуд, найденный в деревне Порач (ранний каменный век, неолит)
10	Каменный молот необычной дисковой формы (младшая каменная эра)
11	Велька Ломница: вытесанные лезвия, которые нам говорят о завершении каменной эры - энеолит
	Велька Ломница: к уникальным находкам энеолита относятся и миниатюрные фигурки животных
12	Замок в Любовне с панорамой Татр
14	Восковая печать провинции Сасов, конец 13 столетия
15	Гановце: рукоять железного кинжала - самая старая железная находка в Средней Европе
16	Спиш, разные районы: бронзовые топорики, бронзовый век
	Швабовце: бронзовые украшения подтверждают контакты Спиша со Средиземноморьем
17	Нова Лесна: спиралевидное украшение, ранний бронзовый век
	Попрад-Велька: бронзовые мечи с литой рукоятью, ранний бронзовый век
18	Гербовая грамота города Левоча, 1550 год
20	Гербовая печать дарованная провинции шестнадцати спишских городов Марией Терезой в 1774 году
21	Вельки Славков: к самым редким находкам в Средней Европе относится и серебреная монета кельтского племени Бойов, ранний железный век - латенский
22	Батизовце: глиняный сосуд найденный в единичном гробе на Спиши, ранний железный век - латенский
	Пещера Чертова диера при Летановцах: бронзовые скобы подтверждающие контакты Спиша с римскими провинциями
23	Сосуд оттоманской культуры, представляет одну из самых важных культур бронзового века на Спиши
24	До 1920 года словацкий, сегодня польский, но всегда спишский - замок Недеца
26	Историческая карта Спиша, 1880 год
27	Велька Ломница: железная гривна - домонетное платежное средство древних славян
28	Нова Лесна: серьги - украшение древних славян
	Лендак: глиняный средневековый кувшин с гравированным украшением
29	Летановце-Клашториско: глиняный изразец, украшенный изображением животного и растения
30	Регион Замагурия

Спишский замок, Спишская Капитула, Жехра

33	Спишский замок. С высоты птичьего полёта нам открывается удивительная панорама этого монументального сооружения с уникальными тремя дворами
34	Верхний двор Спишского замка с архитектурой готических дворцов и романской округлой башней, построены родом Запольских во второй половине 15 столетия
36	Вид с нижнего двора замка
38	Наблюдательная башня является одним из самых старших архитектурных объектов замка
39	Романские ворота, через которые входили до верхнего двора замка, первая треть 13 столетия
40	После татарского нашествия для улучшения обороны замка был построен этот переход
41	Готическая часовня в честь св. Алжбеты в Спишском замке была построена во второй половине 15 столетия
42	Музейная экспозиция старой гастрономии в помещении кухни замка рассказывает о важной части ежедневной жизни в средневековом замке
44	Руины восточных, так называемых Чакиовских дворцов и округлая романская цистерна
45	Романское окно, одно из сохранившихся от дворца, который построил королевич Коломан в первой трети 13 столетия
46	Панорама самых старых объектов архитектуры Спиша - Спишский замок, кафедральный собор св. Мартина в Спиш. Капитуле
48	Романская, самая старая сохранившаяся часть собора с двумя колокольнями, строилась параллельно со Спишским замком в первой половине 13 века
49	Коронование Австро-венгерского короля Карола Роберта с Аней - фреска в интерьере собора, 1317 год
50	Интерьер собора св. Мартина - вид на старую западную часть с органным балконом
52	и вид на готические три ладьи целого собора и пресвитерий, который были достроены при реконструкции в 1462-1478 годах
54	Деталь позднего готического свода, которую украшает неоготическая фреска 1888 год
55	Пресвитерий собора с готическим главным алтарем и епископской кафедрой (слева)
56	Барочная монстранция собора, которую изготовил знаменитый ювелир Ян Силаши (1707-1782) около 1730 года
57	Деталь епископского посоха с фигурами св. Мартина и нищего
58	Алтарь Коронования Девы Марии, часовня Запольских в соборе, около 1490 года
59	Вид на северную часть собора с алтарем Поклонения трех мудрецов, около 1470 года
60	Скульптурная композиция Коронования Девы Марии, деталь с алтаря в часовне Запольских
61	Скульптурная композиция Успения Девы Марии. Деталь с бокового алтаря в южной части собора, около 1490 года
62	Храм Святого Духа в Жехре, 13 век
64	Интерьер храма украшают фрески с конца 14, начала 15 веков

Возвышенности из травертина на Спиши

67	Необычные вид от Древеника на Спишский замок, который стоит на соседнем травертиновом холме и построен именно из этого материала
68	Сива Брада еще один травертиновый холм с активными минеральными источниками. На вершине холма расположена барочная часовня св. Креста к которой ходят паломники

ники с 1696 года
69 В расщелинах обогащенных минеральными водами растет редкостный первоцвет (Primula farinosa)
70 Скалистые башни являются очень популярным местом для тренировок альпинистов
71 Гордостью спишской природы является ценный Прострел Спишский (Pulsatilla slavica)
72 Травертиновые горы природа создала в самых причудливых формах
73 Непоседливый махаон (Papilio machaon) в самый неожиданный момент останавливается на цветке отдохнуть
74 Горные комплексы Каменные рай и ад на Древенику интересно посетить в любое время года

Левоча и окрестности
79 Панорама города Левоча с восточной стороны
80 Вид на исторический центр города с высоты птичьего полёта - три доминанты: храм св. Иакова, ратуша и евангелический храм
82 Старый центр города - ратуша, храм св. Иакова и старинный торговый дом (1569 год)
83 Турзов дом графически украшенный в 1904 году
84 Ратуша в Левочи - Средневековое здание со второй половине 16 столетия
85 Интерьер ратуши: совещательная комната
86 Зал заседаний с экспозицией музея
88 Хаинов дом на главной площади. Средневековое строение, перестроенное в 16 столетии, в интерьере использованы ренесансные настенные росписи. Сегодня здание Спишского музея с Левочи
89 Ренессансный портал в главном зале дома, 1530 год
90 Вид на ратушу и храм св. Иакова с восточной стороны площади
92 Скульптурное украшение неоготического портала храма св. Иакова
94 Каменная дарохранительница и росписи стен храма, 15 век
95 Моральные законы - уникальный цикл настенной росписи в северной части храма св. Иакова, над входом до сакристии, 15 век
96 Главный алтарь и боковые алтари при колоннах южной боковой части храма
98 Боковой алтарь святых Петра и Павла, 90-е года 15 столетия
99 Боковой алтарь святых Иоаннов, 1520 год. Произведение Майстра Павла из Левочи
100 Скульптура св. Екатерины, боковой алтарь, 1470 год
101 Скульптура Богородицы на алтаре Девы Марии Снежной, 1496 год
102 Южная боковая часть храма с Корвиновским алтарем у главной стены
103 Вид на Корвиновский ораторий с Распятием над южным входом
104 Вид на западную часть интерьера храма, в которой доминируют рано барочные произведения: орган (1624) и возвышение для проповеди (1625)
106 Старый францисканский или гимназистский храм был построен при польских городских воротах в начале 14 столетия
107 Интерьер датируется концом 17 столетия
108 Коридоры старого францисканского монастыря, начало 14 столетия
111 Барочный храм Святого Духа и монастырь францисканцев, вторая половица 18 стол.
114 Паломнический центр на Горе Марии в Левочи - неоготическая базилика Благовещения Девы Марии, конец 19 столетия

115 Скульптура Девы Марии Левочской, главный алтарь базилики, конец 15 столетия
118 Спишская Капитула и Спишское Подградие, вид от Спишского замка
120 Готический интерьер св. Антона Отшельника в Дравцах
121 Скульптура св. Антона Отшельника, 15 стол.
122 Спишский Штврток - похоронная часовня, пристроенная к храму св. Ладислава в половине 15 столетия
123 В интерьере часовни сохранилась расписная доска с первоначального готического алтаря с изображением Успения Пресвятой Богородицы, которую написал норимберский художник в 15 столетии
124 Часть позднее-барочного монастыря в Бьяцовцах, который построил канцлер граф Ян Чаки в 1780-1785 годах
125 Готическая кладбищенская часовня святых Козьмы и Дамиана при приходском храме в Бьяцовцах
126 Нео-барочный замок в Спишском Хрхове, который построил граф Хилар Чаки по проекту венского архитектора Генриха Адама, после 1893 года

Творения на Спиши Майстра Павла из Левочи
129 Главный алтарь храма святого Иакова в Левочи, который строился в 1507-1517 годах. Алтарь самое известное произведение Майстра Павла
130 Интерьер приходского храма с многочисленными работами Майстра Павла, которые были созданы в период 1507-1520 годах
132 Основная часть главного алтаря с тремя скульптурами, которые размерами больше человеческого роста. Богородица в центре, по бокам св. Иакова, покровителя храма и города (влево) и св. Иоанна Евангелиста
133 Рельеф с изображением св. Иоанна Евангелиста на острове Патмос
134 Скульптура св. Иакова
135 и Богородица с Иисусом
136 Скульптурная композиция Тайной Вечери в основании главного алтаря
138 Скульптуры алтаря Рождества, около 1507 год
140 Статуя св. Яна Алмужника на алтаре св. Николая, 1507 год
141 Алтарь святой Анны в храме в Левочи, 1516 год
142 Тайная Вечеря, главный алтарь приходского храма в Спишской Соботе, 1516 год
145 Между творений Майстра Павла можно найти и две скульптуры св. Георгия на коне. Одна из них находится в часовне в храме св. Иакова в Левочи, 1515 год
144 Другая скульптура, изготовленная в 1516 году находится на главном алтаре храма в Спишской Соботе
146 Распятие, боковой алтарь храма в Ломничке, было изготовлено после 1520 года
147 Крестовый путь Христа, находится в Спишской Новой Вси, 1520 год
148 Статуя Богородицы, около 1510 года, находится в главном алтаре храма в Словенской Вси
149 Алтарная часть главного алтаря св. Вавринца, в храме в Грабушицах, 1510-1515 года
150 Деталь Богородицы из Стражок, Павел ее изготовил примерно в 1520 году
151 Распятие из базилики в Кежмарку. Существуют различные версии, является ли вся композиция произведением Павла

Попрад и окрестности
154 Панорама города на фоне Высоких Татр
156 Одной из доминант исторического центра города является классическая архитектура евангелического храма, простроенного в 1829-1934 годах по проекту Яна Фабрициуса
158 Другой старинной доминантой попрадской центральной улицы является храм св. Эгидия, 13 век
160 Около храма расположена ренессансная колокольня, которую построил архитектор Ульрих Матерн из Кежмарку в 1598 году
161 Готическая роспись на стенах с изображением невинно убиенных младенцев и бегство в Египет Святого Семейства, первая половина 14 столетия
162 Целый интерьер средневекового храма св. Эгидия
164 Зимний вечер в Попраде
166 Популярный современный развлекательный аквапарк «Аква Сити»
168 Городские районы Попрада: Попрад-Велька
169 Попрад-Страже
170 Главный алтарь римско-католического храма в Попраде-Матьевцах, 1460 год. На алтаре изображены сцены из жизни австровенгерских королей
171 Готическая крестильная - произведение знаменитой литейной колокольной мастерской Конрада Гала, которая работала в 14 веке в Спишской Новой Вси
172 Старые ремесленные дома на площади в Спишской Соботе
174 Храм святого Георгия в Спишской Соботе и звонница
175 В интерьере храма сохранился комплекс готических алтарей. Значение имеют и барочные части интерьера - возвышение для проповеди, орган, эпитафии. Многие из элементов изготовила семья известных местных скульпторов Гроссовых во второй половине 17 столетия
176 Главный алтарь храма святого Георгия, который изготовил знаменитый Майстер Павел из Левочи м 1516 году
178 Орган создал мастер Томаш Добкович в 1663 году. Орган оформил наверное самый известный в те времена скульптур - Павел Гросс старший
179 Роспись на закрытом алтаре св. Антона Пустовника
180 Алтарь Девы Марии, 1470 год
181 Алтарь св. Николай, 1505 - 1510 года
182 В мещанском доме на площади располагается экспозиция Подтатранского музея в Попраде. Части обстановки несохранившегося евангелического храма в Спишской Новой Вси, половина 18 столетия
183 Богородица с Иисусом - деревянная народная пластика, автор неизвестен. Первоначальна была расположена в часовне на Спиши, около 18 столетия
184 Травертиновый утес Храдок в Гановцах - важный археологический объект знаменитый уникальными находками останков неандертальца (древний 105 000 лет). Находка была сделана в 1926 году
185 Уникальные сосуды из березовой коры, датируются бронзовым веком. Сохранились благодаря минеральной воде в Гановецком священном колодце, возраст 3 500 лет
186 Алтарь святого Станислава из Гановец, 1500 год
187 Скульптура св. Маргиты, главный алтарь в Млинце, который был построен около года 1515, произведение мастерской Майстра Павла из Левочи

Национальный парк Татры
189 Перекресток туристических троп на Польском хребте, позади виден самый высокий

верх Татр Герлаховский штит (2654 м)
190 Уже на Липтове начинаются Татры Штрбским озером. Справа видна спишская часть Высоких Татр
192 Роскошные цвета осени в Татрах между Штрбским и Попрадским озерами
193 Кедры при Попрадском горном озере
194 На более высоких скалах хорошо растет горная стелющаяся ель (Pinus montana), колонии которой иногда нарушены камнепадами. Ломницкий штит (2632 м) с обсерваторией и конечной остановкой фуникулера - слева, справа - Кежмарский штит (2558 м)
196 Для посетителей круглый год открыта Терихо хата в котловине пяти Спишских горных озер, которые создают высшую часть Малой Холодной долины
198 Незаметная Збойницка хата (слева внизу) находится в центре большой холодной долины - одной из самых больших и самых красивых долин южной стороны Татр. Здесь расположено больше всего горных озер (22)
199 Роскошным украшением этой части Татр является обитающий здесь горный козел (Rupicapra tatrica)
200 В Татры зима приходит быстро и белое одеяние не оставит равнодушного никого
202 Виды с вершин Татр
205 Не существует такого месяца года, когда бы в Татрах не мог бы идти снег. Видите, как выбелил августовский снег верхи над Большой и Малой Холодными долинами
208 Великолепные цветущие луга отделяют моложные известняковые Белианские Татры от центрального хребта Высоких Татр, которые сотворены кристаллическими породами, в основном гранитом. Слева Ждиарская видла (2142 м), справа Яхняци штит (2230 м)
210 Ручьи, протекающие через долины Татр часто образуют крутые и живописные пенящиеся водопады. Один из самых красивых Скок (слева) и Студеноводске водопады (справа)
212 Отступающие ледники последнего ледникового периода создали сегодняшний вид долин Высоких Татр и оставили множество горных озер. Некоторые водоемы покрыты льдом даже летом Округлое озеро (2105 м) и Цапие озеро (2072 м) в расщелине Млинской долины, в центре Хлинска вежа (2330 м)
214 Переходы между долинами по туристическим тропам во многих местах защищены и обустроены цепями. Быстрее седло (2314 м)
215 Один из эндемии природы Татр. Сорочья ножка татранская (Delphinium oxysepalum)
216 На более высоких лугах наше внимание привлекает Горец точечный (Gentiana Punctata)
217 Горный суслик (Marmota marmota), который неподвижно оглядывает окружающее пространство, так охраняет своих детенышей
218 Панорама Шитов Высоких Татр от севера с поляны Белая вода. Слева: Млинар (2170 м), Высока (2547 м), Чески штит (2500 м), Рисы (2499 м), Мали жаби (2098 м) и Выходни Менгусовски штит (2410 м)
220 Прекрасным жителем этих мест является тетерев глухарь (Tatrao urogallus)
221 Беловодская долинная, протяженность 7 км, одна из самых красивых долин. Это единственная долина альпийского типа
222 Гнездящийся здесь горный орел (Aquilla chysaetos) со своим птенцом
223 Бурый медведь (Ursus arctos) самый большой и опасный представитель фауны Татр
224 Вниз через горный порог из Качацей долины падает пятнадцатиметровый Хвездославов водопад
225 Прекрасные цвета Литворовехо озера в ясном летнем дне. Позади спаски Румановхо штита (2428 м) и Ганку (2462 м)
226 Искорник ледовый (Ranunculus glacialis)
227 Горный нарцисс (Anemone narciflora)
228 Белиянска пещера самая большая и единственная открытая столоктитовая пещера в Татрах

Спишска Нова Вес и окрестности
231 Панормама центра Спишской Новой Вси с высоты птичьего полета
232 Провинциальный дом, фасад которого украшен богатой лепниной созданной в конце 18 столетия. Сегодня здесь располагается музей Спиша
234 В центре города доминируют ратуша (1779) и евангелический храм (1796)
236 Колокольня готического католического храма Успения Девы Марии достигает высоты 87 метров, это самая высокая колокольня в Словакии
237 В интерьере храма богато украшен свод в форме звезды
238 Детали средней части звонницы с неоготическим скульптурным украшением с фигурами апостолов
239 Южный портал храма украшенный резьбой по камню, 14 столетие
240 Здание казино начала 20 века сегодня в себе располагает городской театр, концертный зал и ресторан с кофейней
241 Вид концертного зала действительно очаровывает
242 Ренессансный замок Марьяшовцев м селе Маркушовце, был перестроен в 1770-1775 годах
243 В интерьере расположена музейная экспозиция мебели
244 Ампирный салон в музейной экспозиции
246 Летний павильон в парке замка построил Вольфганг Мариаши в конце 18 века
247 В павильоне находится позитив из римско-католического храма в Гановцах при Попраде, 1767 год
248 Зал в павильоне с расписными стенами, на потолке шесть сцен из греческой мифологии
250 Готический храм св. Михаила в Маркушовцах, расположен недалеко от замка на холме, 13 век
251 Храм Святого Духа в Храсти над Хорнадом в романском стиле, 13 век
252 Бывшая готическая ратуша с башней и храм успения Девы Марии в Спишских Влахох
253 Приходской храм св. Иоанна Крестителя в Спишских Влахох, романское строение, был перестроен в 1434 году. Интерьер храма с барочными алтарями, половина 18 столетия
254 Замок Чаки в Ходковцах
255 Интерьер бывшего курительного салона, который называли «Ад», с камином и резным потолком, 19 век
256 Храм Успения Девы Марии в Славтине - интерьер с недавно реставрированными фресками 14 века
257 Христа прибивают на крест - деталь фрески
258 Приходской храм св. Вавринца в Храбушицах
259 Главный алтарь храма с изображением крестного пути и смерти Спасителя. Алтарь был произведен в мастерской Майстра Павла в Левоче в 1510-1515 годах

Национальный парк «Словацкий рай»
261 Солнечные лучи низкого весеннего солнца садящегося за кроны деревьев на дно глубоких расщелин - незабываемый вид
262 Из глубоких лесов на северо-восточном краю предгорья Геравы выступают скалы Красной горки и Голого камня
264 Река Хорнад создала в северной части Словацкого рая шестнадцатикилометровый каньон - «Перелом Хорнада»
267 Томашовская смотровая площадка (680 м)
266 Недалеко расположена еще одна интересная скала - игла (слева)
268 Большой водопад в самой впечатляющей расщелине «Большой сокол»
269 Белый поток создал на своем пути небольшие каньоны
270 Оконный водопад с каменным окном в расщелине Суха Бела
271 Большое внимание у посетителей вызывают «Мисочные водопады» с природой созданными формами чаш
272 Малый водопад один из красивейших в расщелине Вышний Кисель
273 Великолепный Моховой водопад, который назван в честь мха, его украшающего
274 Малый водопад в Вельком Соколе, необычно многоводный после дождей
275 Запасная траса над Обровским водопадом в расщелине Кисель
276 Путь над Переломом Хорнада был бы невозможен без специального оборудования: мостков, цепей, ступеней
277 Туфелька нежная (Cypripedium calceolus)
278 Желтоглавик европейский (Trollius europaeus)
280 Пламень альпийский (Clematis alpina)
281 В центральной части долины Белого потока, глубоко в горах, можно найти романтический уголок с водоемом Клаузы
282 Рысь (Lynx lynx)
283 При потоках можно увидеть прекрасную цветную одинокую птицу - Рыбаря обычного
284 Трудно проходимый скалы - любимое место пастбища горного козла (Rupicapra rupicapra)
287 Зеймарска расщелина - единственная на южной стороне Словацкого рая
288 Зимняя Соколия долина. Вуалевый водопад, который падает с высоты 80 метров является самым большим в Словацком раю
289 Каскады над Вельким водопадом в расщелине Пиецки
290 Единственной открытой для посещения пещерой в Словацком раю является Добшинска ледяная пещера. Национальный природный объъект занесенный в список всемирного наследия ЮНЕСКО
292 Руины оборонительной системы крепости на Зеленой горе (13 век)
293 Руины куртизанского монастыря на Скале изгнания

Кежмарок и окрестности
295 Трудно представить Кежмарок и Татры друг без друга
296 Часть исторического центра города
298 Ратуша в Кежмарке была построена в готическом стиле в 1461 году
299 На ратуше размещены несколько городских гербов
300 Мещанские дома на площади
302 Кежмарский замок вспоминается в документах уж 1463 году
304 Члены рода Тёкёлы, четыре поколения жили в замке. Сохранилась столовая с первоначальными росписями, 1639 год. Сейчас здесь располагается экспозиция музея
306 Барочная часовня является самой ценной частью замка, благодаря своему богатому лепному украшению сводов и внутренней организации (1657-1658)
308 К экспозициям музеев в замке относится и

оригинальная аптека, конец 19, начало 20 веков

310 Базилика св. Креста является одной из самых старших достопримечательностей Кежмарка
311 Колокольня была окончена в 1591 году
312 Базилика привлекает тройным сводом и многочисленными готическими алтарями
313 На малом хоре над ренессансным возвышением для проповедей находится орган, изготовленный в 1651 году
314 Главный орган установлен на заднем хоре базилики
315 Алтарь Коронации Девы Марии, конец 15 столетия
316 Евангелистский лицей (1775) с ценной библиотекой, состоящей из 150 000 томов и деревянный приходской храм - национальные культурные памятники, ожидающие внесение в список наследия ЮНЕСКО
317 Новый евангелический храм, притягивающий своей восточной архитектурой, 1775 год. Внутри расположен мавзолей Тёкёлы
318 Деревянный храм - Из-за своего великолепного барочного интерьера признан самым ценным. Поражают и размеры, только сидячих мест в храме для 1500 человек
320 Алтарь и сам деревянный храм освящены в честь Пресвятой Троицы
321 На хоре установлен орган с двумя клавиатурами, который и сегодня используется (1717-1720 года)
322 В готическом храме в Любице (14 в.) в барочной архитектуре главного алтаря расположена оригинальная готическая часть с фигурой Девы Марии и четырьмя малыми скульптурами, которые является произведениями Майстра Павла из Левочи (1510)
323 Велька Ломница - Ладиславская легенда - настенная роспись в сакристии приходского храма св. Екатерины, 1310-1320 года
324 Спишская Биела - вид с высоты птичьего полета на исторический центр с колокольню, храм и родной дом Петцвала (J.M.Petzvala)
325 Барочный орган, первая половина 18 столетия, в приходском храме св. Антона Отшельника в Спишской Белей
326 Ренессансный замок в Стражках
327 Напротив него находится храм св. Анны, конец 15 столетия, и ренессансная колокольня с пестрым графитовым украшением, 1629 г.
328 В интерьере храма расположены неоготические алтари, конец 16 столетия
330 Словенска Вес - главный алтарь приходского храма с готической фигурой Девы Марии - произведение Майстра Павла из Левочи, около 1510 года
331 Лендак - главный алтарь храма св. Николая
332 Выборна - готический храм св. Уршулы, 14 в.
333 Интерьер храма с барочными алтарями, начало 18 стол. Ценен кассетный расписной потолок, вторая половина 16 века
334 Вечернее настроение при прудах недалеко от Врбова

Народные традиции на Спиши
337 на главной исторической площади Кежмарка в прошлом проходили богатые праздничные базары, на которые стекались ремесленники и купцы со всей Европы. От 1991 года проходят дни Европейского народного ремесла, которые продолжают традиции творений мастеров старины
338 Ремесленники производят на свет свои работы прямо перед глазами посетителей
340 Некоторые части народных костюмов были сшиты изо льна окрашенного древней технологией печати, которую подтверждает и экспозиция музея в Попраде
342 Традиционный быт сохранен в специальном заповеднике под замком в Старой Любовне
344 Мужской горальский костюм из Ждиару
345 Расписная изба из деревни Ждиар
346 Столетние амбары и погреба, стоящие в окрестностях Викартовец
348 Резервация народной архитектуры в Остурни
349 Праздничная женская одежда из Лендаку
350 Рабочая одежда ткачихи из Лендаку
351 Одежда девушек из Смижан
352 Красивые одежды из Бьяцовец
353 Молодая невеста с украшениями - традиционная одежда из Торисиек
354 Один из известнейших фольклорных коллективов из Спиша - группа Магура из Кежмарка
356 Одежда девочки из Маргецан
357 Спишская детская одежда - «виганчек»
358 В горных областях Спиша традиционно обрабатывают почву

Стара Любовня и окрестности
361 Прямоугольная главная площадь Старей Любовни и храм св. Николая
362 Замок в Старой Любовне построил в начале 14 столетия олигарх Омодей Аба
365 Замок Любовня - вторая площадь. Ренессансная башня, часовня св. Михаила и главная башня замка (позади)
366 Готическая башня, построенная в начале 14 столетия
367 Экспозиция в барочном дворце: псевдоренессансная печь 19 столетия
368 Мебель в стиле геометрического артдеко (19-20 столетий)
370 Соколиная охота в замке Любовня
371 Западный бастион замка, половина 16 стол.
374 Деревня и замок в Старой Любовне. Уникальное сочетание деревянной деревни и средневекового укрепления
376 Деревянная церковь восточного обряда, Матисова, 1833 год
377 Интерьер церкви с барочным иконостасом был создан на переломе 17-18 столетий
378 Ренессансная колокольня в Подолинци, 1659 год. Позади виден готический приходской храм Успения Девы Марии (конец 13 века) и двух башенный храм монастыря пиаристов
379 Интерьер приходского храма с уникальными средневековыми росписями (1360-1430)
380 Самое большое (периметр 20 м и глубина 3 м) травертиновое озеро в Словакии «Кратер» в Вышних Ружбахах
381 Ярабинский перелом, представляет собой каньон, созданный потоком Малы Липник
382 Храм Непорочного зачатия Девы Марии в Храничном, 1785 год. Сруб карпатского типа, покрыт струганным деревом
383 Современная обстановка храма состоит из разных частей ренессансных и барочных алтарей приходского храма св. Николая в Старой Любовне. Фигура св. Николая изготовлена в 1360 году
384 Красный монастырь состоит из храма и комплекса столповых зданий, которые обнесены охранными стенами
386 На первом дворе находится дом настоятель с колокольней (18 век), остальные дома монахов имели по периметру небольшие огороды, сады
387 Колодец на втором, хозяйственном дворе монастыря
388 Монастырский храм св. Антона Отшельника - самая ценная постройка храма - 14 век
389 Готический западный вход храма с барочным иллюзорным украшением

Пенинский национальный парк
391 Самой красивой и знаменитой частью Пенинского национального парка романтические виды на Перелом Дунайца
392 Начинается при селе Красный монастырь, над которым возвышается скальный массив «Три короны» (982 м), а заканчивается под Соколицей (747 м) около деревни Лесница
394 В прошлом сплав леса к морю был традиционной профессией местных жителей. Сегодня это любимый туристический аттракцион
396 Традиционной часть одежды горальских мужчин справлявших лес - вышитая жилетка и шляпа, на которой, согласно легенде, после каждого успешного сплава нашивали одну раковину
397 Преодоление Перелома Дунайца это незабываемое впечатление, и уж неважно, на деревянных плотах или на современных плавательных средствах
398 Окончание Пиенин в долине Леснице
400 Самый интересный цветок - Пенинский эндемий, розоватый, мохнатый кролик Завадского (Chrysanthemum zawadskii)
401 Ясонь красноглазый (Parnassius apollo)
402 Скалы прогретые солнцем покрыты желтыми цветками тарицы горной (Aurinia saxatilis)
403 Водный ток Дунайца и других спишских рек создают обитания речной выдры
404 Три великолепных вида:
От Соколиц до Перелома Дунайца
406 От «Трех корон» на словацкой части Пенин
408 От Халиговских скал на заснеженные Высокие Татры

Гелница и окрестности
411 Старая ратуша с памятником молящемуся шахтеру - сегодня шахтерский музей в Гелнице
412 Исторический центр старого шахтерского города
414 Готический приходской храм с каменной дарохранительницей во форме башенки, украшен скульптурами, первая пол. 15 стол.
415 Мадонна из Гелницы - готическая скульптура, примерно 1420 год
416 Экспонаты музея документируют состояние истории шахтеров на Спиши
417 Двор музея
418 Площадь в Налепкове
420 Столп Пресвятой Троицы перед ратушей, 1721 год. Смолник
421 В 14-18 веках был Смолник важным шахтерским городом
422 Бывшая колония шахтеров в деревне Жакаровце
423 К традиционной коммуникации в деревне Шведлар относится традиционная музыка и хорошее настроение
424 Спиш на востоке отделяет от региона Шариш Ружинская дамба на реке Хорнад
426 Два моста - две технические достопримечательности. Классический каменный мост в Гелнице
427 и деревянный крытый, ведущий до Штефанской Хуты
428 От высокой печи (первая половина 19 века) в Кромпахох остались только руины, так как
429 и в Штефанской Хуте, которая была одной из современнейших фабрик в Словакии
430 Зимний вечер около деревни Якловце

Vydavateľ ďakuje všetkým, ktorí podporili, pomohli alebo spolupracovali pri vydaní publikácie:

SLOVENSKÁ ELEKTRIZAČNÁ PRENOSOVÁ SÚSTAVA, A.S. BRATISLAVA

ELEKTROVOD HOLDING, A.S. BRATISLAVA

KOŠICKÝ SAMOSPRÁVNY KRAJ

Mesto Spišská Nová Ves
Mesto Poprad
Mesto Levoča
Mesto Kežmarok

Mária Novotná, riaditeľka Spišského múzea v Levoči
František Žifčák, riaditeľ Štátneho archívu v Levoči
Magdaléna Bekessová, riaditeľka Podtatranského múzea v Poprade
Erika Cintulová, riaditeľka Múzea v Kežmarku
Ladislav Spalek, riaditeľ Múzea Spiša v Spišskej Novej Vsi
Monika Pavelčíková, riaditeľka Ľubovnianskeho múzea v Starej Ľubovni
Dalibor Mikulík, kastelán hradu Ľubovňa
Darina Demková, riaditeľka Baníckeho múzea v Gelnici

Mons. prof. ThDr. František Tondra, spišský biskup a Biskupský úrad Spišskej diecézy v Spišskej Kapitule
František Dlugoš, dekan Farského úradu v Levoči
Jakub Grich, dekan Farského úradu v Kežmarku
Anton Oparty, dekan Farského úradu v Poprade
Anton Mišek, dekan Farského úradu v Spišskej Novej Vsi
Michal Lipták, farár Farského úradu v Spišskej Sobote
Farské úrady:
Spišský Štvrtok, Spišské Vlachy, Žehra, Hrabušice, Matejovce, Slovenská Ves, Lendak,
Spišská Belá, Podolínec, Veľká Lomnica, Slatviná, Gelnica
Páter Roman a páter Adam z Kláštora minoritov v Levoči

Roman Porubän, farár Ev. farského úradu v Kežmarku

Anna Lazorová, Ivan Chalupecký, Nora Baráthová, Marián Hennel, Ľubica Fábri, František Miháľ

URANPRES, SPIŠSKÁ NOVÁ VES
SLOVPREZENT, SPIŠSKÁ NOVÁ VES
LESY MESTA LEVOČA

Viliam Veteška
František Stoličný, Ladislav Cunik, Jozef Štefánik
Vladimír Fabian, Soňa Filipová, Pavol Bečarik

Región SPIŠ

BAMBOW
Ing. Igor Bobák
Inovecká 2, 052 01 Spišská Nová Ves
SLOVAKIA
E-mail: bobakigor@mail.t-com.sk

Copyright © BAMBOW 2008   Všetky práva vyhradené. Reprodukcie, ukladanie do databáz, rozširovanie elektronicky, mechanicky alebo iným spôsobom
je povolené len so súhlasom vydavateľa a autorov

ISBN 978-80-968977-6-6